工业和信息化普通高等教育
"十三五"规划教材立项项目

会计名校名师
新形态精品教材

税法

微课版 第2版

艾华 徐茂中 ◎ 主编
刘慧 李小珍 ◎ 副主编

Tax Law

A
ACCOUNTING

人民邮电出版社
北京

图书在版编目（CIP）数据

税法：微课版 / 艾华，徐茂中主编. -- 2版. --
北京：人民邮电出版社，2022.9
会计名校名师新形态精品教材
ISBN 978-7-115-59232-3

Ⅰ. ①税… Ⅱ. ①艾… ②徐… Ⅲ. ①税法－中国－
教材 Ⅳ. ①D922.220.4

中国版本图书馆CIP数据核字(2022)第073676号

内 容 提 要

本书系统地介绍了我国现行的税收法律体系和主要税种，讲述了各税种的基本原理、征税范围、应纳税额的计算、税收优惠、征收管理。全书分为11章，包括税法概论，增值税，消费税，城市维护建设税、教育费附加和烟叶税，关税和船舶吨税，资源税，土地增值税，车辆购置税、车船税、印花税和环境保护税，房产税、城镇土地使用税、契税和耕地占用税，企业所得税，个人所得税等内容。

本书适合作为会计、税务等相关专业的教材使用，也适合在职的会计人员和税务人员培训使用。

◆ 主　　编　艾　华　徐茂中
　　副主编　刘　慧　李小珍
　　责任编辑　刘向荣
　　责任印制　李　东　胡　南

◆ 人民邮电出版社出版发行　　北京市丰台区成寿寺路 11 号
　　邮编　100164　　电子邮件　315@ptpress.com.cn
　　网址　https://www.ptpress.com.cn
　　北京隆昌伟业印刷有限公司印刷

◆ 开本：787×1092　1/16
　　印张：15.75　　　　　　　　2022 年 9 月第 2 版
　　字数：385 千字　　　　　　2025 年 2 月北京第 5 次印刷

定价：55.00 元

读者服务热线：(010)81055256　印装质量热线：(010)81055316
反盗版热线：(010)81055315
广告经营许可证：京东市监广登字 20170147 号

前言

　　税法是国家征税的法律规范的总称，包括全国人民代表大会制定的法律、国务院制定的行政法规、财政部和国家税务总局制定的部门规章等。税法是我国法律体系的重要组成部分，是国家征税及纳税人纳税的行为准则。在市场经济条件下，征纳税行为的规范化、法制化尤其重要。税法作为国家向纳税人征纳税的法律规范，在国家整体经济的可持续发展中起着无法替代的作用。

　　随着我国市场经济的不断发展和完善，税收的地位显得越来越重要。税收收入作为国家财政收入的主要来源，担负着各级政府实现其职能的财力保障的责任。生产经营者和广大公民依法向国家缴纳税款也是不可回避的义务。只要有涉税行为就要缴纳税款。缴纳税款是纳税人的一项强制性净支出，它不同于正常的交易性支出。然而，国家要征收哪些税，怎样征税，纳税人应该缴纳哪些税，如何纳税，又如何维护自身的合法权益？这一系列的问题都需要解决。党的二十大报告提出"优化税制结构"的战略构想，我国税制也在持续地完善。为此，本书依据我国现行税收法规进行编写，力求解答这些问题，并及时反映税制地更新。本书在编写过程中，对难以理解的法律规范做了较详细的解释，并列举了大量的实例进行解答和分析，尽量做到利于广大读者学习和理解。除此之外，章后还附有思考题和同步训练，方便广大读者复习和练习。

　　本书由中南财经政法大学的艾华和河南财经政法大学的徐茂中担任主编。刘慧、李小珍、宋尚恒、杜小娟、安欣、贾洁、肖妍君、郑高扬、赵丹丹、田静静和叶志鹏参与了本书的编写工作，他们都具有丰富的税收实务和教研经验。全书由艾华和徐茂中共同统稿、审稿和定稿。

　　由于编者所掌握的资料及能力所限，书中难免存在不足或错误之处，敬请广大专家和读者批评指正，不胜谢意。

编　者

目 录

第一章 税法概论

【内容提要】

本章介绍了税法的概念；税法的构成要素和分类；税法的地位及与其他法律的关系；我国税收的立法原则与实施；我国税收管理体制等。

【本章学习重点】

税法的概念和特征、税法的构成要素和分类、税收管理体制。

第一节 税法要素及作用

一、税法的概念

税法是国家制定的用以调整国家与纳税人之间在征纳税方面的权利及义务关系的法律规范的总称。它是国家及纳税人依法征税、依法纳税的行为准则，其目的是保障国家利益和纳税人的合法权益，维护正常的税收秩序，保证国家的财政收入。

【点拨指导】

在现行税收法律体系中，税法有狭义和广义之分。狭义概念上的税法是指由全国人民代表大会及其常务委员会制定和发布的税收法律，如当前的企业所得税法、个人所得税法和车船税法。广义概念上的税法包括全国人民代表大会及其常务委员会制定和发布的税收法律，全国人民代表大会及其常务委员会授权国务院制定的税收暂行条例，国务院制定的税收行政法规，地方人民代表大会及其常务委员会制定的税收地方性法规，国务院税务主管部门制定的税收部门规章，地方政府制定的税收地方规章等。

税法与税收密不可分，税法是税收征纳的法律表现形式。因此，要掌握税法的概念就必须了解税收。税收是政府为了满足社会公共需要，凭借政治权力，强制、无偿地取得财政收入的一种形式。理解税收的概念可从以下几个方面进行。

（一）税收是国家取得财政收入的一种重要手段

国家要行使职能必须有一定的财力做保障，国家财力来源于财政收入。取得财政收入的手段多种多样，如征税、发行货币、发行国债、收费、罚款和没收非法所得等，而税收是大部分国家取得财政收入的主要形式。自我国1994年税制改革以来，税收是我国政府取得财政收入的最主要手段，税收收入占财政收入的比重基本都维持在90%左右。

（二）国家征税的依据是政治权力

国家通过征税，将一部分社会产品从纳税人手中转变为国家所有，因此征税的过程实际上是国家参与社会产品分配的过程。国家与纳税人之间形成的这种分配关系与社会再生产中的一般分配关系不同。分配问题涉及两个基本问题：一是分配的主体；二是分配的依据。税收分配是以国家为主体所进行的分配，而一般分配则是以各生产要素的所有者为主体所进行的分配；税收分配是国家凭借政治权力所进行的分配，而一般分配则是基于生产要素所有权所进行的分配。

（三）征税的目的是满足社会公共需要

国家或政府在履行其公共职能的过程中必然发生各种公共支出。公共产品的特殊性决定了公共支出一般情况下不可能采取自愿出价的方式，不可能由市场提供，只能采用强制征税的方式，由经济组织、经济主体和个人负担。国家征税的目的是满足国家提供公共产品的需要，同时也包括政府弥补市场失灵、促进公平分配等的需要。同时，国家征税也要受到所提供的公共产品数量和质量的制约。

（四）税收具有无偿性、强制性和固定性的形式特征

税收特征，也称"税收形式特征"，是指税收作为财政收入分配形式区别于其他财政收入分配形式的质的规定性。税收特征是由税收的本质决定的，是税收本质属性的外在表现，是区别税与非税的外在尺度和标志，也是古今中外税收的共性特征。税收的形式特征通常概括为税收"三性"，即无偿性、强制性和固定性。

（1）税收的无偿性，是指国家征税时不支付任何直接形式的报酬，征税后对具体纳税人不需要直接偿还，纳税人从政府支出所获利益通常与其支付的税款不完全成一一对应的偿还关系。无偿性是税收的关键特征，它使税收明显地区别于国债等财政收入形式，决定了税收是国家筹集财政收入的主要手段，并成为调节经济和矫正社会分配不公的有力工具。

（2）税收的强制性，是指税收是国家凭借政治权力，通过法律形式对社会产品进行的强制性分配，而非纳税人的一种自愿缴纳。纳税人必须依法纳税，否则会受到法律制裁。强制性是国家的权力在税收上的法律体现，是国家取得税收收入的根本前提。它也是与税收的无偿性特征相对应的一个特征，正因为税收具有无偿性，国家才需要通过税收法律的形式规范征纳双方的权利和义务。对纳税人而言，依法纳税是一种权利，更是一种义务。

（3）税收的固定性，是指税收是国家通过法律形式预先规定了对什么征税及其征收比例等税制要素，并在以后的征税活动中保持相对的连续性和稳定性。即使税制要素的具体内容会因经济发展水平、国家经济政策的变化而进行必要的改革和调整，但这种改革和调整总是通过法律形式事先规定的，而且改革调整后要保持一定时期的相对稳定。

【特别提示】

税收三性是一个完整的统一体，它们相辅相成、缺一不可。其中，无偿性是核心，强制性是保障，固定性是对强制性和无偿性的一种规范和约束。

二、税法的构成要素

税法的构成要素是指各种单行税法具有的共同的基本要素的总称。一方面，税法要素既包括实体性的，也包括程序性的；另一方面，税法要素是所有完善的单行税法共同具备的，仅为某一税法所单独具有而非普遍性的内容，不构成税法要素，如扣缴义务人。税法的构成要素一般包括总则、纳税义务人、征税对象、税率、纳税环节、纳税期限、纳税地点、减免税、罚则、附则等项目。

（一）总则

总则主要包括立法依据、立法目的、适用原则等内容。任何法规都有其立法的目的，学习税收法规时首先要了解其立法目的，这样有利于把握法规的意义。

（二）纳税义务人

纳税义务人简称纳税人，又叫纳税主体，是税法规定的直接负有纳税义务的主体。任何一个税种首先要解决的就是对谁征税的问题，如我国增值税、消费税等暂行条例和企业所得税、个人所得等税法的第一条都是有关纳税义务人的规定。

从税法上看，纳税人有两种形式：单位和个人。单位既包括企业也包括非企业，如行政单位、事业单位和其他组织等，既包括法人也包括非法人，如分支机构等；个人既包括个体工商户也包括其他个人（主要指自然人）。自然人是基于自然规律而出生的，有民事权利和义务的主体，既包括本国公民，也包括外国人和无国籍个人。法人是自然人的对称，是具有民事权利能力和民事行为能力，依法独立享有民事权利和承担民事义务的组织。我国的法人主要有4种：机关法人、事业法人、企业法人和社团法人。

与纳税人紧密联系的两个概念是代扣代缴义务人和代收代缴义务人。前者是指虽不承担纳税义务，但依照有关规定在付款时负有代扣代缴收款方应纳税款义务的单位和个人，如代扣作者稿酬所得，个人所得税的出版社等。代收代缴义务人是指虽不承担纳税义务，但依照有关规定在收款时负有代收代缴付款方应纳税款义务的单位和个人，如受托加工应税消费品的受托方。

（三）征税对象

征税对象又叫课税对象、征税客体，是指税法规定对什么征税，是征纳税双方权利义务共同指向的客体或标的物，是区别一种税与另一种税的重要标志。例如，消费税的征税对象是消费税条例所列举的应税消费品，如房产税的征税对象是房屋等。征税对象体现着征税的广度，决定着某一种税的基本征税范围，同时，征税对象也决定了各个不同税种的名称，如消费税、土地增值税、个人所得税等税种因征税对象不同、性质不同，税名也就不同。征税对象按其性质的不同，通常可划分为商品和劳务、所得、财产、资源和特定行为等。

与课税对象相关的两个基本概念：税目和税基。

税目是在税法中对征税对象分类规定的具体的征税项目，反映具体的征税范围，是对征税对象质的界定。设置税目一方面可明确具体的征税范围，凡列入税目的即为应税项目，未列入税目的，则不属于应税项目。另一方面也是贯彻国家税收调节政策的需要，针对不同的税目制定高低不同的税率，可体现不同的税收政策。

📝 【特别提示】

并非所有税种都需规定税目，有些税种不分征税对象的具体项目，一律按照征税对象的应税数额采用同一税率计征税款，因此一般无须设置税目，如企业所得税。有些税种具体征税对象比较复杂，需要规定税目，如增值税、消费税等，一般都规定有不同的税目。

税基又称计税依据，是据以计算征税对象应纳税款的直接数量依据，它解决对征税对象征税的计算问题，是对征税对象的量的规定。例如，企业所得税应纳税额的基本计算方法是应纳税所得额乘以适用税率，其中，应纳税所得额是据以计算所得税应纳税额的数量基础，为所得税的税基。计税依据按照计量单位的性质划分，有两种基本形态：价值形态和物理形态。价值形态的计税依据包括销售（营业）收入、应纳税所得额等；物理形态的计税依据包括面积、体积、容积、重量等。以价值形态作为税基，又称为从价计征，即按征税对象的货币价值计算。例如，生产销售化妆品应纳消费税税额是由化妆品的销售收入乘以适用税率计算产生的，其税基为销售收入，属于从价计征的方法。还有一种是从量计征，即直接按征税对象的自然单位计算。例如，城镇土地使用税应纳税额是由占用土地面积乘以每单位面积应纳税额计算产生的，其税基为占用土地的面积，属于从量计征的方法。

（四）税率

税率是对征税对象的征收比例或征收额度。税率是计算税额的尺度，体现着征税的深度，是衡量税负轻重的重要标志，是税收制度的中心环节。我国现行的税率有以下几种。

1. 比例税率

比例税率就是对同一征税对象，不分数额大小，规定相同的征收比例。比例税率在实际应用中可分为 3 种具体形式。

（1）单一比例税率，是指对同一征税对象的所有纳税人都适用同一比例税率。例如，车辆购置税税率为 10%，为单一比例税率。

（2）差别比例税率，是指对同一征税对象的不同纳税人适用不同的比例征税。我国现行税法又分别按产品、行业和地区的不同将差别比例税率划分为 3 种类型：一是产品差别比例税率，即对不同产品分别适用不同的比例税率，如化妆品与涂料的消费税税率，甚至同一产品也适用不同的比例税率，如卷烟的消费税税率等；二是行业差别比例税率，即对不同行业分别适用不同的比例税率，同一行业采用同一比例税率，如金融业与房地产业的增值税税率等；三是地区差别比例税率，即区分不同地区分别适用不同的比例税率，同一地区采用同一比例税率，如城市维护建设税税率等。

（3）幅度比例税率，是指对同一征税对象，税法只规定最低税率和最高税率，各地区在该幅度内确定具体的适用税率，如契税规定 3%～5%的幅度比例税率。

【点拨指导】

比例税率具有计算简单、税负透明度高、有利于保证财政收入、有利于纳税人公平竞争、不妨碍商品流转额或非商品营业额扩大等优点，符合税收效率原则。但比例税率不能针对不同的收入水平实施不同的税收负担，在调节纳税人的收入水平方面难以体现税收的公平原则。

2. 累进税率

累进税率分为全额累进税率和超额累进税率，也分为全率累进税率和超率累进税率。

（1）全额累进税率和超额累进税率

全额累进税率，是把征税对象的数额划分为若干等级，对每个等级分别规定相应税率，当税基超过某个级距时，征税对象的全部数额都按提高后级距的相应税率征税。表 1-1 所示为某三级全额累进税率表。

表 1-1　某三级全额累进税率表

级数	全年应纳税所得额（元）	税率（%）
1	10 000 元以下的部分	10
2	10 000～100 000 元的部分	20
3	100 000 元以上的部分	30

运用全额累进税率的关键是查找纳税人计税依据在税率表中所属的级次，找到了所得级次，与其对应的税率便是该纳税人所适用的税率，全部税基乘以适用税率即可计算出应纳税额。例如，某纳税人某年应纳税所得额为 60 000 元，按表 1-1 所列税率，适用第二级次，其应纳税额为 60 000×20%=12 000（元）。

【点拨指导】

全额累进税率计算方法简便，但税收负担不合理，特别是在划分级距的临界点附近，税负呈跳跃式递增，甚至会出现税额增加超过计税依据增加的不合理现象，不利于鼓励纳税人增加收入。

超额累进税率，是把征税对象按数额的大小分成若干等级，每一等级规定一个税率，税率依次提高，但每一纳税人的征税对象则依所属等级同时适用几个税率分别计算，将计算结果相加后得出应纳税款。表 1-2 所示为某三级超额累进税率表。

表 1-2　某三级超额累进税率表

级数	全年应纳税所得额（元）	税率（%）	速算扣除数
1	10 000 元以下的部分	10	0
2	10 000～100 000 元的部分	20	1 000
3	100 000 元以上的部分	30	11 000

【例 1-1】某纳税人某年应纳税所得额为 120 000 元，用表 1-2 所列税率，其应纳税额可以分步计算。

第一级的 10 000 元适用 10% 的税率，应纳税额为 10 000×10%=1 000（元）。

第二级的 90 000 元（100 000-10 000）适用 20% 的税率，应纳税额为 90 000×20%=18 000（元）。

第三级的 20 000 元（120 000-100 000）适用 30% 的税率，应纳税额为 20 000×30%=6 000（元）。

该年应纳税额=10 000×10%+90 000×20%+20 000×30%=25 000（元）。

目前，我国采用超额累进税率的税种是个人所得税。

在级数较多的情况下，分级计算，然后相加的方法比较烦琐。为了简化计算，也可采用速算法。用公式表示如下。

$$应纳税额=计税依据×对应当级适用税率-当级速算扣除数$$

如【例 1-1】中某纳税人该年应纳税所得额为 120 000 元，则直接用 120 000 元乘以所对应级次的税率 30%，再减去当级的速算扣除数 11 000 元，就得到实际应纳税额。

$$应纳税额=120 000×30%-11 000=25 000（元）$$

在速算法下，每级都对应着一个速算扣除数，计算本级速算扣除数的方法如下。

$$本级速算扣除数=（本级税率-上一级税率）×上一级课税对象最高数额+上一级速算扣除数$$

如表 1-2 中第三级的速算扣除数=（30%-20%）×100 000+1 000=11 000（元）

（2）全率累进税率和超率累进税率

全率累进税率，是指把征税对象数额的相对率划分为若干级距，分别规定相应的差别税率，当相对率超过某个级距时，征税对象的全部数额都按提高后级距的相应税率征税。

超率累进税率就是把征税对象数额的相对率划分为若干级距，分别规定相应的差别税率，相对率每超过一个级距，对超过的部分就按高一级的税率计算征税。目前，我国采用超率累进税率的税种是土地增值税。

3. 定额税率

定额税率就是按征税对象确定的计算单位，直接规定一个固定的税额，如城镇土地使用税、车船税等的税率。

（五）纳税环节

纳税环节是指税法规定的征税对象在从生产到消费的流转过程中应当缴纳税款的环节，如流转税在生产和流通环节征税、所得税在分配环节征税等。

【点拨指导】

纳税环节有广义和狭义之分。广义的纳税环节指全部征税对象在再生产中的分布情况。例如，资源税分布在资源生产环节，商品税分布在生产环节或流通环节，所得税分布在分配环节等。狭义的纳税环节特指应税商品在流转过程中应纳税的环节。商品从生产到消费要经历诸多流转环节，各环节都存在交易活动，都可能成为纳税环节。

考虑到税收对经济的影响、财政收入的需要及税收征管能力等因素，国家常常对在商品流转过程中所征不同的税种规定不同的纳税环节。按照某种税征税环节的多少，可以将纳税环节划分为一次课征制和多次课征制。合理选择纳税环节，对加强税收征管，有效控制税源，保证国家财政收入的及时、稳定、可靠，方便纳税人生产经营活动和财务核算，灵活机动地发挥税收调节经济的作用，具有十分重要的理论意义和实践意义。

（六）纳税期限

纳税期限是指税法规定的关于税款缴纳时间方面的规定。税法关于纳税期限的规定，有 3 个概念。一是纳税义务发生时间。纳税义务发生时间，是指应税行为发生的时间。如《中华人民共和国增值税暂行条例》（以下简称《增值税暂行条例》）规定采取预收货款方式销售货物的，其纳税义务发生时间为货物发出的当天。二是纳税期限，纳税人每次发生纳税义务后，不可能马上缴纳税款。税法规定了每种税的纳税期限，即每隔固定时间汇总多次纳税义务的期间。如《增值税暂行条例》规定，增值税的具体纳税期限分别为 1 日、3 日、5 日、10 日、15 日、1 个月或者 1 个季度。纳税人的具体纳税期限，由主管税务机关根据纳税人应纳税额的大小分别核定；不能按照固定期限纳税的，可以按次纳税。三是缴库期限，即税法规定的纳税期满后，纳税人将应纳税款缴入国库的期限。例如，《增值税暂行条例》规定，纳税人以 1 个月或者 1 个季度为 1 个纳税期的，自期满之日起 15 日内申报纳税；以 1 日、3 日、5 日、10 日或者 15 日为 1 个纳税期的，自期满之日起 5 日内预缴税款，于次月 1 日起 15 日内申报纳税并结清上月应纳税款。

（七）纳税地点

纳税地点是指根据各个税种纳税对象的纳税环节和有利于对税款的源泉控制而规定的纳税人（包括代征、代扣、代缴义务人）缴纳税款的具体地点。

（八）减免税

减免税是对某些纳税人和征税对象采取减少征税或者免予征税的特殊规定。当前减免税分 3 种类型：税基式减免、税率式减免和税额式减免。

（1）税基式减免：是指在其他要素不变的情况下，缩小计税基数使应纳税额降低的一种减免税方式。

（2）税率式减免：是指在其他要素不变的情况下，降低适用税率使应纳税额降低的一种减免税方式。

（3）税额式减免：是指按照既定的要素将应纳税额计算出来后，再减征一定比例使应纳税额降低的一种减免税方式。

（九）罚则

罚则是指对纳税人违反税法的行为采取的处罚措施。

（十）附则

附则一般都规定与该法紧密相关的内容，如该法的解释权、生效时间等。

三、税收法律分类

（一）按税法的基本内容和效力分类

按照税法的基本内容和效力的不同，可分为税收基本法和税收普通法。

（1）税收基本法也称税收通则，是税法体系的主体和核心，在税法体系中起着税收母法的作用，其基本内容一般包括：税收制度的性质、税务管理机构、税收立法与管理权限、纳税人的基本权利与义务、征税机关的权利和义务、税种设置等。

【特别提示】

我国目前还没有制定统一的税收基本法，随着我国税收法制建设的发展和完善，将研究制定税收基本法。

（2）税收普通法是根据税收基本法的原则，对税收基本法规定的事项分别立法实施的法律，如个人所得税法、税收征收管理法等。

（二）按税法的职能作用分类

按照税法的职能作用的不同，可分为税收实体法和税收程序法。

（1）税收实体法主要是指确定税种立法，具体规定各税种的征收对象、征收范围、税目、税率、纳税地点等，如企业所得税法、个人所得税法等。

（2）税收程序法是指税务管理方面的法律，主要包括税收管理法、纳税程序法、发票管理法、税务机关组织法、税务争议处理法等，如税收征收管理法等。

（三）按税法征收对象分类

按照税法征收对象的不同，可分为流转税法、所得税法、财产税法、资源税法和行为税法。

（1）流转税法。其又称为货物劳务税法、商品税法，主要是对商品劳务收入征税，包括增值税、消费税、关税和烟叶税等。其特点是可以直接调节纳税人收入，通过对什么商品征税以及税率税负高低，对商品经济活动产生直接影响，易于发挥税收对经济的宏观调控作用。

（2）所得税法。其又称为收益税法，主要是对单位和个人的收益征税，包括企业所得税和个人所得税等。其特点是可以直接调节纳税人收益，发挥其公平税负、调整分配关系的作用。

（3）财产税法。主要是对财产征税，包括房产税、契税和车船税等。其特点是可以调节纳税人的税后收益，发挥税收在 3 次分配中的作用。

（4）资源税法。主要是对自然资源征税，包括资源税、城镇土地使用税等。

（5）行为税法。主要是对某种行为或者为了某种目的征税，包括印花税、土地增值税、车辆购置税、船舶吨税、环境保护税、耕地占用税和城市维护建设税等。

（四）按主权国家行使税收管辖权分类

按照主权国家行使税收管辖权的不同，可分为国内税法、国际税法、外国税法。

【点拨指导】

（1）国内税法一般是按照属人或属地原则，规定一个国家的内部税收制度。

（2）国际税法是指国家之间形成的税收制度，主要包括双边或多边国家之间的税收协定、条约和国际惯例等。一般而言，其效力高于国内税法。

（3）外国税法是指其他各个国家的税收法律制度。

（五）按税收归属和征收管辖权限分类

依据税收归属和征收管辖权限，可分为中央税法、地方税法和中央与地方共享税法。

（1）中央税属于中央政府的财政收入，如消费税、车辆购置税、关税、船舶吨税等为中央税。

（2）地方税属于各级地方政府的财政收入，如房产税、车船税、契税、土地增值税、耕地占用税、环境保护税、城镇土地使用税、烟叶税等为地方税。

（3）中央与地方共享税属于中央政府和地方政府的共同收入，如增值税、企业所得税、个人所得税、资源税、城市维护建设税、印花税等为中央与地方共享税。

拓展资料：税种的分类

（一）按计税依据的不同分类

依据计税依据的不同，可分为从价税和从量税。

（1）从价税是指以征税对象的价值量为计税依据所征收的税种。一般实行比例税率和累进税率，如增值税、消费税等。

（2）从量税是指以征税对象的实物数量为计税依据所征收的税种。一般实行定额税率，如车船税、城镇土地使用税等。

（二）按税收与价格的关系不同分类

依据税收与价格的关系不同，可分为价内税和价外税。

（1）价内税是指税金作为商品价格组成部分的税种，如现行的消费税等，其优点是有利于消费，其税金包含在价格之内，易被消费者所接受。但价内税不利于纳税，因为取得收入者认为税金是自己负担的。

（2）价外税是指税金作为商品价格附加部分的税种，如现行的增值税，其优点是利于纳税义务人缴纳税款，因为应缴纳的税金是由消费者支付的。但价外税在短期内对消费有一定的影响，不利于消费。

（三）按照税收负担是否转嫁分类

依据税收负担是否转嫁，可分为直接税和间接税。

（1）直接税是指纳税人与负税人一致，一般不存在税负转嫁的税种，如个人所得税等所得税和房产税等财产税。

（2）间接税是指纳税人与负税人往往不一致，一般存在税负容易转嫁的税种，如现行的增值税、消费税等流转税。

四、税法的地位及与其他法律的关系

（一）税法是我国法律体系的重要组成部分

了解税法在整个国家法律中所处的地位，以及与其他法律的关系，能使我们更好地执行税法，有效地打击违反税法的犯罪行为。

税法属于国家法律体系中一个重要的部门法，是调整国家与各个经济单位及公民个人分配关系的基本法律规范。法的调整对象是具有某一性质的社会关系，是将各法律部门划分开来的基本因素，也是一个法律部门区别于其他法律部门的基本标志和依据。税法以税收关系为自己的调整对象，这一社会关系的特定性把税法和其他法律部门划分开来。因此，税法主要以维护公共利益，而非个人利益为目的，在性质上属于公法。不过与宪法、行政法、刑法等典型公法相比，税法仍具有一些私法的属性，如征税依据私法化、税收法律关系私法化、税法概念范畴私法化等。

（二）税法与其他法律的关系

1. 税法与《中华人民共和国宪法》的关系

《中华人民共和国宪法》（以下简称《宪法》）是我国的根本大法，其是制定所有法律、法规的依据和章程。税法是国家法律的组成部分，当然也是依据《宪法》的原则制定的。

《宪法》第五十六条规定："中华人民共和国公民有依照法律纳税的义务。"这里一是明确了国家可以向公民征税，二是明确了向公民征税要有法律依据。因此，《宪法》的这一条规定是立法机关制定税法并据以向公民征税及公民必须依照税法纳税的最直接的法律依据。

《宪法》还规定，国家要保护公民的合法收入、财产所有权，保护公民的人身自由不受侵犯等。因此，在制定税法时，就要规定公民应享受的各项权利及国家税务机关行使征税权的约束条件，同时要求税务机关在行使征税权时，不能侵犯公民的合法权益等。

《宪法》第三十三条规定："中华人民共和国公民在法律面前一律平等"，即凡是中国公民都应在法律面前处于平等的地位。在制定税法时也应遵循这个原则，对所有的纳税人平等对待，不能因为纳税人的种族、性别、出身、年龄等不同而在税收上给予不平等的待遇。

2. 税法与民法的关系

民法是调整平等主体之间，也就是公民之间、法人之间、公民与法人之间财产关系和人身关系的法律规范，故民法调整方法的主要特点是平等、等价和有偿。税法的本质是国家依据政治权力向公民进行征税，是调整国家与纳税人关系的法律规范。这种税收征纳关系不是商品的关系，明显带有国家意志和强制的特点，其调整方法要采用命令和服从的方法。这是由税法与民法的本质区别所决定的。

但两者之间又有联系，当税法的某些规范同民法的规范基本相同时，税法一般援引民法条款。在征税过程中，经常涉及大量的民事权利和义务问题。例如，印花税中有关经济合同关系的成立、房产税中有关房屋的产权认定等，而这些在民法中已予以规定，所以，税法就不再另行规定。

3. 税法与刑法的关系

税法与刑法有本质区别。《中华人民共和国刑法》（以下简称《刑法》）是关于犯罪、刑事责任与刑罚的法律规范的总和。税法则是调整税收征纳关系的法律规范，其调整的范围不同。

两者也有着密切的联系，因为税法和刑法对于违反税法都规定了处罚条款。但应该指出的是，违反了税法，并不一定就是犯罪。《中华人民共和国税收征收管理法》（以下简称《税收征收管理法》）第六十三条规定："纳税人伪造、变造、隐匿、擅自销毁账簿、记账凭证，或者在账簿上多列支出或者不列、少列收入，或者经税务机关通知申报而拒不申报或者进行虚假的纳税申报，不缴或者少缴应纳税款的，是偷税。对纳税人偷税的，由税务机关追缴其不缴或少缴的税款、滞纳金，并处不缴或少缴的税款百分之五十以上五倍以下的罚款；构成犯罪的，依法追究刑事责任。"从上面的规定中可以看出，两者之间的区别就在于情节是否严重，轻者给予行政处罚，重者则要承担刑事责任，给予刑事处罚。

【特别提示】

自 2009 年 2 月 28 日起，"偷税"将不再作为一个刑法概念存在。第十一届全国人民代表大会常务委员会第七次会议表决通过了《中华人民共和国刑法修正案（七）》，修订后的《刑法》对第二百零一条关于不履行纳税义务的定罪量刑标准和法律规定中的相关表述方式进行了修改，用"逃避缴纳税款"取代了"偷税"。但目前我国的《税收征收管理法》中还没有做出相应修改。

4. 税法与行政法的关系

税法与行政法有十分密切的联系，主要表现为税法具有行政法的一般特性。税收实体法和税收程序法中都有大量内容是对国家机关之间、国家机关与法人或自然人之间的法律关系的调整。同时，税收法律关系中居于领导地位的一方总是国家，体现国家单方面意志，不需要征纳双方意思表示一致。另外，税收法律关系中争议的解决一般按照行政复议程序和行政诉讼程序进行。

税法与行政法也有一定的区别。与一般行政法不同的是，税法具有经济分配的性质，并且经济利益由纳税人向国家无偿单方面转移，这是一般行政法所不具备的。几乎社会再生产的每一个环节都有税法的参与和调节，在广度和深度上是一般行政法所不能比的。另外，行政法大多为授权性法规，所含的少数义务性规定也不像税法一样涉及货币收益的转移，而税法则是一种义务性法规。

五、税法的作用

由于税法调整的对象涉及社会经济活动的各个方面，与国家的整体利益及企业、单位、个人的直接利益有着密切的关系，并且在建立和发展我国社会主义市场经济体制过程中，国家将通过制定实施税法加强对国民经济的宏观调控，因此，税法的地位越来越重要。正确认识税法在我国社会主义市场经济发展中的重要作用，对于我们在实际工作中准确地把握和认真执行税法的各项规定是很必要的。我国税法的重要作用主要如下。

（一）税法是国家组织财政收入的法律保障

为了维护国家机器的正常运转和促进国民经济健康发展，国家必须筹集大量的资金，即组织国家财政收入。为了保证税收组织财政收入职能的发挥，必须通过制定税法，以法律的形式确定企业、单位和个人履行纳税义务的具体项目、数额和纳税程序，惩治偷逃税款的行为，防止税款流失，保证国家依法征税，及时足额地取得税收收入。

【点拨指导】

针对我国税费并存的宏观分配格局，今后一段时期，我国实施税制改革，一个重要的目的就是逐步提高税收占国民生产总值的比重，以保障财政收入。

（二）税法是国家宏观调控经济的法律手段

我国建立和发展社会主义市场经济体制的一个重要改革目标，就是从过去国家习惯于用行政手段直接管理经济，向主要运用法律、经济的手段宏观调控经济转变。税收作为国家宏观调控的重要手段，通过制定税法，以法律的形式确定国家与纳税人之间的利益分配关系，调节社会成员的收入水平，调整产业结构和社会资源的优化配置，使之符合国家的宏观经济政策；同时，以法律的平等原则，公平经营单位和个人的税收负担，鼓励平等竞争，为市场经济的发展创造良好的条件。例如，1994 年实施的《中华人民共和国增值税》《中华人民共和国消费税暂行条例》，对于调整产业结构，促进商品的生产、流通，适应市场竞争机制的要求，都发挥了积极的作用。

（三）税法对维护经济秩序有重要的作用

由于税法的贯彻执行涉及从事生产经营活动的每个单位和个人，一切经营单位和个人通过办理税务登记、建账建制、纳税申报，其各项经营活动都将纳入税法的规范制约和管理范围，较全面地反映纳税人的生产经营情况。这样，税法就确定了一个规范有效的纳税秩序和经济秩序，监督经营单位和个人依法经营，加强经济核算，提高经营管理水平；同时，税务机关按照税法规定对纳税人进行税务检查，严肃查处偷逃税款以及其他违反税法规定的行为，也将有效地打击各种违法经营活动，为国民经济的健康发展创造一个良好、稳定的经济秩序。

（四）税法能有效地保护纳税人的合法权益

国家征税直接涉及纳税人的切身利益，如果税务机关随意征税，就会侵犯纳税人的合法权益，影响纳税人的正常经营，这是法律所不允许的。因此，税法在确定税务机关征税权力和纳税人履行纳税义务的同时，相应规定了税务机关必尽的义务和纳税人享有的权利，如纳税人享有延期纳税权、申请减税免税权、多缴税款要求退还权、不服税务机关的处理决定申请复议或提起诉讼权等；税法还严格规定了对税务机关执法行为的监督制约制度，如进行税收征收管理必须按照法定的权限和程序行事，造成纳税人合法权益损失的要负赔偿责任等。所以说，税法不仅是税务机关征税的法律依据，同时也是纳税人保护自身合法权益的重要法律依据。

第二节　我国税收的立法原则

税收的立法原则是指在税收立法活动中必须遵循的准则。我国税收的立法原则是根据我国的社会性质和具体国情确定的，是立法机关根据社会经济活动、经济关系，特别是税收征纳双方的特点确定的，是贯穿于税收立法工作始终的指导方针。税收立法主要应遵循以下几个原则。

一、从实际出发的原则

从实际出发，这是唯物主义的思想路线在税收立法实践中的运用和体现。贯彻这个原则，一方面，要求税收立法必须根据经济、政治发展的客观需要，反映客观规律，也就是从中国国情出发，充分尊重社会经济发展规律和税收分配理论。另一方面，要客观反映一定时期国家、社会、政治、经济等各方面的实际情况，既不能被某些条条框框所束缚，也不能盲目抄袭别国的立法模式，并在此基础上，充分运用科学知识和技术手段，不断丰富税收立法理论，完善税法体系，以适应社会主义市场经济发展的客观需要。

二、公平原则

所谓公平，就是要体现合理负担原则。在市场经济体制下，参加市场竞争的各个主体需要有一个平等竞争的环境，而税收的公平是实现平等竞争的重要条件。公平主要体现在3个方面：一是从税收负担能力上看，负担能力强的应多纳税，负担能力弱的应少纳税，没有负担能力的不纳税；二是从纳税人所处的生产和经营环境看，由于客观环境优越而取得超额收入或级差收益者应多纳税，反之少纳税；三是从税负平衡看，不同地区、不同行业之间及多种经济成分之间的实际税负必须尽可能公平。

三、民主决策的原则

民主决策的原则主要指在税收立法过程中必须充分倾听群众的意见，严格按照法定程序进行，确保税收法律能体现广大人民群众的根本利益。坚持这个原则，要求税收立法的主体应以人民代表大会及其常务委员会为主，按照法定程序进行；对税收法案的审议，要进行充分的辩论，倾听各方面的意见；税收立法过程要公开化，让广大公众及时了解税收立法的全过程、立法过程中各个环节的争论情况以及是如何达成共识的。

四、原则性与灵活性相结合的原则

在制定税法时，要求明确、具体、严谨、周密。但是，为了保证税法制定后在全国范围内、在各个地区都能贯彻执行，不至于与现实脱节，又要求在制定税法时，不能规定得过细过死。这就要求必须坚持原则性与灵活性相结合的原则。具体地讲，就是必须贯彻法制的统一性与因时、因地制宜相结合。法制的统一性，表现在税收立法上，就是税收立法权只能由国家最高权力机关来行使，各地区、各部门不能擅自制定违背国家宪法和法律的所谓"土政策""土规定"。但是，我国又是一个幅员辽阔、人口众多、多民族的国家，各地区的经济文化发展水平不平衡，政治状况也不尽相同，因而对不同地区不能强求一样。因此，为了照顾不同地区，特别是少数民族地区不同的情况和特点，为了充分发挥地方的积极性，在某些情况下，允许地方在遵守国家法律、法规的前提下，制定适合当地的实施办法。因此，只有贯彻这个原则，才能制定出既符合全国统一性要求，又能适应各地区实际情况的税法。

五、法律的稳定性、连续性与废、改、立相结合的原则

制定税法，是与一定经济基础相适应的，税法一旦制定，在一定阶段内就要保持其稳定性，不能朝令夕改，变化不定。如果税法经常变动，不仅会破坏税法的权威性和严肃性，而且会给国民经济生活造成非常不利的影响。但是，这种稳定性不是绝对的，因为社会政治、经济状况不断变化，税法也要进行相应的发展变化。这种发展变化具体表现在：有的税法，已经过时，需要废除；有的税法，部分失去效力，需要修改、补充；根据新的情况，需要制定新的税法。此外，还必须注意保持税法的连续性，即税法不能中断，在新的税法未制定前，原有的税法不应随便中止失效；在修改、补充或制定新的税法时，应保持与原有税法的承续关系，应在原有税法的基础上，结合新的实践经验，修改、补充原有的税法和制定新的税法。只有遵循这个原则，才能制定出符合社会政治、经济发展规律的税法。

第三节　我国税收立法及其实施

税收立法是税法实施的前提，有法可依、有法必依、执法必严、违法必究是税收立法与税法实施过程中必须遵循的基本原则。

一、税收立法

税收立法是指有权的机关依据一定的程序，遵循一定的原则，运用一定的技术，制定、公布、修改、补充和废止有关税收法律、法规、规章的活动。

（一）税收立法机关

根据《宪法》《中华人民共和国全国人民代表大会组织法》《中华人民共和国国务院组织法》及《中华人民共和国地方各级人民代表大会和地方各级人民政府组织法》的规定，我国的立法体制是：全国人民代表大会及其常务委员会行使立法权，制定法律；国务院及所属各部委，有权根据宪法和法律制定行政法规和规章；地方人民代表大会及其常务委员会，在不同宪法、法律、行政法规抵触的前提下，有权制定地方性法规，但要报全国人民代表大会常务委员会（以下简称"全国人大常委会"）和国务院备案；民族自治区地方人民代表大会有权依照当地民族政治、经济和文化的特点，制定自治条例和单行条例。

各有权机关根据国家立法体制规定所制定的一系列税收法律、法规、规章和规范性文件，构成了我国的税收法律体系。需要说明的是，我们平时所说的税法，有广义和狭义之分。广义概念上的税法包括所有调整税收关系的法律、法规、规章和规范性文件，是税法体系的总称；而狭义概念上的税法特指由全国人民代表大会及其常务委员会制定和颁布的税收法律。由于制定税收法律、法规和规章的机关不同，其法律级次不同，因此其法律效力也不同。

1. 全国人民代表大会和全国人大常委会制定的税收法律

《宪法》第五十八条规定："全国人民代表大会和全国人民代表大会常务委员会行使国家立法权。"上述规定确定了我国税收法律的立法权由全国人民代表大会及其常务委员会行使，任何其他机关都没有制定税收法律的权力。在国家税收中，凡是基本的、全局性的问题，如国家税收的性质，税收法律关系中征纳双方权利与义务的确定，税种的设置，税目、税率的确定等，都需要由全国人民代表大会及其常务委员会以税收法律的形式制定实施，并且在全国范围内，无论对国内纳税人，还是涉外纳税人都普遍适用。

📖【点拨指导】

在现行税法中，如《中华人民共和国企业所得税法》（以下简称《企业所得税法》）《中华人民共和国个人所得税法》（以下简称《个人所得税法》）《税收征收管理法》等都是税收法律。除了《宪法》，在税收法律体系中，税收法律具有最高的法律效力，是其他各级机关制定税收法规、规章的法律依据，其他各级机关制定的税收法规、规章，都不得与《宪法》和税收法律相抵触。

2. 全国人民代表大会或全国人大常委会授权立法

授权立法是指全国人民代表大会及其常务委员会根据需要授权国务院制定某些具有法律效力的暂行规定或者条例。授权立法与制定行政法规不同。国务院经授权立法所制定的规定或条例等，具有国家法律的性质和地位，其法律效力高于行政法规，在立法程序上还需报全国人大常委会备案。1984 年 9 月 1 日，全国人大常委会授权国务院改革工商税制和发布有关税收条例。国务院自 1994 年 1 月 1 日起实施工商税制改革，制定实施了增值税、营业税、消费税、资源税、土地增值税、企业所得税等 6 个暂行条例。授权立法，在一定程度上解决了我国经济体制改革和对外开放工作急需法律保障的当务之急。税收暂行条例的制定和公布施行，也为全国人民代表大会及其常务委员会立法工作提供了有益的经验和条件。2008年的企业所得税和外资企业所得税改革合并，企业所得税暂行条例上升为企业所得税法。

3. 国务院制定的税收行政法规

国务院作为最高国家权力机关的执行机关，是最高的国家行政机关，拥有广泛的行政立法权。我国《宪法》规定，国务院可"根据宪法和法律，规定行政措施，制定行政法规，发布决定和命令"。行政法规作为一种法律形式，在中国法律形式中处于低于宪法、法律和高于地方性法规、部门规章、地方规章的地位，也是在全国范围内普遍适用的。行政法规的立法目的在于保证宪法和法律的实施，行政法规不得与宪法、法律相抵触，否则无效。国务院发布的《中华人民共和国企业所得税法实施条例》《中华人民共和国税收征收管理法实施细则》等，都是税收行政法规。

4. 地方各级人民代表大会及其常务委员会制定的税收地方性法规

根据《中华人民共和国地方各级人民代表大会和地方各级人民政府组织法》的规定，省、自治区、直辖市的人民代表大会及省、自治区的人民政府所在地的市和经国务院批准的较大的市的人民代表大会有制定地方性法规的权力。由于我国在税收立法上坚持"统一税法"的原则，因此地方权力机关制定税收地方性法规不是无限制的，而是要严格按照税收法律的授权行事。目前，除了海南省、民族自治地区按照全国人民代表大会授权立法规定，在遵循宪法、法律和行政法规的原则基础上，可以制定有关税收的地方性法规外，其他省、市一般都无权自定税收地方性法规。

5. 国务院税务主管部门制定的税收部门规章

《宪法》第九十条规定："国务院各部、各委员会根据法律和国务院的行政法规、决定、命令，在本部门的权限内，发布命令、指示和规章。"有权制定税收部门规章的税务主管机关是财政部、国家税务总局及海关总署，可制定规章的范围包括：对有关税收法律、法规的具体解释，税收征收管理的具体规定、办法等。税收部门规章在全国范围内具有普遍适用效力，但不得与税收法律、行政法规相抵触。例如，财政部颁发的《中华人民共和国增值税暂行条例实施细则》、国家税务总局颁发的《税务代理试行办法》等都属于税收部门规章。

6. 地方各级人民政府制定的税收地方规章

《地方各级人民代表大会和地方各级人民政府组织法》规定："省、自治区、直辖市以及省、自治区的人民政府所在地的市和国务院批准的较大的市的人民政府，可以根据法律和国务院的行政法规，制定规章。"按照"统一税法"的原则，上述地方人民政府制定税收规章，都必须在税收法律、法规明确授权的前提下进行，并且不得与税收法律、行政法规相抵触。没有税收法律、法规的授权，地方各级人民政府是无权自定税收规章的，凡越权自定的税收规章没有法律效力。例如，国务院发布实施的城市维护建设税、车船税、房产税等地方性税种暂行条例，都规定省、自治区、直辖市人民政府可根据条例制定实施细则。

（二）税收立法、修订和废止程序

税收立法程序是指有权的机关，在制定、认可、修改、补充、废止等税收立法活动中，必须遵循的法定步骤和方法。

目前我国税收立法程序主要包括以下几个阶段。

1. 提议阶段

无论是税法的制定，还是税法的修改、补充和废止，一般都由国务院授权其税务主管部门（财政部或国家税务总局）负责立法的调查研究等准备工作，并提出立法方案或税法草案，上报国务院。

2. 审议阶段

税收法规由国务院负责审议。税收法律在经国务院审议通过后，以议案的形式提交全国人大常委会的有关工作部门，在广泛征求意见并做修改后，提交全国人民代表大会或其常务委员会审议通过。

　　3. 通过和公布阶段

　　税收行政法规，由国务院审议通过后，以国务院总理名义发布实施。税收法律，在全国人民代表大会或其常务委员会开会期间，先听取国务院关于制定税法议案的说明，然后经过讨论，以简单多数的方式通过后，以国家主席名义发布实施。

二、税法的实施

　　税法的实施即税法的执行。它包括税收执法和守法两个方面：一方面要求税务机关和税务人员正确运用税收法律，并对违法者实施制裁；另一方面要求税务机关、税务人员、公民、法人、社会团体及其他组织严格遵守税收法律。所谓守法，是指税务机关、税务人员都必须遵守税法的规定，严格依法办事。守法是保证税法得以顺利实施的重要条件。

　　由于税法具有多层次的特点，因此，在税收执法过程中，对其适用性或法律效力的判断，一般按以下原则掌握：一是层次高的法律优于层次低的法律；二是同一层次的法律中，特别法优于普通法；三是国际法优于国内法；四是实体法从旧，程序法从新。

第四节　我国税收管理体制

一、税收管理体制的概念

　　税收管理体制是在各级国家机构之间划分税权的制度。税权的划分有纵向划分和横向划分的区别，其中，纵向划分是指税权在中央与地方国家机构之间的划分；横向划分是指税权在同级立法、司法、行政等国家机构之间的划分。

　　我国税收管理体制，是税收制度的重要组成部分，也是财政管理体制的重要内容。税收管理权限，包括税收立法权、税收法律法规的解释权、税种的开征或停征权、税目和税率的调整权、税收的加征和减免权等。如果按大类划分，可以简单地将税收管理权限划分为税收立法权和税收执法权两类。

二、税收立法权

　　税收立法权是制定、修改、解释或废止税收法律、法规、规章和规范性文件的权力。它包括两个方面的内容：一是什么机关有税收立法权；二是各级机关的税收立法权是如何划分的。

（一）税收立法权的划分

　　税收立法权的明确有利于保证国家税法的统一制定和贯彻执行，充分、准确地发挥各级有权机关管理税收的职能作用，防止各种越权自定章法、随意减免税收现象的发生。

　　税收立法权的划分可按以下不同的方式进行。

　　第一，可以按照税种类型的不同来划分，如按流转税类、所得税类、地方税类来划分。有关特定税收领域的税收立法权通常全部给予特定一级的政府。

　　第二，可以根据任何税种的基本要素来划分。任何税种的结构都由几个要素构成：纳税人、征税对象、税基、税率、税目、纳税环节等。理论上，可以将税种的某一要素如税基和税率的立法权，授予某级政府。但在实践中，这种做法并不多见。

　　第三，可以根据税收执法的级次来划分。可以将立法权给予某级政府，行政上的执行权给予另一级政府。这是一种传统的划分方法，能适用于任何类型的立法权。根据这种模式，有关纳税主体、税基和税率的基本法规的立法权放在中央政府，更具体的税收实施规定的立法权给予较低级政府。因此，需要指定某级政府制定不同级次的法律。我国的税收立法权的划分就是属于此种类型。

（二）我国税收立法权划分的现状

第一，中央税、中央与地方共享税以及全国统一实行的地方税的立法权集中在中央，以保证中央政令统一，维护全国统一市场和企业平等竞争。

第二，依法赋予地方适当的地方税收立法权。我国地域辽阔，地区间经济发展水平较不平衡，有前提地、适当地给地方下放一些税收立法权，可使地方实事求是地根据自己特有的税源开征新的税种，促进地方经济的发展。这样，既有利于地方因地制宜地发挥当地的经济优势，同时也便于与国际税收惯例对接。

具体地说，我国税收立法权划分的层次是这样的。

（1）全国性税种的立法权，即包括全部中央税、中央与地方共享税和在全国范围内征收的地方税税法的制定、公布和税种的开征、停征权，属于全国人民代表大会及其常务委员会。

（2）经全国人民代表大会及其常务委员会授权，全国性税种可先由国务院以"条例"或"暂行条例"的形式发布施行。经一段时期后，再行修订并通过立法程序，由全国人民代表大会及其常务委员会正式立法。

（3）经全国人民代表大会及其常务委员会授权，国务院有制定税法实施细则、增减税目和调整税率的权力。

（4）经全国人民代表大会及其常务委员会的授权，国务院有税法的解释权；经国务院授权，国家税务主管部门（财政部和国家税务总局）有税收条例的解释权和制定税收条例实施细则的权力。

（5）省级人民代表大会及其常务委员会根据本地区经济发展的具体情况和实际需要，在不违背国家统一税法，不影响中央的财政收入，不妨碍我国统一市场的前提下，开征全国性税种以外的地方税种的税收立法权。税法的公布，税种的开征、停征，由省级人民代表大会及其常务委员会统一规定，所立税法在公布实施前须报全国人大常委会备案。

（6）经省级人民代表大会及其常务委员会授权，省级人民政府有本地区地方税法的解释权和制定税法实施细则、调整税目、税率的权力，也可在上述规定的前提下，制定一些税收征收办法，还可以在全国性地方税条例规定的幅度内，确定本地区适用的税率或税额。上述权力除税法解释权，在行使后和发布实施前须报国务院备案。

【特别提示】

地区性地方税收的立法权应只限于省级立法机关或经省级立法机关授权的同级人民政府，不能层层下放。所立税法可在全省（自治区、直辖市）范围内执行，也可只在部分地区执行。

关于我国现行税收立法权的划分问题，迄今为止，尚无一部法律对之加以完整规定，只是散见于若干财政和税收法律、法规中，尚有待于税收基本法做出统一规定。

三、税收执法权

税收执法权和行政管理权是国家赋予税务机关的基本权力，是税务机关实施税收管理和系统内部行政管理的法律手段。税收执法权是指税收机关依法征收税款，依法进行税收管理活动的权力，具体包括税款征收管理权、税务检查权、税务稽查权、税务行政复议裁决权及其他税务管理权。下面主要介绍税款征收管理权、税务检查权和税务稽查权。

（一）税款征收管理权

我国《税收征收管理法》第二十八条规定，税务机关依照法律、行政法规的规定征收税款。

1. 税收征收管理权限的划分

根据国务院《关于实行财政分税制有关问题的通知》等有关法律、法规的规定，我国现行税制下税收征收管理权限的划分大致如下。

（1）根据国务院关于实行分税制财政管理体制的决定，按税种划为中央税、中央和地方共享税和地方税。将维护国家权益、实施宏观调控所必需的税种划为中央税；将同国民经济发展直接相关的主要税种划为中央与地方共享税；将适合地方征管的税种划为地方税，并充实地方税税种，增加地方税收收入。

（2）地方自行立法的地区性税种，其管理权由省级人民政府及其税务主管部门掌握。

（3）属于地方税收管理权限，在省级及其以下的地区如何划分，由省级人民代表大会或省级人民政府决定。

（4）除少数民族自治地区和经济特区外，各地均不得擅自停征全国性的地方税种。

（5）经全国人民代表大会及其常务委员会和国务院的批准，民族自治地方可以拥有某些特殊的税收管理权，如全国性地方税种的某些税目、税率的调整权以及一般地方税收管理权以外的其他一些管理权等。

（6）经全国人民代表大会及其常务委员会和国务院的批准，经济特区也可以在享有一般地方税收管理权之外，拥有一些特殊的税收管理权。

（7）上述地方（包括少数民族自治地区和经济特区）的税收管理权的行使，必须以不影响国家宏观调控和中央财政收入为前提。

（8）涉外税收必须执行国家的统一税法，涉外税收政策的调整权集中在全国人大常委会和国务院，各地一律不得自行制定涉外税收的优惠措施。

（9）根据国务院的有关规定，为了更好地体现公平税负、促进竞争的原则，保护社会主义统一市场的正常发育，在税法规定之外，一律不得减税免税，也不得采取先征后返的形式变相减免税。

2. 税务机构设置

国务院下设国家税务总局，省级和省级以下设国家税务总局省、市、县（区）税务局，具体承担所辖区域内的各项税收、非税收入征管等职责，实行以国家税务总局为主与省（市、县、区）人民政府双重领导管理体制。

3. 税收征收管理范围划分

目前，我国的税收分别由税务、海关系统负责征收管理。除关税、船舶吨税、进口增值税和进口消费税由海关征收管理，其他税收都由税务机关负责征收管理。

4. 中央政府与地方政府税收收入划分

根据国务院关于实行分税制财政管理体制的规定，我国的税收收入分为中央政府固定收入、地方政府固定收入和中央政府与地方政府共享收入。

（1）中央政府固定收入包括消费税（含进口环节海关代征的部分）、车辆购置税、关税、海关代征的进口环节增值税等。

（2）地方政府固定收入包括城镇土地使用税、耕地占用税、土地增值税、房产税、车船税、契税。

（3）中央政府与地方政府共享收入主要包括以下几类。

① 增值税（不含进口环节由海关代征的部分）：中央政府分享 50%，地方政府分享 50%。

② 企业所得税：中国铁路总公司（原铁道部）、各银行总行及海洋石油企业缴纳的部分归中央政府，其余部分中央与地方政府按 60% 与 40% 的比例分享。

③ 个人所得税：除储蓄存款利息所得的个人所得税外，其余部分中央与地方政府按 60% 与 40% 的比例分享。

④ 资源税：海洋石油企业缴纳的部分归中央政府，其余部分归地方政府。

⑤ 城市维护建设税：中国铁路总公司（原铁道部）、各银行总行、各保险总公司集中缴纳的部分归中央政府，其余部分归地方政府。

⑥ 印花税：证券交易印花税归中央政府，其余部分归地方政府。

（二）税务检查权

税务检查是指税务机关依据国家的税收法律、法规对纳税人等管理相对人履行法定义务的情况进行审查、监督的执法活动。有效的税务检查可以抑制不法纳税人的侥幸心理，提高税法的威慑力，减少税收违法犯罪行为，保证国家收入，维护税收公平与守法纳税人的合法利益。税务检查包括以下两类。

（1）税务机关为取得确定税额所需资料，证实纳税人纳税申报的真实性与准确性而进行的经常性检查，其依据是税法赋予税务机关的强制行政检查权。

（2）为打击税收违法犯罪而进行的特别调查。它可以分为行政性调查和刑事调查两个阶段。行政性调查属于税务检查权范围之内，从原则上讲，在纳税人有违反税法的刑事犯罪嫌疑的情况下，即调查的刑事性质确定后，案件应开始适用刑事调查程序。

（三）税务稽查权

税务稽查是税务机关依法对纳税人、扣缴义务人履行纳税义务、扣缴义务情况所进行的税务检查和处理工作的总称。税务稽查权是税收执法权的一个重要组成部分，也是整个国家行政监督体系中的一种特殊的监督权行使形式。

根据相关法律规定，税务稽查的基本任务是：依照国家税收法律、法规，查处税收违法行为，保障税收收入，维护税收秩序，促进依法纳税，保证税法的实施。税务稽查必须以事实为根据，以税收法律、法规、规章为准绳，依靠人民群众，加强与司法机关及其他有关部门的联系和配合。各级税务机关设立的税务稽查机构，按照各自的税收管辖范围行使税务稽查职能。

拓展知识

我国现行税制
体系

思考题

1. 税收的特征有哪些？
2. 举例说明代扣代缴义务人与代收代缴义务人、全额累进税率与超额累进税率的区别。
3. 举例说明我国的纳税环节有哪些。
4. 举例说明直接税与间接税、价内税与价外税的区别。
5. 按照征收对象的不同，税法分为哪几类？各类包括哪些税种？
6. 税法与其他法律有哪些区别？
7. 简述税法的作用。
8. 中央政府与地方政府是如何划分税收收入的？
9. 举例说明税法的实施原则。

第二章　增值税

【内容提要】

本章介绍了增值税的征税范围和纳税义务人；一般纳税人与小规模纳税人的认定及管理；税率与征收率；计税方法；一般纳税人、小规模纳税人和进口货物应纳税额的计算；出口货物退（免）税；税收优惠；征收管理。

【本章学习重点】

增值税的征税范围和一般纳税人应纳增值税的计算方法，进口货物应纳税额和出口货物退税额的计算方法。

第一节　增值税概述

微课堂

增值税概述

一、增值税的概念

增值税是对商品、劳务应税行为在流转过程中产生的增值额征收的一种流转税。按照现行增值税的规定，我国增值税是对在中华人民共和国境内（以下简称"境内"）销售货物、加工修理修配劳务（以下称"应税劳务"）和服务、无形资产、不动产（以下称"应税行为"）以及进口货物的单位和个人，对其销售货物、应税劳务、应税行为的增值额以及进口货物的金额课征的一种流转税。

对增值税概念的理解，关键是要理解增值额的含义。增值额是指企业或者其他经营者从事生产经营或者提供劳务，在购入的商品或者取得劳务的价值基础上新增加的价值额。我们可以从以下 3 个方面理解。

（1）从理论上讲，增值额是指生产经营者在生产经营过程中新创造的价值额。增值额相当于商品价值 $C+V+M$（商品价值 $W=C+V+M$）中的 $V+M$ 部分，其中，C 即商品生产过程中所消耗的生产资料转移价值；V 即工资，是劳动者为自己创造的价值；M 即剩余价值或盈利，是劳动者为社会创造的价值。增值额是劳动者新创造的价值，从内容上讲大体相当于净产值或国民收入。

（2）就一个生产单位而言，增值额是这个单位商品销售收入额或经营收入额扣除非增值项目（相当于物化劳动，如外购的原材料、燃料、动力、包装物、低值易耗品等）价值后的余额。这个余额，大体相当于该单位活劳动创造的价值。

（3）就一个商品的生产经营全过程来讲，不论其生产经营经过几个环节，其最后的销售总值，都应等于该商品从生产到流通的各个环节的增值额之和，即有以下等式成立。

$$商品最后销售价格=各环节增值额之和$$

【情景解析】

以表 2-1 为例，如果用传统的流转税计税方式，对每个流转环节均按全额征税，将会对该商品从原材料到零售环节的每个环节按销售全额计税，其计税总值为 390 元。但如果按增值税的计税方式，对每个环节的增值额计税，即其计税总值为 140 元。这两者的差额 250 元就产生了重复征税问题，即第一环节的 50 元实际上在传统的流转税计税方式下将被征税 4 次，被重复征税 3 次。同理，其余环节分别被重复征税若干次。而改为按每个环节的增值额征税后，不论一个商品从生产到最后销售经过几个流转环节，其计税总值都等于该商品的最终销售价格。这个特点对消除重复征税、对产品的出口退税等均产生了重要影响。

表 2-1　某商品最后销售价格与各生产流通环节增值额的关系

生产流通环节	本环节销售额（元）	本环节增值额（元）
原材料生产环节	50	50（注 1）
产成品生产环节	80	30（注 2）
批发环节	120	40
零售环节	140	20
合计	390	140

注：1. 假定本环节均为增值额，无购进项目。
　　2. 每个环节的增值额为本环节销售额减去购进成本的销售额后的余额。

二、增值税的发展

早在 1917 年，美国学者亚当斯就已经提出了具有现代增值税雏形的想法。1921 年，德国学者西蒙士正式提出了增值税的名称。

增值税最早得以确立并征收的国家是法国。1954 年，法国在生产阶段对原来的按营业额全额征税改为按全额计算后允许扣除购进项目已缴纳的税款，即按增值额征税，开创了增值税实施之先河。

此后，增值税在欧洲得到推广，不久又扩展到欧洲以外的许多国家。目前，世界上已有 100 多个国家和地区实行增值税。

增值税在半个多世纪的时间里得到了众多国家和地区的广泛认可和推行，这在世界税制发展史上是罕见的，被称为 20 世纪人类在财税领域的一个重要的改革和成就。增值税得以推广，最主要的原因是其改变了传统的流转税按全额道道重复征税的做法，改由对每一个生产流通环节的增值额进行征税，由此产生一些自身独特的功能和作用。

三、增值税的特点

（一）普遍征收

从增值税的征税范围看，从事商品生产经营和劳务提供的所有单位和个人，其在商品劳务增值的各个生产流通环节都要纳税。

（二）税负可以转嫁

虽然增值税是向单位和个人征收的，但单位和个人在销售商品时又通过价格将税收负担转嫁给下一个生产流通环节，最后由最终消费者承担。

（三）税不重征

在计算纳税人应纳税款时，要扣除商品劳务在以前生产环节已负担的税款，以避免重复征税。各国一般都实行凭购货发票进行抵扣。

（四）实行价外税制度

在计税时，作为计税依据的销售额中不包含增值税税额。这样有利于形成均衡的生产价格，并有利于税负转嫁的实现。这是增值税与传统的以全部流转额为计税依据的税种的一个重要区别。

四、增值税的类型

在实践中，各国实行的增值税都是以法定增值额为征税对象的。法定增值额和理论增值额往往不相一致,其主要区别体现在对购入固定资产的处理上。所以,根据对购入固定资产已纳税款处理的不同,可以将增值税分为不同的类型。依据实行增值税的各个国家允许抵扣已纳税款的扣除项目范围的大小,增值税可分为生产型增值税、收入型增值税、消费型增值税3种类型。

1. 生产型增值税

生产型增值税是指在计算纳税人的应纳税额时,不允许扣除任何外购固定资产的已纳税额。这个法定增值额既不允许扣除购入固定资产的价值,也不考虑生产经营过程中固定资产磨损的那部分转移价值(即折旧),从整个社会来说相当于国民生产总值,所以称为生产型增值税。

【特别提示】

我国在2009年以前实行生产型增值税。

2. 收入型增值税

收入型增值税是指在计算纳税人的应纳税额时,对外购固定资产的已纳税金只允许将当期计入产品价值的折旧费所应分摊的那部分税金扣除。这个法定增值额,就整个社会来说相当于国民收入,所以称为收入型增值税。

3. 消费型增值税

消费型增值税是指在计算纳税人的应纳税额时,允许将当期购入固定资产的已纳税金一次性全部扣除。这个法定增值额,就整个社会而言,不包括生产资料部分,仅限于消费资料,所以称为消费型增值税。

【特别提示】

我国自2009年1月1日起实行消费型增值税。

第二节　征税范围与纳税义务人

根据《中华人民共和国增值税暂行条例》(以下简称《增值税暂行条例》)和《关于全面推开营业税改征增值税试点的通知》(财税〔2016〕36号文,以下简称"营改增通知")等地规定,在境内销售货物、应税劳务、应税行为以及进口货物的单位和个人,应当缴纳增值税。在境内销售货物、应税劳务、应税行为以及进口货物,是指销售货物的起运地或者所在地在境内、应税劳务发生在境内、服务或无形资产的销售方或购买方在境内以及所销售或租赁的不动产在境内。

一、征税范围

根据《增值税暂行条例》和"营改增通知"等的规定,增值税的征税范围规定如下。

(一)征税范围的一般规定

现行增值税征税范围的一般规定包括以下几个方面。

1. 销售或者进口货物

货物是指有形动产,包括电力、热力、气体在内。销售货物是指有偿转让货物的所有权。有偿是指从购买方取得货币、货物或者其他经济利益。

2. 销售应税劳务

加工是指受托加工货物即委托方提供原料及主要材料,受托方按照委托方的要求制造货物并收取加工费的业务。修理修配是指受托对损伤和丧失功能的货物进行修复,使其恢复原状和功能的业务。销售应税劳务是指有偿销售应税劳务。

单位或者个体工商户聘用的员工为本单位或者雇主提供应税劳务，不包括在内。

3. 销售服务

销售服务是指有偿提供交通运输服务、邮政服务、电信服务、建筑服务、金融服务、现代服务、生活服务和其他生活服务。

（1）交通运输服务，是指使用运输工具将货物或者旅客送达目的地，使其空间位置得到转移的业务活动，包括陆路运输服务、水路运输服务、航空运输服务和管道运输服务。

① 陆路运输服务，是指通过陆路（地上或地下）运送货物或者旅客的运输业务活动，包括铁路运输服务和其他陆路运输服务。

② 水路运输服务，是指通过江、河、湖、川等天然、人工水道或者海洋航道运送货物或者旅客的运输业务活动。

水路运输的程租、期租业务，属于水路运输服务。

③ 航空运输服务，是指通过空中航线运送货物或者旅客的运输业务活动。航空运输的湿租业务，属于航空运输服务。

航天运输服务按照航空运输服务缴纳增值税。

④ 管道运输服务，是指通过管道设施输送气体、液体、固体物质的运输业务活动。

（2）邮政服务，是指中国邮政集团公司及其所属邮政企业提供邮件寄递、邮政汇兑、机要通信和邮政代理等邮政基本服务的业务活动，包括邮政普遍服务、邮政特殊服务和其他邮政服务（不包括邮政储蓄业务）。

① 邮政普遍服务，是指函件、包裹等邮件寄递，以及邮票发行、报刊发行和邮政汇兑等业务活动。

② 邮政特殊服务，是指义务兵平常信函、机要通信、盲人读物和革命烈士遗物的寄递等业务活动。

③ 其他邮政服务，是指邮册等邮品销售、邮政代理等业务活动。

（3）电信服务，是指利用有线、无线的电磁系统或者光电系统等各种通信网络资源，提供语音通话服务，传送、发射、接收或者应用图像、短信等电子数据和信息的业务活动，包括基础电信服务和增值电信服务。

① 基础电信服务，是指利用固网、移动网、卫星、互联网，提供语音通话服务的业务活动，以及出租或者出售带宽、波长等网络元素的业务活动。

② 增值电信服务，是指利用固网、移动网、卫星、互联网、有线电视网络，提供短信和彩信服务、电子数据和信息的传输及应用服务、互联网接入服务等业务活动。

卫星电视信号落地转接服务，按照增值电信服务计算缴纳增值税。

（4）建筑服务，是指各类建筑物、构筑物及其附属设施的建造、修缮、装饰，线路、管道、设备等的安装以及其他工程作业的业务活动，包括工程服务、安装服务、修缮服务、装饰服务和其他建筑服务。

① 工程服务，是指新建、改建各种建筑物、构筑物的工程作业，包括与建筑物相连的各种设备或者支柱、操作平台的安装或者装设工程作业，以及各种窑炉和金属结构工程作业。

② 安装服务，是指生产设备、动力设备、起重设备、运输设备、传动设备、医疗实验设备以及其他各种设备、设施的装配、安置工程作业，包括与被安装设备相连的工作台、梯子、栏杆的装设工程作业，以及被安装设备的绝缘、防腐、保温、油漆等工程作业。

【特别提示】

固定电话、有线电视、宽带、水、电、燃气、暖气等经营者向用户收取的安装费、初装费、开户费、扩容费以及类似收费，按照安装服务缴纳增值税。

③ 修缮服务，是指对建筑物、构筑物进行修补、加固、养护、改善，使之恢复原来的使用价值或者延长其使用期限的工程作业。

④ 装饰服务，是指对建筑物、构筑物进行修饰装修，使之美观或者具有特定用途的工程作业。

⑤ 其他建筑服务，是指上列工程作业之外的各种工程作业服务，如钻井（打井）、拆除建筑物或者构筑物、平整土地、园林绿化、疏浚（不包括航道疏浚）、建筑物平移、搭脚手架、爆破、矿山穿孔、表面附着物（包括岩层、土层、沙层等）剥离和清理等工程作业。

（5）金融服务，是指经营金融保险的业务活动，包括贷款服务、直接收费金融服务、保险服务和金融商品转让。

① 贷款服务，是指将资金出借给他人使用而取得利息收入的业务活动。各种占用、拆借资金取得的收入，包括金融商品持有期间（含到期）利息（保本收益、报酬、资金占用费、补偿金等）收入、信用卡透支利息收入、买入返售金融商品利息收入、融资融券收取的利息收入，以及融资性售后回租、押汇、罚息、票据贴现、转贷等业务取得的利息及利息性质的收入，按照贷款服务缴纳增值税。

【点拨指导】

以货币资金投资收取的固定利润或者保底利润，按照贷款服务缴纳增值税。

② 直接收费金融服务，是指为货币资金融通及其他金融业务提供相关服务并且收取费用的业务活动，包括提供货币兑换、账户管理、电子银行、信用卡、信用证、财务担保、资产管理、信托管理、基金管理、金融交易场所（平台）管理、资金结算、资金清算、金融支付等服务。

③ 保险服务，是指投保人根据合同约定，向保险人支付保险费，保险人对于合同约定的可能发生的事故因其发生所造成的财产损失承担赔偿保险金责任，或者当被保险人死亡、伤残、疾病或者达到合同约定的年龄、期限等条件时承担给付保险金责任的商业保险行为。

【点拨指导】

保险服务包括人身保险服务和财产保险服务。

④ 金融商品转让，是指转让外汇、有价证券、非货物期货和其他金融商品所有权的业务活动。

【点拨指导】

其他金融商品转让包括基金、信托、理财产品等各类资产管理产品和各种金融衍生品的转让。

（6）现代服务，是指围绕制造业、文化产业、现代物流产业等提供技术性、知识性服务的业务活动，包括研发和技术服务、信息技术服务、文化创意服务、物流辅助服务、租赁服务、鉴证咨询服务、广播影视服务和商务辅助服务。

① 研发和技术服务，包括研发服务、合同能源管理服务、工程勘察勘探服务、专业技术服务。

② 信息技术服务，是指利用计算机、通信网络等技术对信息进行生产、收集、处理、加工、存储、运输、检索和利用，并提供信息服务的业务活动，包括软件服务、电路设计及测试服务、信息系统服务、业务流程管理服务和信息系统增值服务。

③ 文化创意服务，包括设计服务、知识产权服务、广告服务和会议展览服务。

④ 物流辅助服务，包括航空服务、港口码头服务、货运客运场站服务、打捞救助服务、装卸搬运服务、仓储服务和收派服务。

⑤ 租赁服务，包括融资租赁服务和经营租赁服务。

【特别提示】

融资性售后回租不按照本税目缴纳增值税。水路运输的光租业务、航空运输的干租业务，属于经营租赁。

⑥ 鉴证咨询服务，包括认证服务、鉴证服务和咨询服务。

⑦ 广播影视服务，包括广播影视节目（作品）的制作服务、发行服务和播映（含放映，下同）服务。

⑧ 商务辅助服务，包括企业管理服务、经纪代理服务、人力资源服务、安全保护服务。

⑨ 其他现代服务，是指除研发和技术服务、信息技术服务、文化创意服务、物流辅助服务、租赁服务、鉴证咨询服务、广播影视服务和商务辅助服务以外的现代服务。

（7）生活服务，是指为满足城乡居民生活需求提供的各类服务活动，包括文化体育服务、教育医疗服务、旅游娱乐服务、餐饮住宿服务和居民日常服务。

① 文化体育服务，包括文化服务和体育服务。文化服务，是指为满足社会公众文化生活需求提供的各种服务，包括文艺创作、文艺表演、文化比赛，图书馆的图书和资料借阅，档案馆的档案管理，文物及非物质遗产保护，组织举办科技活动、文化活动，提供游览场所。体育服务，是指组织举办体育比赛、体育表演、体育活动，以及提供体育训练、体育指导、体育管理的业务活动。

② 教育医疗服务，包括教育服务和医疗服务。教育服务，是指提供学历教育服务、非学历教育服务、教育辅助服务的业务活动。医疗服务，是指提供医学检查、诊断、治疗、康复、预防、保健、接生、防疫服务等方面的服务，以及与这些服务有关的提供药品、医用材料器具、救护车、病房住宿和伙食的业务。

③ 旅游娱乐服务，包括旅游服务和娱乐服务。旅游服务，是指根据旅游者的要求，组织安排交通、游览、住宿、餐饮、购物、文娱、商务等服务的业务活动。娱乐服务，是指为娱乐活动同时提供场所和服务的业务。

④ 餐饮住宿服务，包括餐饮服务和住宿服务。餐饮服务，是指通过同时提供饮食和饮食场所的方式为消费者提供饮食消费服务的业务活动。住宿服务，是指提供住宿场所及配套服务等的活动，包括宾馆、旅馆、旅社、度假村和其他经营性住宿场所提供的住宿服务。

⑤ 居民日常服务，是指主要为满足居民个人及其家庭日常生活需求提供的服务，包括市容市政管理、家政、婚庆、养老、殡葬、照料和护理、救助救济、美容美发、按摩、桑拿、氧吧、足疗、沐浴、摄影扩印等服务。

（8）其他生活服务，是指除文化体育服务、教育医疗服务、旅游娱乐服务、餐饮住宿服务和居民日常服务之外的生活服务。

4. 销售无形资产

销售无形资产，是指转让无形资产所有权或者使用权的业务活动。无形资产是指不具实物形态，但能带来经济利益的资产，包括技术、自然资源使用权和其他权益性无形资产等。

（1）技术，包括专利技术和非专利技术。

（2）自然资源使用权，包括土地使用权、海域使用权、探矿权、采矿权、取水权和其他自然资源使用权。

（3）其他权益性无形资产，包括基础设施资产经营权、公共事业特许权、配额、特许经营权、连锁经营权、经销权、分销权、代理权、会员费、席位费、网络游戏虚拟道具、商誉、域名、经营权、名称权、肖像权、冠名权等。

5. 销售不动产

销售不动产，是指转让不动产所有权的业务活动。不动产是指不能移动或者移动后会引起性质、形状改变的资产，包括建筑物、构筑物等。

（1）建筑物，包括住宅、商业营业用房、办公楼等可供居住、工作或者进行其他活动的建筑物。

（2）构筑物，包括道路、桥梁、隧道、水坝等建造物。

（3）转让建筑物有限产权或者永久使用权的，转让在建的建筑物或者构筑物所有权的，以及在转让建筑物或者构筑物时一并转让其所占土地的使用权的，按照销售不动产缴纳增值税。

销售服务、无形资产或者不动产，是指有偿提供服务、有偿转让无形资产或者不动产，但下列非营业活动的情形除外。

（1）行政单位收取的符合条件的政府性基金或者行政事业性收费的活动。

（2）单位或者个体工商户聘用的员工为本单位或者雇主提供取得工资的服务。

（3）单位或者个体工商户为聘用的员工提供服务。

（4）财政部和国家税务总局规定的其他情形。

（二）属于征税范围的特殊行为

1. 视同销售行为

单位或者个体工商户的下列行为，视同销售。

（1）将货物交付其他单位或者个人代销。

（2）销售代销货物。

（3）设有两个以上机构并实行统一核算的纳税人，将货物从一个机构移送至其他机构用于销售，但相关机构设在同一县（市）的除外。

（4）将自产、委托加工的货物用于非应税项目。

（5）将自产、委托加工的货物用于集体福利或者个人消费。

（6）将自产、委托加工或者购进的货物作为投资，提供给其他单位或者个体工商户。

（7）将自产、委托加工或者购进的货物分配给股东或者投资者。

（8）将自产、委托加工或者购进的货物无偿赠送其他单位或者个人。

（9）向其他单位或者个人无偿提供服务，但用于公益活动或者以社会公众为对象的除外。

（10）单位或者个人向其他单位或者个人无偿转让无形资产或者不动产，但用于公益活动或者以社会公众为对象的除外。

（11）财政部和国家税务总局规定的其他情形。

2. 混合销售行为

一项销售行为如果既涉及服务又涉及货物，那该销售即为混合销售。从事货物的生产、批发或者零售的单位和个体工商户的混合销售行为，按照销售货物缴纳增值税；其他单位和个体工商户的混合销售行为，按照销售服务缴纳增值税。

从事货物的生产、批发或者零售的单位和个体工商户包括以从事货物的生产、批发或者零售为主，并兼营销售服务的单位和个体工商户在内。

（三）不征税项目

（1）根据国家指令无偿提供的铁路运输服务、航空运输服务，属于《营业税改征增值税试点实施办法》第十四条规定的用于公益事业的服务。

（2）存款利息。

（3）被保险人获得的保险赔付。

（4）房地产主管部门或者其指定机构、公积金管理中心、开发企业以及物业管理单位代收的住宅专项维修资金。

（5）在资产重组过程中，通过合并、分立、出售、置换等方式，将全部或者部分实物资产以及与其相关联的债权、负债和劳动力一并转让给其他单位和个人，其中涉及的货物、不动产、土地使用权转让行为。

二、纳税义务人和扣缴义务人

（一）纳税义务人

一切从事销售货物、应税劳务、应税行为、进口货物的单位和个人都是增值税纳税义务人（也称"纳税人"）。

【点拨指导】

单位，是指企业、行政单位、事业单位、军事单位、社会团体及其他单位。个人，是指个体工商户和其他个人。

【特别提示】

单位租赁或者承包给其他单位或者个人经营的，以承租人或者承包人为纳税人。

两个或者两个以上的纳税人，经财政部和国家税务总局批准可以视为一个纳税人合并纳税。具体办法由财政部和国家税务总局另行制定。

对报关进口货物，以进口货物的收货人或者办理报关手续的单位和个人为进口货物的纳税人。

（二）扣缴义务人

（1）境外的单位或者个人在境内销售应税劳务，在境内未设有经营机构的，以其境内代理人为扣缴义务人；在境内没有代理人的，以购买方为扣缴义务人。

（2）境外的单位或者个人在境内销售应税行为，在境内未设有经营机构的，以购买方为扣缴义务人。财政部和国家税务总局另有规定的除外。

第三节　一般纳税人与小规模纳税人

增值税实行凭专用发票抵扣税款的制度，客观上要求纳税人具备健全的会计核算制度和能力。在实际经济生活中，我国增值税纳税人众多，会计核算水平差异较大，大量的小企业和个人还不具备用发票抵扣税款的条件。因此，既为了简化增值税计算和征收，也有利于减少税收征管漏洞，我国目前将增值税纳税人按经营规模和会计核算水平分为一般纳税人和小规模纳税人两类，分别采取不同的增值税计税方法和管理办法。

一、一般纳税人的认定

按照《增值税一般纳税人登记管理办法》的规定，增值税纳税人（以下简称"纳税人"），年应税销售额超过财政部、国家税务总局规定的小规模纳税人标准（以下简称"规定标准"）的，除下述不办理一般纳税人登记，应当向主管税务机关办理一般纳税人登记。

【点拨指导】

年应税销售额，是指纳税人在连续不超过 12 个月或 4 个季度的经营期内累计应征增值税销售额，包括纳税申报销售额、稽查查补销售额、纳税评估调整销售额。

销售服务、无形资产或者不动产（以下简称"应税行为"）有扣除项目的纳税人，其应税行为年应税销售额按未扣除之前的销售额计算。纳税人偶然发生的销售无形资产、转让不动产的销售额，不计入应税行为年应税销售额。

年应税销售额未超过规定标准的纳税人，会计核算健全，能够提供准确税务资料的，可以向主管税务机关办理一般纳税人登记。所称会计核算健全，是指能够按照国家统一的会计制度规定设置账簿，根据合法、有效凭证进行核算。

下列纳税人不办理一般纳税人登记：按照政策规定，选择按照小规模纳税人纳税的；年应税销售额超过规定标准的其他个人。

纳税人应当向其机构所在地主管税务机关办理一般纳税人登记手续。

符合一般纳税人条件的纳税人应当向主管税务机关办理一般纳税人资格登记。具体登记办法由国家税务总局制定。纳税人登记为一般纳税人后，不得转为小规模纳税人，国家税务总局另有规定的除外。

二、小规模纳税人的认定

小规模纳税人是指年销售额在规定标准以下，并且会计核算不健全，不能按规定报送有关税务资料的增值税纳税人。

【点拨指导】

所称不能按规定报送有关税务资料，是指不能正确核算增值税的销项税额、进项税额和应纳税额。

根据增值税暂行条例及其实施细则和"营改增通知"的规定，小规模纳税人的具体认定标准为年应税销售额为 500 万元及以下。

个体工商户、非企业性单位和不经常发生应税行为的企业可选择按小规模纳税人纳税。一经选择，36 个月内不得变更。

【点拨指导】

非企业性单位，是指行政单位、事业单位、军事单位、社会团体和其他非企业性单位。

第四节　税率与征收率

我国增值税采用比例税率。为了发挥增值税的中性作用，原则上增值税的税率对不同行业、不同企业实行单一比例税率，称为基本税率；为照顾一些特殊行业或产品增设了两档低税率；对货物出口、一些服务和无形资产出口实行零税率；对小规模纳税人和个别一般纳税人适用征收率。

一、基本税率

增值税一般纳税人发生以下销售行为，税率一律为 13%。这就是通常所说的基本税率。

（1）纳税人销售或进口货物（适用低税率、零税率的除外）。

（2）纳税人提供加工、修理修配劳务（以下简称"应税劳务"）。

（3）有形动产租赁服务。

二、低税率

（一）9%税率

增值税一般纳税人销售或者进口下列货物，适用 9%的税率。

（1）农业产品等农产品、食用植物油、食用盐。农业产品是指种植业、养殖业、林业、牧业、水产业生产的各种植物、动物的初级产品。

（2）自来水、暖气、冷气、热水、煤气、石油液化气、天然气、二甲醚、沼气、居民用煤炭制品。

（3）图书、报纸、杂志、音像制品、电子出版物。

（4）饲料、化肥、农药、农机、农膜。

（5）国务院及其有关部门规定的其他货物。

增值税一般纳税人销售下列服务、无形资产、不动产，适用 9%的税率。

（1）交通运输服务。

（2）邮政服务。

（3）基础电信服务。

（4）建筑服务。

（5）不动产租赁服务。

（6）销售不动产。

（7）转让土地使用权。

（二）6%税率

增值税一般纳税人销售下列服务、无形资产，适用 6%的税率。

（1）现代服务（租赁服务除外）。

（2）增值电信服务。

（3）金融服务。

（4）生活服务。

（5）销售无形资产（不含转让土地使用权，含转让补充耕地指标）。

三、零税率

（1）纳税人出口货物，税率为零；但是，国务院另有规定的除外。

▣【点拨指导】

税率为零不同于免税。出口货物免税仅指对出口货物在出口环节不征收增值税，而零税率是指对出口货物除了在出口环节不征增值税外，还要对该产品在出口前已经缴纳的增值税进行退税。

（2）境内单位和个人发生的跨境应税行为，税率为零。

按规定，境内的单位和个人销售的下列服务和无形资产，适用增值税零税率。

① 国际运输服务：在境内载运旅客或者货物出境；在境外载运旅客或者货物入境；在境外载运旅客或者货物。

② 航天运输服务。

③ 向境外单位提供的完全在境外消费的下列服务：研发服务；合同能源管理服务；设计服务；广播影视节目（作品）的制作和发行服务；软件服务；电路设计及测试服务；信息系统服务；业务流程管理服务；离岸服务外包业务；转让技术。

④ 财政部和国家税务总局规定的其他服务。

四、征收率

增值税征收率适用于两种情况：一是小规模纳税人；二是销售特定的货物、应税行为适用或者选择适用简易计税的一般纳税人。

（一）一般规定

考虑到小规模纳税人经营规模小，且会计核算不健全，难以按上述增值税税率计税和使用增值税专用发票抵扣进项税款，以及考虑到销售特定的货物、应税行为的一般纳税人按照一般计税方法计税税负较重，因此实行按销售额与征收率计算应纳税额的简易计税办法。

目前我国增值税征收率有3%和5%两档。征收率一般为3%；对于小规模纳税人和选择适用简易计税的一般纳税人，销售或者租赁不动产、土地使用权，提供人力资源外包服务，提供劳务派遣服务、安全保护服务选择差额纳税的，收取高速公路外的通行费等，征收率为5%。

（二）特殊规定

我国针对一些特殊业务行为实施更低的征收率。

（1）一般纳税人销售自己使用过的属于《增值税暂行条例》第十条规定不得抵扣且未抵扣进项税额的固定资产，按简易计税办法依照3%征收率减按2%征收增值税。相关计算公式如下：

$$应纳税额 = 含税销售额 \div (1+3\%) \times 2\%$$

一般纳税人销售已抵扣进项税的固定资产以及销售自己使用过的除固定资产以外的物品，应当按照适用税率征收增值税。

（2）小规模纳税人（除其他个人外）销售自己使用过的固定资产，减按2%征收率征收增值税。

（3）纳税人销售旧货，按照简易计税方法依照3%征收率减按2%征收增值税。旧货是指进入二次流通的具有部分使用价值的货物（含旧汽车、旧摩托车和旧游艇），但不包括自己使用过的物品。

【特别提示】

自2020年5月1日至2027年12月31日，从事二手车经销的纳税人销售其收购的二手车，依照3%征收率减按0.5%征收增值税。

五、兼营的税率适用

纳税人销售货物、加工修理修配劳务、服务、无形资产或者不动产适用不同税率或者征收率的，应当分别核算适用不同税率或征收率的销售额，未分别核算销售额的，按照以下方法适用税率或者征收率。

（1）兼有不同税率的销售货物、加工修理修配劳务、服务、无形资产或者不动产，从高适用税率。

（2）兼有不同征收率的销售货物、加工修理修配劳务、服务、无形资产或者不动产，从高适用征收率。

（3）兼有不同税率和征收率的销售货物、加工修理修配劳务、服务、无形资产或者不动产，从高适用税率。

第五节　增值税的计税方法

增值税的计税方法包括一般计税方法和简易计税方法。

一、一般计税方法

一般纳税人销售货物、应税劳务和应税行为，适用一般计税方法计税，其计算公式如下。

$$当期应纳税额＝当期销项税额－当期进项税额$$

二、简易计税方法

（1）小规模纳税人销售货物、应税劳务、应税行为适用简易计税方法计税。

（2）一般纳税人销售财政部和国家税务总局规定的特定的货物、应税行为，也可以选择适用简易计税方法计税。但一经选择，36个月内不得变更。

【点拨指导】

特定的货物有县级及县级以下小型水力发电单位生产的电力，建筑用和生产建筑材料所用的砂、土、石料，以自己采掘的砂、土、石料或其他矿物连续生产的砖、瓦、石灰（不含粘土实心砖、瓦），自来水，商品混凝土（仅限于以水泥为原料生产的水泥混凝土）等。

特定的应税行为有公共交通运输服务，电影放映服务、仓储服务、装卸搬运服务、收派服务和文化体育服务，以清包工方式或者为甲供工程提供的建筑服务、销售或者出租其2016年4月30日前取得的不动产等。

简易计税方法的公式如下。

$$当期应纳税额＝当期销售额×征收率$$

此外，境外单位或者个人在境内发生应税劳务或者应税行为，在境内未设有经营机构的或者在境内没有代理人的，扣缴义务人按照下列公式计算应扣缴税额。

$$应扣缴税额＝购买方支付的价款÷(1+税率)×税率$$

第六节　一般纳税人应纳税额的计算

增值税一般纳税人销售货物、应税劳务、应税行为的应纳税额，应该等于当期销项税额抵扣当期进项税额后的余额。其当期应纳税额的多少，取决于当期销项税额和当期进项税额这两个因素。

一、销项税额的计算

销项税额是指纳税人销售货物、应税劳务、应税行为，按照销售额和规定的税率计算并向购买方收取的增值税税额。计算公式如下。

$$销项税额=销售额\times 适用税率$$

可见，销项税额是由购买方在购买货物、应税劳务、应税行为支付价款时，一并向销售方支付的税额。销项税额的计算取决于销售额和适用税率两个因素。在适用税率既定的前提下，销项税额的大小主要取决于销售额的大小。

（一）销售额的一般规定

销售额是指纳税人销售货物、应税劳务、应税行为向购买方收取的全部价款和价外费用。但是销售额中不包括向购买方收取的销项税额。

【点拨指导】

价外费用，包括价外向购买方收取的手续费、补贴、基金、集资费、返还利润、奖励费、违约金、滞纳金、延期付款利息、赔偿金、代收款项、代垫款项、包装费、包装物租金、储备费、优质费、运输装卸费以及其他各种性质的价外收费。但下列项目不包括在内。

（1）受托加工应征消费税的消费品所代收代缴的消费税。

（2）同时符合以下条件代为收取的政府性基金或者行政事业性收费。

① 由国务院或者财政部批准设立的政府性基金，由国务院或者省级人民政府及其财政、价格主管部门批准设立的行政事业性收费。

② 收取时开具省级以上财政部门印制的财政票据。

③ 所收款项全额上缴财政。

（3）销售货物的同时代办保险等而向购买方收取的保险费，以及向购买方收取的代购买方缴纳的车辆购置税、车辆牌照费。

（4）纳税人发生应税行为时以委托方名义开具发票并代委托方收取的款项。

【特别提示】

凡随同销售货物、应税劳务、应税行为向购买方收取的价外费用，无论其会计制度如何核算，均应并入销售额计算应纳税额。

应当注意的是，按规定，对增值税一般纳税人向购买方收取的价外费用和逾期包装物押金，应视为含税收入，在征税时换算成不含税收入再并入销售额。

（二）销售额的特殊规定

现行增值税政策规定，增值税的销售额为纳税人发生应税销售行为收取的全部价款和价外费用。目前，仍然无法通过抵扣机制避免重复征税情况的存在，因此出现销售额的特殊规定，以下项目采用差额征税 [（1）、（2）除外]。

（1）贷款服务，以提供贷款服务取得的全部利息及利息性质的收入为销售额。

（2）直接收费金融服务，以提供直接收费金融服务收取的手续费、佣金、酬金、管理费、服务费、经手费、开户费、过户费、结算费、转托管费等各类费用为销售额。

（3）金融商品转让，按照卖出价扣除买入价后的余额为销售额。

【点拨指导】

金融商品的买入价，可以选择按照加权平均法或者移动加权平均法进行核算，选择后36个月内不得变更。

【特别提示】

转让金融商品出现的正负差，按盈亏相抵后的余额为销售额。若相抵后出现负差，可结转下一纳税期与下期转让金融商品销售额相抵，但年末时仍出现负差的，不得转入下一个会计年度。

金融商品转让，不得开具增值税专用发票。

（4）经纪代理服务，以取得的全部价款和价外费用，扣除向委托方收取并代为支付的政府性基金或者行政事业性收费后的余额为销售额。

【特别提示】

向委托方收取的政府性基金或者行政事业性收费，不得开具增值税专用发票。

（5）融资租赁和融资性售后回租业务。

① 经人民银行、中国银行保险监督管理委员会（以下简称"银保监会"）或者商务部批准从事融资租赁业务的试点纳税人，提供融资租赁服务，以取得的全部价款和价外费用，扣除支付的借款利息（包括外汇借款和人民币借款利息）、发行债券利息和车辆购置税后的余额为销售额。

② 经人民银行、银监会或者商务部批准从事融资租赁业务的试点纳税人，提供融资性售后回租服务，以取得的全部价款和价外费用（不含本金），扣除对外支付的借款利息（包括外汇借款和人民币借款利息）、发行债券利息后的余额作为销售额。

③ 试点纳税人根据2016年4月30日前签订的有形动产融资性售后回租合同，在合同到期前提供的有形动产融资性售后回租服务，可继续按照有形动产融资租赁服务缴纳增值税。

（6）航空运输企业的销售额，不包括代收的机场建设费和代售其他航空运输企业客票而代收转付的价款。

（7）试点纳税人中的一般纳税人（以下称"一般纳税人"）提供客运场站服务，以其取得的全部价款和价外费用，扣除支付给承运方运费后的余额为销售额。

（8）试点纳税人提供旅游服务，可以选择以取得的全部价款和价外费用，扣除向旅游服务购买方收取并支付给其他单位或者个人的住宿费、餐饮费、交通费、签证费、门票费和支付给其他接团旅游企业的旅游费用后的余额为销售额。

【特别提示】

选择上述办法计算销售额的试点纳税人，向旅游服务购买方收取并支付的上述费用，不得开具增值税专用发票，可以开具增值税普通发票。

（9）试点纳税人提供建筑服务适用简易计税方法的，以取得的全部价款和价外费用扣除支付的分包款后的余额为销售额。

（10）房地产开发企业中的一般纳税人销售其开发的房地产项目（选择简易计税方法的房地产老项目除外），以取得的全部价款和价外费用，扣除受让土地时向政府部门支付的土地价款后的余额为销售额。

【点拨指导】

房地产老项目，是指《建筑工程施工许可证》注明的合同开工日期在2016年4月30日前的房地产项目。

（11）试点纳税人按照上述（4）～（10）款的规定从全部价款和价外费用中扣除的价款，应当取得符合法律、行政法规和国家税务总局规定的有效凭证。否则，不得扣除。

上述凭证包括以下几类。

① 支付给境内单位或者个人的款项，以发票为合法有效凭证。

② 支付给境外单位或者个人的款项，以该单位或者个人的签收单据为合法有效凭证，税务机关对签收单据有疑义的，可以要求其提供境外公证机构的确认证明。

③ 缴纳的税款，以完税凭证为合法有效凭证。

④ 扣除的政府性基金、行政事业性收费或者向政府支付的土地价款，以省级以上（含省级）财政部门监（印）制的财政票据为合法有效凭证。

⑤ 国家税务总局规定的其他凭证。

纳税人取得的上述凭证属于增值税扣税凭证的，其进项税额不得从销项税额中抵扣。

（三）特殊销售方式下的销售额

在销售活动中，有多种销售方式。不同销售方式下，销售额会有所不同。对不同销售方式确定其计税的销售额，税法分别做了如下规定。

1. 采取折扣方式销售

折扣销售（商业折扣）是指销货方在销售货物、应税劳务、应税行为时，因购货方购货数量较大等而给予购货方的价格优惠。

【情景解析】

如购买 5 件商品，销售价格折扣为 10%；购买 10 件商品，销售价格折扣为 20% 等。

按规定，纳税人采取折扣方式销售货物、应税劳务、应税行为，如果销售额和折扣额在同一张发票上的"金额"栏分别注明，可按折扣后的销售额征收增值税。仅在发票的"备注"栏注明折扣额的或者折扣额另开发票的，折扣额不得从销售额中减除。

销售折扣（现金折扣）是指销货方在销售货物或应税劳务后，为了鼓励购货方及早偿还货款而协议许诺给予购货方的一种折扣优待。

【情景解析】

如 10 天内付款，货款折扣为 2%；20 天内付款，货款折扣为 1%；30 天内全价付款。销售折扣发生在销货之后，是一种融资性质的理财费用，因此，销售折扣不得从销售额中减除。

销售折让是指货物销售后，由于其品种、质量等问题购货方未予退货，但销货方需给予购货方的一种价格折让。销售折让与销售折扣相比较，虽然都是在货物销售后发生的，但因为销售折让是由于货物的品种和质量引起的销售额的减少，因此，对销售折让可以折让后的货款为销售额。

【特别提示】

此外，折扣销售仅限于货物价格的折扣，如果销货方将自产、委托加工和购买的货物用于实物折扣，则该实物款额不能从货物销售额中减除，且该实物应按增值税条例"视同销售"中的"赠送他人"计征增值税。

2. 采取以旧换新方式销售

以旧换新是指纳税人在销售自己的货物时，有偿收回旧货物的行为。按规定，采取以旧换新方式销售货物的，应按新货物的同期销售价格确定销售额，不得扣减旧货物的收购价格。考虑到金银首饰以旧换新业务的特殊情况，对金银首饰以旧换新业务，可以按销售方实际收取的不含增值税的全部价款征收增值税，即可减除旧金银首饰的收购价格。

3. 采取还本销售方式销售

还本销售是指纳税人在销售货物后，到一定期限由销售方一次或分次退还给购货方全部或部分价款。这种方式实际上是一种筹资，是以货物换取资金的使用价值，到期还本不付息的方法。按规定，采取还本销售方式销售货物，其销售额就是货物的销售价格，不得从销售额中减除还本支出。

4. 采取以物易物方式销售

以物易物是指购销双方不是以货币结算的，而是以同等价款的货物相互结算，实现货物购销的一种方式。按规定，以物易物双方都应做购销处理，以各自发出的货物核算销售额并计算销项税额，以各自收到的货物核算购货额并按规定计算进项税额。

应注意的是，在以物易物活动中，应分别开具合法的票据，如果收到的货物不能取得相应的增值税专用发票或其他合法票据，则不能抵扣进项税额。

5. 包装物押金

纳税人销售货物时另收取包装物押金，目的是促使购货方及早退回包装物以便周转使用。按规定，纳税人为销售货物而出租出借包装物收取的押金，单独记账核算的，时间在 1 年以内，又未过期的，不并入销售额征税，但对因逾期未收回包装物不再退还的押金，应按所包装货物的适用税率计算销项税额。"逾期"是指按合同约定实际逾期或以 1 年为期限。对于个别包装物周转使用期限较长的，报经税务机关确定后，可适当放宽逾期期限。

按规定，对销售除啤酒、黄酒外的其他酒类产品而收取的包装物押金，无论是否返还以及会计上如何核算，均应并入当期销售额征税。对销售啤酒、黄酒所收取的押金，按上述一般押金的规定处理。

6. 对视同销售货物行为的销售额的确定

本章第二节中已列明了单位和个体经营者的 11 种视同销售行为，其中大多不是以资金的形式反映出来的，会出现无销售额的现象。因此，按规定，发生视同销售行为而无销售额的或者纳税人销售货物、应税劳务、应税行为的价格明显偏低或者偏高且不具有合理商业目的的，主管税务机关有权按照下列顺序确定销售额。

（1）按照纳税人最近时期销售同类货物、应税劳务、应税行为的平均价格确定。

（2）按照其他纳税人最近时期销售同类货物、应税劳务、应税行为的平均价格确定。

（3）按照组成计税价格确定。组成计税价格的公式如下。

$$组成计税价格＝成本×(1+成本利润率)$$

征收增值税的货物，同时又征收消费税的，其组成计税价格中应加上消费税税额。组成计税价格公式如下。

$$组成计税价格＝成本×(1+成本利润率)+消费税税额$$

公式中的成本是指：销售自产货物的为实际生产成本，销售外购货物的为实际采购成本。

公式中的成本利润率由国家税务总局确定，一般为 10%。但属于应从价定率征收消费税的货物，其组成计税价格公式中的成本利润率，为国家税务总局确定的成本利润率。发生应税行为的成本利润率由国家税务总局确定。

【点拨指导】

不具有合理商业目的，是指以谋取税收利益为主要目的，通过人为安排，减少、免除、推迟缴纳增值税税款，或者增加退还增值税税款。

（四）含税销售额的换算

为了符合增值税作为价外税的要求，纳税人在填写进销货及纳税凭证、进行账务处理时，应分项记录不含税销售额、销项税额和进项税额，以正确计算应纳增值税额。然而，在实际工作中，常常会出现一般纳税人将销售货物、应税劳务、应税行为采用销售额和销项税额合并定价收取的方法。这样，就会形成含税销售额。我国增值税是价外税，在计算销项税额时，含税销售额必须换算为不含税的销售额。换算的公式如下。

$$销售额=含税销售额÷(1+税率)$$

公式中的税率为《增值税暂行条例》和"营改增通知"规定的适用税率。

二、进项税额的确认和计算

纳税人购进货物、加工修理修配劳务、服务、无形资产或者不动产支付或者负担的增值税额，为进项税额。进项税额是与销项税额相对应的另一个概念。在开具增值税专用发票的情况下，它们之间的对应关系是，销售方收取的销项税额，就是购买方支付的进项税额。

（一）准予从销项税额中抵扣的进项税额

根据《增值税暂行条例》和"营改增通知"的规定，准予从销项税额中抵扣的进项税额，限于下列增值税扣税凭证上注明的增值税税额和按规定的扣除率计算的进项税额。

（1）从销售方取得的增值税专用发票上（含税控机动车销售统一发票）注明的增值税额。

（2）从海关取得的海关进口增值税专用缴款书上注明的增值税额。

（3）购进农产品，除取得增值税专用发票或者海关进口增值税专用缴款书外，按照农产品收购发票或者销售发票上注明的农产品买价和 9%的扣除率计算的进项税额，用于生产、加工 13%税率货物的农产品，扣除率为 10%。进项税额计算公式如下。

$$进项税额=买价×扣除率$$

对烟叶税纳税人按规定缴纳的烟叶税，准予并入烟叶产品的买价计算增值税的进项税额，并在计算缴纳增值税时予以抵扣。也就是说，购进烟叶准予抵扣的增值税进项税额，按照规定的烟叶收购金额和烟叶税及法定扣除率计算。烟叶收购金额包括纳税人支付给烟叶销售者的烟叶收购价款和价外补贴，价外补贴统一暂按烟叶收购价款的 10%计算。相关计算公式如下。

$$烟叶收购金额=烟叶收购价款×（1+10\%）$$
$$烟叶税应纳税额=烟叶收购金额×20\%$$
$$准予抵扣的进项税额=（烟叶收购金额+烟叶税应纳税额）×扣除率$$

纳税人购进农产品从按照简易计税方法依照 3%征收率计算缴纳增值税的小规模纳税人取得增值税专用发票的，以增值税专用发票上注明的金额和9%的扣除率计算进项税额。

（4）从境外单位或者个人购进服务、无形资产或者不动产，自税务机关或者扣缴义务人取得的解缴税款的完税凭证上注明的增值税额。

（5）纳税人支付道路通行费取得的收费公路通行费增值税电子普通发票上注明的增值税税额。

【特别提示】

纳税人支付的桥、闸通行费，暂凭取得的通行费发票上注明的收费金额按照 5%的扣除率换算和计算可抵扣的进项税额。

（6）购进国内旅客运输服务取得的增值税电子普通发票上注明的增值税税额。

【特别提示】

取得注明旅客身份信息的航空运输电子客票行程单的，以票价和燃油附加费合计按照9%的扣除率换算和计算进项税额；取得注明旅客身份信息的铁路车票的，以票面金额按照 9%的扣除率换算和计算进项税额；取得注明旅客身份信息的公路、水路等其他车票的，以票面金额按照 3%的扣除率换算和计算进项税额。

可见，增值税扣税凭证包括增值税专用发票（含税控机动车销售统一发票）、海关进口增值税专用缴款书、农产品收购发票和农产品销售发票、完税凭证和增值税电子普通发票以及通行费票和国内旅客客票。

（二）不得从销项税额中抵扣的进项税额

当然，并不是纳税人支付的所有进项税额都可以从销项税额中抵扣。为体现增值税的配比原则，即购进项目金额与销售产品销售额之间应有配比性，有的进项税额就不能从销项税额中抵扣。

下列项目的进项税额不得从销项税额中抵扣。

（1）用于简易计税方法计税项目、免征增值税项目、集体福利或者个人消费的购进货物、加工修理修配劳务、服务、无形资产和不动产。其中涉及的固定资产、无形资产、不动产，仅指专用于上述项目的固定资产、无形资产（不包括其他权益性无形资产）、不动产。需要注意的是，纳税人的交际应酬消费属于个人消费。

（2）非正常损失的购进货物，以及相关的加工修理修配劳务和交通运输服务。

（3）非正常损失的在产品、产成品所耗用的购进货物（不包括固定资产）、加工修理修配劳务和交通运输服务。

（4）非正常损失的不动产，以及该不动产所耗用的购进货物、设计服务和建筑服务。

（5）非正常损失的不动产在建工程所耗用的购进货物、设计服务和建筑服务。

纳税人新建、改建、扩建、修缮、装饰不动产，均属于不动产在建工程。

（6）购进的贷款服务、餐饮服务、居民日常服务和娱乐服务。

（7）财政部和国家税务总局规定的其他情形。

以上第（4）项、第（5）项所称货物，是指构成不动产实体的材料和设备，包括建筑装饰材料和给排水、采暖、卫生、通风、照明、通信、煤气、消防、中央空调、电梯、电气、智能化楼宇设备及配套设施。

📖【点拨指导】

固定资产，是指使用期限超过 12 个月的机器、机械、运输工具以及其他与生产经营有关的设备、工具、器具等有形动产。

非正常损失，是指因管理不善造成货物被盗、丢失、霉烂变质，以及因违反法律法规造成货物或者不动产被依法没收、销毁、拆除的情形。

此外，纳税人进口货物向境外实际支付的货款低于进口报关价格的差额部分以及从境外供应商处取得的退还或返还的资金，不做进项税额转出处理。

有下列情形之一者，应当按照销售额和增值税税率计算应纳税额，不得抵扣进项税额，也不得使用增值税专用发票。

（1）一般纳税人会计核算不健全，或者不能够提供准确税务资料的。

（2）应当办理一般纳税人资格登记而逾期仍未办理的。

（三）扣减进项税额的规定

已抵扣进项税额的购进货物（不含固定资产）、劳务、服务，发生不得抵扣规定情形（简易计税方法计税项目、免征增值税项目除外）的，应当将该进项税额从当期进项税额中扣减；无法确定该进项税额的，按照当期实际成本计算应扣减的进项税额。实际成本的公式如下。

$$实际成本=进价+运费+保险费+其他有关费用$$

该公式，对于进口是完全适用的。对于国内购进，主要包括进价和运费两大部分。

已抵扣进项税额的固定资产、无形资产或者不动产，发生不得抵扣规定情形的，按照下

$$不得抵扣的进项税额=固定资产、无形资产或者不动产净值×适用税率$$

固定资产、无形资产或者不动产净值，是指纳税人根据财务会计制度计提折旧或摊销后的余额。

适用一般计税方法的纳税人，兼营简易计税方法计税项目、免征增值税项目而无法划分不得抵扣的进项税额，按照下列公式计算不得抵扣的进项税额。

$$\begin{matrix}不得抵扣的\\进项税额\end{matrix}=\begin{matrix}当期无法划分的\\全部进项税额\end{matrix}×\left(\begin{matrix}当期简易计税方法\\计税项目销售额\end{matrix}+\begin{matrix}免征增值税\\项目销售额\end{matrix}\right)÷\begin{matrix}当期全部\\销售额\end{matrix}$$

（四）加计抵减的规定

（1）2023年1月1日之前，允许生产、生活性服务业纳税人分别按照当期可抵扣进项税额加计10%、15%，抵减应纳税额。2023年1月1日至2023年12月31日，允许生产、生活性服务业纳税人分别按照当期可抵扣进项税额加计5%、10%，抵减应纳税额。所称生产、生活性服务业纳税人，是指提供邮政服务、电信服务、现代服务、生活服务（以下称四项服务）取得的销售额占全部销售额的比重超过50%的纳税人。

纳税人应按照当期可抵扣进项税额的10%或者15%计提当期加计抵减额。按照现行规定不得从销项税额中抵扣的进项税额，不得计提加计抵减额；已计提加计抵减额的进项税额，按规定做进项税额转出的，应在进项税额转出当期，相应调减加计抵减额。相关计算公式如下。

$$当期计提加计抵减额=当期可抵扣进项税额×10\%或者15\%$$
$$当期可抵减加计抵减额=上期末加计抵减额余额+当期计提加计抵减额-当期调减加计抵减额$$

纳税人应按照现行规定计算一般计税方法下的应纳税额（以下称抵减前的应纳税额）后，区分以下情形加计抵减。

① 抵减前的应纳税额等于零的，当期可抵减加计抵减额全部结转下期抵减。

② 抵减前的应纳税额大于零，且大于当期可抵减加计抵减额的，当期可抵减加计抵减额全额从抵减前的应纳税额中抵减。

③ 抵减前的应纳税额大于零，且小于或等于当期可抵减加计抵减额的，以当期可抵减加计抵减额抵减应纳税额至零。未抵减完的当期可抵减加计抵减额，结转下期继续抵减。

（2）自2023年1月1日至2027年12月31日，允许先进制造业企业按照当期可抵扣进项税额加计5%抵减应纳增值税税额。

（3）自2023年1月1日至2027年12月31日，允许集成电路设计、生产、封测、装备、材料企业，按照当期可抵扣进项税额加计15%抵减应纳增值税税额。

三、应纳税额的计算

一般纳税人在计算出销项税额和进项税额后就可以得出实际应纳税额。为了正确计算增值税的应纳税额，在实际操作中还需要掌握以下几个重要规定。

（一）计算应纳税额的时间限定

为了保证计算应纳税额的合理性、准确性，纳税人必须严格把握当期进项税额从当期销项税额中抵扣这个要点。"当期"是个重要的时间限定，具体是指税务机关依照税法规定对纳税人确定的纳税期限；只有在纳税期限内实际发生的销项税额、进项税额，才是法定的当期销项税额或当期进项税额。

（1）计算销项税额的时间限定

纳税人在什么时间计算销项税额，《增值税暂行条例》《增值税暂行条例实施细则》和"营改增通知"都做了严格的规定（具体见本章第十一节"一、纳税义务发生的时间"）。

（2）进项税额抵扣的时间限定

增值税一般纳税人取得 2017 年 1 月 1 日及以后开具的增值税专用发票、海关进口增值税专用缴款书、机动车销售统一发票、收费公路通行费增值税电子普通发票，取消认证确认、稽核比对、申报抵扣的期限。纳税人在进行增值税纳税申报时，应当通过本省（自治区、直辖市和计划单列市）增值税发票综合服务平台对上述扣税凭证信息进行用途确认。

（二）计算应纳税额时进项税额不足抵扣的处理

由于增值税实行购进扣税法，有时企业当期购进很多，在计算应纳税额时会出现当期销项税额小于当期进项税额不足抵扣的情况。根据税法的规定，当期进项税额不足抵扣的部分可以结转下期继续抵扣。

（三）增量留抵退税

自 2019 年 4 月 1 日起，我国试行增值税期末留抵税额退税制度。同时符合以下条件的纳税人，可以向主管税务机关申请退还增量留抵税额。

（1）自 2019 年 4 月税款所属期起，连续 6 个月（按季纳税的，连续两个季度）增量留抵税额均大于零，且第 6 个月增量留抵税额不低于 50 万元（自 2019 年 6 月 1 日起，对部分先进制造业，该条件只为增量留抵税额大于零）。

（2）纳税信用等级为 A 级或者 B 级。

（3）申请退税前 36 个月未发生骗取留抵退税、出口退税或虚开增值税专用发票情形的。

（4）申请退税前 36 个月未因偷税被税务机关处罚两次及以上的。

（5）自 2019 年 4 月 1 日起未享受即征即退、先征后返（退）政策的。

部分先进制造业纳税人，是指按照《国民经济行业分类》，生产并销售非金属矿物制品、通用设备、专用设备及计算机、通信和其他电子设备销售额占全部销售额的比重超过 50% 的纳税人。

增量留抵税额，是指与 2019 年 3 月底相比新增加的期末留抵税额。纳税人当期允许退还的增量留抵税额，按照以下公式计算。

允许退还的增量留抵税额=增量留抵税额×进项构成比例×60%（部分先进制造业为100%）

进项构成比例，是指 2019 年 4 月至申请退税前一税款所属期内已抵扣的增值税专用发票（含税控机动车销售统一发票）、海关进口增值税专用缴款书、解缴税款完税凭证注明的增值税额占同期全部已抵扣进项税额的比重。

自 2022 年 4 月 1 日起，对于符合条件的小微企业（含个体工商户）以及"制造业""科学研究和技术服务业""电力、热力、燃气及水生产和供应业""软件和信息技术服务业""生态保护和环境治理业"和"交通运输、仓储和邮政业"等行业，按月全额退还增值税增量留抵税额，并一次性退还其存量留抵税额。

自 2022 年 7 月 1 日起，上述留抵税额的优惠政策范围，扩大至"批发和零售业""农、林、牧、渔业""住宿和餐饮业""居民服务、修理和其他服务业""教育""卫生和社会工作"和"文化、体育和娱乐业"企业（含个体工商户）。

（四）销售折让、中止或者退回的增值税处理

纳税人适用一般计税方法计税的，因销售折让、中止或者退回而退还给购买方的增值税额，应当从当期的销项税额中扣减；因销售折让、中止或者退回而收回的增值税额，应当从当期的进项税额中扣减。

（五）一般纳税人注销时进项税额的处理

一般纳税人注销或取消辅导期一般纳税人资格，转为小规模纳税人时，其存货不做进项税额转出处理，其留抵税额也不予以退税。

（六）一般纳税人应纳税额计算实例

【例 2-1】某生产企业为增值税一般纳税人，适用增值税税率 13%，202× 年 5 月的有关生产经营业务如下。

（1）销售甲产品给某大商场，开具增值税专用发票，取得不含税销售额 100 万元。

（2）销售乙产品，开具普通发票，取得含税销售额 3 955 万元。

（3）将试制的一批应税新产品用于本企业基建工程，成本价为 40 万元，成本利润率为 10%，该新产品无同类产品市场销售价格。

（4）购进货物取得增值税专用发票，发票上注明支付价款 80 万元、税款 10.4 万元；另外支付购货的运输费用，取得的运输业专用发票上注明的价款为 6 万元。

（5）向农业生产者购进农产品一批，开具收购凭证，支付收购价 50 万元，支付给运输单位运费，取得的运输业专用发票上注明的价款为 5 万元。本月下旬将购进的农产品的 20%用于本企业职工福利。

本月取得的相关票据均符合税法规定并在平台确认抵扣。请计算该企业 5 月应缴纳的增值税额。

【答案】

（1）销售甲产品的销项税额=100×13%=13（万元）

（2）销售乙产品的销项税额=3 955÷(1+13%)×13%=455（万元）

（3）自用新产品视同销售的销项税额=40×(1+10%)×13%=5.72（万元）

（4）外购货物应抵扣的进项税额=10.4+6×9%=10.94（万元）

（5）外购免税农产品应抵扣的进项税额=(50×10%+5×9%)×(1−20%)=4.36（万元）

（6）该企业 5 月应缴纳的增值税税额=13+455+5.72−10.94−4.36=458.42（万元）

第七节　小规模纳税人应纳税额的计算

一、应纳税额的计算

小规模纳税人销售货物或发生应税劳务、应税行为时，实行按照销售额和征收率计算应纳税额的简易计税办法，并不得抵扣进项税额。

小规模纳税人取得的销售额与本章第六节讲述的销售额所包含的内容是一致的，都是销售货物或提供应税劳务向购买方收取的全部价款和价外费用，但是，不包括按 3%的征收率收取的增值税税额；小规模纳税人不得抵扣进项税额。这是因为，小规模纳税人会计核算不健全，不能准确地核算销项税额和进项税额，不实行按销项税额抵扣进项税额求得应纳税额的税款抵扣制度，而是实行简易计税的办法。另外，《增值税暂行条例》规定的 3%的法定征收率，是结合增值税 13%和 9%两档税率的货物或应税劳务的税收负担水平而设计的，其税收负担与一般纳税人基本上一致，因此，不能再抵扣进项税额。

小规模纳税人因销售货物退回或者折让退还给购买方的销售额，应从发生销售货物退回或者折让当期的销售额中扣减。

二、含税销售额的换算

由于小规模纳税人在销售货物或应税劳务时，一般都是开具普通发票的，取得的销售收入大多为含税销售额。小规模纳税人按下列公式计算销售额。

$$销售额=含税销售额÷(1+征收率)$$

【例 2-2】某商店为增值税小规模纳税人，202×年 6 月取得零售收入总额 6.18 万元。计算该商店 6 月应缴纳的增值税税额。

（1）6 月取得的不含税销售额=6.18÷(1+3%)=6（万元）

（2）6 月应缴纳的增值税税额=6×3%=0.18（万元）

第八节　进口货物征税

一、进口货物的征税范围及纳税人

（一）进口货物征税的范围

根据《增值税暂行条例》的规定，申报进入中华人民共和国海关境内的货物，均应缴纳增值税。

（二）进口货物的纳税人

进口货物的收货人或办理报关手续的单位和个人，为进口货物增值税的纳税义务人，包括国内一切从事进口业务的企业事业单位、机关团体和个人。

二、进口货物的适用税率

进口货物增值税税率与本章第四节的内容同。

三、进口货物应纳税额的计算

纳税人进口货物，按照组成计税价格和《增值税暂行条例》规定的税率计算应纳税额。计算公式如下。

$$组成计税价格=关税完税价格+关税+消费税$$

$$应纳税额=组成计税价格 \times 税率$$

纳税人在计算进口货物的增值税时应该注意以下问题。

（1）进口货物增值税的组成计税价格中包括已纳关税税额。如果进口货物属于消费税应税消费品，其组成计税价格中还要包括进口环节已纳消费税税额。

（2）在计算进口环节的应纳增值税税额时不得抵扣任何税额，即在计算进口环节的应纳增值税税额时，不得抵扣发生在我国境外的各种税金。

【例2-3】某商场10月进口货物一批。该批货物在国外的买价为80万元，另支付运抵我国海关前发生的包装费、运输费、保险费等共计20万元。货物报关后，商场按规定缴纳了进口环节的增值税并取得了增值税专用缴款书。假定该批进口货物在国内全部销售，取得不含税销售额150万元。

货物进口关税税率为15%，增值税税率为13%。请按下列顺序回答问题。

（1）计算关税的组成计税价格。

（2）计算进口环节应纳的进口关税。

（3）计算进口环节应纳增值税的组成计税价格。

（4）计算进口环节应缴纳增值税的税额。

（5）计算国内销售环节的销项税额。

（6）计算国内销售环节应缴纳增值税税额。

【答案】

（1）关税的组成计税价格=80+20=100（万元）

（2）应缴纳进口关税=100×15%=15（万元）

（3）进口环节应纳增值税的组成计税价格=100+15=115（万元）

（4）进口环节应缴纳增值税的税额=115×13%=14.95（万元）

（5）国内销售环节的销项税额=150×13%=19.5（万元）

（6）国内销售环节应缴纳增值税税额=19.5-14.95=4.55（万元）

【例2-4】某机械制造公司为增值税一般纳税人，202×年5月发生下列与纳税有关的业务。

（1）销售产品一批，开具增值税专用发票，价款30万元，税款3.9万元，另收包装费0.3万元；代垫运费0.1万元（增值税专用发票交购买方）。

（2）销售A产品一批，付款条件是2/10、1/20、N/30，销售1 000件，每件不含税价0.04万元，对方在12天内付款。

（3）将A产品300件赠送给关系部门。

（4）销售已用的小汽车（6年前购进，当时取得普通发票）一辆，收入6万元（含税），原值35万元，已提折旧35万元；还销售已用3个月的设备一台，收入15万元（含税），原值16万元，已提折旧0.36万元。

（5）将A产品2 000件移送到设在外地某县的分支机构用于销售。

（6）销售产品一批，总价款150万元，税款19.5万元，合同规定5月、6月、7月各收1/3，当月未收到应收款项。

（7）销售产品一批，预收款120万元，合同规定下月发货。

（8）进口钢材120吨，关税完税价格80万元，关税税率30%，已入库。

（9）外购材料一批，取得专用发票，价款60万元，税款7.8万元，款未付。

（10）上述业务（6）、（8）、（9）中，支付运输单位运费，取得增值税专用发票，发票上注明的价款分别为2万元、2万元和1万元。

（11）部分产品因仓库漏雨被损毁，经过计算，损失成本3万元（企业可抵扣外购项目金额占生产成本的比例为70%）。

（12）支付当月电费，取得专用发票，价款20万元，税款2.6万元，其中含当月生活区用电费2万元（不含税）。

本月取得的相关票据均符合税法规定并在平台确认抵扣。根据以上资料计算该企业202×年5月应纳增值税额。计算结果保留至小数点后4位。

【答案】

（1）销项税额=3.9+0.3÷1.13×13%=3.934 5（万元）

（2）销项税额=1 000×0.04×13%=5.2（万元）

（3）销项税额=300×0.04×13%=1.56（万元）

（4）简易计税下应纳增值税额=6÷1.03×2%=0.116 5（万元）

　　销项税额=15÷1.13×13%=1.725 7（万元）

（5）销项税额=2 000×0.04×13%=10.4（万元）

（6）销项税额=19.5×1/3=6.5（万元）

（7）不计销项税额。

（8）进口增值税=80×(1+30%)×13%=13.52（万元）

　　即，进项税额=13.52（万元）

（9）进项税额=7.8（万元）

（10）进项税额=(2+2+1)×9%=0.45（万元）

（11）进项税额转出=3×70%×13%=0.273（万元）

（12）进项税额=2.6-2×13%=2.34（万元）

以上合计：

当期销项税额=3.934 5+5.2+1.56+1.725 7+10.4+6.5=29.320 2（万元）

当期进项税额=13.52+7.8+0.45+2.34=24.11（万元）

应纳增值税=当期销项税额-（当期进项税额-当期进项税额转出）+简易计税应纳增值税额
=29.320 2-(24.11-0.273)+0.116 5=5.599 7（万元）

第九节　出口退（免）税

出口退（免）税是国际贸易中通常采用的并为世界各国普遍接受的，目的在于鼓励各国出口货物公平竞争的一种退还或免征间接税（目前我国主要包括增值税、消费税）的税收措施，即对出口货物、劳务和跨境应税行为已承担或应承担的增值税和消费税等间接税实行退还或者免征。由于这项制度比较公平合理，因此它已成为国际社会通行的惯例。

一、出口退（免）税基本政策

世界各国为了鼓励本国货物出口，在遵循世界贸易组织（World Trade Organization，WTO）基本规则的前提下，一般都采取优惠的税收政策。目前，我国的出口货物、劳务和跨境应税行为税收政策分为以下 3 种形式。

（一）出口免税并退税

出口免税并退税即《财政部　国家税务总局关于出口货物劳务增值税和消费税政策的通知》（财税〔2012〕39 号，以下简称《通知》）中所说的"适用增值税的退（免）税政策的范围"。出口免税是指对货物、劳务和跨境应税行为在出口销售环节不征增值税、消费税。这是把货物、劳务和跨境应税行为出口环节与出口前的销售环节都同样视为一个征税环节。出口退税是指对货物、劳务和跨境应税行为在出口前实际承担的税收负担，按规定的退税率计算后予以退还。

（二）出口免税不退税

出口免税不退税即《通知》中所说的"适用增值税的免税政策的范围"。出口免税与上述第（一）项含义相同。出口不退税是指适用这个政策的出口货物、劳务和跨境应税行为因在前一道生产、销售环节或进口环节是免税的，所以出口时该货物、劳务和跨境应税行为的价格中本身就不含税，也无须退税。

（三）出口不免税也不退税

出口不免税也不退税即《通知》中所说的"适用增值税的征税政策的范围"。出口不免税是指对国家限制或禁止出口的某些货物、劳务和跨境应税行为的出口环节视同内销环节，照常征税；出口不退税是指对这些货物、劳务和跨境应税行为出口不退还出口前其所负担的税款。

二、出口货物、劳务和跨境应税行为退（免）税政策

（一）退（免）税范围

对下列出口货物、劳务和跨境应税行为，除适用增值税免税政策和征税政策的规定的以外，实行免征和退还增值税［以下称增值税退（免）税］政策。

（1）出口企业出口货物

出口企业，是指依法办理工商登记、税务登记、对外贸易经营者备案登记，自营或委托出口货物的单位或个体工商户，以及依法办理工商登记、税务登记但未办理对外贸易经营者备案登记，委托出口货物的生产企业。

出口货物，是指向海关报关后实际离境并销售给境外单位或个人的货物，分为自营出口货物和委托出口货物两类。

生产企业，是指具有生产能力（包括加工修理修配能力）的单位或个体工商户。

（2）出口企业或其他单位视同出口货物

① 出口企业对外援助、对外承包、境外投资的出口货物。

② 出口企业经海关报关进入国家批准的出口加工区、保税物流园区、保税港区、综合保税区、珠澳跨境工业区（珠海园区）、中哈霍尔果斯国际边境合作中心（中方配套区域）、保税物流中心（B 型）（以下统称特殊区域）并销售给特殊区域内单位或境外单位、个人的货物。

③ 免税品经营企业销售的货物（国家规定不允许经营和限制出口的货物、卷烟和超出免税品经营企业《企业法人营业执照》规定经营范围的货物除外）。

④ 出口企业或其他单位销售给用于国际金融组织或外国政府贷款国际招标建设项目的中标机电产品。中标机电产品，包括外国企业中标再分包给出口企业或其他单位的机电产品。

⑤ 生产企业销售的自产的海洋工程结构物，但购买方或者承租方需为按实物征收增值税的中外合作油（气）田开采企业。

⑥ 出口企业或其他单位销售给国际运输企业用于国际运输工具上的货物。此项规定暂仅适用于外轮供应公司、远洋运输供应公司销售给外轮、远洋国轮的货物，以及自 2011 年 1 月 1 日起，国内航空供应公司生产销售给国内和国外航空公司国际航班的航空食品。

⑦ 出口企业或其他单位销售给特殊区域内生产企业生产耗用且不向海关报关而输入特殊区域的水（包括蒸汽）、电力、燃气。

除另有规定外，视同出口货物适用出口货物的各项规定。

（3）出口企业对外提供加工修理修配劳务

对外提供加工修理修配劳务，是指对进境复出口货物或从事国际运输的运输工具进行的加工修理修配。

（4）适用增值税零税率的应税服务和跨境应税行为

① 自 2014 年 1 月 1 日起，增值税一般纳税人提供适用增值税零税率的应税服务，实行增值税退（免）税办法。

② 自 2016 年 5 月 1 日起，跨境应税行为适用增值税零税率。跨境应税行为，是指境内的单位和个人销售规定的服务和无形资产，规定的服务和无形资产的范围，参见本章第四节"三、零税率"的内容。

（二）退（免）税办法

适用增值税退（免）税政策的出口货物、劳务和跨境应税行为，按照下列规定实行增值税免抵退税或免退税办法。

（1）免抵退税办法。生产企业出口自产货物和视同自产货物及对外提供加工修理修配劳务，以及《财政部　国家税务总局关于出口货物劳务增值税和消费税政策的通知》（财税〔2012〕39 号）附件 5 列明的生产企业出口非自产货物，免征增值税，相应的进项税额抵减应纳增值税额（不包括适用增值税即征即退、先征后退政策的应纳增值税额），未抵减完的部分予以退还。

（2）免退税办法。不具有生产能力的出口企业或其他单位出口货物、劳务和跨境应税行为，免征增值税，相应的进项税额予以退还。

（3）境内的单位和个人提供适用增值税零税率的应税服务，如果属于适用简易计税方法的，实行免征增值税办法。如果属于适用增值税一般计税方法的，生产企业实行免抵退税办法，外贸企业外购研发服务和设计服务出口实行免退税办法，外贸企业自己开发的研发服务和设计服务出口，视同生产企业连同其出口货物统一实行免抵退税办法。

境内的单位和个人提供适用增值税零税率应税服务的，可以放弃适用增值税零税率，选择免税或按规定缴纳增值税。境内的单位和个人放弃适用增值税零税率后，36个月内不得再申请适用增值税零税率。

境内的单位和个人提供适用增值税零税率的应税服务，按月向主管退税的税务机关申报办理增值税免抵退税或免税手续。具体管理办法由国家税务总局商财政部另行制定。

（三）出口退税率

（1）退税率的一般规定

除财政部和国家税务总局根据国务院决定而明确的增值税出口退税率外，出口货物的退税率为其适用税率。跨境应税行为服务和无形资产的退税率为其适用税率。

自2019年4月1日起，原适用16%税率且出口退税率为16%的出口货物，出口退税率调整为13%；原适用10%税率且出口退税率为10%的出口货物、跨境应税行为，出口退税率调整为9%。

外贸企业自2018年7月31日以前出口的调整出口退税率所涉货物、销售的调整出口退税率所涉跨境应税行为，购进时已按调整前税率征收增值税的，执行调整前的出口退税率；购进时已按调整后税率征收增值税的，执行调整后的出口退税率。生产企业自2018年7月31日以前出口的调整出口退税率所涉货物、销售的调整出口退税率所涉跨境应税行为，执行调整前的出口退税率。自2019年4月1日起调整出口退税率后至2019年6月30日以前，退税率的执行口径与上述规定相同。

（2）退税率的特殊规定

① 外贸企业购进按简易计税办法征税的出口货物、从小规模纳税人购进的出口货物，其退税率分别为简易计税办法实际执行的征收率、小规模纳税人征收率。上述出口货物取得增值税专用发票的，退税率按照增值税专用发票上的税率和出口货物退税率孰低的原则确定。

② 出口企业委托加工修理修配货物，其加工修理修配费用的退税率，为出口货物的退税率。

③ 中标机电产品、出口企业向海关报关进入特殊区域销售给特殊区域内生产企业生产耗用的列名原材料、输入特殊区域的水电气，其退税率为适用税率。如果国家调整列名原材料的退税率，列名原材料应当自调整之日起按调整后的退税率执行。

④ 海洋工程结构物退税率的适用，具体根据《海洋工程结构物和海上石油天然气开采企业的具体范围》（财税〔2012〕39号附件3）确定。

（3）适用不同退税率的货物、劳务和跨境应税行为，应分开报关、核算并申报退（免）税，未分开报关、核算或划分不清的，从低适用退税率。

（四）增值税退（免）税的计税依据

出口货物、劳务和跨境应税行为的增值税退（免）税的计税依据，按出口货物、劳务和跨境应税行为的出口发票（外销发票）、其他普通发票或购进出口货物、劳务和跨境应税行为的增值税专用发票、海关进口增值税专用缴款书确定。

（1）生产企业出口货物、劳务和跨境应税行为（进料加工复出口货物除外）增值税退（免）税的计税依据，为出口货物、劳务和跨境应税行为的实际离岸价（Free On Board，FOB）。实际离岸价应以出口发票上的离岸价为准，但如果出口发票不能反映实际离岸价，主管税务机关有权予以核定。

（2）生产企业进料加工复出口货物增值税退（免）税的计税依据，按出口货物的离岸价

（FOB）扣除出口货物所含的海关保税进口料件的金额后确定。

海关保税进口料件，是指海关以进料加工贸易方式监管的出口企业从境外和特殊区域等进口的料件，包括出口企业从境外单位或个人购买并从海关保税仓库提取且办理海关进料加工手续的料件，以及保税区外的出口企业从保税区内的企业购进并办理海关进料加工手续的进口料件。

（3）生产企业国内购进无进项税额且不计提进项税额的免税原材料加工后出口的货物的计税依据，按出口货物的离岸价（FOB）扣除出口货物所含的国内购进免税原材料的金额后确定。

（4）外贸企业出口货物（委托加工修理修配货物除外）增值税退（免）税的计税依据，为购进出口货物的增值税专用发票上注明的金额或海关进口增值税专用缴款书上注明的完税价格。

（5）外贸企业出口委托加工修理修配货物增值税退（免）税的计税依据，为加工修理修配费用增值税专用发票上注明的金额。外贸企业应将加工修理修配使用的原材料（进料加工海关保税进口料件除外）作价销售给受托加工修理修配的生产企业，受托加工修理修配的生产企业应将原材料成本并入加工修理修配费用开具发票。

（6）出口进项税额未计算抵扣的已使用过的设备增值税退（免）税的计税依据，按下列公式确定：

$$\begin{array}{l} \text{退（免）税} \\ \text{计税依据} \end{array} = \begin{array}{l} \text{增值税专用发票上的金额或海关进口} \\ \text{增值税专用缴款书上注明的完税价格} \end{array} \times \begin{array}{l} \text{已使用过的设备} \\ \text{固定资产净值} \end{array} \div \begin{array}{l} \text{已使用过的} \\ \text{设备原值} \end{array}$$

其中，已使用过的设备固定资产净值=已使用过的设备原值-已使用过的设备已提累计折旧已使用过的设备，是指出口企业根据财务会计制度已经计提折旧的固定资产。

（7）免税品经营企业销售的货物增值税退（免）税的计税依据，为购进货物的增值税专用发票上注明的金额或海关进口增值税专用缴款书上注明的完税价格。

（8）中标机电产品增值税退（免）税的计税依据，生产企业为销售机电产品的普通发票上注明的金额，外贸企业为购进货物的增值税专用发票上注明的金额或海关进口增值税专用缴款书上注明的完税价格。

（9）生产企业向海上石油天然气开采企业销售的自产的海洋工程结构物增值税退（免）税的计税依据，为销售海洋工程结构物的普通发票上注明的金额。

（10）输入特殊区域的水电气增值税退（免）税的计税依据，为作为购买方的特殊区域内生产企业购进水（包括蒸汽）、电力燃气的增值税专用发票上注明的金额。

（11）跨境应税行为退（免）税的计税依据。

① 实行免抵退税办法的退（免）税计税依据。

a. 以铁路运输方式载运旅客的，为按照铁路合作组织清算规则清算后的实际运输收入。

b. 以铁路运输方式载运货物的，为按照铁路运输进款清算办法，对"发站"或"到站（局）"名称包含"境"字的货票上注明的运输费用以及直接相关的国际联运杂费清算后的实际运输收入。

c. 以航空运输方式载运货物或旅客的，如果国际运输或港澳台运输各航段由多个承运人承运的，为中国航空结算有限责任公司清算后的实际收入，如果国际运输或港澳台运输各航段由一个承运人承运的，为提供航空运输服务取得的收入。

d. 其他实行免抵退税办法的增值税零税率应税服务和无形资产，为提供增值税零税率应税服务取得的收入。

② 实行免退税办法的退（免）税计税依据。

实行免退税办法的退（免）税计税依据，为购进应税服务和无形资产的增值税专用发票或解缴税款的中华人民共和国税收缴款凭证上注明的金额。

实行退（免）税办法的研发服务和设计服务，如果主管税务机关认定出口价格偏高，有权按照核定的出口价格计算退（免）税，核定的出口价格低于外贸企业购进价格的，低于部分对应的进项税额不予退税，转入成本。

三、出口应退税额的计算

出口货物只有在适用既免税又退税的政策时，才会涉及如何计算退税的问题。由于各类出口企业对出口货物、劳务和跨境应税行为的会计核算办法不同，有对出口单独核算成本的，有对出口和内销统一核算成本的。为了与出口企业的会计核算办法相一致，我国出口退（免）税规定了两种退税计算办法："免、抵、退"税办法和"免、退"税办法。

（一）"免、抵、退"税的计算方法

生产企业出口货物、劳务和跨境应税行为的增值税实行"免、抵、退"税办法。

实行免、抵、退税办法的"免"税，是指对生产企业出口的自产货物，在出口时免征本企业生产销售环节增值税；"抵"税，是指生产企业出口自产货物所耗用的原材料、零部件、燃料、动力等所含应予退还的进项税额，抵顶内销货物的应纳税额；"退"税是指生产企业出口的自产货物在当月内应抵顶的进项税额大于应纳税额时，对未抵顶完的部分予以退税。由于出口货物增值税实行零税率，除出口环节免征增值税即没有销项税额外，我国还需要将为生产出口产品所购进的项目已经缴纳的税款，即进项税额退还给出口企业等纳税人。因此，出口退税并不是退还"销项税额"，而是退还"进项税额"。如果一个企业完全是出口企业，商品没有内销，则完全采用"免"和"退"的方式，就不存在"抵"税的问题。采用"抵"税的方式其实是为了简化征管手续，即用本来要退还给纳税人的退税额抵顶内销货物应该按规定缴纳的增值税额。

具体计算方法与计算公式如下。

（1）当期应纳税额的计算公式如下。

$$\underset{\text{税额}}{\text{当期应纳}} = \underset{\text{税额}}{\text{当期销项}} - \left(\underset{\text{税额}}{\text{当期进项}} - \underset{\text{免征和抵扣税额}}{\text{当期免抵退税不得}} \right) - \underset{\text{税额}}{\text{上期留抵}}$$

其中：

$$\underset{\text{免征和抵扣税额}}{\text{当期免抵退税不得}} = \underset{\text{离岸价}}{\text{出口货物}} \times \underset{\text{币牌价}}{\text{外汇人民}} \times \left(\underset{\text{征税率}}{\text{出口货物}} - \underset{\text{退税率}}{\text{出口货物}} \right) - \underset{\text{和抵扣税额抵减额}}{\text{免抵退税不得免征}}$$

📒 【点拨指导】

出口货物离岸价（FOB）以出口发票计算的离岸价为准。出口发票不能如实反映实际离岸价的，企业必须按照实际离岸价向主管税务机关申报，同时主管税务机关有权依照《税收征收管理法》《增值税暂行条例》等有关规定予以核定。

从上述计算公式看，出口退税在"销项税额"方面并非执行真正的零税率，而是一种"超低税率"，即征税率与退税率（各货物不同）之差，即税法规定的出口退税"不得免征和抵扣税额"的计算比率。

如果我们从会计制度看，上述"免抵退税"的计算原理更加清晰。根据企业会计制度的规定，对于实行"免抵退"方法的生产企业，在会计上应当增设如下增值税专栏。

①"出口抵减内销产品应纳税额"借方专栏。

②"出口退税"贷方专栏。

另外，以"进项税额转出"贷方专栏核算"当期免抵退税不得免征和抵扣税额"，以"其

他应收款——应收补贴款"科目核算"当期应退税额"。

当期免抵退税不得免征和抵扣税额的减项，相关计算公式如下。

当期不得免征和抵扣税额抵减额=免税购进原材料价格×（出口货物征税率−出口货物退税率）

免税购进原材料包括从国内购进免税原材料和进料加工免税进口料件，其中进料加工免税进口料件的价格为组成计税价格，计算公式如下。

进料加工免税进口料件的组成计税价格=货物到岸价+海关实征关税和消费税

如果当期没有免税购进原材料价格，前述公式中的当期不得免征和抵扣税额抵减额，以及后面公式中的免抵退税额抵减额，就不用计算。

"免抵退税不得免征和抵扣税额抵减额"与前面的"免抵退税额抵减额"是有区别的。"免抵退税不得免征和抵扣税额抵减额"实质是不予抵免的金额，在实际账务处理中是不存在的，但是作为免抵退这种管理办法的计算思路，必须将这部分予以剔除。而通过前面对计算公式的分析，可以理解为，前面对免税购进原材料也相应计算了不得免征和抵扣的税额，所以单独计算"免抵退税不得免征和抵扣税额抵减额"作为对其的修正。

（2）免抵退税额的计算公式如下。

免抵退税额=出口货物离岸价×外汇人民币牌价×出口货物退税率−免抵退税额抵减额

其中：

免抵退税额抵减额=免税购进原材料价格×出口货物退税率

这个公式中计算的"免抵退税额"就是名义上应退税额或者免抵退制度下的可抵顶进项税额。公式中的最后一个减项"免抵退税额抵减额"的实质含义是，免税购进的原材料本身是不含进项税额的，所以在计算免抵退税额时就不应该退还这部分原本不存在的税额，因此要通过计算予以剔除。

（3）当期应退税额和免抵税额的计算公式如下。

① 如当期期末留抵税额≤当期免抵退税额，则有如下等式。

当期应退税额=当期期末留抵税额

当期免抵税额=当期免抵退税额−当期应退税额

② 如当期期末留抵税额＞当期免抵退税额，则有如下等式。

当期应退税额=当期免抵退税额

当期免抵税额=0

当期期末留抵税额根据当期《增值税纳税申报表》中"期末留抵税额"确定。

【例2-5】202×年3月，某生产企业出口自产货物，销售额折合人民币2 000万元，内销货物不含税销售额 800 万元。为生产货物购进材料取得增值税专用发票，发票上注明金额4 600万元、税额598万元。已知该企业出口货物适用税率为13%，出口退税率为10%，当月取得的增值税专用发票已勾选抵扣进项税额，期初无留抵税额。请计算该企业当月出口货物应退增值税税额。

（1）当期应纳税额=800×13%−[598−2 000×(13%−10%)]=−434（万元）

（2）当期免抵退税额=2 000×10%=200（万元）

（3）当期期末留抵税额＞当期免抵退税额，当期应退税额=200（万元）

（4）当期免抵税额=0

（5）结转下期留抵税额=434−200=234（万元）

（二）"免、退"税的计算方法

外贸企业以及实行外贸企业财务制度的工贸企业收购货物出口，其出口销售环节的增值税免征；其收购货物的成本部分，因外贸企业在支付收购货款的同时也支付了生产经营该类商品的企业已纳的增值税额，因此，在货物出口后按收购成本与退税税率计算退税退还给外贸企业，征、退税之差计入企业成本。

1. 外贸企业免退税的计算办法

外贸企业出口货物（委托加工修理修配货物除外）增值税退（免）税的：

$$应退税额=购进出口货物的增值税专用发票上注明的金额或$$

$$海关进口增值税专用缴款书上注明的完税价格×退税税率$$

外贸企业出口委托加工修理修配货物增值税退（免）税的：

$$应退税额=加工修理修配费用增值税专用发票上注明的金额×退税税率$$

2. 跨境应税行为免退税的计算办法

应退税额的计算公式如下。

$$应退税额=购进应税服务和无形资产的增值税专用发票或$$

$$解缴税款的税收缴款凭证上注明的金额×退税税率$$

四、出口货物、劳务和跨境应税行为免税政策

对符合下列条件的出口货物、劳务和跨境应税行为，除适用本节"出口货物、劳务和跨境应税行为征税政策"的规定外，按以下规定实行免征增值税政策。

适用增值税免税政策的出口货物、劳务和跨境应税行为，是指以下内容。

1. 出口企业或其他单位出口规定的货物

（1）增值税小规模纳税人出口的货物。

（2）避孕药品和用具，古旧图书。

（3）软件产品。其具体范围是指海关税则号前四位为"9803"的货物。

（4）含黄金、铂金成分的货物，钻石及其饰品。

（5）国家计划内出口的卷烟。

（6）已使用过的设备。其具体范围是指购进时未取得增值税专用发票、海关进口增值税专用缴款书但其他相关单证齐全的已使用过的设备。

（7）非出口企业委托出口的货物。

（8）非列名生产企业出口的非视同自产货物。

（9）农业生产者自产农产品［农产品的具体范围按照《农业产品征税范围注释》（财税字〔1995〕52号）的规定执行］。

（10）油画、花生果仁、黑大豆等财政部和国家税务总局规定的出口免税的货物。

（11）外贸企业取得普通发票、废旧物资收购凭证、农产品收购发票、政府非税收入票据的货物。

（12）来料加工复出口的货物。

（13）特殊区域内的企业出口的特殊区域内的货物。

（14）以人民币现金作为结算方式的边境地区出口企业从所在省（自治区、直辖市）的边境口岸出口到接壤国家的一般贸易和边境小额贸易出口货物。

（15）以旅游购物贸易方式报关出口的货物。

（16）跨境电子商务综合试验区（以下简称"综试区"）内的跨境电子商务零售出口（以下简称"电子商务出口"）未取得有效进货凭证的货物，同时符合下列条件的，试行增值税、消费税免税政策。

① 电子商务出口企业在综试区注册，并在注册地跨境电子商务线上综合服务平台登记出口日期、货物名称、计量单位、数量、单价、金额。②出口货物通过综试区所在地海关办理电

子商务出口申报手续。③出口货物不属于财政部和国家税务总局根据国务院决定明确取消出口退（免）税的货物。

2. 出口企业或其他单位视同出口的下列货物劳务

（1）自 2011 年 1 月 1 日起，国家批准设立的免税店销售的免税货物（包括进口免税货物和已实现退（免）税的货物）。

（2）特殊区域内的企业为境外的单位或个人提供加工修理修配劳务。

（3）同一特殊区域、不同特殊区域内的企业之间销售特殊区域内的货物。

五、出口货物、劳务和跨境应税行为征税政策

下列出口货物、劳务和跨境应税行为，不适用增值税退（免）税和免税政策，按以下规定及视同内销货物征税的其他规定征收增值税。

1. 适用范围

适用增值税征税政策的出口货物、劳务和跨境应税行为，是指以下内容。

（1）出口企业出口或视同出口财政部和国家税务总局根据国务院决定明确的取消出口退（免）税的货物（不包括来料加工复出口货物、中标机电产品、列名原材料输入特殊区域的水电气、海洋工程结构物）。

（2）出口企业或其他单位销售给特殊区域内的生活消费用品和交通运输工具。

（3）出口企业或其他单位因骗取出口退税被税务机关停止办理增值税退（免）税期间出口的货物。

（4）出口企业或其他单位提供虚假备案单证的货物。

（5）出口企业或其他单位增值税退（免）税凭证有伪造或内容不实的货物。

（6）经主管税务机关审核不予免税核销的出口卷烟。

（7）出口企业或其他单位具有以下情形之一的出口货物、劳务和跨境应税行为。

① 将空白的出口货物报关单、出口收汇核销单等退（免）税凭证交由除签有委托合同的货代公司、报关行，或由境外进口方指定的货代公司（提供合同约定或者其他相关证明）以外的其他单位或个人使用的。

② 以自营名义出口，其出口业务实质上是由本企业及其投资的企业以外的单位或个人借该出口企业名义操作完成的。

③ 以自营名义出口，其出口的同一批货物既签订购货合同，又签订代理出口合同（或协议）的。

④ 出口货物在海关验放后，自己或委托货代承运人对该笔货物的海运提单或其他运输单据等上的品名、规格等进行修改，造成出口货物报关单与海运提单或其他运输单据有关内容不符的。

⑤ 以自营名义出口，但不承担出口货物的质量、收款或退税风险之一的，即出口货物发生质量问题不承担购买方的索赔责任（合同中有约定质量责任承担者除外）；不承担未按期收款导致不能核销的责任（合同中有约定收款责任承担者除外）；不承担因申报出口退（免）税的资料、单证等出现问题造成不退税责任的。

⑥ 未实质参与出口经营活动、接受并从事由中间人介绍的其他出口业务，但仍以自营名义出口的。

2. 应纳增值税的计算。

适用增值税征税政策的出口货物、劳务和跨境应税行为，其应纳增值税按下列办法计算。

（1）一般纳税人出口货物。

相关计算公式如下。

销项税额＝（出口货物离岸价－出口货物耗用的进料加工保税进口料件金额）÷

（1+适用税率）×适用税率

出口货物若已按征退税率之差计算不得免征和抵扣税额并已经转入成本的，相应的税额应转回进项税额。

相关计算公式如下。

出口货物耗用的进料加工保税进口料件金额＝主营业务成本×

（投入的保税进口料件金额÷生产成本）

主营业务成本、生产成本均为不予退（免）税的进料加工出口货物的主营业务成本、生产成本。当耗用的保税进口料件金额大于不予退（免）税的进料加工出口货物金额时，耗用的保税进口料件金额为不予退（免）税的进料加工出口货物金额。

出口企业应分别核算内销货物和增值税征税的出口货物的生产成本、主营业务成本。未分别核算的，其相应的生产成本、主营业务成本由主管税务机关核定。

进料加工手册海关核销后，出口企业应对出口货物耗用的保税进口料件金额进行清算。

（2）小规模纳税人出口货物。

应纳税额计算公式如下。

应纳税额＝出口货物离岸价÷(1+征收率)×征收率

第十节　税收优惠

一、增值税的减免税

（一）销售货物、劳务的免税项目

（1）农业生产者销售的自产农产品。农业生产者销售的自产农产品免征增值税。农业，是指种植业、养殖业、林业、牧业、水产业。农业生产者，包括从事农业生产的单位和个人。农产品，是指初级农产品，具体范围由财政部、国家税务总局确定。

（2）避孕药品和用具。

（3）古旧图书。古旧图书，是指向社会收购的古书和旧书。

（4）直接用于科学研究、科学试验和教学的进口仪器、设备。

我国对科学研究机构、技术开发机构、学校等单位进口国内不能生产或者性能不能满足需要的科学研究、科技开发和教学用品，免征进口关税和进口环节增值税、消费税。

（5）外国政府、国际组织无偿援助的进口物资和设备。

（6）由残疾人的组织直接进口供残疾人专用的物品以及残疾人个人提供的加工、修理修配劳务。

（7）销售的自己使用过的物品。

自己使用过的物品是指其他个人自己使用过的物品。

除上述规定外，增值税的免税、减税项目由国务院规定，任何地区、部门均不得规定免税、减税项目。

（8）对承担粮食收储任务的国有粮食购销企业销售粮食和大豆。

（9）销售政府储备食用植物油。

（10）销售饲料。饲料产品的范围包括单一大宗饲料、混合饲料、配合饲料、复合预混料和浓缩饲料。宠物饲料不属于免征增值税的饲料。

（11）蔬菜流通环节免征增值税。自 2012 年 1 月 1 日起，对从事蔬菜批发零售的纳税人销售的蔬菜免征增值税。

（12）部分鲜活肉蛋产品流通环节免征增值税。自 2012 年 10 月 1 日起，对从事农产品批发、零售的纳税人销售的部分鲜活肉蛋产品免征增值税。

（13）对供热企业向居民个人供热而取得的采暖费收入免征增值税。

（二）销售服务的免税项目

（1）托儿所、幼儿园提供的保育和教育服务。

托儿所、幼儿园是指经县级以上教育部门审批成立、取得办园许可证的、实施 0～6 岁学前教育的机构，包括公办和民办的托儿所、幼儿园、学前班、幼儿班、保育院。

【点拨指导】

公办托儿所、幼儿园免征增值税的收入，是指在省级财政部门和价格主管部门审核报省级人民政府批准的收费标准以内收取的教育费、保育费。

民办托儿所、幼儿园免征增值税的收入，是指在报经当地有关部门备案并公示的收费标准范围内收取的教育费、保育费。

超过规定收费标准的收费，以开办实验班、特色班和兴趣班等为由另外收取的费用以及与幼儿入园挂钩的赞助费、支教费等超过规定范围的收入，不属于免征增值税的收入。

（2）养老机构提供的养老服务。

养老机构包括依照《中华人民共和国老年人权益保障法》依法办理登记，并向民政部门备案的为老年人提供集中居住和照料服务的各类养老机构。

（3）残疾人福利机构提供的育养服务。

（4）婚姻介绍服务。

（5）殡葬服务。

殡葬服务，是指收费标准由各地价格主管部门会同有关部门核定，或者实行政府指导价管理的遗体接运（含抬尸、消毒）、遗体整容、遗体防腐存放（含冷藏）、火化、骨灰寄存、吊唁设施设备租赁、墓穴租赁及管理等服务。

（6）残疾人员本人为社会提供的服务。

（7）学生勤工俭学提供的服务。

（8）农业机耕、排灌、病虫害防治、植物保护、农牧保险以及相关技术培训业务，家禽、牲畜、水生动物的配种和疾病防治。

（9）纪念馆、博物馆、文化馆、文物保护单位管理机构、美术馆、展览馆、书画院、图书馆在自己的场所提供文化体育服务取得的第一道门票收入。

（10）寺院、宫观、清真寺和教堂举办文化、宗教活动的门票收入。

（11）福利彩票、体育彩票的发行收入。

（12）社会团体收取的会费。

社会团体是指依照国家有关法律法规设立或登记并取得《社会团体法人登记证书》的非营利法人。会费，是指社会团体在国家法律法规、政策许可的范围内，依照社团章程的规定，收取的个人会员、单位会员和团体会员的会费。

（13）医疗机构提供的医疗服务。

医疗机构是指依据《医疗机构管理条例》（国务院令第 149 号）及《医疗机构管理条例实施细则》（卫生部令第 35 号）的规定，经登记取得《医疗机构执业许可证》的机构，以及军队、武警部队各级各类医疗机构。其具体包括各级各类医院、门诊部（所）、社区卫生服务中心（站）、急救中心（站）、城乡卫生院、护理院（所）、疗养院、临床检验中心，各级人民政府及有关部门举办的卫生防疫站（疾病控制中心）、各种专科疾病防治站（所），各级人民政府举办的妇幼保健所（站）、母婴保健机构、儿童保健机构，各级人民政府举办的血站（血液中心）等医疗机构。

医疗服务是指医疗机构按照不高于地（市）级以上价格主管部门会同同级卫生主管部门及其他相关部门制定的医疗服务指导价格（包括政府指导价和按照规定由供需双方协商确定的价格等）为就医者提供《全国医疗服务价格项目规范》所列的各项服务，以及医疗机构向社会提供卫生防疫、卫生检疫的服务。对非营利性医疗机构自产自用的制剂，免征增值税。

【特别提示】

自 2019 年 2 月 1 日至 2027 年 12 月 31 日，医疗机构接受其他医疗机构委托，按照不高于地（市）级以上价格主管部门会同同级卫生主管部门及其他相关部门制定的医疗服务指导价格（包括政府指导价和按照规定由供需双方协商确定的价格等），提供《全国医疗服务价格项目规范》所列的各项服务，免征增值税。

（14）从事教育的学校提供的教育服务。

① 提供学历教育的学校提供的教育服务收入。

学历教育，是指受教育者经过国家教育考试或者国家规定的其他入学方式，进入国家有关部门批准的学校或者其他教育机构学习，获得国家承认的学历证书的教育形式。

【点拨指导】

提供教育服务免征增值税的收入，是指对列入规定招生计划的在籍学生提供学历教育服务取得的收入，具体包括：经有关部门审核批准并按规定标准收取的学费、住宿费、课本费、作业本费、考试报名费收入，以及学校食堂提供餐饮服务取得的伙食费收入。除此之外的收入，包括学校以各种名义收取的赞助费、择校费等，不属于免征增值税的范围。

境外教育机构与境内从事学历教育的学校开展中外合作办学，提供学历教育服务取得的收入免征增值税。中外合作办学，是指中外教育机构按照《中华人民共和国中外合作办学条例》（国务院令第 372 号）的有关规定，合作举办的以中国公民为主要招生对象的教育教学活动。

② 政府举办的从事学历教育的高等、中等和初等学校（不含下属单位），举办进修班、培训班取得的全部归该学校所有的收入。

③ 政府举办的职业学校设立的主要为在校学生提供实习场所、由学校出资自办、由学校负责经营管理、经营收入归学校所有的企业，从事《销售服务、无形资产、不动产注释》中"现代服务"（不含融资租赁服务、广告服务和其他现代服务）、"生活服务"（不含文化体育服务、其他生活服务和桑拿、氧吧）业务活动取得的收入。

（15）军队转业干部就业。

① 从事个体经营的军队转业干部，自领取税务登记证之日起，其提供的应税服务 3 年内免征增值税。

② 为安置自主择业的军队转业干部就业而新开办的企业，凡安置自主择业的军队转业干部占企业总人数 60%（含）以上的，自领取税务登记证之日起，其提供的应税服务 3 年内免征增值税。

享受上述优惠政策的自主择业的军队转业干部必须持有师以上部队颁发的转业证件。

（16）随军家属就业。

① 为安置随军家属就业而新开办的企业，自领取税务登记证之日起，其提供的应税服务 3 年内免征增值税。

享受税收优惠政策的企业，随军家属必须占企业总人数的 60%（含）以上，并有军（含）以上政治和后勤机关出具的证明。

② 从事个体经营的随军家属，自办理税务登记事项之日起，其提供的应税服务 3 年内免征增值税。

按照上述规定，每一名随军家属可以享受一次免税政策。

（17）符合规定条件的合同能源管理服务。

（18）台湾航运公司、航空公司从事海峡两岸海上直航、空中直航业务在大陆取得的运输收入。

（19）纳税人提供的直接或者间接国际货物运输代理服务。

（20）下列利息收入。

① 国家助学贷款。

② 国债、地方人民政府债。

③ 人民银行对金融机构的贷款。

④ 住房公积金管理中心用住房公积金在指定的委托银行发放的个人住房贷款。

⑤ 外汇管理部门在从事国家外汇储备经营过程中，委托金融机构发放的外汇贷款。

⑥ 统借统还业务中，企业集团或企业集团中的核心企业以及集团所属财务公司按不高于支付给金融机构的借款利率水平或者支付的债券票面利率水平，向企业集团或者集团内下属单位收取的利息。

自 2019 年 2 月 1 日至 2027 年 12 月 31 日，对企业集团内单位（含企业集团）之间的资金无偿借贷行为，免征增值税。

（21）被撤销金融机构以货物、不动产、无形资产、有价证券票据等财产清偿债务。

（22）保险公司开办的一年期以上人身保险产品取得的保费收入。

（23）再保险服务。

（24）下列金融商品转让收入。

① 合格境外投资者（Qualified Foreign Institutional Investor，QFI）委托境内公司在我国从事证券买卖业务。

② 香港市场投资者（包括单位和个人）通过沪港通买卖上海证券交易所上市 A 股。

③ 对香港市场投资者（包括单位和个人）通过基金互认买卖内地基金份额。

④ 证券投资基金（封闭式证券投资基金，开放式证券投资基金）管理人运用基金买卖股票、债券。

⑤ 个人从事金融商品转让业务。

（25）金融同业往来利息收入。

① 金融机构与人民银行所发生的资金往来业务。

② 银行联行往来业务。

③ 金融机构间的资金往来业务。

④ 自 2016 年 5 月 1 日起，金融机构开展同业存款、同业借款、同业代付、买断式买入返售金融商品、持有金融债券、同业存单、质押式买入返售金融商品、持有政策性金融债券业务取得的利息收入，属于金融同业往来利息收入。

（三）销售无形资产的免税项目

（1）个人转让著作权。

（2）纳税人提供技术转让、技术开发和与之相关的技术咨询、技术服务。

技术转让、技术开发，是指《销售服务、无形资产、不动产注释》中"转让技术""研发服务"范围内的业务活动。技术咨询，是指就特定技术项目提供可行性论证技术预测、专题技术调查、分析评价报告等业务活动。

与技术转让、技术开发相关的技术咨询、技术服务，是指转让方（或者受托方）根据技术转让或者开发合同的规定，为帮助受让方（或者委托方）掌握所转让（或者委托开发）的技术，而提供的技术咨询、技术服务业务，且这部分技术咨询、技术服务的价款与技术转让或者技术开发的价款应当在同一张发票上开具。

（四）销售不动产及不动产租赁服务的减免税项目

（1）个人销售自建自用住房免征增值税。

（2）涉及家庭财产分割的个人无偿转让不动产、土地使用权免征增值税。

【情景解析】

家庭财产分割，包括下列情形：离婚财产分割；无偿赠与配偶、父母、子女、祖父母、外祖父母、孙子女、外孙子女、兄弟姐妹；无偿赠与对其承担直接抚养或者赡养义务的抚养人或者赡养人；房屋产权所有人死亡，法定继承人、遗嘱继承人或者受遗赠人依法取得房屋产权。

（3）个人将购买不足 2 年的住房对外销售的，按照 5% 的征收率全额缴纳增值税；个人将购买 2 年以上（含 2 年）的住房对外销售的，免征增值税。

（4）个人出租住房，应按照 5% 的征收率减按 1.5% 计算应纳增值税。

（5）将土地使用权转让给农业生产者用于农业生产免征增值税。

纳税人采取转包、出租、互换、转让、入股等方式将承包地流转给农业生产者用于农业生产取得的收入，免征增值税。自 2020 年 1 月 20 日起，纳税人将国有农用地出租给农业生产者用于农业生产，免征增值税。

（6）土地所有者出让土地使用权和土地使用者将土地使用权归还给土地所有者免征增值税。土地所有者依法征收土地，并向土地使用者支付土地及其相关有形动产、不动产补偿费的行为，属于土地使用者将土地使用权归还给土地所有者的情形。

（7）县级以上地方人民政府或自然资源行政主管部门出让、转让或收回自然资源使用权（不含土地使用权）免征增值税。

（8）军队空余房产租赁收入免征增值税。

（五）进口货物的减免税

（1）对中国经济图书进出口公司、中国出版对外贸易总公司为大专院校和科研单位免税进口的图书、报刊等资料，在其销售给上述院校和单位时，免征国内销售环节的增值税。

（2）对中国教育图书进出口公司，北京中科进出口公司，中国国际图书贸易总公司销售给高等学校、科研单位和北京图书馆的进口图书、报刊资料免征增值税。

（3）对中国科技资料进出口总公司为科研单位、大专院校进口的用于科研、教学的图书、文献、报刊及其他资料（包括只读光盘、缩微平片胶卷、地球资源卫星照片、科技和教学声像制品）免征国内销售环节增值税。

（4）对中国图书进出口总公司销售给国务院各部委、各直属机构及各省、自治区、直辖市所属科研机构和大专院校的进口科研、教学书刊免征增值税。

（5）自 2018 年 5 月 1 日起，对进口抗癌药品，减按 3% 征收进口环节增值税；自 2019 年 3 月 1 日起，对进口罕见病药品，减按 3% 征收进口环节增值税。

（六）海南离岛免税

（1）海南离岛旅客免税购物政策（以下简称"离岛免税政策"）自 2020 年 7 月 1 日起执行，离岛免税政策免税税种为关税、进口环节增值税和消费税。

📖 **【点拨指导】**

离岛免税政策是指对乘飞机、火车、轮船离岛（不包括离境）旅客实行限值、限量、限品种免进口税购物，在实施离岛免税政策的免税商店内或经批准的网上销售窗口付款，在机场、火车站、港口码头指定区域提货离岛的税收优惠政策。离岛旅客每年每人免税购物额度为 10 万元人民币，不限次数。

（2）自 2020 年 11 月 1 日起，海南离岛免税店销售离岛免税商品，免征增值税和消费税。离岛免税店销售非离岛免税商品，按现行规定向主管税务机关申报缴纳增值税和消费税。

📓 **【特别提示】**

离岛免税店兼营应征增值税、消费税项目的，应分别核算离岛免税商品和应税项目的销售额；未分别核算的，不得免税。

离岛免税店销售离岛免税商品应开具增值税普通发票，不得开具增值税专用发票。

（七）临时减免税项目

（1）孵化服务。

自 2019 年 1 月 1 日至 2021 年 12 月 31 日，国家级、省级科技企业孵化器，大学科技园和国家备案众创空间对其向在孵对象提供孵化服务取得的收入，免征增值税。该规定延续执行至 2027 年 12 月 31 日。

（2）经营公租房。

自 2019 年 1 月 1 日至 2027 年 12 月 31 日，对经营公租房所取得的租金收入，免征增值税。

（3）文化企业。

① 自 2019 年 1 月 1 日至 2027 年 12 月 31 日，对电影主管部门（包括中央、省、地市及县级）按照各自职能权限批准从事电影制片、发行、放映的电影集团公司（含成员企业）、电影制片厂及其他电影企业取得的销售电影拷贝（含数字拷贝）收入、转让电影版权（包括转让和许可使用）收入、电影发行收入以及在农村取得的电影放映收入，免征增值税。

② 自 2019 年 1 月 1 日至 2027 年 12 月 31 日，对广播电视运营服务企业收取的有线数字电视基本收视维护费和农村有线电视基本收视费，免征增值税。

③ 自 2020 年 1 月 1 日至 2021 年 12 月 31 日，对纳税人提供电影放映服务取得的收入免征增值税。2027 年 12 月 31 日之前，一般纳税人提供的城市电影放映服务，可以按现行政策规定，选择按照简易计税方法计算缴纳增值税。

④ 自 2019 年 1 月 1 日至 2027 年 12 月 31 日，党报、党刊将其发行、印刷业务及相应的经营性资产剥离组建的文化企业，自注册之日起所取得的党报、党刊发行收入和印刷收入免征增值税。

（4）社区家庭服务业。

自 2019 年 6 月 1 日至 2025 年 12 月 31 日，下列收入免征增值税：提供社区养老、托育、家政服务取得的收入；符合规定条件的家政服务企业提供家政服务取得的收入。

（5）边销茶。

自 2021 年 1 月 1 日至 2027 年 12 月 31 日，对边销茶生产企业销售自产的边销茶及经销企业销售的边销茶免征增值税。

（6）抗病毒药品。

① 自 2019 年 1 月 1 日至 2027 年 12 月 31 日，继续对国产抗艾滋病病毒药品免征生产

环节和流通环节增值税。

②自2021年1月1日至2030年12月31日，对卫生健康委委托进口的抗艾滋病病毒药物，免征进口关税和进口环节增值税。

（7）农村饮水安全工程。

自2019年1月1日至2027年12月31日，对饮水工程运营管理单位向农村居民提供生活用水取得的自来水销售收入，免征增值税。

（8）科普单位的科普活动。

自2018年1月1日至2027年12月31日，对科普单位的门票收入，以及县级及以上党政部门和科协开展科普活动的门票收入免征增值税。

（9）金融机构发放小额贷款。

①自2017年12月1日至2027年12月31日，对金融机构向农户、小型企业、微型企业及个体工商户发放小额贷款取得的利息收入，免征增值税。

②自2018年9月1日至2027年12月31日，对金融机构向小型企业、微型企业和个体工商户发放小额贷款取得的利息收入，免征增值税。

③自2018年1月1日至2027年12月31日，纳税人为农户、小型企业、微型企业及个体工商户借款、发行债券提供融资担保取得的担保费收入，以及为上述融资担保（以下称原担保）提供再担保取得的再担保费收入，免征增值税。再担保合同对应多个原担保合同的，原担保合同应全部适用免征增值税政策。否则，再担保合同应按规定缴纳增值税。

④自2019年8月20日起，金融机构向小型企业、微型企业和个体工商户发放1年期以上（不含1年）至5年期以下（不含5年）小额贷款取得的利息收入，可选择中国人民银行授权全国银行间同业拆借中心公布的1年期贷款市场报价利率或5年期以上贷款市场报价利率，适用《财政部 税务总局关于金融机构小微企业贷款利息收入免征增值税政策的通知》（财税〔2018〕91号）规定的免征增值税政策。

⑤自2017年1月1日至2027年12月31日，对经省级金融管理部门（金融办、局等）批准成立的小额贷款公司取得的农户小额贷款利息收入，免征增值税。小额贷款，是指单笔且该农户贷款余额总额在10万元（含本数）以下的贷款。

（10）境外机构投资境内债券市场。

自2018年11月7日至2021年11月6日，对境外机构投资境内债券市场取得的债券利息收入暂免征收增值税。该规定延续执行至2025年12月31日。

（11）货物期货交割。

自2018年11月30日至2027年12月31日，对经国务院批准对外开放的货物期货品种保税交割业务，暂免征收增值税。

（12）扶贫货物捐赠。

自2019年1月1日至2022年12月31日，对单位或者个体工商户将自产、委托加工或购买的货物通过公益性社会组织、县级及以上人民政府及其组成部门和直属机构，或直接无偿捐赠给目标脱贫地区的单位和个人，免征增值税。在政策执行期限内，目标脱贫地区实现脱贫的，可继续适用免征增值税政策。该规定延续执行至2025年12月31日。

13. 小规模纳税人征收率、预征率

自2023年1月1日至2027年12月31日，增值税小规模纳税人适用3%征收率的应税销售收入，减按1%征收率征收增值税；适用3%预征率的预缴增值税项目，减按1%预征率预缴增值税。

（八）增值税即征即退

（1）纳税人销售自产的资源综合利用产品和提供资源综合利用劳务，可享受增值税即征即退政策。

（2）对飞机维修劳务增值税实际税负超过 6%的部分即征即退。

（3）增值税一般纳税人销售其自行开发生产的软件产品，按 13%的税率征收增值税后，对其增值税实际税负超过 3%的部分实行即征即退政策。

（4）自 2018 年 1 月 1 日至 2027 年 12 月 31 日，对动漫企业增值税一般纳税人销售其自主开发生产的动漫软件，按照适用税率征收增值税后，对其增值税实际税负超过 3%的部分，实行即征即退政策。

（5）对安置残疾人的单位和个体工商户，由税务机关按纳税人安置残疾人的人数，限额即征即退增值税。

安置的每位残疾人每月可退还的增值税具体限额，由县级以上税务机关根据纳税人所在区县（含县级市、旗，下同）适用的经省（含自治区、直辖市、计划单列市）人民政府批准的月最低工资标准的 4 倍确定。

（6）上海期货交易所会员和客户通过上海期货交易所销售标准黄金持上海期货交易所开具的《黄金结算专用发票》，发生实物交割但未出库的，免征增值税；发生实物交割并已出库的，由税务机关按照实际交割价格代开增值税专用发票，并实行增值税即征即退的政策，同时免征城市维护建设税和教育费附加。

（7）对中博世金科贸有限责任公司通过上海黄金交易所销售的进口铂金，以上海黄金交易所开具的《上海黄金交易所发票》（结算联）为依据，实行增值税即征即退政策。

国内铂金生产企业自产自销的铂金也实行增值税即征即退政策。

（8）一般纳税人提供管道运输服务，对其增值税实际税负超过 3%的部分实行增值税即征即退政策。

（9）经人民银行、银监会或者商务部批准从事融资租赁业务的试点纳税人中的一般纳税人，提供有形动产融资租赁服务和有形动产融资性售后回租服务，对其增值税实际税负超过 3%的部分实行增值税即征即退政策。

（10）自 2015 年 7 月 1 日起，对纳税人销售自产的利用风力生产的电力产品，实行增值税即征即退 50%的政策。

（九）增值税先征后退

自 2018 年 1 月 1 日至 2027 年 12 月 31 日，执行下列增值税先征后退政策。

（1）对下列出版物在出版环节执行增值税 100%先征后退的政策

① 中国共产党和各民主党派的各级组织的机关报纸和机关期刊，各级人民代表大会、政治协商会、政府、工会、共青团、妇联残联、科协的机关报纸和机关期刊，新华社的机关报纸和机关期刊，军事部门的机关报纸和机关期刊。

② 专为少年儿童出版发行的报纸和期刊，中小学的学生课本。

③ 专为老年人出版发行的报纸和期刊。

④ 少数民族文字出版物。

⑤ 盲文图书和盲文期刊。

⑥ 经批准在内蒙古、广西、西藏、宁夏、新疆五个自治区内注册的出版单位出版的出版物。

⑦ 列入《适用增值税 100%先征后退政策的特定图书、报纸和期刊名单》的图书、报纸和期刊。

（2）对下列出版物在出版环节执行增值税 50%先征后退的政策

① 各类图书期刊、音像制品、电子出版物，但规定执行增值税 100%先征后退的出版物除外。

② 列入《适用增值税 50%先征后退政策的报纸名单》的报纸。

（3）对下列印刷、制作业务执行增值税 100%先征后退的政策

① 少数民族文字出版物的印刷或制作业务。

② 列入《适用增值税 100%先征后退政策的新疆维吾尔自治区印刷企业名单》的新疆维吾尔自治区印刷企业的印刷业务。

（十）扣减增值税规定

（1）退役士兵就业

① 自主就业退役士兵从事个体经营的，自办理个体工商户登记当月起，在 3 年（36 个月，下同）内按每户每年 12 000 元为限额依次扣减其当年实际应缴纳的增值税、城市维护建设税、教育费附加、地方教育附加和个人所得税。限额标准最高可上浮 20%，各省、自治区、直辖市人民政府可根据本地区实际情况在此幅度内确定具体限额标准。

② 企业招用自主就业退役士兵，与其签订 1 年以上期限劳动合同并依法缴纳社会保险费的，自签订劳动合同并缴纳社会保险当月起，在 3 年内按实际招用人数予以定额依次扣减增值税、城市维护建设税、教育费附加、地方教育附加和企业所得税。定额标准为每人每年 6 000 元，最高可上浮 50%，各省、自治区、直辖市人民政府可根据本地区实际情况在此幅度内确定具体定额标准。

上述税收优惠政策执行期限延长至 2027 年 12 月 31 日。

（2）重点群体创业就业

① 建档立卡贫困人口、持《就业创业证》（注明"自主创业税收政策"或"毕业年度内自主创业税收政策"）或《就业失业登记证》（注明"自主创业税收政策"）的人员，从事个体经营的，自办理个体工商户登记当月起，在 3 年（36 个月，下同）内按每户每年 12 000 元为限额依次扣减其当年实际应缴纳的增值税、城市维护建设税、教育费附加、地方教育附加和个人所得税。限额标准最高可上浮 20%，各省、自治区、直辖市人民政府可根据本地区实际情况在此幅度内确定具体限额标准。

上述税收优惠政策执行期限延长至 2025 年 12 月 31 日。

② 企业招用建档立卡贫困人口，以及在人力资源和社会保障部门公共就业服务机构登记失业半年以上且持《就业创业证》或《就业失业登记证》（注明"企业吸纳税收政策"）的人员，与其签订 1 年以上期限劳动合同并依法缴纳社会保险费的，自签订劳动合同并缴纳社会保险当月起，在 3 年（36 个月，下同）内按实际招用人数予以定额依次扣减增值税、城市维护建设税、教育费附加、地方教育附加和企业所得税。定额标准为每人每年 6 000 元，最高可上浮 30%，各省、自治区、直辖市人民政府可根据本地区实际情况在此幅度内确定具体定额标准。

上述税收优惠政策执行期限延长至 2027 年 12 月 31 日。

（3）税控系统专用设备和技术维护费用

自 2011 年 12 月 1 日起，增值税纳税人购买增值税税控系统专用设备支付的费用以及缴纳的技术维护费（以下称两项费用）可在增值税应纳税额中全额抵减。具体规定如下。

① 增值税纳税人 2011 年 12 月 1 日（含，下同）以后初次购买增值税税控系统专用设备（包括分开票机）支付的费用，可凭购买增值税税控系统专用设备取得的增值税专用发票，在增值税应纳税额中全额抵减（抵减额为价税合计额），不足抵减的可结转下期继续抵减。增值税纳税人非初次购买增值税税控系统专用设备支付的费用，由其自行负担，不得在增值税应纳税额中抵减。

增值税税控系统包括增值税防伪税控系统、货物运输业增值税专用发票税控系统、机动车销售统一发票税控系统和公路、内河货物运输业发票税控系统。

② 增值税纳税人 2011 年 12 月 1 日以后缴纳的技术维护费（不含补缴的 2011 年 11 月 30 日以前的技术维护费），可凭技术维护服务单位开具的技术维护费发票，在增值税应纳税额中全

额抵减,不足抵减的可结转下期继续抵减。技术维护费按照价格主管部门核定的标准执行。

③ 增值税一般纳税人支付的两项费用在增值税应纳税额中全额抵减的,其增值税专用发票不作为增值税抵扣凭证,其进项税额不得从销项税额中抵扣。

二、增值税起征点

增值税起征点的适用范围限于个人(不包括登记为一般纳税人的个体工商户)。增值税起征点的幅度规定如下。

(1)按期纳税的,为月销售额 5 000~20 000 元(含本数)。

(2)按次纳税的,为每次(日)销售额 300~500 元(含本数)。

省、自治区、直辖市财政厅(局)和国家税务机关应在规定的幅度内,根据实际情况确定本地区适用的增值税起征点,并报财政部、国家税务总局备案。

自 2021 年 4 月 1 日起,增值税小规模纳税人发生应税销售行为,合计月销售额(不含税,下同)未达到 15 万元(以一个季度为一个纳税期限的,季度销售额未超过 45 万元)的企业或非企业性单位,免征增值税。

【特别提示】

增值税小规模纳税人发生应税销售行为,合计月销售额超过 15 万元(以一个季度为一个纳税期限的,季度销售额超过 45 万元),但扣除本期发生的销售不动产的销售额后未超过 15 万元的(以一个季度为一个纳税期限的,季度销售额未超过 45 万元的),其销售货物、劳务、服务、无形资产取得的销售额免征增值税,销售不动产正常缴纳增值税。

自 2023 年 1 月 1 日至 2027 年 12 月 31 日,对月销售额 10 万元以下(含本数)的增值税小规模纳税人免征增值税。

第十一节 征收管理

一、纳税义务发生的时间

《增值税暂行条例》和"营改增通知"明确规定了增值税纳税义务的发生时间。有关纳税义务发生时间的规定分为一般规定和具体规定。

(一)一般规定

(1)纳税人销售货物、应税劳务、应税行为,其纳税义务发生时间为收讫销售款项或者取得索取销售款项凭据的当天;先开具发票的,为开具发票的当天。

【点拨指导】

收讫销售款项,是指纳税人销售服务、无形资产、不动产过程中或者完成后收到款项。

取得索取销售款项凭据的当天,是指书面合同确定的付款日期;未签订书面合同或者书面合同未确定付款日期的,为服务、无形资产转让完成的当天或者不动产权属变更的当天。

(2)纳税人进口货物,其纳税义务发生时间为报关进口的当天。

(3)增值税扣缴义务发生时间为纳税人增值税纳税义务发生的当天。

(二)具体规定

销售结算方式不同,纳税人履行增值税纳税义务的时间不同,具体规定如下。

(1)采取直接收款方式销售货物,不论货物是否发出,均为收到销售款或者取得索取销售款凭据的当天。

（2）采取托收承付和委托银行收款方式销售货物，为发出货物并办妥托收手续的当天。

（3）采取赊销和分期收款方式销售货物，为书面合同约定的收款日期的当天，无书面合同的或者书面合同没有约定收款日期的，为货物发出的当天。

（4）采取预收货款方式销售货物，为货物发出的当天，但生产销售生产工期超过12个月的大型机械设备、船舶、飞机等货物，为收到预收款或者书面合同约定的收款日期的当天。

（5）委托其他纳税人代销货物，为收到代销单位的代销清单或者收到全部或者部分货款的当天。未收到代销清单及货款的，为发出代销货物满180天的当天。

（6）纳税人销售应税劳务，为提供劳务同时收讫销售款或者取得索取销售款的凭据的当天。

（7）纳税人提供租赁服务采取预收款方式的，其纳税义务发生时间为收到预收款的当天。

（8）纳税人从事金融商品转让的，为金融商品所有权转移的当天。

（9）纳税人发生视同销售货物行为[（1）（2）项除外]，为货物移送的当天。纳税人发生视同销售应税劳务、应税行为，为应税劳务、服务、无形资产转让完成的当天或者不动产权属变更的当天。

二、纳税期限

根据《增值税暂行条例》和"营改增通知"的规定，增值税的纳税期限分别为1日、3日、5日、10日、15日、1个月或者1个季度。

纳税人的具体纳税期限，由主管税务机关根据纳税人应纳税额的大小分别核定；不能按照固定期限纳税的，可以按次纳税。以1个季度为纳税期限的规定适用于小规模纳税人、银行、财务公司、信托投资公司、信用社，以及财政部和国家税务总局规定的其他纳税人。小规模纳税人的具体纳税期限，由主管税务机关根据其应纳税额的大小分别核定。

纳税人以1个月或者1个季度为1个纳税期限的，自期满之日起15日内申报纳税；以1日、3日、5日、10日或者15日为1个纳税期限的，自期满之日起5日内预缴税款，于次月1日起15日内申报纳税并结清上月应纳税款。

扣缴义务人解缴税款的期限，依照上述规定执行。

纳税人进口货物，应当自海关填发进口增值税专用缴纳书之日起15日内缴纳税款。

三、纳税地点

为了保证纳税人按期申报纳税，根据企业跨地区经营和搞活商品流通的特点及不同情况，我国具体规定了增值税的纳税地点。

（1）固定业户应当向其机构所在地的主管税务机关申报纳税。总机构和分支机构不在同一县（市）的，应当分别向各自所在地的主管税务机关申报纳税；经国务院财政、税务主管部门或者其授权的财政、税务机关批准，可以由总机构汇总向总机构所在地的主管税务机关申报纳税。

（2）固定业户到外县（市）销售货物或者应税劳务，应当向其机构所在地的主管税务机关报告外出经营事项，并向其机构所在地的主管税务机关申报纳税；未报告的，应当向销售地或者劳务发生地的主管税务机关申报纳税；未向销售地或者劳务发生地的主管税务机关申报纳税的，由其机构所在地的主管税务机关补征税款。

（3）非固定业户销售货物、应税劳务、应税行为，应当向销售地或者应税劳务、应税行为发生地的主管税务机关申报纳税；未向销售地或者应税劳务、应税行为发生地的主管税务机关申报纳税的，由其机构所在地或者居住地的主管税务机关补征税款。

（4）其他个人提供建筑服务，销售或者租赁不动产，转让自然资源使用权，应向建筑服务发生地、不动产所在地、自然资源所在地主管税务机关申报纳税。

（5）扣缴义务人应当向其机构所在地或者居住地主管税务机关申报缴纳扣缴的税款。

拓展知识

| 5%征收率适用的情形 | 一般纳税人选择适用简易计税方法计税的特定的货物、应税行为 | 房地产开发企业不动产经营租赁服务的增值税处理 | 纳税人提供不动产经营租赁服务的增值税处理 | 纳税人转让不动产的增值税处理 | 房地产开发企业（一般纳税人）销售自行开发房地产项目的增值税处理 |

思考题

1. 增值税的特点有哪些？
2. 增值税的类型有哪些？
3. 哪些行为视同销售货物缴纳增值税？
4. 举例说明混合销售行为的税务处理方法。
5. 增值税一般纳税人与小规模纳税人是如何划分的？
6. 应税行为的税率是如何规定的？
7. 哪些价外费用不计入增值税计税销售额？
8. 不允许从增值税销项税额中抵扣进项税额的项目有哪些？
9. 增值税纳税义务发生时间是如何规定的？

同步训练

1. 某首饰商城为增值税一般纳税人，202×年6月发生以下业务。

（1）零售金银首饰与镀金首饰组成的套装礼盒，取得收入 29.25 万元，其中金银首饰收入 20 万元，镀金首饰收入 9.25 万元。

（2）采取"以旧换新"方式向消费者销售金项链 2 000 条，新项链每条零售价 0.25 万元，旧项链每条作价 0.22 万元，每条项链取得差价款 0.03 万元。

（3）为个人定制加工金银首饰，商城提供原料的含税金额为 30.42 万元，取得个人支付的含税加工费收入 4.52 万元（商城无同类首饰价格）。

（4）用 300 条银基项链抵偿债务，该批项链账面成本为 39 万元，零售价为 70.2 万元。

（5）外购金银首饰一批，取得的增值税普通发票上注明的价款为 400 万元；外购镀金首饰一批，取得增值税专用发票，注明价款 50 万元、增值税 6.5 万元。

注：本月取得的相关票据均符合税法规定并在本月于平台上确认抵扣。

要求：根据上述资料，按下列序号计算回答问题，且需计算出合计数。

（1）计算该企业当月的增值税销项税额。

（2）计算该企业当月的增值税进项税额。

（3）计算该企业当月应缴纳的增值税。

2. 位于县城的某原煤生产企业为增值税一般纳税人，202×年6月发生以下业务。

（1）购进挖掘机一台，获得的增值税专用发票上注明的价款为60万元。

（2）购进低值易耗品，取得的增值税专用发票上注明的增值税税额合计为8万元。

（3）开采原煤10 000吨，采取分期收款方式销售9 000吨，每吨不含税单价500元，购销合同约定，本月应收取1/3的价款，但实际只收取不含税价款120万元。另支付不含税运费6万元、装卸费2万元，均取得增值税专用发票。

（4）为职工宿舍供暖，使用本月开采的原煤200吨；另将本月开采的原煤500吨无偿赠送给某有长期业务往来的客户。

（5）销售开采原煤过程中产生的天然气125千立方米，取得不含销售额25万元。

（6）月末盘点时发现月初购进的低值易耗品的1/5因管理不善而丢失。

注：本月取得的相关票据均符合税法规定并在本月于平台上确认抵扣。

要求：根据上述资料，按照下列序号计算回答问题，且需计算出合计数。

（1）计算该企业当月的增值税进项税额。

（2）计算该企业当月的增值税销项税额。

（3）计算该企业当月应缴纳的增值税。

（4）计算该企业当月应缴纳的城市维护建设税和教育费附加。

3. 某汽车生产企业为增值税一般纳税人，202×年7月和202×年8月的生产经营情况如下。

（1）7月从国内购进汽车配件，取得防伪税控系统开具的增值税专用发票，注明金额280万元，取得运输业增值税专用发票上，注明运费10万元。

（2）7月在国内销售发动机10台，取得收入28.08万元；出口发动机80台，取得销售额200万元。

（3）8月进口原材料一批，支付给国外买价120万元，包装材料8万元，到达我国海关以前的运输装卸费3万元、保险费13万元，从海关运往企业所在地支付运输费7万元。

（4）8月从国内购进钢材，取得防伪税控系统开具的增值税专用发票，注明金额300万元，另支付给运输企业（一般纳税人）不含税运费12万元，取得运输业增值税专用发票；当月将30%用于企业基建工程。

（5）8月1日将A型小轿车130辆赊销给境内某代理商，约定8月15日付款，15日企业开具增值税专用发票，注明金额2 340万元，代理商30日将货款和延期付款的违约金8万元支付给企业。

（6）8月销售A型小轿车10辆给本企业有突出贡献的业务人员，以成本价核算取得销售金额80万元。

其他相关资料：①该企业进口原材料的关税税率为10%；②生产销售的小轿车适用的消费税税率为12%；③退税率为9%；④本月取得的相关票据均符合税法规定并在本月于平台上确认抵扣。

要求：根据上述资料，按下列序号回答问题，且需计算出合计数。

（1）计算该企业7月应退的增值税。

（2）计算该企业7月留抵的增值税。

（3）计算该企业8月进口原材料应缴纳的关税。

（4）计算该企业8月进口原材料应缴纳的增值税。

（5）计算该企业8月从国内购进原材料和运费可抵扣的进项税额。

（6）计算该企业8月销售A型小轿车的销项税额。

（7）计算该企业8月应缴纳的增值税。

4. 某金融机构为增值税一般纳税人，以1个季度为纳税期限，202×年第二季度发生下列业务。

（1）提供贷款服务取得不含税贷款利息收入 1 200 万元，提供货币兑换服务取得不含税收入 25 万元。

（2）转让金融商品，卖出价为 10 557.60 万元，另发生手续费支出，取得增值税专用发票，注明金额 9 万元，税额 0.54 万元。该批金融商品买入价为 4 536.80 万元。上述卖出价与买入价均为含税价格。

（3）以自有资金对外投资，按合同约定每季度收取固定利润 3 000 万元（含增值税）。由于被投资方资金紧张，本季度未收到应收的固定利润。

（4）购进办公设备取得增值税专用发票，注明税额 52 万元，为改善服务条件，202×年 5 月购买写字楼，取得增值税专用发票，注明税额 1 170 万元。

假设本期取得的相关票据均符合税法规定，并在当期按照规定平台确认抵扣进项税额。

要求：根据上述资料，计算该金融机构该季度应纳增值税额。

5. 某宾馆系增值税一般纳税人，设有客房部、餐饮部、营销部和商场等业务部门，分别从事住宿服务、餐饮服务、会展服务和货物销售等经营业务，各业务部门的收入和成本费用等分别进行明细核算。已于 202×年 5 月向主管税务机关提交了《适用加计抵减政策的声明》。该宾馆 202×年 5 月发生的与增值税相关的业务如下。

（1）住宿服务价税合计收入为 3 180 000 元，此外因住客损坏住宿设施而收取赔偿款合计 21 200 元。

（2）餐饮服务价税合计收入为 1 060 000 元，均开具增值税普通发票。

（3）会展服务价税合计为 848 000 元，均开具增值税专用发票，金额合计为 80 000 元，税额合计 48 000 元。

（4）商场销售货物价税合计为 783 000 元，均采取现金或转账结算。其中出售农林特产取得价税合计收入 218 000 元。另外，因 202×年 3 月销售的一批工艺品存在质量问题，经协商商场于当月退货，购买方无法退回原开具的增值税专用发票的发票联和抵扣联，凭购买方填开并上传、税务机关校验的《开具红字增值税专用发票信息表》，开具红字增值税专用发票金额 80 000 元、税额 10 400 元。

（5）客房重新装修更换新的设施，将客房中原有 300 台电视机以价税合计金额 160 000 元出售，这些电视机在 5 年前购进。

（6）本月餐饮部从农场、渔场处购进蔬菜、海鲜等农产品，取得增值税普通发票（免税），金额合计 300 000 元，从小规模纳税人处购进水果等农产品，取得对方由税务机关代开的增值税专用发票，上面注明金额 70 000 元，增值税额 2 100 元。

（7）本月商场部从林场购进大枣一批，取得林场开具的增值税普通发票（免税），金额合计 100 000 元，商场已经将该批大枣发往加工厂委托加工粽子。

（8）宾馆管理人员和员工报销出差的旅客运输费用，提供航空运输电子客票行程单 12 份，其中 10 份为境内航空运输，票价和燃油附加费合计金额 15 000 元；另两份为国际航空运输，票价和燃油附加费合计金额 20 000 元。铁路车票 18 份，合计票面金额 6 800 元。公路客票 4 份，合计票面金额 721 元。以上旅客运输发票均载有宾馆相关人员的身份信息。

（9）商场一批工艺品被盗，经确认该工艺品购进时取得增值税专用发票，金额 50 000 元、税额 6 500 元。该进项税额已于上月抵扣。

经核实，宾馆上月加计抵减期末无余额，当期取得的增值税专用发票等都已在增值税发票平台选择确认，请计算该企业 202×年 5 月应纳增值税。

第三章　消费税

【内容提要】

本章介绍了消费税的纳税人和纳税环节、税目和税率；计税依据、应纳税额的计算；出口应税消费品退（免）税和消费税的征收管理。

【本章学习重点】

消费税的税目、计税依据和应纳税额的计算方法。

第一节　消费税概述

一、消费税的概念

消费税是指对特定的消费品和消费行为按其流转额（量）征收的一种流转税。广义上，消费税一般对所有消费品包括生活必需品和日用品普遍课税。一般概念上，消费税主要指对特定消费品或特定消费行为如奢侈品等课税。消费税主要以应税消费品为课税对象，在此情况下，税收随价格转嫁给消费者负担，消费者是实际的负税人。消费税的征收具有较强的选择性，是国家贯彻消费政策、引导消费结构从而引导产业结构的重要手段，因而在保证国家财政收入，体现国家经济政策等方面具有十分重要的意义。

二、消费税的发展

消费税具有悠久的历史。早在公元前 81 年，汉昭帝为避免酒的专卖"与商人争市利"，改酒专卖为普遍征税，允许各地的地主、商人自行酿酒卖酒，每升酒缴税款四文，纳税环节在酒销售之后，而不是在出坊（酒坊）时缴纳税款。这可以说是我国较早的消费税。

中华人民共和国成立后，1950 年统一全国税制，建立新税制，曾开征了特种消费行为税。这一税种包含娱乐、筵席、冷食、旅馆等 4 个税目，在发生特种消费行为时征收。为适应建立社会主义市场经济体制的需要，配合新一轮税制改革，主要是新增值税的推行，国务院于 1993 年年底正式颁布了《中华人民共和国消费税暂行条例》，并于 1994 年 1 月 1 日起实施；2006 年 3 月 20 日，财政部、国家税务总局发文，对消费税税目、税率及相关政策又进行调整，新增高尔夫球及球具、高档手表、游艇、木制一次性筷子、实木地板等 5 个税目，取消汽油、柴油税目，增列成品油税目，取消护肤护发品税目，将原属于护肤护发品征税范围的高档护肤类化妆品列入化妆品税目；2008 年 11 月 5 日与当年 12 月 15 日，国务院与财政部、国家税务总局分别颁布了修订后的《中华人民共和国消费税暂行条例》（以下简称《消费税暂行条例》）与《中华人民共和国消费税暂行条例实施细则》（以下简称《消费税暂行条例实施细则》），自 2009 年 1 月 1 日起实施；自 2014 年 12 月 1 日起，取消对气缸容量 250 毫升（不含）以下的小排量摩托车、汽车轮胎、车用含铅汽油以及酒精征收消费税；2015 年 2 月 1 日起对电池（铅蓄电池除外）、涂料征收消费税，自 2016 年 1 月 1 日起对铅蓄电池征收消费税。

从国际上看,消费税和具有消费税性质的税种是世界各国普遍采用的一种税收征收方式。据不完全统计,全世界有 100 多个国家和地区开征了消费税。

三、消费税的特点

(一)征收范围具有选择性和灵活性

我国消费税在征收范围上根据产业政策与消费政策仅选择部分消费品征税,而不是对所有消费品都征收消费税。我国消费税目前共设 15 个税目,只对在消费税税目税率表上列举的应税消费品才征收消费税。另外,消费税征收范围也会随经济发展水平的提高和其他方面条件的变化而进行调整,具有一定的灵活性。

(二)征税环节具有单一性

我国消费税的征收主要发生在生产销售环节和进口环节。消费税实行单一环节一次课征,除个别消费品的纳税环节为零售环节外,对继续转销消费品一般不再征收消费税。但无论在哪个环节课征,都实行单环节征收,对以零售环节为纳税环节的应税消费品,在零售环节以前的诸环节都不征消费税。这使得消费税税源比较集中,因而征税成本较低、税收流失少、征管效率和质量提高。

(三)平均税率水平比较高且税负差异大

为了有效体现国家政策,消费税的平均税率水平一般定得比较高,并且不同征税项目的税负差异较大。需要限制或控制消费的消费品,通常税负较重。我国在对某些需要特殊调节的消费品在征收增值税的同时,再征收一道消费税,从而形成了一种交叉调节的间接税体系。

(四)征收方法具有灵活性

我国既采用对消费品制定单位税额,按消费品的数量实行从量定额的征收方法,也采用对消费品制定比例税率,按消费品的价格实行从价定率的征收方法。

(五)一般没有减免税规定

消费税开征的目的不仅是增加政府的税收收入,还是对某些消费行为进行特殊调节,因而所选择的征税范围一般不包括居民的生活必需品或普通消费行为。因而对消费税也就没有必要实行减免,否则会妨碍消费税特殊调节作用的充分发挥。

第二节 纳税义务人与纳税环节

一、纳税义务人

在中华人民共和国境内生产、委托加工和进口《消费税暂行条例》规定的消费品的单位和个人,以及国务院确定的销售《消费税暂行条例》规定的消费品的其他单位和个人,为消费税的纳税人,应当依照《消费税暂行条例》缴纳消费税。

【点拨指导】

单位是指企业、行政单位、事业单位、军事单位、社会团体及其他单位。

个人是指个体工商户及其他个人。

在中华人民共和国境内,是指生产、委托加工和进口属于应当缴纳消费税的消费品的起运地或者所在地在境内。

二、纳税环节

目前,消费税的征收分布于五个环节。

(一)生产销售环节

生产应税消费品的,其纳税环节在生产销售环节,这是消费税征收的主要环节,因消费税具有单一环节征税的特点，在生产销售环节征税以后，货物在流通环节无论再转销多少次，一般不用再缴纳消费税。

（二）委托加工环节

委托加工应税消费品的，其纳税环节在委托加工环节。

（三）进口环节

单位和个人进口货物属于消费税征税范围的，在进口环节要缴纳消费税。

【特别提示】

为了减少征税成本，进口环节缴纳的消费税由海关代征。

（四）零售环节

金银首饰、钻石及钻石饰品的消费税只在零售环节征收。这里的金银首饰仅限于金基、银基合金首饰以及金、银和金基、银基合金的镶嵌首饰，生产销售环节不征收，进口环节暂不征收。

对超豪华小汽车在零售环节加征 10% 的消费税。

（五）批发环节

在我国境内从事卷烟批发业务的单位和个人，批发销售的所有牌号规格的卷烟都要缴纳消费税。

第三节　税目与税率

一、税目

按照《消费税暂行条例》的规定，经过数次调整后，目前确定征收消费税的只有烟、酒、化妆品等 15 个税目，有的税目还进一步划分为若干子目。

（一）烟

凡是以烟叶为原料加工生产的产品，不论使用何种辅料，均属于本税目的征收范围，包括卷烟（进口卷烟、白包卷烟、手工卷烟和未经国务院批准纳入计划的企业及个人生产的卷烟）、雪茄烟和烟丝。

"烟"税目下分"卷烟"等子目，"卷烟"又分"甲类卷烟"和"乙类卷烟"，其中，甲类卷烟是指每标准条（200 支，下同）调拨价格在 70 元（不含增值税）以上（含 70 元）的卷烟；乙类卷烟是指每标准条调拨价格在 70 元（不含增值税）以下的卷烟。

（二）酒

酒是酒精度在 1 度以上的各种酒类饮料。酒类包括粮食白酒、薯类白酒、黄酒、啤酒和其他酒。

啤酒每吨出厂价（含包装物及包装物押金）在 3 000 元（含 3 000 元，不含增值税）以上的是甲类啤酒，每吨出厂价（含包装物及包装物押金）在 3 000 元（不含增值税）以下的是乙类啤酒。

【特别提示】

对饮食业、商业、娱乐业举办的啤酒屋（啤酒坊）利用啤酒生产设备生产的啤酒，应当征收消费税。

配制酒（露酒）是指以发酵酒、蒸馏酒或食用酒精为酒基，加入可食用或药食两用的辅料或食品添加剂，进行调配、混合或再加工制成的并改变了其原酒基风格的饮料酒。具体规定如下。

（1）以蒸馏酒或食用酒精为酒基，具有国家相关部门批准的国食健字或卫食健字文号并且酒精度低于 38 度（含）的配制酒，按消费税税目税率表"其他酒"10%适用税率征收消费税。

（2）以发酵酒为酒基，酒精度低于 20 度（含）的配制酒，按消费税税目税率表"其他酒"10%适用税率征收消费税。

（3）其他配制酒，按消费税税目税率表"白酒"适用税率征收消费税。

（三）高档化妆品

自 2016 年 10 月 1 日起，取消对普通美容、修饰类化妆品征收消费税，将"化妆品"税目名称更名为"高档化妆品"。征收范围包括高档美容、修饰类化妆品，高档护肤类化妆品和成套化妆品。税率调整为 15%。

【点拨指导】

高档美容、修饰类化妆品和高档护肤类化妆品是指生产（进口）环节销售（完税）价格（不含增值税）在 10 元/毫升（克）或 15 元/片（张）及以上的美容、修饰类化妆品和护肤类化妆品。

（四）贵重首饰及珠宝玉石

本税目包括凡以金、银、白金、宝石、珍珠、钻石、翡翠、珊瑚、玛瑙等高贵稀有物质以及其他金属、人造宝石等制作的各种纯金银首饰及镶嵌首饰和经采掘、打磨、加工的各种珠宝玉石。

【特别提示】

金银首饰、铂金首饰和钻石及钻石饰品在零售环节纳税，其他贵重首饰及珠宝玉石仍在生产环节纳税。对免税商店销售的金银首饰征收消费税。

（五）鞭炮、焰火

本税目包括各种鞭炮、焰火。

【特别提示】

体育上用的发令纸、鞭炮药引线，不按本税目征收。

（六）成品油

本税目包括汽油、柴油、石脑油、溶剂油、航空煤油、润滑油、燃料油等 7 个子目。

【特别提示】

航空煤油暂缓征收消费税。

（七）小汽车

小汽车是指由动力驱动，具有 4 个或 4 个以上车轮的非轨道承载的车辆。

本税目征收范围包括含驾驶员座位在内最多不超过 9 个座位（含）的，在设计和技术特性上用于载运乘客和货物的各类乘用车，以及含驾驶员座位在内的座位数在 10～23 座（含 23 座）的，在设计和技术特性上用于载运乘客和货物的各类中轻型商用客车。

用排气量小于 1.5 升（含）的乘用车底盘（车架）改装、改制的车辆属于乘用车征收范围。用排气量大于 1.5 升的乘用车底盘（车架）或用中轻型商用客车底盘（车架）改装、改制的车辆属于中轻型商用客车征收范围。

含驾驶员人数（额定载客）为区间值的（如 8～10 人、17～26 人）小汽车，按其区间值下限人数确定征收范围。

电动汽车不属于本税目征收范围。车身长度大于 7 米（含），并且座位在 10 座～23 座（含）以下的商用客车，不属于中轻型商用客车征税范围，不征收消费税。沙滩车、雪地车、卡丁车、高尔夫车不属于消费税征收范围，不征收消费税。

每辆零售价格 130 万元（不含增值税）及以上的乘用车和中轻型商用客车为超豪华小汽车。

（八）摩托车

本税目包括轻便摩托车和摩托车两种。

【点拨指导】

我国对最大设计车速不超过 50 千米/小时，发动机气缸总工作容量不超过 50 毫升的三轮摩托车不征收消费税。气缸容量 250 毫升（不含）以下的小排量摩托车不征消费税。

（九）高尔夫球及球具

高尔夫球及球具是指从事高尔夫球运动所需的各种专用装备，包括高尔夫球、高尔夫球杆及高尔夫球包（袋）等。

高尔夫球是指重量不超过 45.93 克、直径不超过 42.67 毫米的高尔夫球运动比赛、练习用球；高尔夫球杆是指被设计用来打高尔夫球的工具，由杆头、杆身和握把等 3 部分组成；高尔夫球包（袋）是指专用于盛装高尔夫球及球杆的包（袋）。

本税目征收范围包括高尔夫球、高尔夫球杆、高尔夫球包（袋）。高尔夫球杆的杆头、杆身和握把属于本税目的征收范围。

（十）高档手表

高档手表是指销售价格（不含增值税）每只在 10 000 元（含）以上的各类手表。

本税目征收范围包括符合以上标准的各类手表。

（十一）游艇

游艇是指长度大于 8 米小于 90 米，船体由玻璃钢、钢、铝合金、塑料等多种材料制作，可以在水上移动的水上浮载体。按照动力划分，游艇分为无动力艇、帆艇和机动艇。

本税目征收范围包括艇身长度大于 8 米（含）小于 90 米（含），内置发动机，可以在水上移动，一般为私人或团体购置，主要用于水上运动和休闲娱乐等非牟利活动的各类机动艇。

（十二）木制一次性筷子

木制一次性筷子，又称卫生筷子，是指以木材为原料，经过锯段、浸泡、旋切、刨切、烘干、筛选、打磨、倒角、包装等环节加工而成的各类供一次性使用的筷子。

本税目征收范围包括各种规格的木制一次性筷子。未经打磨、倒角的木制一次性筷子属于本税目征税范围。

（十三）实木地板

实木地板是指以木材为原料，经锯割、干燥、刨光、截断、开榫、涂漆等工序加工而成的块状或条状的地面装饰材料。实木地板按生产工艺不同，可分为独板（块）实木地板、实木指接地板、实木复合地板等 3 类；按表面处理状态不同，可分为未涂饰地板（白坯板、素板）和漆饰地板两类。

本税目征收范围包括各种规格的实木地板、实木指接地板、实木复合地板及用于装饰墙壁、天棚的侧端面为榫、槽的实木装饰板。未经涂饰的素板也属于本税目征税范围。

（十四）电池

电池是一种将化学能、光能等直接转换为电能的装置，一般由电极、电解质、容器、极端，通常还有隔离层组成的基本功能单元，以及用一个或多个基本功能单元装配成的电池组。

范围包括原电池、蓄电池、燃料电池、太阳能电池和其他电池。

自 2015 年 2 月 1 日起对电池（铅蓄电池除外）征收消费税；对无汞原电池、金属氢化物镍蓄电池（又称"氢镍蓄电池"或"镍氢蓄电池"）、锂原电池、锂离子蓄电池、太阳能电池、燃料电池、全钒液流电池免征消费税。

（十五）涂料

涂料是指涂于物体表面能形成具有保护、装饰或特殊性能的固态涂膜的一类液体或固体材料之总称。我国自 2015 年 2 月 1 日起征收涂料消费税，对施工状态下挥发性有机物（Volatile Organic Compounds，VOC）含量低于 420 克/升（含）的涂料免征消费税。

此外，自 2022 年 11 月 1 日起，对电子烟征收消费税。

二、税率

消费税采用比例税率和定额税率两种基本形式，并对卷烟和白酒实行复合税率。

消费税根据不同的税目或子目确定相应的税率或单位税额。消费税税目、税率表如表 3-1 所示。

表 3-1 消费税税目、税率表

税目	税率
一、烟	
1. 卷烟	
（1）甲类卷烟（生产或进口环节）	56%加 0.003 元/支
（2）乙类卷烟（生产或进口环节）	36%加 0.003 元/支
（3）批发环节	11%加 0.005 元/支
2. 雪茄烟	36%
3. 烟丝	30%
二、酒	
1. 白酒	20%加 0.5 元/500 克（或者 500 毫升）
2. 黄酒	240 元/吨
3. 啤酒	
（1）甲类啤酒	250 元/吨
（2）乙类啤酒	220 元/吨
4. 其他酒	10%
三、高档化妆品	15%
四、贵重首饰及珠宝玉石	
1. 金银首饰、铂金首饰和钻石及钻石饰品	5%
2. 其他贵重首饰和珠宝玉石	10%
五、鞭炮、焰火	15%
六、成品油	
1. 汽油	1.52 元/升
2. 柴油	1.2 元/升
3. 航空煤油	1.2 元/升
4. 石脑油	1.52 元/升
5. 溶剂油	1.52 元/升
6. 润滑油	1.52 元/升
7. 燃料油	1.2 元/升

税目	税率
七、摩托车	
1．汽缸容量为250毫升的	3%
2．汽缸容量为250毫升以上的	10%
八、小汽车	
1．乘用车	
（1）汽缸容量（排气量，下同）在1.0升（含1.0升）以下的	1%
（2）汽缸容量在1.0升以上至1.5升（含1.5升）的	3%
（3）汽缸容量在1.5升以上至2.0升（含2.0升）的	5%
（4）汽缸容量在2.0升以上至2.5升（含2.5升）的	9%
（5）汽缸容量在2.5升以上至3.0升（含3.0升）的	12%
（6）汽缸容量在3.0升以上至4.0升（含4.0升）的	25%
（7）汽缸容量在4.0升以上的	40%
2．中轻型商用客车	5%
3.零售超豪华小汽车	10%
九、高尔夫球及球具	10%
十、高档手表	20%
十一、游艇	10%
十二、木制一次性筷子	5%
十三、实木地板	5%
十四、电池	4%
十五、涂料	4%

纳税人兼营不同税率的应税消费品，应当分别核算不同税率应税消费品的销售额、销售数量。未分别核算销售额、销售数量，或者将不同税率的应税消费品组成成套消费品销售的，从高适用税率。

【情景解析】

某酒厂既生产税率为20%的粮食白酒，又生产税率为10%的其他酒，如汽酒、药酒等。对于这种情况，税法规定，该厂应分别核算白酒与其他酒的销售额，然后按各自适用的税率计税；如不分别核算各自的销售额，其他酒也按白酒的税率计算纳税。如果该酒厂还生产白酒与其他小瓶装礼品套酒，就是税法所指的成套消费品，应按全部销售额就白酒的税率20%计算应纳消费税额，而不能以其他酒10%的税率计算其中任何一部分的应纳税额。

第四节　计税依据

按照现行消费税法的基本规定，消费税计税依据为应税消费品的销售额或者销售量。在比例税率下，消费税计税依据为应税消费品的销售额，在定额税率下，消费税计税依据为应税消费品的销售量，在复合税率下，消费税计税依据为应税消费品的销售额和销售量。

一、销售额

（一）销售额的确定

销售额为纳税人销售应税消费品向购买方收取的全部价款和价外费用，其中，销售是指有偿转让应税消费品的所有权；有偿是指从购买方取得货币、货物或者其他经济利益；价外费用是指价外向购买方收取的手续费、补贴、基金、集资费、返还利润、奖励费、违约金、滞纳金、延期付款利息、赔偿金、代收款项、代垫款项、包装费、包装物租金、储备费、优质费、运输装卸费以及其他各种性质的价外收费。但下列项目不包括在内。

（1）同时符合以下条件的代垫运输费用。

① 承运部门的运输费用发票开具给购买方的；

② 纳税人将该项发票转交给购买方的。

（2）同时符合以下条件代为收取的政府性基金或者行政事业性收费。

① 由国务院或者财政部批准设立的政府性基金，由国务院或者省级人民政府及其财政、价格主管部门批准设立的行政事业性收费。

② 收取时开具省级以上财政部门印制的财政票据。

③ 所收款项全额上缴财政。

以下其他价外费用，无论是否属于纳税人的收入，均应并入销售额，以计算征税额。

（1）实行从价定率办法计算应纳税额的应税消费品连同包装销售的，无论包装是否单独计价，也不论在会计上如何核算，均应并入应税消费品的销售额中征收消费税。如果包装物不作价随同产品销售，且收取押金，则此项押金不应并入应税消费品的销售额中征税。但对因逾期未收回的包装物不再退还的或者已收取的时间超过 12 个月的押金，应并入应税消费品的销售额，按照应税消费品的适用税率缴纳消费税。

（2）对既作价随同应税消费品销售，又另外收取押金的包装物的押金，凡纳税人在规定的期限内没有退还的，均应并入应税消费品的销售额，按照应税消费品的适用税率缴纳消费税。

【特别提示】

纳税人销售的应税消费品，以外汇结算销售额的，其销售额的人民币折合率可以选择结算的当天或者当月 1 日的国家外汇牌价（原则上为中间价）。纳税人应事先确定采取何种折合率，确定后 1 年内不得变更。

（二）含增值税销售额的换算

应税消费品在缴纳消费税的同时，与一般货物一样，还应缴纳增值税。按照《消费税暂行条例实施细则》的规定，应税消费品的销售额，不包括应向购货方收取的增值税税款。如果纳税人应税消费品的销售额中未扣除增值税税款或者因不得开具增值税专用发票而发生价款和增值税税款合并收取的，在计算消费税时，应将含增值税的销售额换算为不含增值税税款的销售额。换算公式如下。

$$应税消费品的销售额=含增值税的销售额÷（1+增值税税率或征收率）$$

在使用换算公式时，应根据纳税人的具体情况分别使用增值税税率或征收率。如果消费税的纳税人同时又是增值税一般纳税人，应适用 13% 的增值税税率；如果消费税的纳税人同时又是增值税小规模纳税人，应适用 3% 的征收率。

二、销售量

（一）销售量的确定

销售量是指纳税人生产、加工和进口应税消费品的数量，具体规定如下。

（1）销售应税消费品的，为应税消费品的销售数量。

（2）自产自用应税消费品的，为应税消费品的移送使用数量。

（3）委托加工应税消费品的，为纳税人收回的应税消费品数量。

（4）进口的应税消费品，为海关核定的应税消费品进口征税数量。

（二）计量单位的换算标准

《消费税暂行条例》规定，黄酒、啤酒以吨为税额单位，汽油、柴油以升为税额单位。但是，考虑到在实际销售过程中，一些纳税人会把吨或升这两个计量单位混用，故规范了不同产品的计量单位，以准确计算应纳税额。吨与升两个计量单位的换算标准如表3-2所示。

三、计税依据的特殊规定

（1）纳税人通过自设非独立核算门市部销售的自产应税消费品，应当按照门市部对外销售额或者销售数量征收消费税。

（2）纳税人用于换取生产资料和消费资料，投资入股和抵偿债务等方面的应税消费品，应当以纳税人同类应税消费品的最高销售价格作为计税依据计算消费税。

（3）卷烟消费税最低计税价格（以下简称"计税价格"）的核定

表3-2　吨与升两个计量单位的换算标准

序号	名称	计量单位的换算标准
1	黄酒	1 吨=962 升
2	啤酒	1 吨=988 升
3	汽油	1 吨=1 388 升
4	柴油	1 吨=1 176 升
5	航空煤油	1 吨=1 246 升
6	石脑油	1 吨=1 385 升
7	溶剂油	1 吨=1 282 升
8	润滑油	1 吨=1 126 升
9	燃料油	1 吨=1 015 升

计税价格由国家税务总局按照卷烟批发环节销售价格扣除卷烟批发环节批发毛利核定并发布。计税价格的核定公式为：

某牌号、规格卷烟计税价格=批发环节销售价格×（1-适用批发毛利率）

未经国家税务总局核定计税价格的新牌号、新规格卷烟，生产企业应按卷烟调拨价格申报纳税。

已经国家税务总局核定计税价格的卷烟，生产企业实际销售价格高于计税价格的，按实际销售价格确定适用税率，计算应纳税款并申报纳税；实际销售价格低于计税价格的，按计税价格确定适用税率，计算应纳税款并申报纳税。

（4）白酒消费税最低计税价格（以下简称"计税价格"）的核定和"品牌使用费"

① 白酒生产企业（包括纳税人将委托加工收回的白酒，下同）销售给销售单位的白酒，生产企业消费税计税价格高于销售单位对外销售价格70%（含）以上的，税务机关暂不核定消费税计税价格。

② 白酒生产企业销售给销售单位的白酒，生产企业消费税计税价格低于销售单位对外销售价格 70%以下的，消费税最低计税价格由税务机关根据生产规模、白酒品牌、利润水平等情况在销售单位对外销售价格 50%～70% 范围内自行核定。生产规模较大、利润水平较高的生产企业，税务机关核价幅度原则上应选择在销售单位对外销售价格 60%～70% 范围内。

③ 已核定最低计税价格的白酒，销售单位对外销售价格持续上涨或下降时间达到 3个月以上，或累计上涨或下降幅度在 20%（含）以上的白酒，税务机关重新核定最低计税价格。

④ 已核定最低计税价格的白酒，生产企业实际销售价格高于消费税最低计税价格的，按实际销售价格申报纳税;实际销售价格低于消费税最低计税价格的，按最低计税价格申报纳税。

白酒生产企业向商业销售单位收取的"品牌使用费"是随着应税白酒的销售而向购货方收取的，属于应税白酒销售价款的组成部分，因此，不论企业采取何种方式或以何种名义收取价款，均应并入白酒的销售额中缴纳消费税。

第五节　应纳税额的计算

一、生产销售环节应税消费品应纳消费税的计算

纳税人在生产销售环节应缴纳的消费税，包括直接对外销售应税消费品应缴纳的消费税和自产自用应税消费品应缴纳的消费税。

（一）直接对外销售应税消费品应纳消费税的计算

直接对外销售应税消费品的消费税有以下 3 种计算方法。

1. 从价定率计算

在从价定率计算方法下，应纳消费税额等于销售额乘以适用税率，计算公式如下。

$$应纳税额=应税消费品的销售额×比例税率$$

【例 3-1】某化妆品生产企业为增值税一般纳税人。202× 年 5 月 15 日向某大型商场销售高档化妆品一批，开具增值税专用发票，取得不含增值税销售额 50 万元；202× 年 5 月 20 日向某单位销售高档化妆品一批，开具增值税普通发票，取得含增值税销售额 4.52 万元。高档化妆品消费税税率为 15%，计算该化妆品生产企业上述业务应缴纳的消费税额。

（1）高档化妆品的应税销售=50+4.52÷（1+13%）=54（万元）

（2）应缴纳的消费税额=54×15%=8.1（万元）

2. 从量定额计算

在从量定额计算方法下，应纳税额等于应税消费品的销售数量乘以单位税额，计算公式如下。

$$应纳税额=应税消费品的销售数量×定额税率$$

【例 3-2】某啤酒厂 202× 年 4 月销售啤酒 1 000 吨，取得不含增值税销售额 295 万元，另收取包装物押金 22.6 万元。计算 4 月该啤酒厂应纳消费税税额。

（1）销售价格为[295+22.6÷(1+13%)]÷1 000=0.315 万元/吨=3 150 元/吨，故为甲类啤酒，适用定额税率为 250 元/吨

（2）应纳税额=销售数量×定额税率=1 000×250=250 000（元）

3. 从价定率和从量定额复合计算

现行消费税的征税范围中，只有卷烟、白酒采用复合计算方法，计算公式如下。

$$应纳税额=应税消费品的销售数量×定额税率+应税销售额×比例税率$$

【例 3-3】某白酒生产企业为增值税一般纳税人，202× 年 4 月销售白酒 50 吨，取得不含增值税的销售额 200 万元。计算白酒企业 202× 年 4 月应缴纳的消费税税额。

（1）白酒适用 20%比例税率，每 500 克 0.5 元定额税率。

（2）应纳税额=200×20%+50×2 000×0.5×1‰=45（万元）

（二）自产自用应税消费品应纳消费税的计算

所谓自产自用，就是纳税人生产应税消费品后，不是用于直接对外销售，而是用于自己连续生产应税消费品或用于其他方面。

1. 用于连续生产应税消费品

纳税人自产自用的应税消费品，用于连续生产应税消费品的，不纳税。所谓"纳税人自产自用的应税消费品，用于连续生产应税消费品的"，是指作为生产最终应税消费品的直接材料并构成最终产品实体的应税消费品。

【情景解析】

卷烟厂生产出烟丝，烟丝已是应税消费品，卷烟厂再用生产出的烟丝连续生产卷烟，这样，用于连续生产卷烟的烟丝就不缴纳消费税，相关部门只对生产的卷烟征收消费税。当然，生产出

的烟丝如果是直接销售的，则烟丝还是要缴纳消费税的。

税法规定，对自产自用的应税消费品，用于连续生产应税消费品的，不征税，体现了不重复课税且计税简便的原则。

2. 用于其他方面的应税消费品

纳税人自产自用的应税消费品，除用于连续生产应税消费品外，凡用于其他方面的，于移送使用时纳税。用于其他方面，是指纳税人用于生产非应税消费品、在建工程、管理部门、非生产机构，提供劳务，以及用于馈赠、赞助、集资、广告、样品、职工福利、奖励等方面。

📖 【情景解析】

所谓"用于生产非应税消费品"，是指把自产的应税消费品用于生产消费税条例税目税率表所列 15 类产品以外的产品。例如，白酒生产企业用生产出的应税消费品白酒提炼酒精，该酒精就属于非应税消费品。

所谓"用于在建工程"，是指把自产的应税消费品用于本单位的各项建设工程。例如，石化工厂把自己生产的柴油供本厂基建工程的车辆、设备使用。

所谓"用于管理部门、非生产机构"，是指把自己生产的应税消费品用于与本单位有隶属关系的管理部门或非生产机构。例如，汽车制造厂把生产出的小汽车提供给上级主管部门使用。

所谓"用于馈赠、赞助、集资、广告、样品、职工福利、奖励"，是指把自己生产的应税消费品无偿赠送给他人或投资于外单位某些事业或作为商品广告、经销样品或以福利、奖励的形式发给职工。例如，摩托车厂把自己生产的摩托车赠送或赞助给摩托车拉力赛赛手使用，兼作商品广告；酒厂把生产的滋补药酒以福利的形式发给职工；等等。

总之，企业自产的应税消费品虽然没有用于销售或连续生产应税消费品，但只要是用于税法所规定的范围的都要视同销售，应依法缴纳消费税。

3. 组成计税价格及税额的计算

纳税人自产自用的应税消费品，凡用于其他方面，应当纳税的，按照纳税人生产的同类消费品的销售价格计算纳税。同类消费品的销售价格是指纳税人当月销售的同类消费品的销售价格，如果当月同类消费品各期销售价格高低不同，应按销售数量加权平均计算。但销售的应税消费品有下列情况之一的，不得列入加权平均计算：销售价格明显偏低又无正当理由的；无销售价格的。如果当月无销售或者当月未完结，应按照同类消费品上月或者最近月份的销售价格计算纳税。

没有同类消费品销售价格的，按照组成计税价格计算纳税。组成计税价格与应纳税额的计算公式如下。

（1）实行从价定率办法计征的组成计税价格及税额计算公式如下。

$$组成计税价格=(成本+利润)÷(1-比例税率)$$

$$应纳税额=组成计税价格×比例税率$$

（2）实行复合计税办法计征的组成计税价格及税额计算公式如下。

$$组成计税价格=(成本+利润+自产自用数量×定额税率)÷(1-比例税率)$$

$$应纳税额=组成计税价格×比例税率+自产自用数量×定额税率$$

上述公式中所说的"成本"是指应税消费品的产品生产成本。

上述公式中所说的"利润"是指根据应税消费品的全国平均成本利润率计算的利润。应税消费品全国平均成本利润率由国家税务总局确定。1993 年 12 月 28 日国家税务总局颁发的《消费税若干具体问题的规定》和 2006 年 3 月《财政部国家税务总局关于调整和完善消费税政策的通知》，确定了应税消费品全国平均成本利润率表，如表 3-3 所示。

表 3-3　应税消费品全国平均成本利润率表　　　　　　　　　　　　单位：%

货物名称	利润率	货物名称	利润率
1. 甲类卷烟	10	10. 贵重首饰及珠宝玉石	6
2. 乙类卷烟	5	11. 摩托车	6
3. 雪茄烟	5	12. 高尔夫球及球具	10
4. 烟丝	5	13. 高档手表	20
5. 粮食白酒	10	14. 游艇	10
6. 薯类白酒	5	15. 木制一次性筷子	5
7. 其他酒	5	16. 实木地板	5
8. 化妆品	5	17. 乘用车	8
9. 鞭炮、焰火	5	18. 中轻型商用客车	5

【例 3-4】某化妆品公司将一批自产的高档化妆品用作职工福利，化妆品的成本为 85 000 元，该化妆品无同类产品市场销售价格，已知其成本利润率为 5%，高档化妆品消费税税率为 15%。计算该批化妆品应缴纳的消费税税额。

（1）组成计税价格=成本×(1+成本利润率)÷(1−比例税率)

$$=85\ 000×(1+5\%)÷(1−15\%)=105\ 000（元）$$

（2）应纳税额=105 000×15%=15 750（元）

二、委托加工环节应税消费品应纳消费税的计算

企事业单位或个人由于设备、技术、人力等方面的局限或其他方面的原因，常常要委托其他单位代为加工应税消费品，然后，将加工好的应税消费品收回，直接销售或自己使用。这是生产应税消费品的另一种形式，也需要纳入征收消费税的范围。例如，某企业将购来的小客车底盘和零部件提供给某汽车改装厂，加工组装成小客车供自己使用，则加工、组装成的小客车就需要缴纳消费税。

（一）委托加工应税消费品的确定

委托加工的应税消费品是指由委托方提供原料和主要材料，受托方只收取加工费和代垫部分辅助材料加工的应税消费品。

对于由受托方提供原材料生产的应税消费品，或者受托方先将原材料卖给委托方，然后再接受加工的应税消费品，以及由受托方以委托方名义购进原材料生产的应税消费品，不论纳税人在财务上是否做销售处理，都不得作为委托加工应税消费品，而应当按照销售自制应税消费品缴纳消费税。

（二）代收代缴税款的规定

对于确实属于委托方提供原料和主要材料，受托方只收取加工费和代垫部分辅助材料加工的应税消费品，按规定，由受托方在向委托方交货时代收代缴消费税。为了加强对受托方代收代缴税款的管理，委托个人（含个体工商户）加工的应税消费品，由委托方收回后缴纳消费税。

委托加工的应税消费品，受托方在交货时已代收代缴消费税，委托方将收回的应税消费品销售，若以不高于受托方的计税价格出售，则为直接出售，不再缴纳消费税；若委托方以高于受托方的计税价格出售，则不属于直接出售，需按照规定申报缴纳消费税，同时在计税时准予扣除受托方已代收代缴的消费税。

对于受托方没有按规定代收代缴税款的，不能因此免除委托方补缴税款的责任。在对委托方进行税务检查时，如果发现受其委托加工应税消费品的受托方没有代收代缴税款，则应按照《税收征收管理法》的规定，对受托方处以应代收代缴税款 50%以上 3 倍以下的罚款；

委托方要补缴税款，对委托方补征税款的计税依据如下。

如果在检查时，收回的应税消费品已经直接销售，按销售额计税；收回的应税消费品尚未销售或不能直接销售的（如收回后用于连续生产等），按组成计税价格计税。组成计税价格的计算公式与下列"（三）"中的组成计税价格公式相同。

（三）组成计税价格及税额的计算

委托加工的应税消费品，按照受托方的同类消费品的销售价格计算纳税。同类消费品的销售价格是指受托方（即代收代缴义务人）当月销售的同类消费品的销售价格。如果当月同类消费品各期销售价格高低不同，应按销售数量加权平均计算。但销售的应税消费品有下列情况之一的，不得列入加权平均计算：销售价格明显偏低又无正当理由的；无销售价格的。如果当月无销售或者当月未完结，应按照同类消费品上月或最近月份的销售价格计算纳税。

没有同类消费品销售价格的，按照组成计税价格计算纳税。

实行从价定率办法计征的组成计税价格及应纳税额计算公式如下。

$$组成计税价格=(材料成本+加工费)÷(1-比例税率)$$

$$应纳税额=组成计税价格×比例税率$$

实行复合计税办法计征的组成计税价格及应纳税额计算公式如下。

$$组成计税价格=(材料成本+加工费+委托加工数量×定额税率)÷(1-比例税率)$$

$$应纳税额=组成计税价格×比例税率+委托加工数量×定额税率$$

其中，"材料成本"是指委托方所提供加工材料的实际成本。委托加工应税消费品的纳税人，必须在委托加工合同上如实注明（或以其他方式提供）材料成本，凡未提供材料成本的，受托方所在地主管税务机关有权核定其材料成本。

"加工费"是指受托方加工应税消费品向委托方所收取的全部费用（包括代垫辅助材料的实际成本，不包括增值税税金）。

【例3-5】某鞭炮企业202×年4月受托为某单位加工一批鞭炮，委托单位提供的原材料金额为60万元，收取委托单位不含增值税的加工费8万元，鞭炮企业无同类产品市场价格。鞭炮适用15%的税率，计算鞭炮企业应代收代缴的消费税。

（1）组成计税价格=(60+8)÷(1-15%)=80（万元）

（2）应代收代缴的消费税=80×15%=12（万元）

三、进口环节应税消费品应纳消费税的计算

1993年12月，国家税务总局、海关总署联合颁发的《关于对进口货物征收增值税、消费税有关问题的通知》规定，进口应税消费品的收货人或办理报关手续的单位和个人，为进口应税消费品消费税的纳税义务人。进口应税消费品消费税的税目、税率（税额），依照《消费税暂行条例》所附的《消费税税目税率（税额）表》执行。

纳税人进口应税消费品，按照组成计税价格或者应税消费品数量和规定的税率计算应纳税额。

（1）实行从价定率办法计征的组成计税价格及应纳税额计算公式如下。

$$组成计税价格=(关税完税价格+关税)÷(1-比例税率)$$

$$应纳税额=组成计税价格×比例税率$$

【例3-6】某商贸公司，202×年5月从国外进口一批应税消费品，已知该批应税消费品的关税完税价格为90万元，按规定应缴纳关税18万元，假定进口的应税消费品的消费税税率为10%。请计算该批消费品进口环节应缴纳的消费税税额。

① 组成计税价格=(90+18)÷(1-10%)=120（万元）

② 应缴纳的消费税税额=120×10%=12（万元）

（2）实行从量定额办法计征应纳税额的计算公式如下。

$$应纳税额=应税消费品数量×定额税率$$

（3）实行复合计税办法计征的组成计税价格及应纳税额计算公式如下。

$$组成计税价格=(关税完税价格+关税+进口数量×定额税率)÷(1-比例税率)$$

$$应纳税额=组成计税价格×比例税率+应税消费品进口数量×定额税率$$

【特别提示】

进口环节消费税除国务院另有规定者外，一律不得给予减税、免税。

四、批发环节应税消费品应纳消费税的计算

卷烟批发消费税的计税依据是不含增值税的销售额，相关计算公式如下。

$$应纳税额=卷烟批发销售额×比例税率+卷烟批发销售量×定额税率$$

按规定，纳税人应将卷烟销售额与其他商品销售额分开核算，而未分开核算的，一并征收消费税。

【特别提示】

纳税人销售给纳税人以外的单位和个人的卷烟于销售时纳税。纳税人之间销售的卷烟不缴纳消费税。

卷烟批发企业的机构所在地，总机构与分支机构不在同一地区的，由总机构申报纳税。

卷烟消费税在生产和批发两个环节征收后，批发企业在计算纳税时不得扣除已含的生产环节的消费税税款。

五、零售环节应税消费品应纳消费税的计算

金银首饰、钻石及钻石饰品和豪车零售消费税的计税依据是不含增值税的销售额，公式如下。

$$应纳税额=金银首饰、钻石及钻石饰品零售额×比例税率$$

$$=豪车零售额×比例税率$$

按规定，对既销售金银首饰，又销售非金银首饰的生产、经营单位，应将两类商品划分清楚，分别核算销售额。凡划分不清楚或不能分别核算的，在生产环节销售的，一律从高适用税率征收消费税；在零售环节销售的，一律按金银首饰征收消费税。金银首饰与其他产品组成成套消费品销售的，应按销售额全额征收消费税。金银首饰连同包装物销售的，无论包装物是否单独计价，也无论会计上如何核算，均应并入金银首饰的销售额，计征消费税。带料加工的金银首饰，应按受托方销售同类金银首饰的销售价格确定计税依据征收消费税。没有同类金银首饰销售价格的，按照组成计税价格计算纳税。纳税人采用以旧换新（含翻新改制）方式销售的金银首饰，应按实际收取的不含增值税的全部价款确定计税依据征收消费税。

六、已纳消费税扣除的计算

为了避免重复征税，现行消费税规定，将外购应税消费品和委托加工收回的应税消费品继续生产应税消费品销售的，可以将外购应税消费品和委托加工收回应税消费品已缴纳的消费税给予扣除。

（一）外购应税消费品已纳税款的扣除

1. 外购应税消费品连续生产应税消费品

由于某些应税消费品是用外购已缴纳消费税的应税消费品连续生产出来的，所以在对这些连续生产出来的应税消费品计算征税时，应按当期生产领用数量计算准予扣除外购的应税

消费品已纳的消费税税款。扣除范围如下。

（1）外购已税烟丝生产的卷烟。

（2）外购已税高档化妆品生产的高档化妆品。

（3）外购已税珠宝玉石生产的贵重首饰及珠宝玉石。

（4）外购已税鞭炮焰火生产的鞭炮焰火。

（5）外购已税杆头、杆身和握把为原料生产的高尔夫球杆。

（6）外购已税木制一次性筷子为原料生产的木制一次性筷子。

（7）外购已税实木地板为原料生产的实木地板。

（8）对外购已税汽油、柴油、石脑油、燃料油、润滑油用于连续生产应税成品油。

（9）外购已税摩托车连续生产应税摩托车。

上述当期准予扣除外购应税消费品已纳消费税税款的计算公式如下。

$$\begin{array}{l}\text{当期准予扣除的外购} \\ \text{应税消费品已纳税款}\end{array} = \begin{array}{l}\text{当期准予扣除的外购} \\ \text{应税消费品买价}\end{array} \times \begin{array}{l}\text{外购应税消费品} \\ \text{适用税率}\end{array}$$

$$\begin{array}{l}\text{当期准予扣除的外购} \\ \text{应税消费品买价}\end{array} = \begin{array}{l}\text{期初库存的外购} \\ \text{应税消费品的买价}\end{array} + \begin{array}{l}\text{当期购进的应税} \\ \text{消费品的买价}\end{array} - \begin{array}{l}\text{期末库存的外购} \\ \text{应税消费品的买价}\end{array}$$

其中，外购应税消费品的买价是指购货发票上注明的销售额（不包括增值税税款）。

【点拨指导】

由于成品油消费税税率会调整，所以纳税人外购应税油品连续生产应税成品油，根据其取得的外购应税油品增值税专用发票开具时间和当时的成品油消费税税率来确定具体扣除金额。

【例3-7】某卷烟生产企业，某月初库存外购应税烟丝金额为50万元，当月又外购应税烟丝，金额为500万元（不含增值税），月末库存烟丝金额为30万元，烟丝用途均为生产卷烟领用。烟丝适用的消费税税率为30%，计算卷烟厂当月准许扣除的外购烟丝已缴纳的消费税税额。

（1）当期准许扣除的外购烟丝买价=50+500-30=520（万元）

（2）当月准许扣除的外购烟丝已缴纳的消费税税额=520×30%=156（万元）

2. 外购应税消费品后销售

对自己不生产应税消费品，而只是购进后再销售应税消费品的工业企业，其销售的化妆品、鞭炮焰火和珠宝玉石，凡不能构成最终消费品直接进入消费品市场，而需进一步生产加工的（如需进一步深加工、包装、贴标，组合的珠宝玉石、化妆品、酒、鞭炮焰火等），应当征收消费税，同时允许扣除上述外购应税消费品的已纳税款（酒除外）。

（二）委托加工收回的应税消费品已纳税款的扣除

委托加工的应税消费品因为已由受托方代收代缴消费税，因此，委托方收回货物后用于连续生产应税消费品的，其已纳税款准予按照规定从连续生产的应税消费品应纳消费税税额中抵扣。按规定，下列连续生产的应税消费品准予从应纳消费税税额中按当期生产领用数量计算扣除委托加工收回的应税消费品已纳消费税税款。

（1）以委托加工收回的已税烟丝为原料生产的卷烟。

（2）以委托加工收回的已税高档化妆品为原料生产的高档化妆品。

（3）以委托加工收回的已税珠宝玉石为原料生产的贵重首饰及珠宝玉石。

（4）以委托加工收回的已税鞭炮、焰火为原料生产的鞭炮、焰火。

（5）以委托加工收回的已税杆头、杆身和握把为原料生产的高尔夫球杆。

（6）以委托加工收回的已税木制一次性筷子为原料生产的木制一次性筷子。

（7）以委托加工收回的已税实木地板为原料生产的实木地板。

（8）以委托加工收回的已税汽油、柴油、石脑油、燃料油、润滑油用于连续生产应税成品油。

（9）以委托加工收回的已税摩托车连续生产应税摩托车。

上述当期准予扣除委托加工收回的应税消费品已纳消费税税款的计算公式如下。

$$
\begin{array}{l}
当期准予扣除的委托加 \\
工应税消费品已纳税款
\end{array}
=
\begin{array}{l}
期初库存的委托加工 \\
应税消费品已纳税款
\end{array}
+
\begin{array}{l}
当期收回的委托加工 \\
应税消费品已纳税款
\end{array}
-
\begin{array}{l}
期末库存的委托加工 \\
应税消费品已纳税款
\end{array}
$$

【特别提示】

纳税人用外购或者委托加工收回的已税珠宝玉石生产的改在零售环节征收消费税的金银首饰，在计税时一律不得扣除外购或者委托加工收回的珠宝玉石的已纳消费税税款；纳税人以进口、委托加工收回应税油品连续生产应税成品油，分别依据《海关进口消费税专用缴款书》《税收缴款书（代扣代收专用）》，按照现行政策规定计算扣除应税油品已纳消费税税款。

七、税额减征的计算

为保护生态环境，促进替代污染排放汽车的生产和消费，推进汽车工业技术进步，目前对生产销售达到污染排放值的小轿车、越野车和小客车减征30%的消费税。计算公式如下。

$$减征税额=按法定税率计算的消费税×30\%$$
$$应征税额=按法定税率计算的消费税-减征税额$$

第六节 出口退（免）税

一、出口退税率的规定

计算出口应税消费品应退消费税的税率或单位税额，依据《消费税暂行条例》所附《消费税税目税率（税额）表》执行。这是退（免）消费税和退（免）增值税的一个重要区别。当出口的货物是应税消费品时，其退还增值税要按规定的退税率计算，其退还的消费税则按该应税消费品所使用的消费税税率计算。企业应将不同消费税税率的出口应税消费品分开核算和申报，凡划分不清适用税率的，一律从低适用税率计算应退消费税税额。

二、出口应税消费品退（免）税政策

（一）出口免税并退税

有出口经营权的外贸企业购进应税消费品直接出口以及外贸企业受其他外贸企业委托代理出口应税消费品免税并退税。外贸企业只有受其他外贸企业委托，代理出口应税消费品才可办理退税。外贸企业受其他企业（主要是非生产性的商贸企业）委托，代理出口应税消费品是不予退（免）税的。

（二）出口免税但不退税

有出口经营权的生产性企业自营出口或生产企业委托外贸企业代理出口自产的应税消费品，依据其实际出口数量免征消费税，不予办理退还消费税。免征消费税是指对生产性企业按其实际出口数量免征生产环节的消费税。另外，因已免征生产环节的消费税，该应税消费品出口时，已不含有消费税，所以无须再办理退还消费税。

（三）出口不免税也不退税

除生产企业、外贸企业外的其他企业，具体是指一般商贸企业，这类企业委托外贸企业代理出口应税消费品一律不予退（免）税。

三、出口应税消费品退税额的计算

消费税退税的计税依据有：属于从价定率计征消费税的，为已征且未在内销应税消费品应纳税额中抵扣的购进出口货物金额；属于从量定额计征消费税的，为已征且未在内销应税消费品应纳税额中抵扣的购进出口货物数量；属于复合计征消费税的，按从价定率和从量定额的计税依据分别确定。

消费税退税的计算公式如下。

$$消费税应退税额 = 从价定率计征消费税的退税计税依据 \times 比例税率$$

$$消费税应退税额 = 从量定额计征消费税的退税计税依据 \times 定额税率$$

$$消费税应退税额 = 从价定率计征消费税的退税计税依据 \times 比例税率 + 从量定额计征消费税的退税计税依据 \times 定额税率$$

第七节　征收管理

一、纳税义务发生时间

消费税纳税义务发生的时间，以货款结算方式或行为发生时间分别确定。

（1）纳税人销售的应税消费品，其纳税义务的发生时间如下。

① 纳税人采取赊销和分期收款结算方式的，为书面合同约定的收款日期的当天，书面合同没有约定收款日期或者无书面合同的，为发出应税消费品的当天。

② 纳税人采取预收货款结算方式的，其纳税义务的发生时间，为发出应税消费品的当天。

③ 纳税人采取托收承付和委托银行收款方式销售的应税消费品，其纳税义务的发生时间，为发出应税消费品并办妥托收手续的当天。

④ 纳税人采取其他结算方式的，其纳税义务的发生时间，为收讫销售款或者取得索取销售款凭据的当天。

（2）纳税人自产自用的应税消费品，其纳税义务的发生时间，为移送使用的当天。

（3）纳税人委托加工的应税消费品，其纳税义务的发生时间，为纳税人提货的当天。

（4）纳税人进口的应税消费品，其纳税义务的发生时间，为报关进口的当天。

二、纳税期限

按照《消费税暂行条例》的规定，消费税的纳税期限分别为 1 日、3 日、5 日、10 日、15 日、1 个月或者 1 个季度。纳税人的具体纳税期限，由主管税务机关根据纳税人应纳税额的大小分别核定；不能按照固定期限纳税的，可以按次纳税。

纳税人以 1 个月或以 1 个季度为一期纳税的，自期满之日起 15 日内申报纳税；以 1 日、3 日、5 日、10 日或 15 日为一期纳税的，自期满之日起 5 日内预缴税款，于次月 1 日起至 15 日内申报纳税并结清上月应纳税款。

纳税人进口应税消费品，应当自海关填发海关进口消费税专用缴款书之日起 15 日内缴纳税款。

如果纳税人不能按照规定的纳税期限依法纳税，相关部门将按《税收征收管理法》的有关规定处理。

三、纳税地点

消费税具体纳税地点如下。

（1）纳税人销售的应税消费品，以及自产自用的应税消费品，除国务院财政、税务主管部门另有规定外，应当向纳税人机构所在地或者居住地的主管税务机关申报纳税。

（2）委托加工的应税消费品，除受托方为个人外，由受托方向纳税人机构所在地或者居住地的主管税务机关解缴消费税税款。

（3）进口的应税消费品，由进口人或者其代理人向报关地海关申报纳税。

（4）纳税人到外县（市）销售或者委托外县（市）代销自产应税消费品的，于应税消费品销售后，向纳税人机构所在地或者居住地主管税务机关申报纳税。

纳税人的总机构与分支机构不在同一县（市），但在同一省（自治区、直辖市）范围内，经省（自治区、直辖市）财政厅（局）、国家税务局审批同意，可以由总机构汇总向总机构所在地的主管税务机关申报缴纳消费税。省（自治区、直辖市）财政厅（局）、国家税务局应将审批同意的结果，上报财政部、国家税务总局备案。

（5）纳税人销售的应税消费品，如因质量等被购买者退回，经所在地主管税务机关审核批准后，可退还已征收的消费税税款。但纳税人不能自行直接抵减应纳税款。

拓展知识

我国消费税征税范围是如何选择的

关于电子烟消费税的规定

思考题

1. 我国消费税的特点有哪些？
2. 我国消费税的纳税环节有几个？
3. 我国对于纳税人自产自用的应税消费品消费税是如何规定的？
4. 我国对于纳税人委托加工的应税消费品消费税是如何规定的？

同步训练

1. 甲卷烟厂主要生产×牌卷烟，202×年6月发生如下业务。

（1）6月5日购买一批烟叶，取得增值税专用发票，注明价款10万元，税款0.9万元。

（2）6月15日，将6月5日购进的烟叶发往乙烟厂，委托乙烟厂加工烟丝，收到的增值税专用发票上注明的支付加工费为4万元，税款0.52万元。

（3）收回烟丝后领用一半用于卷烟生产，另一半直接出售，取得价款18万元，税款2.34万元。

（4）6月16日，销售×牌卷烟100箱（标准箱，下同），每箱不含税售价（调拨价格，下同）1.8万元，款项存入银行。

（5）6月23日，销售×牌卷烟200箱，每箱不含税售价1.7万元，款项存入银行。

其他相关资料：乙烟厂无同类烟丝销售价格，国家税务总局核定的×牌卷烟计税价格为每标准箱1.78万元；烟丝消费税税率为30%。

要求：根据上述资料，按顺序回答下列问题，如有计算，需计算出合计数。

（1）计算该烟厂当月委托加工烟丝被代扣的消费税。

（2）计算该烟厂当月销售烟丝应缴纳的消费税。

（3）计算该烟厂当月销售×牌卷烟应缴纳的消费税。

（4）计算该烟厂当月应缴纳的增值税。

2. 甲企业为高尔夫球及球具生产厂家，是增值税一般纳税人。202×年6月发生以下业务。

（1）购进一批PU材料，增值税专用发票上注明价款为10万元、增值税税款1.3万元，委托乙企业将其加工成100个高尔夫球包，支付加工费2万元、增值税税款0.26万元；乙企业当月销售同类球包的不含税销售价格为0.25万元/个。

（2）将委托加工收回的球包批发给代理商，收到不含税价款28万元。

（3）购进一批碳素材料、钛合金，增值税专用发票上注明价款150万元、增值税税款19.5万元，委托丙企业将其加工成高尔夫球杆，支付加工费30万元、增值税税款3.9万元。

（4）委托加工收回的高尔夫球杆的80%当月已经销售，收到不含税价款300万元，尚有20%留存仓库。

（5）主管税务机关在11月初对甲企业进行税务检查时发现，乙企业已经履行了代收代缴消费税义务，丙企业未履行代收代缴消费税义务。

其他相关资料：高尔夫球及球具消费税税率为10%，取得的增值税专用发票均在管理平台确认抵扣。

要求：根据上述资料，按顺序回答下列问题，如有计算，需计算出合计数。

（1）计算乙企业应已代收代缴的消费税。

（2）计算甲企业批发球包应缴纳的消费税。

（3）计算甲企业销售高尔夫球杆应缴纳的消费税。

（4）计算甲企业留存仓库的高尔夫球杆应缴纳的消费税。

（5）计算甲企业当月应缴纳的增值税。

3. 某市烟草集团属增值税一般纳税人，202×年6月发生下列业务。

（1）购进已税烟丝320万元（不含增值税），委托M企业加工甲类卷烟200箱，M企业以每箱0.1万元收取加工费（不含税），卷烟在当月全部收回。

（2）公司将收回的20箱卷烟销售给烟草批发商，取得不含税销售收入74万元。

（3）公司将收回的80箱卷烟销售给烟草零售商，取得不含税销售收入320万元。

（4）公司将收回的100箱卷烟作为股本对外投资。

要求：根据以上资料，按顺序回答下列问题，需计算出合计数。

（1）计算M企业当月应代收代缴的消费税。

（2）计算集团公司向批发商销售卷烟应缴纳的消费税。

（3）计算集团公司向零售商销售卷烟应缴纳的消费税。

（4）计算集团公司投资应缴纳的消费税。

4. 某汽车制造企业为增值税一般纳税人，202×年6月有关生产经营业务如下。

（1）以交款提货方式销售A型小汽车30辆给汽车销售公司，每辆不含税售价15万元，开具税控专用发票，上面注明应收价款450万元，当月实际收回价款430万元，余款下月才能收回。

（2）销售B型小汽车50辆给特约经销商，每辆不含税单价12万元，向特约经销商开具了税控增值税专用发票，注明价款600万元、增值税78万元，由于特约经销商当月支付了全部货款，汽车制造企业给予特约经销商原售价2%的销售折扣。

（3）将新研制生产的C型小汽车5辆销售给本企业的中层干部，每辆C型小汽车按成本价10万元出售，共计取得收入50万元，C型小汽车尚无市场销售价格。

（4）销售已使用半年的进口小汽车3辆，开具增值税普通发票，取得收入65.52万元，3辆进口小汽车固定资产的原值为62万元，销售时账面余值为58万元。

（5）购进机械设备，取得的税控专用发票上面注明价款20万元、进项税额2.6万元，款未付而且该设备当月尚未投入使用。

（6）当月购进原材料，取得税控专用发票，上面注明金额600万元、进项税额78万元，支付购进原材料的运输费用，取得增值税专用发票，上面注明价款20万元，税款1.8万元。

（7）从小规模纳税人处购进汽车零部件，取得由当地税务机关开具的增值税专用发票，上面注明价款20万元、进项税额0.6万元。

（8）当月发生意外事故损失库存原材料，账面金额35万元（其中含运输费用3万元），直接计入"营业外支出"账户损失为35万元。

注：该企业生产的小汽车均适用9%的消费税税率，C型小汽车成本利润率为8%，取得的增值税专用发票均在管理平台确认抵扣。单位为万元，结果保留小数点后2位。

要求：计算该企业当月应纳消费税和增值税。

5. 某酒厂为增值税一般纳税人，202×年6月发生下列与纳税有关的业务。

（1）销售粮食白酒30吨，开具增值税专用发票，价款60万元，税款7.8万元，另收包装物押金3万元。

（2）销售薯类白酒三批，数量分别为2吨、3吨、5吨，含税售价分别为每千克8元、9元、10元，分别开具增值税普通发票，金额计9.3万元，另收包装物租金0.7万元。

（3）同时销售薯类白酒和其他酒（各4吨）给某单位，金额4万元（含税），账上分不清销售收入各是多少。

（4）没收到期粮食白酒包装物押金0.2万元。

（5）以薯类白酒6吨从农民手中换取粮食做原料，开具收购凭证。

（6）从国外进口粮食白酒20吨，到岸价格15万元，关税税率100%，以曲香调味后销售，当月销售15吨，收入75万元（含税）。

（7）销售礼品酒500套，每套数量2千克，价格113元（含税），按同类产品售价计算，粮食白酒和其他酒的价格比为3:2。

注：取得的增值税专用发票均在管理平台确认抵扣；其他酒的消费税税率为10%；单位为万元，结果精确到小数点后4位。

要求：计算企业当月应纳消费税和增值税。

6. 某市卷烟生产企业为增值税一般纳税人，202×年6月有关经营业务如下。

（1）2日向农业生产者收购烟叶一批，收购凭证上注明的价款为500万元，并向烟叶生产者支付了国家规定的价外补贴；支付运输费用，取得运输专用发票，上面注明的价款10万元，烟叶当期验收入库。

（2）3日领用自产烟丝一批，生产A牌卷烟600标准箱。

（3）5日从国外进口B牌卷烟400标准箱，支付境外成交价折合人民币260万元、到达我国海关前的运输费用10万元、保险费用5万元。

（4）16日销售A牌卷烟300标准箱，每箱不含税售价2.5万元，款项收讫；还将10标准箱A牌卷烟作为福利发给本企业职工。

（5）25日销售进口B牌卷烟380标准箱，取得不含税销售收入720万元。

（6）27日再次购进税控收款机一批，取得增值税专用发票，上面注明价款10万元、增值税1.3万元；再次外购防伪税控通用设备，取得的增值税专用发票上注明价款1万元、增值税0.13万元。

（7）30日盘点，发现由于管理不善，库存的外购已税烟丝15万元（含运输费用1万元）霉烂变质。

注：烟丝消费税比例税率为30%；卷烟的进口关税税率为20%；取得的增值税专用发票均在管理平台确认抵扣；单位为万元，结果精确到小数点后2位。

要求：计算该企业当月应纳消费税和增值税。

第四章 城市维护建设税、教育费附加和烟叶税

【内容提要】

本章介绍了城市维护建设税、教育费附加和烟叶税的纳税人、税率或者征收率和计税依据；应纳税额的计算；税收优惠；征收管理。

【本章学习重点】

城市维护建设税、教育费附加和烟叶税的计税依据、税收优惠和应纳税额的计算。

微课堂

城市维护
建设税

第一节 城市维护建设税

一、城市维护建设税的概念

城市维护建设税是对从事经营活动、缴纳增值税和消费税的单位和个人征收的一种税。

中华人民共和国成立以来，我国城市建设和维护在不同时期都取得了较大成绩，但国家在城市建设方面一直资金不足。1979年以前，我国用于城市维护建设的资金来源由当时的工商税附加、城市公用事业附加和国家下拨城市维护费组成。1979年，国家开始在部分大中城市试行从上年工商利润中提取5%用于城市维护和建设的办法，但未能从根本上解决问题。1981年，国务院在批转财政部关于改革工商税制的设想中提出："根据城市建设的需要，开征城市维护建设税，作为县以上城市和工矿区市政建设的专项资金"。1985年2月8日，国务院正式颁布了《中华人民共和国城市维护建设税暂行条例》（以下简称《城市维护建设税暂行条例》），并于1985年1月1日在全国范围内施行。2020年8月11日，第十三届全国人民代表大会常务委员会第二十一次会议正式通过了《中华人民共和国城市维护建设税法》，于2021年9月1日正式施行。

二、城市维护建设税的特点

（一）税款专款专用

一般情况下，税收收入都直接纳入国家预算，由中央和地方政府根据需要，统一安排使用到国家建设和事业发展的各个方面。税法并不规定各个税种收入的具体使用范围和方向。但城市维护建设税不同，其所征税款要求保证用于城市公用事业和公共设施的维护和建设。

（二）属于一种附加税

征税对象是税法规定征税的目的物，是一个税种区别于另一个税种的主要标志。而城市维护建设税以纳税人实际缴纳的增值税和消费税税额为计税依据，随"两税"同时征收，其本身没有特定的课税对象，其征管方法也完全比照"两税"的有关规定办理。

（三）根据城镇规模设计不同的比例税率

城市维护建设税的负担水平，不是依据纳税人获取的利润水平或经营特点而定，而是根据

纳税人所在城镇的规模及其资金需要设计的。城镇规模大的，税率高一些；反之，税率就低一些。例如，纳税人所在地在城市市区的，税率为7%；在县城、建制镇的，税率为5%。这样的规定能够使不同地区获取不同数量的城市维护建设资金，因地制宜地进行城市的维护和建设。

三、纳税义务人与税率

（一）纳税义务人

城市维护建设税的纳税义务人，是指在中华人民共和国境内缴纳增值税、消费税的单位和个人。城市维护建设税的扣缴义务人为负有增值税、消费税扣缴义务的单位和个人，在扣缴增值税、消费税的同时扣缴城市维护建设税。

（二）税率

城市维护建设税按纳税人所在地的不同，设置了三档地区差别比例税率，具体如下。

（1）纳税人所在地为市区的，税率为7%。

（2）纳税人所在地为县城、建制镇的，税率为5%。

（3）纳税人所在地不在市区、县城或者建制镇的，税率为1%；开采海洋石油资源的中外合作油（气）田所在地在海上，其城市维护建设税也适用1%的税率。

城市维护建设税的适用税率，应当按纳税人所在地的规定税率执行。纳税人所在地，是指纳税人、扣缴义务人住所地或者与纳税人生产经营活动相关的其他地点，具体地点由省、自治区、直辖市确定。

四、计税依据与应纳税额的计算

（一）计税依据

城市维护建设税以纳税人依法实际缴纳的增值税、消费税税额（以下简称"两税税额"）为计税依据。依法实际缴纳的两税税额，是指纳税人依照增值税、消费税（以下简称"两税"）相关法律法规和税收政策规定计算的应当缴纳的两税税额（不含因进口货物或境外单位和个人向境内销售劳务、服务、无形资产缴纳的两税税额），加上增值税免抵税额，扣除直接减免的两税税额和期末留抵退税退还的增值税税额后的金额。直接减免的两税税额，是指依照增值税、消费税相关法律法规和税收政策规定，直接减征或免征的两税税额，不包括实行先征后返、先征后退、即征即退办法退还的两税税额。

【特别提示】

纳税人违反"两税"有关规定而被加收的滞纳金和罚款，是税务机关对纳税人违法行为的经济制裁，不作为城市维护建设税的计税依据，但在对纳税人查补"两税"和处以罚款时，应同时对其偷漏的城市维护建设税进行补税、加收滞纳金和处以罚款。

（二）应纳税额的计算

城市维护建设税纳税人的应纳税额大小是由纳税人实际缴纳的两税税额决定的，其计算公式如下。

$$应纳税额=（实际缴纳的增值税+实际缴纳的消费税）×适用税率$$

【例4-1】某市区一家企业202×年6月实际缴纳增值税300 000元，缴纳消费税400 000元。计算该企业应纳的城市维护建设税税额。

$$应纳城市维护建设税税额=（实际缴纳的增值税+实际缴纳的消费税）×适用税率$$
$$=(300\ 000+400\ 000)×7\%=700\ 000×7\%=49\ 000（元）$$

由于城市维护建设税实行纳税人所在地差别比例税率，所以在计算应纳税额时，应十分注意根据纳税人所在地来确定适用税率。

五、税收优惠

城市维护建设税原则上不单独减免，但因城市维护建设税又具附加税性质，当正税发生减免时，城市维护建设税也相应发生税收减免。城市维护建设税的税收减免具体表现为以下几种情况。

（1）城市维护建设税按减免后实际缴纳的"两税"税额计征，即随"两税"的减免而减免。

（2）对于因减免税而需进行"两税"退库的，城市维护建设税也可同时退库。

（3）对进口货物或者境外单位和个人向境内销售劳务、服务、无形资产缴纳的增值税、消费税税额，不征收城市维护建设税。海关对出口产品退还增值税、消费税的，不退还已缴纳的城市维护建设税。

（4）对"两税"实行先征后返、先征后退、即征即退办法的，除另有规定外，对随"两税"附征的城市维护建设税和教育费附加，一律不予退（返）还。

（5）根据国民经济和社会发展的需要，国务院对重大公共基础设施建设、特殊产业和群体以及重大突发事件应对等情形可以规定减征或者免征城市维护建设税，报全国人民代表大会常务委员会备案。

六、征收管理

（一）纳税义务发生时间

城市维护建设税的纳税义务发生时间与增值税、消费税的纳税义务发生时间一致，分别与增值税、消费税同时缴纳。

（二）纳税地点

由于城市维护建设税以纳税人实际缴纳的增值税、消费税税额为计税依据，分别与"两税"同时缴纳，所以，纳税人缴纳"两税"的地点，就是该纳税人缴纳城市维护建设税的地点。但是，属于下列情况的，纳税地点会有所不同。

（1）代扣代缴、代收代缴"两税"的单位和个人，同时也是城市维护建设税的代扣代缴、代收代缴义务人，其城市维护建设税的纳税地点在代扣代收地。

（2）流动经营等无固定纳税地点的单位和个人，应随同"两税"在经营地缴纳。

（三）纳税期限

由于城市维护建设税是由纳税人在缴纳"两税"时同时缴纳的，所以其纳税期限分别与"两税"的纳税期限一致。按规定，增值税、消费税的纳税期限均分别为1日、3日、5日、10日、15日、1个月或者1个季度。增值税、消费税的纳税人的具体纳税期限，由主管税务机关根据纳税人应纳税额的大小分别核定；不能按照固定期限纳税的，可以按次纳税。

第二节　教育费附加和地方教育附加

教育费附加是对缴纳增值税和消费税的单位和个人，按照其实际缴纳的两税税额为计算依据征收的一种附加费。

教育费附加是为加快地方教育事业，扩大地方教育经费的资金而征收的一项专用基金。1984年，国务院颁布了《关于筹措农村学校办学经费的通知》，开征了农村教育事业经费附加。1985年，中共中央做出了《关于教育体制改革的决定》，指出必须在国家增拨教育基本建设投资和教育经费的同时，充分调动企、事业单位和其他各种社会力量办学的积极性，开辟多种渠道筹措经费。为此，国务院于1986年4月28日颁布了《征收教育费附加的暂行规定》，决定从同年7月1日开始在全国范围内征收教育费附加。

地方教育附加是指根据国家有关规定，为实施"科教兴省"战略，增加地方教育的资金投入，促进各省、自治区、直辖市教育事业发展，开征的一项地方政府性基金。该收入主要用于各地方的教育经费的投入补充。

自 2006 年 9 月 1 日起施行的《中华人民共和国教育法》规定："税务机关依法足额征收教育费附加，由教育行政部门统筹管理，主要用于实施义务教育。省、自治区、直辖市人民政府根据国务院的有关规定，可以决定开征用于教育的地方附加费，专款专用。"依据该规定，各省自治区、直辖市陆续开征了地方教育附加。2010 年财政部下发了《关于统一地方教育附加政策有关问题的通知》，对各省、自治区、直辖市的地方教育附加进行了统一。

一、教育费附加和地方教育附加的征收范围及计征依据

教育费附加和地方教育附加对缴纳增值税和消费税的单位和个人征收，以纳税人依法实际缴纳的增值税、消费税税额为计征依据，与城市维护建设税计税依据一致，分别与增值税、消费税同时缴纳。

自 2010 年 12 月 1 日起，对外商投资企业、外国企业及外籍个人（以下简称"外资企业"）征收教育费附加。

二、教育费附加和地方教育附加计征比率

教育费附加计征比率曾几经变化。1986 年开征时，规定为 1%；1990 年 5 月《国务院关于修改〈征收教育费附加的暂行规定〉的决定》中规定为 2%；按照 1994 年 2 月 7 日《国务院关于教育费附加征收问题的紧急通知》的规定，教育费附加征收比率统一为 3%。

地方教育附加征收率统一为 2%。

三、教育费附加和地方教育附加的计算

教育费附加和地方教育附加的计算公式如下。

$$\begin{pmatrix} 应纳教育费附加或 \\ 地方教育附加 \end{pmatrix} = \begin{pmatrix} 实际缴纳 \\ 的增值税 \end{pmatrix} + \begin{pmatrix} 实际缴纳 \\ 的消费税 \end{pmatrix} \times \begin{pmatrix} 征收比率 \\ (3\%或2\%) \end{pmatrix}$$

【例 4-2】某市区一家企业 202× 年 5 月实际缴纳增值税 400 000 元，缴纳消费税 500 000 元。计算该企业应缴纳的教育费附加和地方教育附加。

应纳教育费附加=(实际缴纳的增值税+实际缴纳的消费税)×征收比率

=(400 000+500 000)×3%=900 000×3%=27 000（元）

应纳地方教育附加=(实际缴纳的增值税+实际缴纳的消费税)×征收比率

=(400 000+500 000)×2%=900 000×2%=18 000（元）

四、教育费附加和地方教育附加的减免规定

（1）对海关进口的产品征收的增值税、消费税，不征收教育费附加。

（2）对由于减免增值税、消费税而发生退税的，可同时退还已征收的教育费附加。但对出口产品退还增值税、消费税的，不退还已征的教育费附加。

（3）对国家重大水利工程建设基金免征教育费附加。

第三节　烟叶税

烟叶税是以纳税人收购烟叶的收购金额为计税依据征收的一种税。

烟叶税是中华人民共和国成立以后慢慢形成的一个税种。1958年，我国颁布实施《中华人民共和国农业税条例》（以下简称《农业税条例》）。1983年，国务院以《农业税条例》为依据，选择特定农业产品征收农林特产农业税。当时农林特产农业税征收范围不包括烟叶，对烟叶另外征收产品税和工商统一税。1994年，我国进行了财政体制和税制改革，国务院决定取消原产品税和工商统一税，将原农林特产农业税与原产品税和工商统一税中的农林牧水产品税目合并，改为统一征收农业特产农业税，并于同年1月30日发布《国务院关于对农业特产收入征收农业税的规定》（国务院令143号），其中规定对烟叶在收购环节征收，税率为31%。1999年，将烟叶特产农业税的税率下调为20%。2004年6月，根据《中共中央、国务院关于促进农民增加收入若干政策的意见》（中发〔2004〕1号），财政部、国家税务总局下发《关于取消除烟叶外的农业特产农业税有关问题的通知》（财税〔2004〕120号），规定自2004年起，除对烟叶暂保留征收农业特产农业税外，取消对其他农业特产征收的农业特产农业税。2005年12月29日，十届全国人大常委会第十九次会议决定，《农业税条例》自2006年1月1日起废止。至此，对烟叶征收农业特产农业税失去了法律依据。2006年4月28日，国务院公布了《中华人民共和国烟叶税暂行条例》，并自公布之日起施行。自2018年7月1日起，《中华人民共和国烟叶税法》开始实施。

一、纳税义务人、征税范围

（一）纳税义务人

在中华人民共和国境内收购烟叶的单位为烟叶税的纳税人，应当依照《中华人民共和国烟叶税法》的规定缴纳烟叶税。

（二）征税范围

按照《中华人民共和国烟叶税法》的规定，烟叶税的征税范围是指晾晒烟叶、烤烟叶。

二、税率和应纳税额的计算

（一）税率

烟叶税实行比例税率，税率为20%。需要注意的是，烟叶税税率的调整，由国务院决定。

（二）应纳税额的计算

烟叶税应纳税额按照《中华人民共和国烟叶税法》的规定，以纳税人收购烟叶的收购金额和规定的税率计算。应纳税额的计算公式如下。相关公式如下。

$$应纳税额 = 烟叶收购金额 \times 税率$$

收购金额包括纳税人支付给烟叶销售者的烟叶收购价款和价外补贴。按照简化手续、方便征收的原则，对价外补贴统一暂按烟叶收购价款的10%计入收购金额征税。相关公式如下。

$$收购金额 = 收购价款 \times (1+10\%)$$

$$应纳税额 = 收购价款 \times (1+10\%) \times 20\%$$

【例4-3】某烟草公司系增值税一般纳税人，202×年9月收购烟叶300 000千克，烟叶收购价格为15元/千克，总计4 500 000元，货款已全部支付。请计算该烟草公司202×年9月收购烟叶应缴纳的烟叶税。

$$应缴纳的烟叶税 = 4\ 500\ 000 \times (1+10\%) \times 20\% = 990\ 000（元）$$

三、征收管理

烟叶税的征收管理，依照《税收征收管理法》及《中华人民共和国烟叶税法》的有关规定执行。

（一）纳税义务发生时间

烟叶税的纳税义务发生时间为纳税人收购烟叶的当日。收购烟叶的当日是指纳税人向烟叶销售者收购付讫收购烟叶款项或者开具收购烟叶凭据的当天。

（二）纳税地点

纳税人收购烟叶，应当向烟叶收购地的主管税务机关申报纳税。按照税法的有关规定，烟叶收购地的主管税务机关是指烟叶收购地的县级税务机关或者其所指定的税务分局、所。

（三）纳税期限

烟叶税按月计征，纳税人应当于纳税义务发生月终了之日起 15 日内申报并缴纳税款。

思考题

1. 城市维护建设税的特点是什么？
2. 城市维护建设税的基本规定有哪些？
3. 烟叶税的基本规定有哪些？

同步训练

1. 某市区一家企业 202×年 6 月实际缴纳增值税 600 000 元，缴纳消费税 800 000 元。请计算该企业应缴纳的城市维护建设税、教育费附加和地方教育附加。

2. 位于县城的甲企业 202×年 5 月实际缴纳增值税 350 万元（其中包括进口环节增值税 50 万元）、消费税 530 万元（其中包括由位于市区的乙企业代收代缴的消费税 30 万元）。请计算甲企业本月应向所在县城税务机关缴纳的城市建设维护税、教育费附加和地方教育附加。

3. 某企业地处市区，202×年 1 月被税务机关查补增值税 38 000 元、消费税 24 000 元、企业所得税 9 000 元；还被加收滞纳金 2 000 元、被处罚款 50 000 元。请计算该企业应补缴的城市维护建设税、教育费附加和地方教育附加。

4. 某烟草公司系增值税一般纳税人，202×年 10 月收购烟叶 500 000 千克，烟叶收购价格为 16 元/千克，总计 8 000 000 元，货款已全部支付。请计算该烟草公司 202×年 10 月收购烟叶应缴纳的烟叶税。

第五章　关税和船舶吨税

【内容提要】

本章介绍了关税、船舶吨税的征税对象、纳税义务人；关税进出口税则和完税价格；关税、船舶吨税的应纳税额的计算、税收优惠和征收管理。

【本章学习重点】

关税的完税价格、应纳税额的计算，船舶吨税的计算。

微课堂

关税

第一节　关税

一、关税的概念

关税是海关依法对进出境货物、物品征收的一种税。所谓"境"，是指关境，又称"海关境域"或"关税领域"，是国家海关法全面实施的领域。在通常情况下，一国关境与国境是一致的，包括国家全部的领土、领海、领空。

【点拨指导】

但当某一国家在国境内设立了自由港、自由贸易区时，这些区域就进出口关税而言处在关境之外，这时，该国家的关境小于国境。如我国，根据《中华人民共和国香港特别行政区基本法》和《中华人民共和国澳门特别行政区基本法》，香港地区和澳门地区保持自由港地位，为我国单独的关税地区，即单独关境区。单独关境区是不完全适用该国海关法律、法规，而是实施单独海关管理制度的区域。若几个国家结成关税同盟，组成一个共同的关境，实施统一的关税法令和统一的对外税则，这些国家对彼此之间进出国境货物不征收关税，只对来自或运往其他国家的货物进出共同关境时征收关税。这些国家的关境大于国境，如欧盟。

海关对进境的个人物品征收的进口税称为行邮税，它是行李和邮递物品进口税的简称，它含在关税之中，并不是一个独立的税种。由于其包含了进口环节的增值税和消费税，故也为对个人非贸易性入境物品征收的进口关税和进口工商税收的总称。

我国为营造公平竞争的市场环境，促进跨境电子商务零售（企业对消费者，即 B2C）进口健康发展，对跨境电子商务零售进口专门制定了税收政策。

【特别提示】

我国现行关税的基本规范是 2000 年 7 月全国人民代表大会修订颁布的《中华人民共和国海关法》以及 2003 年 11 月国务院发布的《中华人民共和国进出口关税条例》，国务院关税税则委员会审定并报国务院批准的《中华人民共和国海关进出口税则》和《中华人民共和国海关关于入境旅客行李物品和个人邮寄物品征收进口税办法》，2016 年 3 月，财政部、海关总署和国家税务总局发布的《关于跨境电子商务零售进口税收政策的通知》。2024 年 4 月，第十四届全国人民代表大会常务委员会第九次会议通过《中华人民共和国关税法》自 2024 年 12 月 1 日起施行，同时附《中华人民共和国进出口税则》，原进出口关税条例和税则同时废止。

二、关税政策和分类

（一）关税政策

关税政策反映了一国一定时期内的贸易政策、产业政策以及国民经济发展的基本思路，是政府调节经济的重要方式。关税政策的调整一般可分为两种方式：一是自主性的调整；二是具有外部约束的调整。自主性的关税政策调整的局限性在于：关税政策调整的过程可能相对较长，没有外部压力的调整方式可能会因为国内各利益集团的影响而延缓政策目标的实现。具有外部约束的关税政策调整则不然，它强调一旦该国接受了某种协议，承诺要实行贸易自由化，那么该国的关税就必须按照所承诺的内容严格执行有关协议。

【点拨指导】

我国加入 WTO 以前的关税政策调整主要是以自主性为基本特征的，建立在自身比较优势的基础上。1984 年至 2001 年，我国的关税水平从 43% 降到 12.7%。加入 WTO 以后，我国关税政策的调整明显地表现出"非自主性"，也就是说，关税政策的制定必须符合 WTO 各项协议的要求。

（二）关税分类

在各国每个阶段不同的关税政策下，各国采取不同的关税征收方法，关税也因此形成了不同的类型。依据不同的分类标准和依据，关税可以划分为不同的种类。

1. 按征收对象划分

（1）进口税。它是指海关在外国货物进口时所课征的关税。进口税通常在外国货物进入关境或国境时征收或在外国货物从保税仓库提出运往国内市场时征收。

【点拨指导】

现今世界各国的关税，主要是征收进口税。征收进口税的目的在于保护本国市场和增加财政收入。

（2）出口税。它是指海关在本国货物出口时所课征的关税。为了降低出口货物的成本，提高本国货物在国际市场上的竞争能力，世界各国一般少征或不征出口税。但为了限制本国某些产品或自然资源的输出，或为了保护本国生产、本国市场供应和增加财政收入以及某些特定的需要，有些国家也征收出口税。

（3）过境税。又称通过税。它是对外国货物通过本国国境或关境时征收的一种关税。过境税最早主要是为了增加国家财政收入而征收的。后由于各国的交通事业发展，竞争激烈，征收过境税，不仅妨碍国际商品流通，而且还减少港口、运输、仓储等方面的收入，于是部分国家逐步废除了过境税的条款。目前，只有伊朗、委内瑞拉等个别国家征收过境税。

2. 按征收目的划分

（1）财政关税。又称收入关税，它是以增加国家财政收入为主要目的而课征的关税。财政关税的税率比保护关税低，因为过高的关税会阻碍进出口贸易的发展，达不到增加财政收入的目的。随着世界经济的发展，财政关税逐渐为保护关税所代替。

（2）保护关税。它是以保护本国经济发展为主要目的而课征的关税。保护关税主要是进口税，税率较高。有的高达百分之几百。部分国家通过征收高额进口税，使进口商品成本增高，从而削弱它在进口国市场的竞争能力，甚至阻碍其进口，以达到保护本国经济发展的目的。保护关税是实现一个国家对外贸易政策的重要措施之一。

3. 按计征方式划分

（1）从量税。其以征税对象的数量为计税依据，按每单位数量预先制定的应纳税额计征。

（2）从价税。其以征税对象的价格为计税依据，根据一定比例的税率进行计征。

（3）复合税。其是指对一种进口货物同时制订从价、从量两种方式，分别计算税额，以两种税额之和作为该货物的应征税额。目前我国对录像机、放像机、摄像机、数字照相机和摄录一体机等实行复合税。

（4）选择税。其对同一种货物在税则中规定从价、从量两种税率，在征税时选择其中征收税额较多的一种，以免因物价波动影响财政收入，也可以选择税额较少的一种标准计算关税。

（5）滑准税。其指对某种货物在税则中预先按该商品的价格规定几档税率。同一种货物，当价格高时适用较低税率，价格低的时候适用较高税率，目的是使该物品的价格在国内市场上保持相对稳定。目前我国对新闻纸实行滑准税。

4. 按税率制定划分

（1）自主关税。又称国定关税，是指一个国家基于其主权，独立自主地制定的、并有权修订的关税，包括关税税率及各种法规、条例。

【点拨指导】

国定税率一般高于协定税率，适用于没有签订关税贸易协定的国家。

（2）协定关税。两个或两个以上的国家，通过缔结关税贸易协定而制定的关税税率。协定关税有双边协定税率、多边协定税率和片面协定税率。双边协定税率是两个国家达成协议而相互减让的关税税率。多边协定税率，是两个以上的国家之间达成协议而相互减让的关税税率，如关税及贸易总协定中的相互减让税率的协议。片面协定税率是一国对他国输入的货物降低税率，为其输入提供方便，而他国并不以降低税率为回报的税率制度。

5. 按差别待遇和特定的实施情况划分

（1）歧视关税。歧视关税是对同一种进口货物，由于输出国和生产国不同，或输入情况不同而使用不同税率征收的关税。歧视关税的通常做法是通过提高关税税率，使外国出口商的关税负担加重。这样既可以起到保护本国厂商利益的作用，还可以抵消外国出口商低价倾销货物而给本国市场带来的消极影响。歧视关税又可分为以下几种。

① 报复性关税。报复性关税是指为报复他国对本国出口货物的关税歧视，而对相关国家的进口货物征收的一种进口附加税。任何国家或者地区对其进口的原产于我国的货物征收歧视性关税或者给予其他歧视性待遇的，我国对原产于该国家或者地区的进口货物征收报复性关税。

② 反倾销税。反倾销税是为了对付和抵制进行倾销的外国货物进口而征收的一种附加关税。倾销是指他国产品以低于本国同类产品正常价格挤进本国市场的竞销行为，且对本国领土已建立起来的某项工业造成重大威胁，或对本国新建的工业产生严重阻碍。因为倾销行为对本国市场和生产带来伤害，所以进口国可以对倾销商品征收数量不超过这一产品的倾销差额的反倾销税。

【点拨指导】

一般而言，实行反倾销税的国家都要制定有关的反倾销法律和法规。可见，反倾销税并不是可以随便征收的，必须具备一定的前提条件才能征收，即必须根据进口国有关反倾销法规的规定，经国内、国际有关部门认定其进口产品确属倾销行为，并对本国的市场和生产构成危害后，对投诉的进口产品才有可能征收反倾销税。

③ 反补贴税。反补贴税是出口国政府直接或间接给予本国出口产品津贴或补贴，进口国在进口该产品时征收相当于津贴或补贴部分的附加关税，以抵消出口国政府给其出口商的资

助。征收反补贴税，其目的是抵消该产品所享受的津贴或补贴的好处，增加进口货物的成本，进而削弱进口货物在本国市场的竞争力。

【点拨指导】

反补贴税也是不能随意征收的。只有经过国内、国际有关部门认定，接受过补贴的出口商品确实对进口国国内市场和生产造成重大损失或产生重大威胁时，才可以征收反补贴税。对于补贴的认定，在国际贸易中是一个非常复杂的问题，世界贸易组织专门设立有关的机构，负责处理缔约国之间有关补贴与反补贴的争端。

补贴和倾销既有联系又有区别，它们的区别在于实施的主体有差异，即补贴是由一个国家的政府对出口货物给予的各种或明或暗的补助；而倾销则是指出口商为占领进而达到垄断某一出口产品的国外市场而低价销售商品。两者的联系在于：无论补贴还是倾销，都是为了降低出口商品价格，进而占领、扩大或垄断这一产品的国外某一市场。

【点拨指导】

在我国，采取以上措施，由商务部提出建议，国务院关税税则委员会根据商务部的建议做出决定，由商务部予以公告。采取临时反补贴措施要求提供现金保证金、保函或者其他形式的担保，由商务部做出决定并予以公告。海关自公告规定实施之日起执行。

（2）优惠关税。优惠关税是指对来自某些国家的进口货物使用比普通税率优惠的税率进行征收的关税，是对特定受惠国在税收上给予的优惠待遇。优惠关税一般是互惠的，即协议双方相互给予对方优惠关税待遇；但也有单方面的优惠关税，即给惠国单方面给予受惠国优惠关税。具体来说，优惠关税又分为以下几种。

① 互惠关税。在国与国之间的贸易中，双方协商签订协议，对进出口货物征收较低的关税甚至免税。可见，互惠关税有利于发展两国之间良好的经贸关系，促进双方经济的增长。

② 特惠关税。它是指对某个国家或地区进口的全部商品或部分商品，单方面给予低关税或免税待遇的特殊优惠，如英国对英联邦国家实行这种非互惠的特惠关税。

③ 最惠国待遇关税。最惠国待遇是指缔约国双方相互之间给予的不低于现在和将来所给予任何第三国在贸易上的优惠、豁免和特权。最惠国待遇可分为无条件最惠国待遇和有条件最惠国待遇两种。有条件最惠国待遇是指缔约国一方给予任何第三方的优惠待遇，缔约国另一方只有提供了同样的补偿后才能享受。无条件最惠国待遇是指缔约国一方现在及将来给予任何第三方的一切优惠待遇，都无条件地给予缔约国的另一方。

【特别提示】

最惠国待遇提供的关税税率并非最低税率，仅仅体现这种关税优惠是非歧视性的。

④ 普遍优惠制关税。可简称普惠制，它是发展中国家在联合国贸易与发展会议上经过长期斗争，在 1968 年通过建立普惠制决议后取得的。该决议规定，发达国家承诺对从发展中国家或地区输入的商品，特别是制成品和半成品，给予普遍的、非歧视性的和非互惠的优惠关税待遇。

三、征税对象与纳税义务人

（一）征税对象

关税的征税对象是进出口的货物、进境物品。货物是指贸易性商品；物品指入境旅客随身携带的行李物品、个人邮递物品、各种运输工具上的服务人员携带进口的自用物品、馈赠物品以及其他方式进境的个人物品。

跨境电子商务零售进口税收政策适用于从其他国家或地区进口的、《跨境电子商务零售进口商品清单》范围内的以下商品。

（1）所有通过与海关联网的电子商务交易平台交易，能够实现交易、支付、物流电子信息"三单"比对的跨境电子商务零售进口商品。

（2）未通过与海关联网的电子商务交易平台交易，但快递、邮政企业能够统一提供交易、支付、物流等电子信息，并承诺承担相应法律责任进境的跨境电子商务零售进口商品。

【特别提示】

不属于跨境电子商务零售进口的个人物品以及无法提供交易、支付、物流等电子信息的跨境电子商务零售进口商品，按现行规定执行。

（二）纳税义务人

进口货物的收货人、出口货物的发货人、进境物品的携带人或者收件人，是关税的纳税义务人。进出口货物的收、发货人是依法取得对外贸易经营权，并进口或者出口货物的法人或者其他社会团体。进出境物品的所有人包括该物品的所有人和推定为所有人的人。一般情况下，对于携带进境的物品，推定其携带人为所有人；对分离运输的行李，推定相应的进出境旅客为所有人；对以邮递方式进境的物品，推定其收件人为所有人；对以邮递或其他运输方式出境的物品，推定其寄件人或托运人为所有人。个人合理自用的进境物品，按照简易征收办法征收关税，超过个人合理自用数量的进境物品，按照进口货物征收关税，个人合理自用的进境物品，在规定数额以内的免征关税。

跨境电子商务零售进口商品按照货物征收关税和进口环节增值税、消费税，购买跨境电子商务零售进口商品的个人作为纳税义务人，电子商务企业、电子商务交易平台企业或物流企业可作为代收代缴义务人。

四、进出口税则和税率

（一）进出口税则概况

进出口税则是一国政府根据国家关税政策和经济政策，通过一定的立法程序制定公布实施的进出口货物和应税物品的关税税率表。进出口税则以税率表为主体，通常还包括实施税则的法令、使用税则的有关说明和附录等。《中华人民共和国海关进出口税则》是我国海关凭以征收关税的法律依据，也是我国关税政策的具体体现。我国现行税则包括《中华人民共和国关税法》（以下简称《关税法》）《税率适用说明》《中华人民共和国海关进口税则》《中华人民共和国海关出口税则》及《进口商品从量税、复合税、滑准税税目税率表》《进口商品关税配额税目税率表》《进口商品税则暂定税率表》《出口商品税则暂定税率表》《非全税目信息技术产品税率表》等附录。

税率表作为税则主体，包括税则商品分类目录和税率栏两大部分。税则商品分类目录是把种类繁多的商品加以综合，按照其不同特点分门别类地简化成数量有限的商品类目，分别编号按序排列，称为税则号列，并逐号列出该号中应列入的商品名称。商品分类的原则即归类规则，包括归类总规则和各类、章、目的具体注释。税率栏是按商品分类目录逐项定出的税率栏目。我国现行进口税则为四栏税率，出口税则为一栏税率。

【特别提示】

自 1992 年 1 月起，我国开始实施以《商品名称及编码协调制度》（Harmonized System，HS）为基础的进出口税则。

（二）税则归类

税则归类，就是按照税则的规定，将每项具体进出口商品按其特性在税则中找出其最适合的某一个税号，即"对号入座"，以便确定其适用的税率，计算关税税负。税则归类错误会导致关税的多征或少征，影响关税作用的发挥。因此，税则归类关系到关税政策的正确贯彻。税则归类一般按以下步骤进行。

（1）《归类表》已列名的物品，归入其列名类别。

（2）《归类表》未列名的物品，按其主要功能（或用途）归入相应类别。

（3）不能按照上述原则归入相应类别的物品，归入"其他物品"类别。

（4）纳税义务人对进境物品的归类、完税价格的确定持有异议的，可以依法提请行政复议。

（三）税率

1. 进口关税税率

（1）税率设置与适用。在我国加入世界贸易组织（WTO）之前，我国进口税则设有两栏税率，即普通税率和优惠税率：对原产于与我国未订有关税互惠协议的国家或者地区的进口货物，按照普通税率征税；对原产于与我国订有关税互惠协议的国家或者地区的进口货物，按照优惠税率征税。我国在加入 WTO 之后，为履行我国在加入 WTO 关税减让谈判中承诺的有关义务，享有 WTO 成员方应有的权利，自 2002 年 1 月 1 日起，我国进口税则设有最惠国税率、协定税率、特惠税率、普通税率、关税配额税率等形式，具体含义如下。

① 最惠国税率适用原产于与我国共同适用最惠国待遇条款的 WTO 成员方的进口货物，或原产于与我国签订有相互给予最惠国待遇条款的双边贸易协定的国家或地区进口的货物，以及原产于我国境内的进口货物。

② 协定税率适用原产于我国参加的含有关税优惠条款的区域性贸易协定有关缔约方的进口货物。

③ 特惠税率适用原产于与我国签订有特殊优惠关税协定的国家或地区的进口货物。

④ 普通税率适用于原产于上述国家或地区以外的其他国家或地区的进口货物，以及原产地不明的进口货物。

⑤ 关税配额税率是指对实行关税配额管理的进口货物，关税配额内的，适用关税配额税率；关税配额外的，按不同情况分别适用最惠国税率、协定税率、特惠税率或普通税率。对实行关税配额管理的进口货物，一定数量内的进口商品适用税率较低的配额内税率，超出该数量的进口商品适用税率较高的配额外税率。目前，我国继续对小麦、玉米等 8 种农产品和尿素等 3 种化肥产品实行关税配额管理，其中，对尿素、复合肥、磷酸氢铵 3 种化肥的配额税率实施 1%的暂定税率。

（2）税率水平与结构。1992 年，我国关税总水平（优惠税率的算术平均水平）约为 42%，普通税率平均为 56%。之后对关税总水平进行了几次较大幅度的调整，1992 年 12 月，降低至 40%；1994 年 1 月，降低至 36%；1996 年 4 月，降低至 23%；1997 年 10 月，降低至 17%；2002 年降低至 15.3%；2010 年降低至 9.8%。

（3）税率计征办法。我国对进口商品基本上都实行从价税。自 1997 年 7 月 1 日起，我国对部分产品实行从量税、复合税和滑准税。

（4）暂定税率。根据经济发展需要，国家对部分进口原材料、零部件、农药原药和中间体、乐器及生产设备实行暂定税率。暂定税率优先适用于优惠税率或最惠国税率，按普通税率征税的进口货物不适用暂定税率。现行税则对 200 多个税目进口商品实行了暂定税率。

2. 出口关税税率

我国出口税则为一栏税率，即出口税率。国家仅对少数资源性产品及易于竞相杀价、盲目进口、需要规范出口秩序的半制成品征收出口关税。根据《关于执行 2020 年进口暂定税率等调整方案的公告》（海关总署公告 2019 年第 227 号）的规定，自 2020 年 1 月 1 日起，我国继续对铬铁等 107 项出口商品征收出口关税，适用出口税率或出口暂定税率，征收商品范围和税率维持不变。

3. 特别关税

特别关税包括报复性关税、反倾销税与反补贴税、保障性关税。征收特别关税的货物、适用国别、税率、期限和征收办法，由国务院关税税则委员会决定，海关总署负责实施。

4. 税率的运用

我国《进出口关税条例》规定，进出口货物，应当依照税则规定的归类原则归入合适的税号，并按照适用的税率征税，具体如下。

（1）进出口货物应当适用海关接受该货物申报进口或者出口之日实施的税率。

（2）进口货物到达前，经海关核准先行申报的，应当按照装载此货物的运输工具申报进境之日实施的税率征税。

（3）进口转关运输货物应当适用指运地海关接受该货物申报进口之日实施的税率；货物运抵指运地前，经海关核准先行申报的，应当适用装载该货物的运输工具抵达指运地之日实施的税率。

（4）出口转关运输货物应当适用启运地海关接受该货物申报出口之日实施的税率。

（5）经海关批准，实行集中申报的进出口货物，应当适用每次货物进出口时海关接受该货物申报之日实施的税率。

（6）因超过规定期限未申报而由海关依法变卖的进口货物，其税款计征应当适用装载该货物的运输工具申报进境之日实施的税率。

（7）因纳税义务人违反规定需要追征税款的进出口货物，应当适用违反规定的行为发生之日实施的税率；行为发生之日不能确定的，适用海关发现该行为之日实施的税率。

（8）已申报进境并放行的保税货物、减免税货物、租赁货物或者已申报进出境并放行的暂时进出境货物，有下列情形之一需缴纳税款的，应当适用海关接受纳税义务人再次填写报关单申报办理纳税及有关手续之日实施的税率。

① 保税货物经批准不复运出境的。

② 保税仓储货物转入国内市场销售的。

③ 减免税货物经批准转让或者移作他用的。

④ 可暂不缴纳税款的暂时进出境货物，经批准不复运出境或者进境的。

⑤ 租赁进口货物，分期缴纳税款的。

（9）补征和退还进出口货物关税，应当按照前述规定确定适用的税率。

五、原产地规定

原产地的确直接影响进口关税税率的确定，产自不同国家或地区的进口货物适用不同的关税税率，对产自不同国家或地区的进口货物适用不同的关税税率。我国原产地规定基本上采用了"全部产地生产标准""实质性加工标准"两种国际上通用的原产地标准。

（一）全部产地生产标准

全部产地生产标准是指进口货物"完全在一个国家内生产或制造"，生产或制造国即为该货物的原产国。完全在一国生产或制造的进口货物包括以下几类。

（1）在该国领土或领海内开采的矿产品。

（2）在该国领土上收获或采集的植物产品。

（3）在该国领土上出生或由该国饲养的活动物及从其所得产品。

（4）在该国领土上狩猎或捕捞所得的产品。

（5）在该国的船只上卸下的海洋捕捞物，以及由该国船只在海上取得的其他产品。

（6）在该国加工船加工上述第5项所列物品所得的产品。

（7）在该国收集的只适用于作再加工制造的废碎料和废旧物品。

（8）在该国完全使用上述第1项至第7项所列产品加工成的制成品。

（二）实质性加工标准

实质性加工标准是适用于确定有两个或两个以上国家参与生产的产品的原产国的标准，其基本含义是：经过几个国家加工、制造的进口货物，以最后一个对货物进行经济上可以视为实质性加工的国家作为有关货物的原产国。"实质性加工"是指产品加工后，在进出口税则中四位数税号一级的税则归类已经有了改变，或者加工增值部分所占新产品总值的比例已超过30%及以上的。

（三）其他

对机器、仪器、器材或车辆所用零件、部件、配件、备件及工具，如与主件同时进口且数量合理的，其原产地按主件的原产地确定，分别进口的则按各自的原产地确定。

六、关税完税价格

《中华人民共和国海关法》（以下简称《海关法》）规定，进出口货物的完税价格（注："关税法"称之为"计税价格"），由海关以该货物的成交价格为基础审查确定。成交价格不能确定时，完税价格由海关依法估定。自我国加入世界贸易组织后，我国海关已全面实施《世界贸易组织估价协定》，遵循客观、公平、统一的估价原则，并依据2014年2月1日起实施的《中华人民共和国海关审定进出口货物完税价格办法》（以下简称《完税价格办法》），审定进出口货物的完税价格。

（一）一般进口货物的完税价格

1. 以成交价格为基础的完税价格

根据《海关法》的规定，进口货物的完税价格包括货物的货价、货物运抵我国境内输入地点起卸前的运输及其相关费用、保险费。

【点拨指导】

我国境内输入地为入境海关地，包括内陆河、江口岸，一般为第一口岸。货物的货价以成交价格为基础。进口货物的成交价格是指卖方向我国境内销售该货物时，买方为进口该货物向卖方实付、应付的，并且按照《完税价格办法》有关规定调整后的价款总额，包括直接支付的价款和间接支付的价款。

（1）对进口货物成交价格的要求如下。

① 买方对进口货物的处置或使用不受限制，但是法律、行政法规规定实施的限制、对货物销售地域的限制和对货物价格无实质性影响的限制除外。

② 进口货物的价格不得受到使该货物成交价格无法确定的条件或因素的影响。

③ 卖方不得直接或者间接获得因买方销售、处置或者使用进口货物而产生的任何收益，或者虽然有收益但是能够按照《完税价格办法》的规定做出调整。

④ 买卖双方之间没有特殊关系，或者虽然有特殊关系但是按照规定未对成交价格产生影响。

（2）对实付或应付价格进行调整的有关规定主要牵涉完税价格。

【点拨指导】

"实付或应付价格"指买方为购买进口货物直接或间接支付的总额，即作为卖方销售进口货物的条件，由买方向卖方或为促使卖方履行义务向第三方已经支付或将要支付的全部款项。

① 下列费用或者价值未包括在进口货物的实付或者应付价格中，应当计入完税价格。

A. 由买方负担的除购货佣金以外的佣金和经纪费。"购货佣金"指买方为购买进口货物向自己的采购代理人支付的劳务费用。"经纪费"指买方为购买进口货物向代表买卖双方利益的经纪人支付的劳务费用。

B. 由买方负担的与该货物视为一体的容器费用。

C. 由买方负担的包装材料和包装劳务费用。

D. 与该货物的生产和向中华人民共和国境内销售有关的，由买方以免费或者以低于成本的方式提供并可以按适当比例分摊的料件、工具、模具、消耗材料及类似货物的价款，以及在境外开发、设计等相关服务的费用。

E. 与该货物有关并作为卖方向我国销售该货物的一项条件，应当由买方直接或间接支付的特许权使用费。"特许权使用费"指买方为获得与进口货物相关的、受著作权保护的作品、专利、商标、专有技术和其他权利的使用许可而支付的费用。但是在估定完税价格时，进口货物在境内的复制权费不得计入该货物的实付或应付价格之中。

F. 卖方直接或间接从买方对该货物进口后转售、处置或使用所得中获得的收益。

上列所述的费用或价值，应当由进口货物的收货人向海关提供客观量化的数据资料。如果没有客观量化的数据资料，完税价格由海关按《完税价格办法》规定的方法进行估定。

② 下列费用，如能与该货物实付或者应付价格区分，不得计入完税价格。

A. 厂房、机械、设备等货物进口后的基建、安装、装配、维修和技术服务的费用。

B. 货物运抵境内输入地点之后的运输费用、保险费和其他相关费用。

C. 进口关税及其他国内税收。

（3）买卖双方之间有特殊关系的，经海关审定其特殊关系未对成交价格产生影响，或进口货物的收货人能证明其成交价格与同时或大约同时发生的下列任一价格相近，该成交价格海关应当接受。

① 向境内无特殊关系的买方出售的相同或类似货物的成交价格。

② 按照使用倒扣价格有关规定所确定的相同或类似货物的完税价格。

③ 按照使用计算价格有关规定所确定的相同或类似货物的完税价格。

【特别提示】

海关在使用上述价格进行比较时，应当考虑商业水平和进口数量的不同，以及实付或者应付价格的调整规定所列各项目和交易中买卖双方有无特殊关系造成的费用差异。

（4）跨境电子商务零售进口商品按照实际交易价格（包括货物零售价格、运费和保险费）作为完税价格。

2. 进口货物海关估价方法

进口货物的价格不符合成交价格条件或者成交价格不能确定的，海关应当依次以相同货物成交价格方法、类似货物成交价格方法、倒扣价格方法、计算价格方法及其他合理方法确定的价格为基础，估定完税价格，一般不能跨顺序使用。

如果纳税义务人向海关提出申请并提供相关资料，经海关同意，可以选择颠倒倒扣价格方法和计算价格方法的适用次序。

（二）特殊进口货物的完税价格

1. **加工贸易进口料件及其制成品**

加工贸易进口料件及其制成品需征税或内销补税的，海关按照一般进口货物的完税价格规定，审定完税价格，具体规定如下。

（1）进口时需征税的进料加工进口料件，以该料件申报进口时的价格估定。

（2）内销的进料加工进口料件或其制成品（包括残次品、副产品），以料件原进口时的价格估定。

（3）内销的来料加工进口料件或其制成品（包括残次品、副产品），以料件申报内销时的价格估定。

（4）出口加工区内的加工企业内销的制成品（包括残次品、副产品），以制成品申报内销时的价格估定。

（5）保税区内的加工企业内销的进口料件或其制成品（包括残次品、副产品），分别以料件或制成品申报内销时的价格估定。如果内销的制成品中含有从境内采购的料件，则以所含从境外购入的料件原进口时的价格估定。

（6）加工贸易加工过程中产生的边角料，以申报内销时的价格估定。

2. **保税区、出口加工区货物**

从保税区或出口加工区销往区外、从保税仓库出库内销的进口货物（加工贸易进口料件及其制成品除外），以海关审定的价格估定完税价格。对经审核销售价格不能确定的，海关应当按照一般进口货物估价办法的规定，估定完税价格。例如，销售价格中未包括在保税区、出口加工区或保税仓库中发生的仓储、运输及其他相关费用的，应当按照客观量化的数据资料予以计入。

3. **运往境外修理的货物**

运往境外修理的机械器具、运输工具或其他货物，出境时已向海关报明，并在海关规定期限内复运进境的，应当以海关审定的境外修理费和料件费为完税价格。

4. **运往境外加工的货物**

运往境外加工的货物，出境时已向海关报明，并在海关规定期限内复运进境的，应当以海关审定的境外加工费和料件费，以及该货物复运进境的运输及其相关费用、保险费估定完税价格。

5. **暂时进境货物**

对于经海关批准的暂时进境的货物，应当按照一般进口货物估价办法的规定，估定完税价格。

6. **租赁方式进口货物**

在租赁方式进口的货物中，以租金方式对外支付的租赁货物，在租赁期间以海关审定的租金作为完税价格；留购的租赁货物，以海关审定的留购价格作为完税价格；承租人申请一次性缴纳税款的，经海关同意，按照一般进口货物估价办法的规定估定完税价格。

7. **留购的进口货样等**

对于境内留购的进口货样、展览品和广告陈列品，以海关审定的留购价格作为完税价格。

8. **以其他方式进口的货物**

以易货贸易、寄售、捐赠、赠送等其他方式进口的货物，应当按照一般进口货物估价办法的规定，估定完税价格。

（三）出口货物的完税价格

1. 以成交价格为基础的完税价格

出口货物的完税价格，由海关以该货物向境外销售的成交价格为基础审查确定，并应包括货物运至我国境内输出地点装载前的运输及其相关费用、保险费，但其中包含的出口关税税额，应当扣除。

【点拨指导】

出口货物的成交价格，是指该货物出口销售到我国境外时买方向卖方实付或应付的价格。出口货物的成交价格中含有支付给境外的佣金的，如果单独列明，应当扣除。

2. 出口货物海关估价方法

出口货物的成交价格不能确定时，完税价格由海关依次使用下列方法估定。

（1）同时或大约同时向同一国家或地区出口的相同货物的成交价格。

（2）同时或大约同时向同一国家或地区出口的类似货物的成交价格。

（3）根据境内生产相同或类似货物的成本、利润和一般费用、境内发生的运输及其相关费用、保险费计算所得的价格。

（4）按照合理方法估定的价格。

（四）进出口货物完税价格中的运输及相关费用、保险费的计算

1. 以一般陆运、空运、海运方式进口的货物

在进口货物的运输及相关费用、保险费计算中，海运进口货物，计算至该货物运抵境内的卸货口岸；如果该货物的卸货口岸是内河（江）口岸，则应当计算至内河（江）口岸。陆运进口货物，计算至该货物运抵境内的第一口岸；如果运输及其相关费用、保险费支付至目的地口岸，则计算至目的地口岸。空运进口货物，计算至该货物运抵境内的第一口岸；如果该货物的目的地为境内的第一口岸外的其他口岸，则计算至目的地口岸。

【特别提示】

陆运、空运和海运进口货物的运费和保险费，应当按照实际支付的费用计算。如果进口货物的运费无法确定或未实际发生，海关应当按照该货物进口同期运输行业公布的运费率（额）计算运费；按照"货价加运费"两者总额的3‰计算保险费。

2. 以其他方式进口的货物

邮运的进口货物，应当以邮费作为运输及其相关费用、保险费；以境外边境口岸价格条件成交的铁路或公路运输进口货物，海关应当按照货价的 1%计算运输及其相关费用、保险费；作为进口货物的自驾进口的运输工具，海关在审定完税价格时，可以不另行计入运费。

3. 出口货物

出口货物的销售价格如果包括离境口岸至境外口岸之间的运输费、保险费的，则该运输费、保险费应当扣除。

七、应纳税额的计算

（一）从价税应纳税额的计算

计算公式如下。

$$关税税额=应税进（出）口货物数量×单位完税价格×税率$$

【例5-1】某生产企业202×年9月进口原材料3 000吨，每吨完税价格1 200元，运抵我国境内输入地点起卸前的运输费、保险费及其相关费用为 150 000 元。假定该原材料的关税

税率为 12%，请计算该企业 202×年 9 月进口原材料应缴纳的关税。

（1）关税的完税价格=3 000×1 200+150 000=3 750 000（元）

（2）202×年 9 月进口原材料应缴纳关税=3 750 000×12%=450 000（元）

（二）从量税应纳税额的计算

计算公式如下。

$$关税税额=应税进（出）口货物数量×单位货物税额$$

（三）复合税应纳税额的计算

我国目前实行的复合税都是先计征从量税，再计征从价税。

计算公式如下。

$$关税税额=应税进（出）口货物数量×单位货物税额+应税进（出）口货物数量×单位完税价格×税率$$

（四）滑准税应纳税额的计算

计算公式如下。

$$关税税额=应税进（出）口货物数量×单位完税价格×滑准税税率$$

现行税则《进（出）口商品从量税、复合税、滑准税税目税率表》后注明了滑准税税率的计算公式，该公式是一个与应税进（出）口货物完税价格相关的取整函数。

【例 5-2】某商场于 202×年 10 月进口一批化妆品。该批货物在国外的买价为 150 万元，货物运抵我国入关前发生的运输费、保险费和其他费用分别为 10 万元、6 万元、4 万元。货物报关后，该商场按规定缴纳了进口环节的增值税和消费税，并取得了海关开具的缴款书。从海关将化妆品运往商场所在地取得增值税专用发票，注明运输费用 5 万元、进项税额 0.45 万元。该批化妆品当月在国内全部销售，取得不含税销售额 420 万元。假定化妆品进口关税税率为 20%，增值税税率为 13%，消费税税率为 15%，请计算该批化妆品进口环节应缴纳的关税、消费税、增值税和国内销售环节应缴纳的增值税。

（1）关税的组成计税价格=150+10+6+4=170（万元）

（2）应缴纳进口关税=170×20%=34（万元）

（3）进口环节应缴纳消费税的组成计税价格=（170+34）÷（1-15%）=240（万元）

（4）进口环节应缴纳消费税=240×15%=36（万元）

（5）进口环节应缴纳增值税=（170+34+36）×13%=31.2（万元）

（6）国内销售环节应缴纳增值税=420×13%-31.2-0.45=22.95（万元）

八、税收优惠

关税减免是贯彻国家关税政策的一项重要措施。关税减免分为法定减免税、特定减免税和临时减免税。根据《海关法》的规定，除法定减免税外的其他减免税均由国务院决定。减征关税在我国加入世界贸易组织之前以税则规定税率为基准，在我国加入世界贸易组织之后以最惠国税率或者普通税率为基准。

（一）法定减免税

法定减免税是税法中明确列出的减税或免税。对于符合税法规定可予减免税的进出口货物，无须纳税义务人提出申请，海关可按规定直接予以减免税。海关对法定减免税货物一般不进行后续管理。

我国《海关法》和《进出口条例》明确规定，下列货物、物品予以减免关税。

（1）关税税额在人民币 50 元以下的一票货物，可免征关税。

（2）无商业价值的广告品和货样，可免征关税。

（3）外国政府、国际组织无偿赠送的物资，可免征关税。

（4）进出境运输工具装载的途中必需的燃料、物料和饮食用品，可予免税。

（5）在海关放行前损失的货物，可免征关税。

（6）在海关放行前遭受损坏的货物，可以根据海关认定的受损程度减征关税。

（7）我国缔结或者参加的国际条约规定减征、免征关税的货物、物品，按照规定予以减免关税。

（8）法律规定减征、免征关税的其他货物、物品。

跨境电子商务零售进口商品的单次交易限值为人民币 5 000 元，个人年度交易限值为人民币 26 000 元。在限值以内进口的跨境电子商务零售进口商品，关税税率暂设为 0%；进口环节增值税、消费税取消免征税额，暂按法定应纳税额的 70%征收。对超过单次限值、累加后超过个人年度限值的单次交易，以及完税价格超过 5 000 元限值的单个不可分割商品，均按照一般贸易方式全额征税。

完税价格超过 5 000 元单次交易限值但低于 26 000 元年度交易限值，且订单下仅一件商品时，可以自跨境电商零售渠道进口，按照货物税率全额征收关税和进口环节增值税、消费税，交易额计入年度交易总额，但年度交易总额超过年度交易限值的，应按一般贸易管理。

（二）特定减免税

特定减免税也称政策性减免税。在法定减免税之外，国家按照国际通行规则和我国实际情况，制定发布的有关进出口货物减免关税的政策，称为特定或政策性减免税。特定减免税货物一般有地区、企业和用途的限制，海关需要进行后续管理，也需要进行减免税统计。

1. 科教用品

为有利于我国科研、教育事业发展，国务院制定了《科学研究和教学用品免征进口税收暂行规定》，对科学研究机构和学校，不以营利为目的，在合理数量范围内进口国内不能生产的科学研究和教学用品，直接用于科学研究或者教学的，免征进口关税和进口环节增值税、消费税。该规定对享受该优惠的科研机构和学校资格、类别以及可以免税的物品都做了明确规定。

2. 残疾人专用品

为支持残疾人的康复工作，国务院制定了《残疾人专用品免征进口税收暂行规定》，对规定的残疾人个人专用品，免征进口关税和进口环节增值税、消费税；对康复、福利机构、假肢厂和荣誉军人康复医院进口国内不能生产的、该规定明确的残疾人专用品，免征进口关税和进口环节增值税。该规定对可以免税的残疾人专用品种类和品名做了明确规定。

3. 扶贫、慈善性捐赠物资

为促进公益事业的健康发展，支持慈善事业发挥扶贫济困的积极作用，经国务院批准，财政部、国家税务总局、海关总署发布了《扶贫、慈善性捐赠物资免征进口税收暂行办法》。对境外自然人、法人或者其他组织等境外捐赠人，无偿向经国务院主管部门依法批准成立的，以人道救助和发展扶贫、慈善事业为宗旨的社会团体以及国务院有关部门和各省、自治区、直辖市人民政府捐赠的，直接用于扶贫、慈善事业的物资，免征进口关税和进口环节增值税。所称扶贫、慈善事业是指非营利的扶贫济困、慈善救助等社会慈善和福利事业。该办法对可以免税的捐赠物资种类和品名做了明确规定。

4. 重大技术装备

为继续支持我国重大技术装备制造业发展，财政部会同工业和信息化部、海关总署、国家税务总局、能源局发布了《重大技术装备进口税收政策管理办法》（财关税〔2020〕2 号），自2020 年 1 月 8 日起实施。对符合规定条件的企业及核电项目业主为生产国家支持发展的重大技术装备或产品而确有必要进口的部分关键零部件及原材料，免征关税和进口环节增值税。

（三）暂时免税

暂时进境或者暂时出境的下列货物，在进境或者出境时，纳税义务人向海关缴纳相当于应纳税款的保证金或者提供其他担保的，可以暂不缴纳关税，并应当自进境或者出境之日起6个月内复运出境或者复运进境；需要延长复运出境或者复运进境期限的，纳税义务人应当根据海关总署的规定向海关办理延期手续。

（四）临时减免税

临时减免税是指以上法定和特定减免税以外的其他减免税，即由国务院根据《海关法》对某个单位、某类商品、某个项目或某批进出口货物的特殊情况，给予特别照顾，一案一批，专文下达的减免税。一般有单位、品种、期限、金额或数量等限制，不能比照执行。

九、征收管理

（一）关税缴纳

进口货物自运输工具申报进境之日起14日内，出口货物在货物运抵海关监管区后装货的24小时以前，应由进出口货物的纳税义务人向货物进（出）境地海关申报，海关根据税则归类和完税价格计算应缴纳的关税和进口环节代征税，并填发税款缴款书。纳税义务人应当自海关填发税款缴款书之日起15日内，向指定银行缴纳税款。若关税缴纳期限的最后1日是周末或法定节假日，则关税缴纳期限顺延至周末或法定节假日过后的第1个工作日。为方便纳税义务人，经申请且海关同意，进（出）口货物的纳税义务人可以在设有海关的指运地（启运地）办理海关申报、纳税手续。

【特别提示】

关税纳税义务人因不可抗力或者在国家税收政策调整的情形下，不能按期缴纳税款的，经海关总署批准，可以延期缴纳税款，但最长不得超过6个月。

（二）关税的强制执行

纳税义务人未在关税缴纳期限内缴纳税款，即构成关税滞纳。为保证海关征收关税决定的有效执行和国家财政收入的及时入库，《海关法》赋予海关对滞纳关税的纳税义务人强制执行的权利。强制措施主要有两类。

一是征收关税滞纳金。滞纳金自关税缴纳期限届满滞纳之日起，至纳税义务人缴纳关税之日止，按滞纳税款5‰的比例按日征收，周末或法定节假日不予扣除。具体计算公式如下。

$$关税滞纳金金额=滞纳关税税额×滞纳金征收比率×滞纳天数$$

二是强制征收。若纳税义务人自海关填发缴款书之日起3个月仍未缴纳税款，经直属海关关长或者其授权的隶属海关关长批准，海关可以采取强制扣缴、变价抵缴等强制措施。强制扣缴即海关书面通知纳税义务人开户银行或者其他金融机构从其存款中扣缴税款。变价抵缴即海关将应税货物依法变卖，以变卖所得抵缴税款。

（三）关税退还

关税退还是关税纳税义务人按海关核定的税额缴纳关税后，因某种原因的出现，海关将实际征收多于应当征收的税额（称为溢征关税）退还给原纳税义务人的一种行政行为。根据《海关法》的规定，海关多征的税款，海关发现后应当立即退还。

按规定，有下列情形之一的，纳税义务人自缴纳税款之日起1年内，可以申请退还关税，并应当以书面形式向海关说明理由，提供原缴款凭证及相关资料。

（1）已征进口关税的货物，因品质或者规格原因，原状退货复运出境的。

（2）已征出口关税的货物，因品质或者规格原因，原状退货复运进境，并已重新缴纳因出口而退还的国内环节有关税收的。

（3）已征出口关税的货物，因故未将其运出，申报退关，经海关查验属实的。

【点拨指导】

海关应当自受理退税申请之日起 30 日内查实并通知纳税义务人办理退还手续；纳税义务人应当自收到通知之日起 3 个月内办理有关退税手续。前述第 1 项和第 2 项规定强调的是，"因货物品质或者规格原因，原状复运进境或者出境的"。如果属于其他原因且不能以原状复运进境或者出境的，不能退税。

（四）关税补征和追征

补征和追征是海关在关税纳税义务人按海关核定的税额缴纳关税后，发现实际征收税额少于应当征收的税额（称为短征关税）时，责令纳税义务人补缴所差税款的一种行政行为。《海关法》根据短征关税的原因，将海关征收原短征关税的行为分为补征和追征两种。由于纳税人违反海关规定造成短征关税的，称为追征；非因纳税人违反海关规定造成短征关税的，称为补征。区分关税追征和补征是为了区别不同情况，从而适用不同的征收时效，超过时效规定的期限，海关就丧失了追补关税的权力。

根据《海关法》的规定，进出境货物和物品放行后，海关发现少征或者漏征税款，应当自缴纳税款或者货物、物品放行之日起 1 年内，向纳税义务人补征；因纳税义务人违反规定而造成的少征或者漏征的税款，自纳税义务人应缴纳税款之日起 3 年以内可以追征，并从缴纳税款之日起按日加收少征或者漏征税款 5‰的滞纳金。

（五）关税纳税争议

为保护纳税人合法权益，我国《海关法》和《进出口关税条例》都规定了纳税义务人对海关确定的进出口货物的征税、减税、补税或者退税等有异议时，有提出申诉的权利。纳税义务人在同海关发生纳税争议时，可以向海关申请复议，但同时应当在规定期限内按海关核定的税额缴纳关税，逾期则构成滞纳，海关有权按规定采取强制执行措施。

纳税争议的内容一般为进出境货物和物品的纳税义务人对海关在原产地认定，税则归类，税率或汇率适用，完税价格确定，关税减征、免征、追征、补征和退还等征税行为是否合法或适当，是否侵害了纳税义务人的合法权益，而对海关征收关税的行为表示异议。

纳税争议的申诉程序：纳税义务人自海关填发税款缴款书之日起 30 日内，向原征税海关的上一级海关书面申请复议。逾期申请复议的，海关不予受理。海关应当自收到复议申请之日起 60 日内做出复议决定，并以复议决定书的形式正式答复纳税义务人；纳税义务人对海关复议决定仍然不服的，可以自收到复议决定书之日起 15 日内，向人民法院提起诉讼。

第二节　船舶吨税

现行船舶吨税的基本规范是 2017 年 12 月 27 日第十二届全国人民代表大会常务委员会第三十一次会议通过的《中华人民共和国船舶吨税法》（以下简称《船舶吨税法》），于 2018 年 7 月 1 日起施行。

一、征税范围、税率

（一）征税范围

自中华人民共和国境外港口进入境内港口的船舶（以下简称"应税船舶"），应当缴纳船舶吨税（以下简称"吨税"）。吨税的税目、税率依照《吨税税目、税率表》执行。

（二）税率

吨税设置优惠税率和普通税率。中华人民共和国国籍的应税船舶，船籍国（地区）与中华人民共和国签订含有相互船舶税费最惠国待遇条款的条约或者协定的应税船舶，适用优惠税率。其他应税船舶，适用普通税率（见表 5-1）。

表 5-1　吨税税目、税率表

税目（按船舶净吨位划分）	税率（元/净吨）						备注
	普通税率（按执照期限划分）			优惠税率（按执照期限划分）			
	1 年	90 日	30 日	1 年	90 日	30 日	
不超过 2 000 净吨	12.6	4.2	2.1	9.0	3.0	1.5	拖船和非机动驳船分别按相同净吨位船舶税率的 50% 计征税款
超过 2 000 净吨，但不超过 10 000 净吨	24.0	8.0	4.0	17.4	5.8	2.9	
超过 10 000 净吨，但不超过 50 000 净吨	27.6	9.2	4.6	19.8	6.6	3.3	
超过 50 000 净吨	31.8	10.6	5.3	22.8	7.0	3.8	

【特别提示】

拖船，是指专门用于拖（推）动运输船舶的专业作业船舶，其按照发动机功率每千瓦折合净吨位 0.67 吨；非机动驳船，是指在船舶管理部门登记为驳船的非机动船舶；无法提供净吨位证明文件的游艇，按照发动机功率每千瓦折合净吨位 0.05 吨。

二、应纳税额的计算

吨税按照船舶净吨位和吨税执照期限征收，净吨位是指由船籍国（地区）政府授权签发的船舶吨位证明书上标明的净吨位。吨税执照期限，是指按照公历年、日计算的期间。应税船舶负责人在每次申报纳税时，可以按照《吨税税目、税率表》选择申领一种期限的吨税执照。在应税船舶负责人缴纳吨税或者提供担保后，海关按照其申领的执照期限填发吨税执照。应纳税额按照船舶净吨位乘以适用税率计算。计算公式如下。

$$应纳税额=船舶净吨位×定额税率$$

应税船舶在进入港口办理入境手续时，应当向海关申报纳税领取吨税执照，或者交验吨税执照（或者申请核验吨税执照电子信息）。应税船舶在离开港口办理出境手续时，应当交验吨税执照（或者申请核验吨税执照电子信息）。

应税船舶负责人申领吨税执照时，应当向海关提供下列文件。

（1）船舶国籍证书或者海事签发的船舶国籍证书收存证明。

（2）船舶吨位证明。

【特别提示】

应税船舶因不可抗力在未设立海关地点停泊的，船舶负责人应当立即向附近海关报告，并在不可抗力原因消除后，依照规定向海关申报纳税。

【例 5-3】202×年 6 月 20 日，B 国某运输公司一艘货轮驶入我国某港口，该货轮净吨位为 30 000 吨，货轮负责人已向我国该海关领取了吨税执照，在港口停留期限为 30 天，B 国已与我国签订有相互给予船舶税费最惠国待遇条款。计算该公司应向我国海关缴纳的船舶吨税。

（1）根据船舶吨税的相关规定，该货轮应享受优惠税率，每净吨位为 3.3 元。

（2）应缴纳船舶吨税=30 000×3.3=99 000（元）

三、税收优惠

（一）直接优惠

下列船舶免征吨税。

（1）应纳税额在人民币 50 元以下的船舶。

（2）自境外以购买、受赠、继承等方式取得船舶所有权的初次进口到港的空载船舶。

（3）吨税执照期满后 24 小时内不上下客货的船舶。

（4）非机动船舶（不包括非机动驳船），是指自身没有动力装置，依靠外力驱动的船舶。

（5）捕捞、养殖渔船，是指在中华人民共和国渔业船舶管理部门登记为捕捞船或者养殖船的船舶。

（6）避难、防疫隔离、修理、终止运营或者拆解，并不上下客货的船舶。

（7）军队、武装警察部队专用或者征用的船舶。

（8）警用船舶。

（9）依照法律规定应当予以免税的外国驻华使领馆、国际组织驻华代表机构及其有关人员的船舶。

（10）国务院规定的其他船舶。本条免税规定，由国务院报全国人民代表大会常务委员会备案。

【特别提示】

上述（5）～（9）项优惠，应当提供海事部门、渔业船舶管理部门或者卫生检疫部门等部门、机构出具的具有法律效力的证明文件或者使用关系证明文件，申明免税理由或者延长吨税执照期限的依据和理由。

（二）延期优惠

在吨税执照期限内，应税船舶发生下列情形之一的，海关按照实际发生的天数批注延长吨税执照期限。

（1）避难、防疫隔离、修理，并不上下客货。

（2）军队、武装警察部队征用。

四、征收管理

（1）吨税由海关负责征收。海关征收吨税应当制发缴款凭证。

（2）吨税纳税义务发生时间为应税船舶进入港口的当日。

（3）应税船舶在吨税执照期满后尚未离开港口的，应当申领新的吨税执照，自上一次执照期满的次日起续缴吨税。

（4）应税船舶负责人应当自海关填发吨税缴款凭证之日起 15 日内向指定银行缴清税款。未按期缴清税款的，自滞纳税款之日起至缴清税款之日止，按日加收滞纳税款 5‰的滞纳金。

（5）应税船舶到达港口前，经海关核准先行申报并办结出入境手续的，应税船舶负责人应当向海关提供与其依法履行吨税缴纳义务相适应的担保；应税船舶到达港口后，向海关申报纳税。

下列财产、权利可以用于担保。

① 人民币、可自由兑换货币；

② 汇票、本票、支票、债券、存单；

③ 银行、非银行金融机构的保函；

④ 海关依法认可的其他财产、权利。

（6）应税船舶在吨税执照期限内，因修理、改造导致净吨位变化的，吨税执照继续有效。应税船舶办理出入境手续时，应当提供船舶经过修理、改造的证明文件。

【点拨指导】

因船籍改变而导致适用税率变化的，应税船舶在办理出入境手续时，应当提供船籍改变的证明文件。

（7）吨税执照在期满前毁损或者遗失的，应当向原发照海关书面申请核发吨税执照副本，不再补税。

（8）海关发现少征或者漏征税款的，应当自应税船舶应当缴纳税款之日起1年内，补征税款。但因应税船舶违反规定造成少征或者漏征税款的，海关可以自应当缴纳税款之日起3年内追征税款，并自应当缴纳税款之日起按日加征少征或者漏征税款5‰的滞纳金。

海关发现多征税款的，应当在24小时内通知应税船舶办理退还手续，并加算银行同期活期存款利息。

应税船舶发现多缴税款的，可以自缴纳税款之日起3年内以书面形式要求海关退还多缴的税款并算银行同期活期存款利息；海关应当自受理退款申请之日起30日内查实并通知应税船舶办理退还手续。

应税船舶应当自收到退税通知之日起3个月内办理有关退还手续。

（9）应税船舶有下列行为之一的，由海关责令限期改正，处2 000元以上3万元以下罚款；不缴或者少缴应纳税款的，处不缴或者少缴税款50%以上5倍以下的罚款，但罚款不得低于2 000元。

① 未按照规定申报纳税、领取吨税执照的。

② 未按照规定交验吨税执照（或者申请核验吨税执照电子信息）以及提供其他证明文件。

（10）吨税税款、滞纳金、罚款以人民币计算。

思考题

1. 如何区分关税与行邮税？
2. 按差别待遇，关税是如何划分的？
3. 关税有哪些优惠规定？
4. 船舶吨税有哪些优惠规定？

同步训练

1. 位于市区的某日化厂为增值税一般纳税人，202×年1月的生产经营情况如下。

（1）进口业务：进口一批高档化妆品（散装），支付国外买价20万元、购货佣金2万元，到达我国输入地起卸以前的运输装卸费3万元，保险费无法确定，完税后海关放行，从海关运往企业所在地支付运输费7万元。

（2）国内购进业务：购进香水精等原材料，增值税专用发票上注明金额20万元、增值税额2.6万元，购进的香水精用于生产高级化妆品。

（3）国内销售业务：1月5日，以赊销方式销售给甲商场高级化妆品，不含税总价款70万元，合同约定1月15日全额付款，15日日化厂按照实际收到的货款开具增值税专用发票，注明金额60万元；以平销返利方式销售给乙代理商高级化妆品，不含税销售额80万元，本月代理商销售业绩达到合同规定的标准，日化厂向其返利 9.36 万元，取得乙代理商开具的增值税普通发票。

其他相关资料：假定该日化厂进口化妆品关税税率为 20%，化妆品消费税税率为 15%；1 月初库存外购香水精买价 2 万元，1 月末库存外购香水精买价 8 万元；本月取得的相关票据均符合税法规定并在增值税平台确认。

要求：根据上述资料，按顺序回答下列问题。

（1）计算进口环节应缴纳的关税。

（2）计算进口环节应缴纳的消费税。

（3）计算进口环节应缴纳的增值税。

（4）计算当月国内业务应缴纳的增值税。

（5）计算当月国内业务应缴纳的消费税。

（6）计算当月应交城市维护建设税、教育费附加和地方教育附加。

2. 某公司 202× 年 8 月从国内 A 港口出口一批锌锭到国外，货物成交价格为 200 万元（不含出口关税），另支付货物运抵 A 港口装载前的运保费 10 万元，A 港口到国外目的地港口之间的运保费 15 万元。锌锭出口关税税率为 20%。计算该公司出口锌锭应纳出口关税。

3. 某外籍净吨位为 2 500 吨的非机动驳船，停靠在我国某港口装卸货物。驳船负责人已向我国海关领取了吨税执照，在港口停留期为 30 天，船舶所在国已与我国签订含有相互给予船舶税费最惠国待遇条款的条约。船舶超过 2 000 净吨，但不超过 10 000 净吨的，30 天期的普通税率为 4.0 元/净吨，优惠税率为 2.9 元/净吨，该非机动驳船应缴纳的船舶吨税为多少元？

第六章　资源税

【内容提要】

本章介绍了资源税的纳税义务人、税目和税率，计税依据和应纳税额的计算，税收优惠和征收管理。

【本章学习重点】

资源税的计税依据和应纳税额的计算。

微课堂
资源税概述

第一节　资源税概述

一、资源税的概念

资源税是对在我国领域和管辖的其他海域开发应税资源的单位和个人课征的一种税，属于对自然资源开发课税的范畴。

对资源占用行为课税不仅为当今许多国家广泛采用，而且具有十分悠久的历史。我国对资源占用课税的历史至少可以追溯到周代，当时的"山泽之赋"就是对伐木、采矿、狩猎、捕鱼、煮盐等开发、利用自然资源的生产活动课征的赋税。此后，我国历代政府一直延续了对矿冶资源、盐业资源等自然资源开发利用课税的制度。

二、资源税的发展

中华人民共和国成立后，我国颁布了《全国税政实施要则》，明确了对盐的生产、运销征收盐税。但是，对矿产资源的开采如何课税并没有规定，所以在长达三十多年的时间内我国实行的是资源无偿开采的制度。

1984年10月1日，《中华人民共和国资源税条例草案》施行，我国开始对自然资源征税，征收范围仅为原油、天然气、煤炭和铁矿石。资源税法律制度建立的初衷仅仅是调节级差收益，只要没有获得12%以上的利润，企业和个人就可以无偿开采国有矿产资源。

1986年10月1日，《中华人民共和国矿产资源法》施行。该法第5条进一步明确：国家对矿产资源施行有偿开采。开采矿产资源，必须按照国家有关规定缴纳资源税和资源补偿费。"税费并存"的制度从此以法律的形式确立下来。1993年全国财税体制改革，对1984年第一次资源税法律制度做了重大修改，形成了第二代资源税制度。

1993年12月，国务院发布的《中华人民共和国资源税暂行条例》（以下简称《资源税暂行条例》）及《中华人民共和国资源税暂行条例实施细则》（以下简称《资源税暂行条例实施细则》），把盐税并到资源税中，并将资源税征收范围扩大为原油、天然气、煤炭、其他非金属矿原矿、黑色金属矿原矿、有色金属矿原矿和盐7种，自1994年1月1日起不再按超额利润征税，而是按矿产品销售量征税，按照"普遍征收、级差调节"的原则，就资源赋税情况、开采条件、资源等级、地理位置等客观条件的差异规定了幅度税额，为每一个课税矿区规定了适用税率。这一规定考虑了资源条件优劣的差别，对级差收益进行了有效调节。

2010 年 6 月 1 日，在新疆对原油、天然气进行了资源税从价计征改革试点工作。2014 年 12 月把对煤炭的资源税由从量计征改为从价计征。2016 年全面推进资源税改革，财政部、国家税务总局公布了《关于全面推进资源税改革的通知》等，对绝大部分应税产品实行从价计征方式，对经营分散、多为现金交易且难以管控的粘土、砂石，按照便利征管原则，仍实行从量定额计征。同时在河北省进行开征水资源税试点工作，实行从量定额计征。2017 年 12 月 1 日起，水资源税改革试点进一步扩大到北京、天津、山西、内蒙古、山东、河南、四川、陕西、宁夏 9 个省、自治区、直辖市。

2019 年 8 月 26 日，第十三届全国人民代表大会常务委员会第十二次会议通过了《中华人民共和国资源税法》，并于 2020 年 9 月 1 日起施行。

三、资源税的作用

我国的现行资源税开征于 1984 年，是以调节资源级差收入、促进企业平等竞争和保护自然资源为主要目的而设置的一个税种。资源税的开征，为构建我国的资源占用课税体系奠定了基础，对于完善我国的税制结构，拓宽税收的调节领域，全面发挥税收的职能作用具有重要意义。资源税开征以来，经过不断改进，其课征范围逐渐扩大，计征方法日趋完善，已经成为我国现行税制体系中的一个重要税种。在社会主义市场经济条件下，资源税的作用主要体现在以下几个方面。

（一）促进企业之间开展平等竞争

资源级差收入的存在影响资源开采者利润的真实性，我国的资源税属于比较典型的级差资源税，其根据应税产品的品种、质量、存在形式、开采方式以及企业所处地理位置和交通运输条件等客观因素的差异确定差别税率，从而使条件优越者税负较高，反之则税负较低。这种税率设计使资源税能够比较有效地调节由于自然资源条件差异等客观因素给企业带来的级差收入，减少或排除资源条件差异对企业盈利水平的影响，为企业之间开展平等竞争创造有利的外部条件。

（二）促进对自然资源的合理开发利用

我国通过对开发、利用应税资源的行为课征资源税，体现了国有自然资源有偿占用的原则，从而可以促使纳税人节约、合理地开发和利用自然资源，有利于我国经济可持续发展。

（三）为国家筹集财政资金

资源税虽然以促进平等竞争和保护自然资源为主要课征目的，但就其课征结果而言，仍不失为财政收入的一项重要来源。随着其课征范围的逐渐扩展，资源税的收入规模及其在税收收入总额中所占的比重都相应增加，其财政意义也日渐明显，在为国家筹集财政资金方面发挥着不可忽视的作用。

第二节　纳税义务人、税目与税率

一、纳税义务人

资源税的纳税义务人是指在中华人民共和国领域和中华人民共和国管辖的其他海域开发应税资源的单位和个人。应税资源的具体范围，由《资源税法》所附《资源税税目税率表》确定。

【点拨指导】

单位是指国有企业、集体企业、私营企业、股份制企业、其他企业和行政单位、事业单位、军事单位、社会团体及其他单位；个人是指个体经营者和其他个人；其他单位和其他个人包括外商投资企业、外国企业及外籍人员。

资源税仅对在中国境内开发应税资源的单位和个人征收，对进口的应税资源不征收资源税。由于对进口的应税资源不征收资源税，所以对出口的应税资源也不免征或退还已纳资源税。

纳税人将应税产品用于非货币性资产交换、捐赠、偿债、赞助、集资、投资、广告、样品、职工福利、利润分配或者连续生产非应税产品等，应按规定缴纳资源税。纳税人开采或者生产应税产品自用于连续生产应税产品的，不缴纳资源税。例如，铁原矿用于继续生产铁精粉的，在移送铁原矿时不缴纳资源税；但对于生产非应税产品的，如将铁精粉继续用于冶炼的，应当在移送环节缴纳资源税。

二、税目与税率

资源税采取从价定率和从量定额的办法征收，实施"普遍征收，级差调节"的原则。普遍征收是指对在我国境内开发的一切应税资源产品征收资源税；级差调节是指运用资源税对因资源贮存状况、开采条件、资源优劣、地理位置等客观存在的差别而产生的资源级差收入，通过实施差别税率标准进行调节。资源条件好的，税率高一些；资源条件差的，税率低一些。

《资源税法》所附《资源税税目税率表》中所列资源税税目包括能源矿产、金属矿产、非金属矿产、水气矿产和盐5大类，在5个税目下面又设有若干子目，共有164个，涵盖了所有已经发现的矿种和盐，表6-1所示为资源税税目税率表。

表6-1　资源税税目税率表

序号	税目			征税对象	税率
1			原油	原矿	6%
2			天然气、页岩气、天然气水合物	原矿	6%
3	能源矿产		煤	原矿或者选矿	2%～10%
4			煤成（层）气	原矿	1%～2%
5			铀、钍	原矿	4%
6			油页岩、油砂、天然沥青、石煤	原矿或者选矿	1%～4%
7			地热	原矿	1%～20%或者每立方米1～30元
8	金属矿产	黑色金属	铁、锰、铬、钒、钛	原矿或者选矿	1%～9%
9		有色金属	铜、铅、锌、锡、镍、锑、镁、钴、铋、汞	原矿或者选矿	2%～10%
10			铝土矿	原矿或者选矿	2%～9%
11			钨	选矿	6.5%
12			钼	选矿	8%
13			金、银	原矿或者选矿	2%～6%
14			铂、钯、钌、锇、铱、铑	原矿或者选矿	5%～10%
15			轻稀土	选矿	7%～12%
16			中重稀土	选矿	20%
17			铍、锂、锆、锶、铷、铯、铌、钽、锗、镓、铟、铊、铪、铼、镉、硒、碲	原矿或者选矿	2%～10%
18	非金属矿	矿物类	高岭土	原矿或者选矿	1%～6%
19			石灰岩	原矿或者选矿	1%～6%或者每吨（或者每立方米）1～10元
20			磷	原矿或者选矿	3%～8%
21			石墨	原矿或者选矿	3%～12%
22			萤石、硫铁矿、自然硫	原矿或者选矿	1%～8%

序号	税目			征税对象	税率
23	非金属矿	矿物类	天然石英砂、脉石英、粉石英、水晶、工业用金刚石、冰洲石、蓝晶石、硅线石（矽线石）、长石、滑石、刚玉、菱镁矿、颜料矿物、天然碱、芒硝、钠硝石、明矾石、砷、硼、碘、溴、膨润土、硅藻土、陶瓷土、耐火粘土、铁矾土、凹凸棒石粘土、海泡石粘土、伊利石粘土、累托石粘土	原矿或者选矿	1%～12%
24			叶蜡石、硅灰石、透辉石、珍珠岩、云母、沸石、重晶石、毒重石、方解石、蛭石、透闪石、工业用电气石、白垩、石棉、蓝石棉、红柱石、石榴子石、石膏	原矿或者选矿	2%～12%
25			其他粘土（铸型用粘土、砖瓦用粘土、陶粒用粘土、水泥配料用粘土、水泥配料用红土、水泥配料用黄土、水泥配料用泥岩、保温材料用粘土）	原矿或者选矿	1%～5%或者每吨（或者每立方米）0.1～5元
26		岩石类	大理岩、花岗岩、白云岩、石英岩、砂岩、辉绿岩、安山岩、闪长岩、板岩、玄武岩、片麻岩、角闪岩、页岩、浮石、凝灰岩、黑曜岩、霞石正长岩、蛇纹岩、麦饭石、泥灰岩、含钾岩石、含钾砂页岩、天然油石、橄榄岩、松脂岩、粗面岩、辉长岩、辉石岩、正长岩、火山灰、火山渣、泥炭	原矿或者选矿	1%～10%
27			砂石（天然砂、卵石、机制砂石）	原矿或者选矿	1%～5%或者每吨（或者每立方米）0.1～5元
28		宝玉石类	宝石、玉石、宝石级金刚石、玛瑙、黄玉、碧玺	原矿或者选矿	4%～20%
29	水气矿产		二氧化碳气、硫化氢气、氦气、氡气	原矿	2%～5%
30			矿泉水	原矿	1%～20%或者每立方米1～30元
31	盐		钠盐、钾盐、镁盐、锂盐	选矿	3%～15%
32			天然卤水	原矿	3%～15%或者每吨（或者每立方米）1～10元
33			海盐		2%～5%

📝 【特别提示】

《资源税税目税率表》中规定实行幅度税率的，其具体适用税率由省、自治区、直辖市人民政府统筹考虑该应税资源的品位、开采条件以及对生态环境的影响等情况，在《资源税税目税率表》规定的税率幅度内提出，报同级人民代表大会常务委员会决定，并报全国人民代表大会常务委员会和国务院备案。《资源税税目税率表》中规定征税对象为原矿或者选矿的，应当分别确定具体适用税率。

《资源税税目税率表》中规定可以选择实行从价计征或者从量计征的，具体计征方式由省、自治区、直辖市人民政府提出，报同级人民代表大会常务委员会决定，并报全国人民代表大会常务委员会和国务院备案。

纳税人开采或者生产不同税目应税产品的，应当分别核算不同税目应税产品的销售额或者销售数量；未分别核算或者不能准确提供不同税目应税产品的销售额或者销售数量的，从高适用税率。纳税人开采或者生产同一税目下适用不同税率应税产品的，应当分别核算不同税率应税产品的销售额或者销售数量；未分别核算或者不能准确提供不同税率应税产品的销售额或者销售数量的，从高适用税率。

自2016年7月1日起在河北省实施水资源税改革试点；自2017年12月1日起在北京、天津、山西、内蒙古、山东、河南、四川、陕西、宁夏等9个省（自治区、直辖市）扩大水资源税改革试点；2024年10月11日，财政部、税务总局、水利部印发了《水资源税改革试点实施办法》，自2024年12月1日起全面实施水资源费改税试点。

第三节　计税依据与应纳税额的计算

一、计税依据

（一）从价定率征收的计税依据

实行从价定率征收的计税依据为销售额，是指纳税人销售应税资源产品向购买方收取的全部价款和价外费用，但不包括增值税销项税额。

📖 **【点拨指导】**

价外费用包括价外向购买方收取的手续费、补贴、基金、集资费、返还利润、奖励费、违约金、滞纳金、延期付款利息、赔偿金、代收款项、代垫款项、包装费、包装物租金、储备费、优质费、运输装卸费以及其他各种性质的价外收费。但下列项目不包括在内。

（1）收取的符合条件的运杂费。计入销售额中的相关运杂费用，凡取得增值税发票或者其他合法有效凭据的，准予从销售额中扣除。相关运杂费用是指应税产品从坑口或者洗选（加工）地到车站、码头或者购买方指定地点的运输费用、建设基金以及随运销产生的装卸、仓储、港杂费用。

（2）同时符合以下条件的代垫运输费用。

① 承运部门的运输费用发票开具给购买方的。

② 纳税人将该项发票转交给购买方的。

（3）同时符合以下条件代为收取的政府性基金或者行政事业性收费。

① 由国务院或者财政部批准设立的政府性基金，由国务院或者省级人民政府及其财政、价格主管部门批准设立的行政事业性收费。

② 收取时开具省级以上财政部门印制的财政票据。

③ 所收款项全额上缴财政。

（二）从量定额征收的计税依据

实行从量定额征收的，以应税产品的销售数量为计税依据。

（1）纳税人开采或者生产应税产品销售的，以销售数量为课税数量。

（2）纳税人开采或者生产应税产品自用的，以自用（非生产用）数量为课税数量。

（三）特殊情况下计税依据的确定方法

针对实际生产经营活动中的某些特殊情况，有如下计税规定。

（1）纳税人申报的应税产品销售额明显偏低且无正当理由的，或者有自用应税产品行为而无销售额的，主管税务机关可以按下列方法和顺序确定其应税产品销售额。

① 按纳税人最近时期同类产品的平均销售价格确定。

② 按其他纳税人最近时期同类产品的平均销售价格确定。

③ 按后续加工非应税产品销售价格，减去后续加工环节的成本利润后确定。

④ 按应税产品组成计税价格确定。组成计税价格的计算公式如下。

$$组成计税价格 = 成本 \times (1 + 成本利润率) \div (1 - 资源税税率)$$

上述公式中的成本利润率由省、自治区、直辖市税务机关确定。

（2）纳税人以外购原矿与自采原矿混合为原矿销售，或者以外购选矿产品与自产选矿产品混合为选矿产品销售的，在计算应税产品销售额或者销售数量时，直接扣减外购原矿或者外购选矿产品的购进金额或者购进数量。

纳税人以外购原矿与自采原矿混合洗选加工为选矿产品销售的，在计算应税产品销售额或者销售数量时，按照下列方法进行扣减。

$$准予扣减的外购应税产品购进金额(数量)=外购原矿购进金额(数量)×$$
$$(本地区原矿适用税率÷本地区选矿产品适用税率)$$

不能按照上述方法计算扣减的，按照主管税务机关确定的其他合理方法进行扣减。

（3）纳税人以自采原矿（经过采矿过程采出后未进行选矿或者加工的矿石）直接销售，或者自用于应当缴纳资源税情形的，按照原矿计缴资源税。

（4）纳税人开采或者生产同一应税产品，其中既有享受减免税政策的，又有不享受减免税政策的，按照免税、减税项目的产量占比等方法分别核算确定免税、减税项目的销售额或者销售数量。

（5）按矿业权出让收益率形式征收矿业权出让收益时矿产品销售收入。

二、应纳税额的计算

资源税根据应税产品的课税数量和规定的比例税率或者单位税额计算应纳税额，具体计算公式如下。

$$应纳税额=销售额×适用税率或$$
$$=课税数量×单位税额$$

【例6-1】某油田202×年6月销售原油40 000吨，开具增值税专用发票，取得销售额20 000万元、增值税额2 600万元。按规定其适用的税率为6%。请计算该油田202×年6月应缴纳的资源税。

$$应纳资源税=20 000×6\%=1 200（万元）$$

【例6-2】某铜矿山202×年12月销售铜矿石原矿30 000吨，取得不含增值税的销售额900 000元，该矿山铜矿属于5等，按规定适用税率为6%。请计算该矿山202×年12月应纳资源税税额。

$$外销铜矿石原矿的应纳税额=900 000×6\%=54 000（元）$$

第四节　税收优惠

资源税贯彻普遍征收、级差调节的原则思想，因此规定的减免税项目比较少。

一、免征资源税

（1）开采原油以及油田范围内运输原油过程中用于加热的原油、天然气。

（2）煤炭开采企业因安全生产需要抽采的煤成（层）气。

二、减征资源税

（1）从低丰度油气田开采的原油、天然气减征20%资源税。

（2）高含硫天然气、三次采油和从深水油气田开采的原油、天然气，减征30%资源税。

（3）稠油、高凝油减征40%资源税。

（4）从衰竭期矿山开采的矿产品，减征30%资源税。

【特别提示】

根据国民经济和社会发展需要，国务院对有利于促进资源节约集约利用、保护环境等情形可以规定免征或者减征资源税，报全国人民代表大会常务委员会备案。

三、可由省、自治区、直辖市人民政府决定的减税或者免税

（1）纳税人开采或者生产应税产品过程中，因意外事故或者自然灾害等遭受重大损失的。

（2）纳税人开采共伴生矿、低品位矿、尾矿。

✎ 【特别提示】

上述两项的免征或者减征的具体办法，由省、自治区、直辖市人民政府提出，报同级人民代表大会常务委员会决定，并报全国人民代表大会常务委员会和国务院备案。

四、其他减税、免税

（1）对青藏铁路公司及其所属单位运营期间自采自用的砂、石等材料免征资源税。

（2）自2018年4月1日至2021年3月31日，对页岩气资源税减征30%。该规定执行期限延续至2027年12月31日。

（3）自2019年1月1日至2021年12月31日，对增值税小规模纳税人可以在50%的税额幅度内减征资源税。该规定执行期限延续至2024年12月31日。

（4）自2014年12月1日至2027年12月31日，对充填开采置换出来的煤炭，资源税减征50%。

纳税人的免税、减税项目，应当单独核算销售额或者销售数量；未单独核算或者不能准确提供销售额或者销售数量的，不予免税或者减税。

纳税人开采或者生产同一应税产品同时符合两项或者两项以上减征资源税优惠政策的，除另有规定外，只能选择其中一项执行。

纳税人享受资源税优惠政策，实行"自行判别、申报享受、有关资料留存备查"的办理方式，另有规定的除外。纳税人对资源税优惠事项留存材料的真实性和合法性承担法律责任。

第五节　征收管理

一、纳税义务发生时间

纳税人销售应税产品，纳税义务发生时间为收讫销售款或者取得索取销售款凭据的当日；自用应税产品的，纳税义务发生时间为移送应税产品的当日。

二、纳税期限

纳税期限是纳税人发生纳税义务后缴纳税款的期限。资源税按月或者按季申报缴纳；不能按固定期限计算缴纳的，可以按次申报缴纳。

纳税人按月或者按季申报缴纳的，应当自月度或者季度终了之日起15日内，向税务机关办理纳税申报并缴纳税款；按次申报缴纳的，应当自纳税义务发生之日起15日内，向税务机关办理纳税申报并缴纳税款。

三、纳税地点

纳税人应当在矿产品的开采地或者海盐的生产地缴纳资源税。

拓展知识

煤炭资源税的
具体规定

水资源税改革
试点实施办法

思考题

1. 资源税的作用有哪些？
2. 资源税的基本规定有哪些？

同步训练

1. 某盐场 6 月销售井矿盐 2 500 吨，取得不含增值税的销售额 400 万元；销售湖盐 5 000 吨，取得不含增值税的销售额 750 万元。井矿盐和湖盐的税率均为 5%。计算该盐场 6 月应缴纳的资源税。

2. 某油田（增值税一般纳税人）202×年 8 月开采原油 9 000 吨，当月销售 8 000 吨，取得含增值税销售额 1 600 万元；用于开采原油过程中加热的原油 500 吨；当月与原油同时开采的天然气 40 000 立方米，均已全部销售，取得含增值税销售额 120 万元，已知该油田原油和天然气适用的资源税税率均为 6%。计算该油田 202×年 8 月应缴纳的资源税。

3. 某煤矿公司 202×年 6 月开采原煤 50 000 吨，在开采原煤的过程中开采煤层气 20 000 立方米。当月销售原煤 40 000 吨，取得不含增值税销售额 1 000 万元，含从坑口到码头不含增值税的运费收入 40 万元（已取得增值税发票）；职工食堂使用 3 吨，职工浴室使用 6 吨。当月销售煤层气 15 000 立方米，取得不含税销售额 1.8 万元。原煤适用的税率为 8%。计算该煤矿公司 202×年 6 月应缴纳的资源税。

4. 某开采企业 202×年 8 月将外购原矿和自采原矿按照 2∶1 的比例混合在一起销售，销售混合原矿 1 000 吨，取得不含增值税的销售额 60 万元，经增值税发票确认，外购原矿单价 600 元/吨（不含增值税）；还将外购原矿和自采原矿混合洗选加工为选矿产品并对外销售，销售混合选矿 1 000 吨，取得不含增值税的销售额 60 万元，经增值税票确认，外购原矿 500 吨，单价 600 元/吨（不含增值税），已知本地区原矿适用税率为 3%，本地区选矿产品适用税率为 2%，计算该企业 202×年 8 月应纳资源税。

第七章　土地增值税

【内容提要】

　　本章介绍了土地增值税的纳税义务人、征税范围和税率，应税收入与扣除项目，应纳税额的计算，税收优惠和征收管理。

【本章学习重点】

　　土地增值税的征税范围、扣除项目、应纳税额的计算。

微课堂

土地增值税

第一节　土地增值税概述

一、土地增值税的概念

　　土地增值税是对有偿转让国有土地使用权及地上建筑物和其他附着物产权，取得增值收入的单位和个人征收的一种税。

　　土地属于不动产，对土地课税是一种古老的税收形式，也是当代各国普遍征收的一种财产税。有些国家和地区将土地单列出来征收，如土地税、地价税、农地税、未开发土地税、荒地税、城市土地税、土地登记税、土地转让税、土地增值税、土地租金税、土地发展税等。有些国家和地区鉴于土地与地面的房屋、建筑物及其他附着物的密不可分性，对土地征税往往未予单独列名，而统称为房地产税、不动产税、财产税等。

　　中华人民共和国自成立以来，对土地、房屋等不动产的征税制度比较薄弱，先后开征过的税种如契税、城市房地产税、房产税、城镇土地使用税等，但这些税种都不属于对土地增值额或土地收益额的征税。1993 年 12 月 13 日，国务院发布的《中华人民共和国土地增值税暂行条例》（以下简称《土地增值税暂行条例》）规定，自 1994 年 1 月 1 日起开征土地增值税。1995 年 1 月 27 日，财政部又颁布《中华人民共和国土地增值税暂行条例实施细则》（以下简称《土地增值税暂行条例实施细则》），进一步细化了土地增值税征收管理办法。

二、我国土地增值税的特点

（一）以转让房地产的增值额为计税依据

　　增值额为纳税人转让房地产的收入，减除税法规定准予扣除的项目金额后的余额。

【点拨指导】

　　土地增值税的增值额与增值税的增值额有所不同，土地增值税的增值额为以征税对象的全部销售收入额扣除与其相关的成本、费用、税金及其他项目金额后的余额，与会计核算中计算会计利润的方法基本相似。增值税的增值额只扣除与其销售额直接相关的进货成本价格。

（二）征税面比较广

　　凡在我国境内转让房地产并取得收入的单位和个人，除税法规定免税的外，均应依照土地增值税条例规定缴纳土地增值税。换言之，凡发生应税行为的单位和个人，不论其经济性质，也不分内、外资企业或中、外籍人员，无论专营或兼营房地产业务，均有缴纳土地增值税的义务。

（三）实行超率累进税率

土地增值税的税率以转让房地产增值率的高低为依据来确认，按照累进原则设计，实行分级计税。增值率是以收入总额扣除相关项目金额后的余额再除以扣除项目合计金额得到的。增值率高的，税率高、多纳税；增值率低的，税率低、少纳税。

（四）实行按次征收

土地增值税在房地产发生转让的环节，实行按次征收，每发生一次转让行为，就应根据每次取得的增值额征一次税。

三、土地增值税的作用

（一）增强国家对房地产开发和房地产交易市场的调控

我国在房地产业发展中出现了一些问题。这些问题主要表现为：搞房地产开发过热，炒买炒卖房地产的投机一度盛行，房地产价格上涨过猛，投入房地产的资金规模过大，国家土地资源浪费较严重，国有土地资源收益流失过多，影响和危害了国民经济的健康协调发展，而且也造成了社会分配不公。

在这种情况下，我国借鉴世界上一些国家和地区的有益做法，开征土地增值税，利用税收杠杆对房地产业的开发、经营和房地产市场进行适当调控，以保护房地产业和房地产市场的健康发展，控制投资规模，促进土地资源的合理利用，调节部分单位和个人通过炒买炒卖房地产取得的高额收入。

（二）有利于国家抑制炒买炒卖土地获取暴利的行为

土地收益主要来源于土地的增值。一是自然增值，即由于土地资源是有限的，而随着经济建设的发展，生产和生活建设用地扩大，土地资源相对发生紧缺，导致土地价格上升。这是土地增值的主要因素。二是投资增值，即投入资金开发建造，把"生地"变为"熟地"，建成适用于各种生产、生活、商业用设施，形成土地增值。土地资源属国家所有，国家为土地的完整而不受侵犯投入了巨额资金，国家应参与土地增值收益分配，并取得较大份额。同时，对房地产开发者投资、开发房地产应取得的合理收益，应当予以保护，使其能够得到一定的回报，以促进房地产业的正常发展。然而，有些地区单纯出于招商引资或急于求成搞建设，盲目开发并竞相压低国家土地批租价格，给炒买炒卖者留下空间，致使国家土地增值收益流失严重，极大地损害了国家利益。统一对土地增值收益征税，有利于堵住这方面的漏洞，减少国家土地资源增值收益的流失，遏制投机者牟取暴利的行为，保护房地产正当开发者的合法权益，维护国家整体利益。

（三）增加国家财政收入，为经济建设积累资金

1993 年年底以前，我国涉及房地产交易市场的税费，主要有营业税、企业所得税、个人所得税、契税、土地增值费等。自 1994 年 1 月 1 日起对土地增值收益征收土地增值税，增加了国家财政收入的新财源。分税制财政体制实施后，土地增值税收入属于地方政府的财政收入，为地方政府积累经济建设资金起到了积极的作用。

第二节　纳税义务人、征税范围与税率

一、纳税义务人

土地增值税的纳税义务人为转让国有土地使用权、地上的建筑及其附着物（以下简称"转让房地产"）并取得收入的单位和个人，其中，单位是指各类企业、事业单位、国家机关和社

会团体及其他组织，而个人指个体经营者和其他个人。

二、征税范围

根据《土地增值税暂行条例》及其实施细则的规定，土地增值税的征税范围包括以下几个方面。

（一）转让国有土地使用权

这里所说的"国有土地"，是指按国家法律规定属于国家所有的土地。

（二）地上的建筑物及其附着物连同国有土地使用权一并转让

这里所说的"地上的建筑物"，是指建于土地上的一切建筑物，包括地上地下的各种附属设施。这里所说的"附着物"，是指附着于土地上的不能移动或一经移动即遭损坏的物品。

（三）若干具体情况的判定

1. 以出售方式转让国有土地使用权、地上的建筑物及附着物

（1）出售国有土地使用权的。这种情况是指土地使用者通过出让方式，向政府缴纳了土地出让金，有偿受让土地使用权后，仅对土地进行通水、通电、通路和平整地面等土地开发，不进行房产开发，即所谓"将生地变熟地"，然后直接将空地出售出去。这属于国有土地使用权的有偿转让，应纳入土地增值税的征税范围。

（2）取得国有土地使用权后进行房屋开发建造然后出售的。这种情况即一般所说的房地产开发。虽然这种行为通常被称作卖房，但按照国家有关房地产法律和法规的规定，卖房的同时，土地使用权也随之发生转让。由于这种情况既发生了产权的转让又取得了收入，所以应纳入土地增值税的征税范围。

（3）存量房地产的买卖。这种情况是指已经建成并已投入使用的房地产，其房屋所有人将房屋产权和土地使用权一并转让给其他单位和个人。这种行为按照国家有关的房地产法律和法规，应当到有关部门办理房产产权和土地使用权的转移变更手续；原土地使用权属于无偿划拨的，还应到土地管理部门补交土地出让金。这种情况既发生了产权的转让又取得了收入，应纳入土地增值税的征税范围。

2. 以继承、赠与方式转让房地产

这种情况因其只发生房地产产权的转让，没有取得相应的收入，属于无偿转让房地产的行为，所以不能将其纳入土地增值税的征税范围。这里又可分为以下两种情况。

（1）房地产的继承。房地产的继承是指房产的原产权所有人、依照法律规定取得土地使用权的土地使用人死亡以后，由其继承人依法承受死者房产产权和土地使用权的民事法律行为。这种行为虽然发生了房地产的权属变更，但作为房产产权、土地使用权的原所有人（即被继承人）并没有因为权属的转让而取得任何收入。因此，这种房地产的继承不属于土地增值税的征税范围。

（2）房地产的赠与。房地产的赠与是指房产所有人、土地使用权所有人将自己所拥有的房地产无偿地交给其他人的民事法律行为。但这里的"赠与"仅指以下情况。

① 房产所有人、土地使用权所有人将房屋产权、土地使用权赠与直系亲属或承担直接赡养义务人的。

② 房产所有人、土地使用权所有人通过中国境内非营利的社会团体、国家机关将房屋产权、土地使用权赠与教育、民政和其他社会福利、公益事业的。

【特别提示】～～～～～～～～～～～～～～～～～～～～～～～～～～～～

上述社会团体是指中国青少年发展基金会、希望工程基金会、宋庆龄基金会、减灾委员

会、中国红十字会、中国残疾人联合会、全国老年基金会、老区促进会以及经民政部门批准成立的其他非营利的公益性组织。

房地产的赠与虽发生了房地产的权属变更，但作为房产所有人、土地使用权的所有人并没有因为权属的转让而取得任何收入。因此，上述房地产的赠与不属于土地增值税的征税范围。

3. 房地产的出租

房地产的出租是指房产的产权所有人、依照法律规定取得土地使用权的土地使用人，将房产、土地使用权租赁给承租人使用，由承租人向出租人支付租金的行为。出租房地产，出租人虽取得了收入，但没有发生房产产权、土地使用权的转让。因此，不属于土地增值税的征税范围。

4. 房地产的抵押

房地产的抵押是指房地产的产权所有人、依法取得土地使用权的土地使用人作为债务人或第三人向债权人提供不动产作为清偿债务的担保而不转移权属的法律行为。这种情况下，房产的产权、土地使用权在抵押期间产权并没有发生权属的变更，房产的产权所有人、土地使用权人仍能对房地产行使占有、使用、收益等权利，房产的产权所有人、土地使用权人虽然在抵押期间取得了一定的抵押贷款，但实际上这些贷款在抵押期满后是要连本带利偿还给债权人的。因此，对房地产的抵押，在抵押期间不征收土地增值税。待抵押期满后，视该房地产是否转移占有而确定是否征收土地增值税。对于以房地产抵债而发生房地产权属转让的，应列入土地增值税的征税范围。

5. 房地产的交换

这种情况是指一方以房地产与另一方的房地产进行交换的行为。由于这种行为既发生了房产产权、土地使用权的转移，交换双方又取得了实物形态的收入，按《土地增值税暂行条例》的规定，属于土地增值税的征税范围。

6. 以房地产进行投资、联营

非房地产公司以房地产进行投资、联营的，投资、联营的一方以房地产作价入股进行投资或作为联营条件，将房地产转让到所投资、联营的非房地产公司中时，暂免征收土地增值税。对投资、联营企业将上述房地产再转让的，应征收土地增值税。

7. 合作建房

对于一方出地，一方出资金，双方合作建房，建成后按比例分房自用的，暂免征收土地增值税；建成后转让的，应征收土地增值税。

8. 企业兼并转让房地产

在企业兼并中，对被兼并企业将房地产转让到兼并企业中的，暂免征收土地增值税。

9. 房地产的代建房行为

这种情况是指房地产开发公司代客户进行房地产的开发，开发完成后向客户收取代建收入的行为。对于房地产开发公司而言，虽然取得了收入，但并没有发生房地产权属的转移，其收入属于劳务收入性质，故不属于土地增值税的征税范围。

10. 房地产的重新评估

这主要是指国有企业在清产核资时对房地产进行重新评估而使其升值的情况。在这种情况下，房地产虽然有增值，但其既没有发生房地产权属的转移，房产产权、土地使用权人也未取得收入，所以不属于土地增值税的征税范围。

三、税率

土地增值税实行四级超率累进税率，具体如下。

（1）增值额未超过扣除项目金额 50% 的部分，税率为 30%。

（2）增值额超过扣除项目金额 50%、未超过扣除项目金额 100% 的部分，税率为 40%。

（3）增值额超过扣除项目金额 100%、未超过扣除项目金额 200% 的部分，税率为 50%。

（4）增值额超过扣除项目金额 200% 的部分，税率为 60%。

上述所列四级超率累进税率，每级"增值额未超过扣除项目金额"的比例，均包括本比例数。超率累进税率表如表 7-1 所示。

表 7-1　土地增值税四级超率累进税率表

级数	增值额与扣除项目金额的比例	税率（%）	速算扣除系数（%）
1	不超过 50% 的部分	30	0
2	超过 50% 至 100% 的部分	40	5
3	超过 100% 至 200% 的部分	50	15
4	超过 200% 的部分	60	35

第三节　应税收入与扣除项目

一、应税收入的确定

根据《土地增值税暂行条例》及其实施细则的规定，纳税人转让房地产取得的应税收入，应包括转让房地产的全部价款及有关的经济收益。从收入的形式来看，包括货币收入、实物收入和其他收入。

（一）货币收入

货币收入是指纳税人转让房地产而取得的现金、银行存款、支票、银行本票、汇票等各种信用票据和国库券、金融债券、企业债券、股票等有价证券。这些类型的收入其实质都是转让方因转让土地使用权、房屋产权而向取得方收取的价款。货币收入一般比较容易确定。

（二）实物收入

实物收入是指纳税人转让房地产而取得的各种实物形态的收入，如钢材、水泥等建材或房屋、土地等不动产等。实物收入的价值不太容易确定，一般要对这些实物形态的财产进行估价。

（三）其他收入

其他收入是指纳税人转让房地产而取得的无形资产收入或具有财产价值的权利，如专利权、商标权、著作权、专有技术使用权、土地使用权、商誉权等。这种类型的收入比较少见，其价值需要进行专门的评估。

【特别提示】

纳税人转让房地产的土地增值税应税收入不含增值税。适用增值税一般计税方法的纳税人，其转让房地产的土地增值税应税收入不含增值税销项税额；适用简易计税方法的纳税人，其转让房地产的土地增值税应税收入不含增值税应纳税额。

房地产开发企业将开发产品用于职工福利、奖励、对外投资、分配给股东或投资人、抵偿债务、换取其他单位和个人的非货币性资产等，发生所有权转移时应视同销售房地产。

房地产开发企业将开发的部分房地产转为企业自用或用于出租等商业用途时，如果产权未发生转移，不征收土地增值税，在税款清算时不列收入，不扣除相应的成本和费用。

二、扣除项目的确定

计算土地增值税应纳税额，并不是直接对转让房地产所取得的收入征税，而是要对收入额减除国家规定的各项扣除项目金额后的余额即增值额计算征税。因此，要计算增值额，首先必须确定扣除项目。税法准予纳税人从转让收入额中减除的扣除项目包括如下几项。

（一）取得土地使用权所支付的金额

取得土地使用权所支付的金额包括以下两个方面的内容。

（1）纳税人为取得土地使用权所支付的地价款。如果是以协议、招标、拍卖等出让方式取得土地使用权的，地价款为纳税人所支付的土地出让金；如果是以行政划拨方式取得土地使用权的，地价款为按照国家有关规定补缴的土地出让金；如果是以转让方式取得土地使用权的，地价款为向原土地使用权人实际支付的地价款。

（2）纳税人在取得土地使用权时按国家统一规定缴纳的有关费用。它是指纳税人在取得土地使用权过程中未办理有关手续，按国家统一规定缴纳的有关登记、过户手续费。

（二）房地产开发成本

房地产开发成本是指纳税人房地产开发项目实际发生的成本，包括土地的征用及拆迁补偿费、前期工程费、建筑安装工程费、基础设施费、公共配套设施费、开发间接费用等。

（1）土地征用及拆迁补偿费。包括土地征用费、耕地占用税、劳动力安置费及有关地上、地下附着物拆迁补偿的净支出、安置动迁用房支出等。

（2）前期工程费。包括规划、设计、项目可行性研究和水文、地质、勘察、测绘、"三通一平"等支出。

（3）建筑安装工程费。指以出包方式支付给承包单位的建筑安装工程费，以自营方式发生的建筑安装工程费。

（4）基础设施费。包括开发小区内道路、供水、供电、供气、排污、排洪、通信、照明、环卫、绿化等工程发生的支出。

（5）公共配套设施费。包括不能有偿转让的开发小区内公共配套设施发生的支出。

（6）开发间接费用。指直接组织、管理开发项目发生的费用，包括工资、职工福利费、折旧费、修理费、办公费、水电费、劳动保护费、周转房摊销等。

（三）房地产开发费用

房地产开发费用是指与房地产开发项目有关的销售费用、管理费用和财务费用。根据现行财务会计制度的规定，这三项费用作为期间费用，直接计入当期损益，不按成本核算对象进行分摊。故作为土地增值税扣除项目的房地产开发费用，不按纳税人房地产开发项目实际发生的费用进行扣除，而按《土地增值税暂行条例实施细则》的标准进行扣除。

《土地增值税暂行条例实施细则》规定，财务费用中的利息支出，凡能够按转让房地产项目计算分摊并提供金融机构证明的，允许据实扣除，但最高不能超过按商业银行同类同期贷款利率计算的金额；其他房地产开发费用，按《土地增值税暂行条例实施细则》第七条（一）、（二）项规定（即取得土地使用权所支付的金额和房地产开发成本，下同）计算的金额之和的5%以内计算扣除。凡不能按转让房地产项目计算分摊利息支出或不能提供金融机构证明的，或者全部使用自有资金，没有利息支出的，房地产开发费用按《土地增值税暂行条例实施细则》第七条（一）、（二）项规定计算的金额之和的10%以内计算扣除。计算扣除的具体比例，由各省、自治区、直辖市人民政府规定。

房地产开发企业既向金融机构借款，又有其他借款的，其房地产开发费用计算扣除时不能同时适用上述两种办法。

土地增值税清算时，已经计入房地产开发成本的利息支出，应调整至财务费用中计算扣除。

扣除项目金额中利息支出的两点专门规定：一是利息的上浮幅度按国家的有关规定执行，超过上浮幅度的部分不允许扣除；二是对于超过贷款期限的利息部分和加罚的利息不允许扣除。

（四）与转让房地产有关的税金

与转让房地产有关的税金是指在转让房地产时缴纳的城市维护建设税、印花税。因转让房地产缴纳的教育费附加可视同税金予以扣除。财政部关于印发《增值税会计处理规定》的通知（财会〔2016〕22 号）出台后，包括房地产开发企业在内的纳税人缴纳的房产税、城镇土地使用税、车船税、印花税都计入"税金及附加"科目中，故都允许在此扣除。

（五）其他扣除项目

对从事房地产开发的纳税人可按《土地增值税暂行条例实施细则》第七条（一）、（二）项规定计算的金额之和，加计 20%的扣除。这样规定的目的是抑制炒买炒卖房地产的投机行为，保护正常开发投资者的积极性。

（六）旧房及建筑物的评估价格

旧房及建筑物的评估价格是指在转让已使用的房屋及建筑物时，由政府批准设立的房地产评估机构评定的重置成本价乘以成新度折扣率后的价格。评估价格须经当地税务机关确认。

重置成本价的含义是：对旧房及建筑物，按转让时的建材价格及人工费用计算，建造同样面积、同样层次、同样结构、同样建设标准的新房及建筑物所需花费的成本费用。成新度折扣率的含义是：按旧房的新旧程度做一定比例的折扣。

【情景解析】

例如，一幢房屋已使用近 15 年，建造时的造价为 1 200 万元，按转让时的建材价格及人工费用计算，建同样的新房需花费 5 000 万元，该房有四成新，则该房的评估价格为：5 000×40%= 2 000（万元）。

纳税人转让旧房及建筑物，凡不能取得评估价格，但能提供购房发票的，经当地税务部门确认，根据《土地增值税暂行条例》第六条（一）、（三）项规定的扣除项目的金额（即：取得土地使用权所支付的金额、新建房及配套设施的成本、费用，或者旧房及建筑物的评估价格），可按发票所载金额并从购买年度起至转让年度止每年加计 5%计算扣除。计算扣除项目时，"每年"按购房发票所载日期起至售房发票开具之日止，每满 12 个月计 1 年；超过 1 年，未满 12 个月但超过 6 个月的，可以视同为 1 年。具体按照下列方法计算。

（1）提供的购房凭据为"营改增"前取得的营业税发票的，按照发票所载金额（不扣减营业税）并从购买年度起至转让年度止每年加计 5%计算。

（2）提供的购房凭据为"营改增"后取得的增值税普通发票的，按照发票所载价税合计金额从购买年度起至转让年度止每年加计 5%计算。

（3）提供的购房发票为"营改增"后取得的增值税专用发票的，按照发票所载不含增值税金额加上不允许抵扣的增值税进项税额之和，并从购买年度起至转让年度止每年加计 5%计算。

对纳税人购房时缴纳的契税，凡能提供契税完税凭证的，准予作为"与转让房地产有关的税金"予以扣除，但不作为加计 5%计算的基数。

对于转让旧房及建筑物，既没有评估价格，又不能提供购房发票的，地方税务机关可以根据《中华人民共和国税收征收管理法》第三十五条的规定，实行核定征收。

第四节　计税依据和应纳税额的计算

一、计税依据

土地增值税的计税依据为增值额，即纳税人转让房地产所取得的收入减除规定的扣除项目金额后的余额。

增值额是土地增值税的本质所在。计算土地增值税是以增值额与扣除项目金额的比率大小按相适用的税率累进计算征收的，增值额与扣除项目金额的比率越大，适用的税率越高，缴纳的税款越多，因此，准确核算增值额是很重要的。当然，准确核算增值额，还需要有准确的房地产转让收入额和扣除项目的金额。在实际房地产交易活动中，有些纳税人由于不能准确提供房地产转让价格或扣除项目金额，致使增值额不准确，直接影响应纳税额的计算和缴纳。

二、应纳税额的计算

土地增值税按照纳税人转让房地产所取得的增值额和规定的税率计算征收。土地增值税的计算公式如下。

$$应纳税额=\sum（每级距的土地增值额×适用税率）$$

但在实际工作中，分步计算比较烦琐，一般可以采用速算扣除法计算，计算公式如下。

$$应纳税额=增值额×适用税率-扣除项目金额×速算扣除系数$$

【例 7-1】202×年 5 月，某市某房地产开发公司销售写字楼（增值税老项目）一栋，取得含税收入 5 250 万元，销售合同金额为不含税收入 5 000 万元。已知该公司为取得土地使用权而支付的地价款和相关税费为 500 万元；房地产开发成本为 1 500 万元；房地产开发费用中的利息支出为 120 万元（能够按转让房地产项目计算分摊并提供金融机构证明），比银行同类同期贷款利率计算的利息多 10 万元。公司所在地政府规定的其他房地产开发费用的扣除比例为 5%。计算该公司转让写字楼应纳的土地增值税额。

（1）应税收入为 5 000 万元。

（2）取得土地使用权所支付的金额为 500 万元。

（3）房地产开发成本为 1 500 万元。

（4）开发费用=(120−10)+(500+1 500)×5%=210（万元）

（5）准许扣除的相关税费=5 000×5%×(7%+3%+2%)+5 000×0.5‰=32.5（万元）

（6）加计扣除金额=(500+1 500)×20%=400（万元）

（7）转让房地产的增值额=5 000−(500+1 500+210+32.5+400)=5 000−2 642.5=2 357.5（万元）

（8）增值额与扣除项目金额的比率=2 357.5÷2 642.5×100%=89.210%

（9）应纳的土地增值税税额=2 357.5×40%−2 642.5×5%=810.875（万元）

【例 7-2】202×年 6 月，某市某工业企业转让一幢十年前建造的厂房，转让合同金额为含税收入 1 155 万元。已知，十年前该房造价为 500 万元，企业无偿取得土地使用权。如果按现行市场价的材料费、人工费计算，建造同样的房子需 1 000 万元，该房子为 6 成新，转让时向政府补缴土地出让金 200 万元。计算该企业转让旧厂房应纳的土地增值税额。

（1）评估价格=1 000×60%=600（万元）

（2）允许扣除的出让金 200 万元。

（3）允许扣除的相关税费=1 155÷(1+5%)×5%×(7%+3%+2%)+1 155×0.5‰=7.177 5（万元）

（4）扣除项目金额合计=600+200+7.177 5=807.177 5（万元）

（5）增值额=1 155÷(1+5%)-807.177 5=292.822 5（万元）

（6）增值率=292.822 5÷807.177 5×100%=36.28%

（7）应纳土地增值税=292.822 5×30%-807.177 5×0=87.8 468（万元）

第五节　税收优惠

一、建造普通标准住宅的税收优惠

纳税人建造普通标准住宅出售，增值额未超过扣除项目金额20%的，免征土地增值税；增值额超过扣除项目金额20%的，应就其全部增值额按规定计税。

【点拨指导】

这里所说的"普通标准住宅"，是指按所在地一般民用住宅标准建造的居住用住宅。高级公寓、别墅、度假村等不属于普通标准住宅。普通标准住宅与其他住宅的具体划分界限，2005年5月31日以前由各省、自治区、直辖市人民政府规定。自2005年6月1日起，普通标准住宅应同时满足：住宅小区建筑容积率在1.0以上；单套建筑面积在120平方米以下；实际成交价格低于同级别土地上住房平均交易价格1.2倍以下。各省、自治区、直辖市要根据实际情况，制定本地区享受优惠政策普通住房的具体标准。允许单套建筑面积和价格标准适当浮动，但向上浮动的比例不得超过上述标准的20%。

对于纳税人既建普通标准住宅又搞其他房地产开发的，应分别核算增值额。不分别核算增值额或不能准确核算增值额的，其建造的普通标准住宅不能适用这一免税规定。

二、国家征用收回地房地产的税收优惠

因国家建设需要依法征用、收回的房地产，免征土地增值税。

这里所说的"因国家建设需要依法征用、收回的房地产"，是指因城市实施规划、国家建设的需要而被政府批准征用的房产或收回的土地使用权。因城市实施规划、国家建设的需要而搬迁，由纳税人自行转让原房地产的，比照有关规定免征土地增值税。

此外，村民委员会、村民小组按照农村集体产权制度改革要求，将国有土地使用权、地上的建筑物及其附着物转移、变更到农村集体经济组织名下的，暂不征收土地增值税。

三、个人销售住房的税收优惠

对个人销售住房暂免征收土地增值税。

第六节　征收管理

一、土地增值税的申报缴纳

根据《土地增值税暂行条例》的规定，纳税人应自转让房地产合同签订之日起七日内，向房地产所在地的主管税务机关办理纳税申报，同时向税务机关提交房屋及建筑物产权、土地使用权证书、土地转让、房产买卖合同、房地产评估报告及其他与转让房地产有关的资料，然后在税务机关核定的期限内缴纳土地增值税。

二、纳税地点

土地增值税的纳税人应向房地产所在地主管税务机关办理纳税申报，并在税务机关核定

的期限内缴纳土地增值税。

这里所说的"房地产所在地"，是指房地产的坐落地。纳税人转让的房地产坐落在两个或两个以上地区的，应按房地产所在地分别申报纳税。

【特别提示】

在实际工作中，纳税地点的确定又可分为以下两种情况。

（1）纳税人是法人。当转让的房地产坐落地与其机构所在地或经营所在地一致时，则在办理税务登记的原管辖税务机关申报纳税即可；如果转让的房地产坐落地与其机构所在地或经营所在地不一致时，则应在房地产坐落地所管辖的税务机关申报纳税。

（2）纳税人是自然人。当转让的房地产坐落地与其居住所在地一致时，则在住所所在地税务机关申报纳税；当转让的房地产坐落地与其居住所在地不一致时，在办理过户手续所在地的税务机关申报纳税。

三、土地增值税的预征

根据《土地增值税暂行条例实施细则》的规定，对纳税人在项目全部竣工结算前转让房地产取得的收入可以预征土地增值税。具体办法由各省、自治区、直辖市税务局根据当地情况制定。因此，对纳税人预售房地产所取得的收入，当地主管税务机关规定预征土地增值税的，纳税人应当到当地主管税务机关办理纳税申报，并按规定比例预交，待办理决算后，多退少补；当地主管税务机关规定不预征土地增值税的，也应在取得收入时先到当地主管税务机关登记或备案。

自2024年12月1日起，除保障性住房外，东部地区省份预征率下限为1.5%，中部和东北地区省份预征率下限为1%，西部地区省份预征率下限为0.5%（地区的划分按照国务院有关文件的规定执行）。

四、土地增值税清算

为了加强土地增值税征收管理，规范土地增值税清算工作，我国根据《税收征收管理法》及其实施细则、《土地增值税暂行条例》及其实施细则等规定，制定了《土地增值税清算管理规程》（以下简称《规程》），自2009年6月1日起施行。各省（自治区、直辖市、计划单列市）税务机关可结合本地实际，对本规程进行进一步细化。

（一）清算征收

（1）纳税人符合下列条件之一的，应进行土地增值税的清算。

① 房地产开发项目全部竣工、完成销售的。

② 整体转让未竣工决算房地产开发项目的。

③ 直接转让土地使用权的。

（2）对符合以下条件之一的，主管税务机关可要求纳税人进行土地增值税清算。

① 已竣工验收的房地产开发项目，已转让的房地产建筑面积占整个项目可售建筑面积的比例在85%以上，或该比例虽未超过85%，但剩余的可售建筑面积已经出租或自用的。

② 取得销售（预售）许可证满三年仍未销售完毕的。

③ 纳税人申请注销税务登记但未办理土地增值税清算手续的。

④ 省（自治区、直辖市、计划单列市）税务机关规定的其他情况。

【特别提示】

对上述所列第③项情形，应在办理注销登记前进行土地增值税清算。

对于符合上述清算条件应进行土地增值税清算的项目，纳税人应当在满足条件之日起90日内到主管税务机关办理清算手续。对于符合上述清算条件的项目，主管税务机关可要求纳税人进行土地增值税清算的项目，由主管税务机关确定是否进行清算；对于确定需要进行清算的项目，由主管税务机关下达清算通知，纳税人应当在收到清算通知之日起90日内办理清算手续。

应进行土地增值税清算的纳税人或经主管税务机关确定需要进行清算的纳税人，在上述规定的期限内拒不清算或不提供清算资料的，主管税务机关可依据《税收征收管理法》有关规定处理。

（3）纳税人清算土地增值税时应提供的清算资料。

① 土地增值税清算表及其附表。

② 房地产开发项目清算说明，主要内容应包括房地产开发项目立项、用地、开发、销售、关联方交易、融资、税款缴纳等基本情况及主管税务机关需要了解的其他情况。

③ 项目竣工决算报表、取得土地使用权所支付的地价款凭证、国有土地使用权出让合同、银行贷款利息结算通知单、项目工程合同结算单、商品房购销合同统计表、销售明细表、预售许可证等与转让房地产的收入、成本和费用有关的证明资料。主管税务机关需要相应项目记账凭证的，纳税人还应提供记账凭证复印件。

④ 纳税人委托税务中介机构审核鉴证的清算项目，还应报送中介机构出具的《土地增值税清算税款鉴证报告》。

土地增值税清算资料应按照档案化管理的要求，妥善保存。

（4）主管税务机关收到纳税人清算资料后，对符合清算条件的项目，且报送的清算资料完备的，予以受理；对纳税人符合清算条件、但报送的清算资料不全的，应要求纳税人在规定限期内补报，纳税人在规定的期限内补齐清算资料后，予以受理；对不符合清算条件的项目，不予受理。上述具体期限由各省、自治区、直辖市、计划单列市税务机关确定。主管税务机关已受理的清算申请，纳税人无正当理由不得撤销。

（5）主管税务机关按规定进行项目管理时，对符合税务机关可要求纳税人进行清算情形的，应当做出评估，并经分管领导批准，确定何时要求纳税人进行清算的时间。对确定暂不通知清算的，应继续做好项目管理，每年做出评估，及时确定清算时间并通知纳税人办理清算。

（6）主管税务机关受理纳税人清算资料后，应在一定期限内及时组织清算审核。具体期限由各省、自治区、直辖市、计划单列市税务机关确定。

（二）核定征收

在土地增值税清算过程中，发现纳税人符合核定征收条件的，应按核定征收方式对房地产项目进行清算。

（1）在土地增值税清算中符合以下条件之一的，可实行核定征收。

① 依照法律、行政法规的规定应当设置但未设置账簿的。

② 擅自销毁账簿或者拒不提供纳税资料的。

③ 虽设置账簿，但账目混乱或者成本资料、收入凭证、费用凭证残缺不全，难以确定转让收入或扣除项目金额的。

④ 符合土地增值税清算条件，企业未按照规定的期限办理清算手续，经税务机关责令限期清算，逾期仍不清算的。

⑤ 申报的计税依据明显偏低，又无正当理由的。

（2）符合上述核定征收条件的，由主管税务机关发出核定征收的税务事项告知书后，税务人员对房地产项目开展土地增值税核定征收核查，经主管税务机关审核合议，通知纳税人申报缴纳应补缴税款或办理退税。

（3）对于分期开发的房地产项目，各期清算的方式应保持一致。

（三）清算后事宜

在土地增值税清算时未转让的房地产，清算后销售或有偿转让的，纳税人应按规定进行土地增值税的纳税申报，扣除项目金额按清算时的单位建筑面积成本费用乘以销售或转让面积计算，其中，单位建筑面积成本费用等于清算时的扣除项目总金额除以清算的总建筑面积。

拓展知识

土地增值税清算
审核方法

思考题

1. 土地增值税的作用有哪些？
2. 土地增值税征税范围有哪些具体规定？
3. 计算土地增值税时有哪些扣除项目？
4. 土地增值税优惠政策有哪些？
5. 土地增值税的征收管理规定有哪些？

同步训练

1. 某市某房地产开发公司 2022 年度内销售其 2016 年 1 月开工建设的商品房一批，共计取得含税收入 8 000 万元。已知该公司建造此楼的房地产开发成本为 2 000 万元，为取得该幢商品房的土地使用权支付的金额为 800 万元。但该公司不能提供准确的建房利息支出情况，其房地产开发费用按该公司所在省规定可按取得土地使用权时支付的金额与房地产开发成本之和的 10% 计算扣除。计算该公司销售商品房应纳的土地增值税。

2. 某市某工业企业 2022 年 6 月将其 10 年前建造的旧厂房连同周围的占地（有使用权）一并转让给另一家生产企业，共计取得含税收入 5 000 万元。该厂在建设上述厂房时，支付的地价款和按国家统一规定缴纳的有关费用合计 1 200 万元。经当地房地产评估中心评估，并经税务机关认可的厂房重置价为 3 000 万元，成新度折扣率为 60%。计算该企业转让旧厂房及土地使用权应纳的土地增值税。

3. 某房地产开发公司于 2020 年 1 月受让一宗土地使用权，根据转让合同支付转让方地价款 6 000 万元，当月办好土地使用权权属证书。2021 年 2 月至 2022 年 3 月中旬，该房地产开发公司将受让土地 70%（其余 30% 尚未使用）的面积开发建造一栋写字楼。在开发过程中，根据建筑承包合同支付给建筑公司劳务费和材料费共计 5 800 万元；开发过程中发生的利息费用为 800 万元，不高于同期银行贷款利率并能提供金融机构的证明。2022 年 3 月下旬，该公司将开发建造的写字楼总面积的 20% 转为公司的固定资产并用于对外出租，其余部分对外销售。2022 年 4 月～6 月，该公司取得租金收入共计 60 万元，销售部分全部售完，共计取得销售收入 14 000 万元。该公司在写字楼开发和销售过程中，共计发生管理费用 800 万元、销售费用 400 万元。该公司适用增值税征收率为 5%，契税税率为 3%，城市维护建设税税率为 7%，教育费附加征收率为 3%，地方教育附加征收率为 2%，其他开发费用扣除比例为 5%。计算该房地产开发公司销售写字楼应纳的土地增值税。

第八章 车辆购置税、车船税、印花税和环境保护税

【内容提要】

本章介绍了车辆购置税、车船税、印花税和环境保护税的征税范围、纳税人，税率，计税依据和应纳税额的计算，税收优惠和征收管理。

【本章学习重点】

车辆购置税、车船税、印花税和环境保护税的计税依据、应纳税额的计算和税收优惠。

第一节 车辆购置税

微课堂

车辆购置税

一、车辆购置税的概念和特点

（一）车辆购置税的概念

车辆购置税是以在中国境内购置规定的应税车辆为课税对象，在特定的环节向车辆购置者征收的一种税。

📋 【特别提示】

车辆购置税是 2001 年 1 月 1 日在我国开征的新税种，是在原交通部门收取的车辆购置附加费的基础上，通过"费改税"方式改革而来的。车辆购置税基本保留了原车辆附加费的特点。现行车辆购置税法的基本规范，是 2018 年 12 月 29 日第十三届全国人民代表大会常务委员会第七次会议通过，并于 2019 年 7 月 1 日起施行的《中华人民共和国车辆购置税法》（以下简称《车辆购置税法》）。

（二）车辆购置税的特点

车辆购置税除具有税收的共同特点外，还有其自身独特的特点。

1. 征收范围单一

作为财产税的车辆购置税，以购置的特定车辆为课税对象，而不是对所有的财产或消费财产征税，范围窄，是一种特种财产税。

2. 征收环节单一

车辆购置税实行一次课征制，它不是在生产、经营和消费的每一个环节实行道道征收，而只是在退出流通领域进入消费领域的特定环节征收。

3. 税率单一

车辆购置税只确定一个统一比例税率征收，税率具有不随课税对象数额变动的特点，计征简便、负担稳定，有利于依法治税。

4. 征收方法单一

车辆购置税根据纳税人购置应税车辆的计税价格（不含增值税）实行从价计征，以价格为计税标准，课税与价格直接发生关系，价格高者多征税，价格低者少征税。

二、纳税义务人与征税范围

（一）纳税义务人

车辆购置税的纳税义务人是指在我国境内购置应税车辆的单位和个人。购置是指购买使用行为、进口使用行为、受赠使用行为、自产自用行为、获奖使用行为以及以拍卖、抵债、走私、罚没等其他方式取得并使用的行为。车辆购置税实行一次性征收，购置的已税车辆不再征收车辆购置税。

已经办理免税、减税手续的车辆因转让、改变用途等原因不再属于免税、减税范围的，按以下规定执行：发生转让行为的，受让人为车辆购置税纳税人；未发生转让行为的，车辆所有人为车辆购置税纳税人。

（二）征税范围

车辆购置税以列举的车辆作为征税对象，对未列举的车辆不纳税，其征税范围包括汽车、有轨电车、汽车挂车、排气量超过 150 毫升的摩托车（以下统称应税车辆）。

【特别提示】

地铁、轻轨等城市轨道交通车辆，装载机、平地机、挖掘机、推土机等轮式专用机械车，以及起重机（吊车）、叉车、电动摩托车，不属于应税车辆。

三、税率与计税依据

（一）税率

车辆购置税实行统一比例税率，税率为 10%。

（二）计税依据

车辆购置税以应税车辆为课税对象，考虑到我国车辆市场供求的矛盾，价格差异变化，计量单位不规范以及征收车辆购置附加费的做法，实行从价定率、价外征收的方法计算应纳税额，应税车辆的价格即计税价格就成为车辆购置税的计税依据。但是，由于应税车辆购置的来源不同，应税行为的发生不同，计税价格的组成也就不一样。车辆购置税的计税依据分以下几种情况确定。

1. 购买自用应税车辆计税依据的确定

纳税人购买自用的应税车辆，计税价格为纳税人购买应税车辆而支付给销售者的全部价款，不包含增值税税款。纳税人购买自用应税车辆实际支付给销售者的全部价款，依据纳税人购买应税车辆时相关凭证载明的价格确定，不包括增值税税款。自 2020 年 6 月 1 日起，纳税人购置应税车辆，以发票电子信息中的不含增值税价作为计税价格。纳税人依据相关规定提供其他有效价格凭证的情形除外。应税车辆存在多条发票电子信息或者没有发票电子信息的，纳税人按照购置应税车辆实际支付给销售方的全部价款（不包括增值税税款）申报纳税。

【点拨指导】

购买的应税自用车辆包括购买自用的国产应税车辆和购买自用的进口应税车辆，如从境内汽车市场、汽车贸易公司购买自用的进口应税车辆。

2. 进口自用应税车辆计税依据的确定

纳税人进口自用应税车辆，是指纳税人直接从境外进口或者委托代理进口自用的应税车辆，不包括在境内购买的进口车辆。纳税人进口自用的应税车辆以组成计税价格为计税依据，组成计税价格的计算公式如下。

$$组成计税价格=关税完税价格+关税+消费税$$

【点拨指导】

进口自用的应税车辆是指纳税人直接从境外进口或委托代理进口自用的应税车辆，即非贸易方式进口自用的应税车辆。进口自用的应税车辆的计税依据，应根据纳税人提供的、经海关审查确认的有关完税证明资料确定。

3. 其他自用应税车辆计税依据的确定

纳税人自产自用应税车辆的计税价格，按照同类应税车辆（即车辆配置序列号相同的车辆）的销售价格确定，不包括增值税税款；没有同类应税车辆销售价格的，按照组成计税价格确定。组成计税价格计算公式如下。

$$组成计税价格=成本×(1+成本利润率)$$

属于应征消费税的应税车辆，其组成计税价格中应加计消费税税额。

上述公式中的成本利润率，由国家税务总局各省、自治区、直辖市和计划单列市税务局确定。

纳税人以受赠、获奖或者其他方式取得自用应税车辆的计税价格，按照购置应税车辆时相关凭证载明的价格确定，不包括增值税税款。

【点拨指导】

这里所称的购置应税车辆时的相关凭证，是指原车辆所有人购置或者以其他方式取得应税车辆时载明价格的凭证。无法提供相关凭证的，参照同类应税车辆市场平均交易价格确定其计税价格。原车辆所有人为车辆生产或者销售企业，未开具机动车销售统一发票的，按照车辆生产或者销售同类应税车辆的销售价格确定应税车辆的计税价格。无同类应税车辆销售价格的，按照组成计税价格确定应税车辆的计税价格。

纳税人以外汇结算应税车辆价款的，按照申报纳税之日的人民币汇率中间价折合成人民币计算缴纳税款。

四、应纳税额的计算

车辆购置税实行从价定率的方法计算应纳税额，计算公式如下。

$$应纳税额=计税依据×税率$$

由于应税车辆的来源、应税行为的发生以及计税依据组成不同，所以，车辆购置税应纳税额的计算方法也有区别。

（一）购买自用应税车辆应纳税额的计算

纳税人购买自用的应税车辆应纳税额的计算公式如下。

$$应纳税额=纳税人购买应税车辆而支付给销售者的不包含增值税的全部价款×税率$$

纳税人购买应税车辆而支付给销售者的不包含增值税全部价款，一般是指销售方开具的"机动车销售统一发票"上注明的价款。

【例8-1】 宋某202×年6月从某汽车有限公司购买一辆2.0升排量的小汽车自己使用，支付了含增值税税款在内的款项226 000元，另支付代收牌照费550元、代收保险费1 000元、购买工具件和零配件价款3 000元、车辆装饰费1 300元。除代收的牌照费、保险费外，其他所支付的款项均由该汽车有限公司开具"机动车销售统一发票"。请计算宋某应纳车辆购置税。

（1）计税依据=(226 000+3 000+1 300)÷(1+13%)=203 805.31（元）

（2）应纳税额=203 805.31×10%=20 380.53（元）

（二）进口自用应税车辆应纳税额的计算

纳税人进口自用应税车辆应纳税额的计算公式如下。

$$应纳税额=(关税完税价格+关税+消费税)×税率$$

【例8-2】某外贸进出口公司于202×年6月从国外进口10辆某公司生产的某型号小轿车。该公司报关进口这批小轿车时，经报关地海关对有关报关资料的审查，确定关税完税价格为每辆185 000元人民币，海关按关税政策规定对每辆小轿车征收了关税55 500元，并按消费税、增值税有关规定分别代征了每辆小轿车的进口消费税32 795元、进口增值税35 528元。由于联系业务的需要，该公司将一辆小轿车留下本单位使用，其余9辆小轿车全部对外销售。根据以上资料，计算进出口公司应缴纳的车辆购置税。

（1）计税依据=185 000+55 500+32 795=273 295（元）

（2）应纳税额=273 295×10%=27 329.5（元）

（三）其他自用应税车辆应纳税额的计算

纳税人自产自用应税车辆的，车辆购置税计算公式如下。

$$应纳税额=纳税人生产的同类应税车辆的销售价格×税率$$

纳税人以受赠、获奖或者其他方式取得自用应税车辆的，车辆购置税计算公式如下。

$$应纳税额=购置应税车辆时相关凭证载明的价格×税率$$

已经办理免税、减税手续的车辆因转让、改变用途等原因不再属于免税、减税范围的，应纳税额计算公式如下：

$$应纳税额=初次办理纳税申报时确定的计税价格×(1-使用年限×10\%)×10\%-已纳税额$$

应纳税额不得为负数。

【点拨指导】

使用年限的计算方法是，自纳税人初次办理纳税申报之日起，至不再属于免税、减税范围的情形发生之日止。使用年限取整计算，不满一年的不计算在内。

五、税收优惠

（一）法定减免税

我国车辆购置税实行法定减免，具体规定如下。

（1）外国驻华使馆、领事馆和国际组织驻华机构及其外交人员自用车辆免税。

（2）中国人民解放军和中国人民武装警察部队列入军队武器装备订货计划的车辆免税。

（3）悬挂应急救援专用号牌的国家综合性消防救援车辆免税。

（4）设有固定装置的非运输专用作业车辆免税。

（5）城市公交企业购置的公共汽电车辆免税。

（二）其他减免税

根据国民经济和社会发展的需要,国务院可以规定减征或者其他免征车辆购置税的情形，报全国人民代表大会常务委员会备案。根据现行政策规定，其他免征车辆购置税情形的车辆目前主要有以下几种。

（1）回国服务的在外留学人员用现汇购买1辆个人自用国产小汽车，免税。

（2）长期来华定居的专家进口1辆自用小汽车，免税。

（3）防汛部门和森林消防部门用于指挥、检查、调度、报汛（警）、联络的由指定厂家生产的设有固定装置的指定型号的车辆，免税。

（4）自2021年1月1日至2022年12月31日，对购置的新能源汽车免征车辆购置税。

免征车辆购置税的新能源汽车是指纯电动汽车、插电式混合动力（含增程式）汽车、燃料电池汽车。

六、征收管理

车辆购置税由税务机关负责征收。车辆购置税的征收规定如下。

（一）纳税环节

车辆购置税的征税环节为使用环节，即最终消费环节。具体而言，纳税人应当在向公安机关交通管理部门办理车辆注册登记前，缴纳车辆购置税。

公安机关交通管理部门办理车辆注册登记，应当根据税务机关提供的应税车辆完税或者免税电子信息对纳税人申请登记的车辆信息进行核对，核对无误后依法办理车辆注册登记。

（二）纳税地点

购置应税车辆的纳税人，应当到下列地点申报纳税。

（1）需要办理车辆登记的，应当向车辆登记地的主管税务机关申报纳税。车辆登记地是指车辆的上牌落籍地或落户地。

（2）不需要办理车辆登记的，应当向纳税人所在地的主管税务机关申报缴纳车辆购置税。单位纳税人向其机构所在地的主管税务机关申报纳税，个人纳税人向其户籍所在地或者经常居住地的主管税务机关申报纳税。

（三）纳税期限

车辆购置税的纳税义务发生时间为纳税人购置应税车辆的当日。车辆购置税的纳税义务发生时间以纳税人购置应税车辆所取得的车辆相关凭证上注明的时间为准。

纳税人应当自纳税义务发生之日起 60 日内申报缴纳车辆购置税。

已经办理免税、减税手续的车辆因转让、改变用途等原因不再属于免税、减税范围的，纳税义务发生时间为车辆转让或者用途改变等情形发生之日。

（四）纳税申报

车辆购置税实行一车一申报制度。

纳税人办理纳税申报时应当如实填报《车辆购置税纳税申报表》，同时提供车辆合格证明和车辆相关价格凭证。纳税人在办理车辆购置税免税、减税时，还应当根据不同的免税、减税情形，分别提供相关资料的原件、复印件。

免税、减税车辆因转让、改变用途等原因不再属于免税、减税范围的，纳税人在办理纳税申报时，应当如实填报《车辆购置税纳税申报表》。发生二手车交易行为的，提供二手车销售统一发票；属于其他情形的，按照相关规定提供申报材料。

纳税人应当如实申报应税车辆的计税价格，税务机关应当按照纳税人申报的计税价格征收税款。纳税人编造虚假计税依据的，税务机关应当依照《税收征收管理法》及其实施细则的相关规定处理。纳税人申报的应税车辆计税价格明显偏低，又无正当理由的，由税务机关依照《税收征收管理法》的规定核定其应纳税额。

（五）退税

纳税人将已征车辆购置税的车辆退回车辆生产企业或者销售企业的，可以向主管税务机关申请退还车辆购置税。退税额以已缴税款为基准，自缴纳税款之日至申请退税之日，每满一年扣减百分之十。应退税额计算公式如下。

$$应退税额 = 已纳税额 \times (1 - 使用年限 \times 10\%)$$

应退税额不得为负数。

使用年限的计算方法是，自纳税人缴纳税款之日起，至申请退税之日止。

纳税人申请退税时，应当如实填报《车辆购置税退税申请表》，提供纳税人身份证明，并区别不同情形提供相关资料。

第二节 车船税

一、车船税的概念和作用

（一）车船税的概念

车船税是以车船为征税对象，向中华人民共和国境内拥有车船的单位和个人征收的一种税。

车船税历史悠久，中华人民共和国成立后，中央人民政府政务院于1951年9月颁布了《车船使用牌照税暂行条例》，在全国部分地区开征。1973年简化税制、合并税种时，把对国营企业和集体企业征收的车船使用牌照税并入工商税。自此，车船使用牌照税只对不缴纳工商税的单位、个人及外侨征收，征税范围大大缩小。1984年10月，国务院决定恢复对车船征税，因原税名"车船使用牌照税"不太确定，在实际工作中往往误认为是对牌照征税，因此，改名为车船使用税。1986年9月15日，国务院发布了《中华人民共和国车船使用税暂行条例》（以下简称《车船使用税暂行条例》），自1986年10月1日起在全国施行。各省、自治区、直辖市人民政府根据《车船使用税暂行条例》的规定，先后制定了施行细则。2006年12月29日，国务院颁布了《中华人民共和国车船税暂行条例》，并于2007年1月1日实施。《中华人民共和国车船税法》已由中华人民共和国第十一届全国人民代表大会常务委员会第十九次会议于2011年2月25日通过，自2012年1月1日起施行。

（二）车船税的作用

1. 为地方政府筹集财政资金

开征车船税，能够将分散在车船人手中的部分资金集中起来，增加地方财源，增加地方政府的财政收入。

2. 有利于车船的管理与合理配置

随着经济发展，车船的数量急剧增加，开征车船税后，购置、使用车船越多，应缴纳的车船税越多，促使纳税人加强对自己拥有的车船管理和核算，改善资源配置，合理使用车船。

3. 有利于调节财富差异

在国外，车船税属于对不动产的征税范围，这类税收除了筹集地方财政收入外，另一重要功能是对个人拥有的财产或财富（如轿车、游艇等）进行调节，缓解财富分配不公现象。随着我国经济增长，部分先富起来的个人拥有私人轿车、游艇及其他车船的情况将日益增加，我国征收车船税的财富再分配作用亦会更加重要。

二、纳税义务人与征税范围

（一）纳税义务人

车船税的纳税义务人，是指在中华人民共和国境内拥有应税车辆、船舶（以下简称"车船"）的所有人或者管理人。

（二）征税范围

车船税的征税范围是指在中华人民共和国境内属于车船税法所附《车船税税目税额表》规定的应税车辆、船舶。此处的车辆、船舶可有如下分类。

（1）依法应当在车船管理部门登记的机动车辆和船舶。

（2）依法不需要在车船管理部门登记、在单位内部场所行驶或者作业的机动车辆和船舶。这里的车船管理部门，是指公安、交通运输、农业、渔业、军队、武装警察部队等依法具有车船登记管理职能的部门；单位，是指依照中国法律、行政法规规定，在中国境内成立的行政机关、企业、事业单位、社会团体以及其他组织。

三、税目与税率

车船税实行定额税率。定额税率也称固定税额，是税率的一种特殊形式。定额税率计算简便，是适宜从量计征的税种。车船税的适用税额，依照车船税法所附的《车船税税目税额表》执行。

车辆的具体适用税额由省、自治区、直辖市人民政府依照车船税法所附《车船税税目税额表》规定的税额幅度和国务院的规定确定。

船舶的具体适用税额由国务院在车船税法所附《车船税税目税额表》规定的税额幅度内确定。

车船税采用定额税率，即对征税的车船规定单位固定税额。车船税确定税额总的原则是：非机动车船的税负轻于机动车船；人力车的税负轻于畜力车；小吨位船舶的税负轻于大船舶。由于车辆与船舶的行驶情况不同，车船税的税额也有所不同，表 8-1 所示为车船税税目税额表。

表 8-1　车船税税目税额表

车船类型	税目		计税单位	年基准税额（元）	备注
乘用车按发动机气缸容量（排气量）分档	1.0 升（含）以下的		每辆	60～360	核定载客人数 9 人（含）以下
	1.0 升以上至 1.6 升（含）的			300～540	
	1.6 升以上至 2.0 升（含）的			360～660	
	2.0 升以上至 2.5 升（含）的			660～1 200	
	2.5 升以上至 3.0 升（含）的			1 200～2 400	
	3.0 升以上至 4.0 升（含）的			2 400～3 600	
	4.0 升以上的			3 600～5 400	
商用车	客车		每辆	480～1 440	核定载客人数 9 人（包括电车）以上
	货车		整备质量每吨	16～120	包括半挂牵引车、挂车、客货两用汽车、三轮汽车和低速载货汽车等。
挂车			整备质量每吨	按照货车税额的 50%计算	
其他车辆	专用作业车		整备质量每吨	16～120	不包括拖拉机
	轮式专用机械车		整备质量每吨	16～120	
摩托车			每辆	36～180	
船舶	机动船舶		净吨位每吨	3～6	拖船、非机动驳船分别按照机动船舶税额的 50%计算，拖船按发动机功率每千瓦折合净吨位 0.67 吨计算；游艇的税额另行规定
	游艇		艇身长度每米	600～2 000	

✎【特别提示】～～～～～～～～～～～～～～～～～～～～～～～～～～～

表 8-1 中专用作业车是指在设计和技术特性上用于特殊工作并装置有专用设备或器具的汽车，如汽车起重机、消防车、混凝土泵车、清障车、高空作业车、洒水车、扫路车等。以载运人员或货物为主要目的的专用汽车，如救护车，不属于专用作业车。客货两用车，又称多用

途货车，是指在设计和结构上主要用于载运货物，但在驾驶员座椅后带有固定或折叠式座椅，可运载 3 人以上乘客的货车。客货两用车依照货车的计税单位和年基准税额计征车船税。

（1）机动船舶，具体适用税额如下。

① 净吨位小于或者等于 200 吨的，每吨 3 元。

② 净吨位 201 吨~2 000 吨的，每吨 4 元。

③ 净吨位 2 001 吨~10 000 吨的，每吨 5 元。

④ 净吨位 10 001 吨及以上的，每吨 6 元。

拖船按照发动机功率每 1 千瓦折合净吨位 0.67 吨计算征收车船税。

（2）游艇，具体适用税额如下。

① 艇身长度不超过 10 米的游艇，每米 600 元。

② 艇身长度超过 10 米但不超过 18 米的游艇，每米 900 元。

③ 艇身长度超过 18 米但不超过 30 米的游艇，每米 1 300 元。

④ 艇身长度超过 30 米的游艇，每米 2 000 元。

⑤ 辅助动力帆艇，每米 600 元。

【特别提示】

这里的游艇艇身长度是指游艇的总长。

（3）车船税法及其实施条例涉及的整备质量、净吨位、艇身长度等计税单位，有尾数的一律按照含尾数的计税单位据实计算车船税应纳税额。计算得出的应纳税额小数点后超过两位的，可四舍五入保留两位小数。

（4）乘用车以车辆登记管理部门核发的机动车登记证书或者行驶证书所载的排气量毫升数确定税额区间。

（5）车船税法和实施条例所涉及的排气量、整备质量、核定载客人数、净吨位、功率（千瓦或马力）、艇身长度，以车船登记管理部门核发的车船登记证书或者行驶证相应项目所载数据为准。

依法不需要办理登记、依法应当登记而未办理登记或者不能提供车船登记证书、行驶证的，以车船出厂合格证明或者进口凭证相应项目标注的技术参数、所载数据为准；不能提供车船出厂合格证明或者进口凭证的，由主管税务机关参照国家相关标准核定，没有国家相关标准的参照同类车船核定。

四、应纳税额的计算与代收代缴

纳税人按照纳税地点所在的省、自治区、直辖市人民政府确定的具体适用税额缴纳车船税。车船税由地方税务机关负责征收。

（1）购置的新车船，购置当年的应纳税额自纳税义务发生的当月起按月计算。计算公式如下。

$$应纳税额=年应纳税额÷12×应纳税月份数$$
$$应纳税月份数=12-纳税义务发生时间(取月份)+1$$

（2）在一个纳税年度内，已完税的车船被盗抢、报废、灭失的，纳税人可以凭有关管理机关出具的证明和完税证明，向纳税所在地的主管税务机关申请退还自被盗抢、报废、灭失月份起至该纳税年度终了期间的税款。

（3）已办理退税的被盗抢车船失而复得的，纳税人应当从公安机关出具相关证明的当月起计算缴纳车船税。

（4）在一个纳税年度内，纳税人在非车辆登记地由保险机构代收代缴机动车车船税，且能够提供合法有效完税证明的，纳税人不再向车辆登记地的地方税务机关缴纳车船税。

（5）已缴纳车船税的车船在同一纳税年度内办理转让过户的，不另纳税，也不退税。

【例 8-3】某运输公司拥有载货汽车 30 辆（货车整备质量全部为 10 吨）；乘人大客车 50 辆；小客车 10 辆。计算该公司每年应缴纳的车船税。已知，载货汽车每吨年税额 80 元，乘人大客车每辆年税额 800 元，小客车每辆年税额 600 元。

（1）载货汽车应纳税额=30×10×80=24 000（元）

（2）乘人汽车应纳税额=50×800+10×600=46 000（元）

（3）全年应纳车船税额=24 000+46 000=70 000（元）

五、税收优惠

（一）法定减免

以下类别的车船能获得车船税法定减免。

（1）捕捞、养殖渔船。其是指在渔业船舶登记管理部门登记为捕捞船或者养殖船的船舶。

（2）军队、武装警察部队专用的车船。其是指按照规定在军队、武装警察部队车船管理部门登记，并领取军队、武警牌照的车船。

（3）警用车船。其是指公安机关、国家安全机关、监狱、劳动教养管理机关和人民法院、人民检察院领取警用牌照的车辆和执行警务的专用船舶。

（4）依照法律规定应当予以免税的外国驻华使领馆、国际组织驻华代表机构及其有关人员的车船。

（5）对节约能源的车船，减半征收车船税；对使用新能源的车船，免征车船税。减半征收车船税的节约能源乘用车和商用车、免征车船税的使用新能源的汽车均应符合规定的标准。使用新能源的车辆包括纯电动汽车、燃料电池汽车和混合动力汽车。纯电动汽车、燃料电池汽车不属于车船税征收范围，其他混合动力汽车按照同类车辆适用税额减半征税。

（6）省、自治区、直辖市人民政府根据当地实际情况，可以对公共交通车船，农村居民拥有并主要在农村地区使用的摩托车、三轮汽车和低速载货汽车定期减征或者免征车船税。

（二）特定减免

有的类别的车船可以享受车船税特定减免。如对经批准临时入境的外国车船和香港特别行政区、澳门特别行政区、台湾地区的车船，不征收车船税。

六、征收管理

（一）纳税期限

车船税纳税义务发生时间为取得车船所有权或者管理权的当月。以购买车船的发票或其他证明文件所载日期的当月为准。

（二）纳税地点

车船税的纳税地点为车船的登记地或者车船税扣缴义务人所在地。依法不需要办理登记的车船，车船税的纳税地点为车船的所有人或者管理人所在地。具体规定如下。

（1）扣缴义务人代收代缴车船税的，纳税地点为扣缴义务人所在地。

（2）纳税人自行申报缴纳车船税的，纳税地点为车船登记地的主管税务机关所在地。

（3）依法不需要办理登记的车船，纳税地点为车船所有人或者管理人主管税务机关所在地。

（三）纳税申报

车船税按年申报，分月计算，一次性缴纳。纳税年度为公历 1 月 1 日至 12 月 31 日。车船税按年申报缴纳。具体申报纳税期限由省、自治区、直辖市人民政府规定。

（1）税务机关可以在车船管理部门、车船检验机构的办公场所集中办理车船税征收事宜。

（2）公安机关交通管理部门在办理车辆相关登记和定期检验手续时，对未提交自上次检验后各年度依法纳税或者免税证明的，不予登记，不予发放检验合格标志。

（3）海事部门、船舶检验机构在办理船舶登记和定期检验手续时，对未提交依法纳税或者免税证明，且拒绝扣缴义务人代收代缴车船税的纳税人，不予登记，不予发放检验合格标志。

（4）对于依法不需要购买机动车交通事故责任强制保险的车辆，纳税人应当向主管税务机关申报缴纳车船税。

（5）纳税人在首次购买机动车交通事故责任强制保险时缴纳车船税或者自行申报缴纳车船税的，应当提供购车发票及反映排气量、整备质量、核定载客人数等与纳税相关的信息及其相应凭证。

（6）从事机动车第三者责任强制保险业务的保险机构为机动车车船税的扣缴义务人，应当在收取保险费时依法代收车船税，并出具代收税款凭证。

（四）税款征收

（1）纳税人向税务机关申报车船税，税务机关应当受理，并向纳税人开具含有车船信息的完税凭证。

（2）税务机关按上述第（1）条征收车船税的，应当严格依据车船登记地确定征管范围。依法不需要办理登记的车船，应当依据车船的所有人或管理人所在地确定征管范围。车船登记地或车船所有人或管理人所在地以外的车船税，税务机关不应征收。

（3）保险机构应当在收取机动车第三者责任强制保险费时依法代收车船税，并将注明已收税款信息的机动车第三者责任强制保险单及保费发票作为代收税款凭证。

（4）保险机构应当按照本地区车船税代收代缴管理办法规定的期限和方式，及时向保险机构所在地的税务机关办理申报、结报手续，报送代收代缴税款报告表和投保机动车缴税的明细信息。

（5）对已经向主管税务机关申报缴纳车船税的纳税人，保险机构在销售机动车第三者责任强制保险时，不再代收车船税，但应当根据纳税人的完税凭证原件，将车辆的完税凭证号和出具该凭证的税务机关名称录入交强险业务系统。

【点拨指导】

对出具税务机关减免税证明的车辆，保险机构在销售机动车第三者责任强制保险时，不代收车船税，保险机构应当将减免税证明号和出具该证明的税务机关名称录入交强险业务系统。

纳税人对保险机构代收代缴税款数额有异议的，可以直接向税务机关申报缴纳，也可以在保险机构代收代缴税款后向税务机关提出申诉，税务机关应在接到纳税人申诉后按照本地区代收代缴管理办法规定的受理程序和期限进行处理。

（6）车船税联网征收系统已上线地区税务机关应当及时将征收信息、减免税信息、保险机构和代征单位汇总解缴信息等传递至车船税联网征收系统，与税源数据库历史信息进行比对核验，实现税源数据库数据的实时更新、校验、清洗，以确保车船税足额收缴。

（7）税务机关可以根据有利于税收管理和方便纳税的原则，委托交通运输部门的海事管理机构等单位在办理车船登记手续或受理车船年度检验信息报告时代征车船税，同时向纳税人出具代征税款凭证。

（8）代征单位应当根据委托代征协议约定的方式、期限及时将代征税款解缴入库，并向税务机关提供代征车船的明细信息。

（9）代征单位对出具税务机关减免税证明或完税凭证的车船，不再代征车船税。代征单位应当记录上述凭证的凭证号和出具该凭证的税务机关名称，并将上述凭证的复印件存档备查。

📚 **【点拨指导】**

代征单位依法履行委托代征税款职责时，纳税人不得拒绝。纳税人拒绝的，代征单位应当及时报告税务机关。

（五）减免税退税管理

（1）税务机关应当依法减免车船税。保险机构、代征单位对已经办理减免税手续的车船不再代收代征车船税。税务机关、保险机构、代征单位应当严格执行财政部、国家税务总局、工业和信息化部公布的节约能源、使用新能源车船减免税政策。对不属于车船税征税范围的纯电动乘用车和燃料电池乘用车，应当积极获取车辆的相关信息予以判断，对其征收了车船税的，应当及时予以退税。

（2）税务机关应当将本地区车船税减免涉及的具体车船的明细信息和相关减免税额存档备查。

（3）车船税退税管理应当按照税款缴库退库有关规定执行。

（4）已经缴纳车船税的车船，因质量问题，车辆被退回生产企业或者经销商的，纳税人可以向纳税所在地的主管税务机关申请退还自退货月份起至该纳税年度终了期间的税款，退货月份以退货发票所载日期的当月为准。

（5）已完税车辆被盗抢、报废、灭失而申请车船税退税的，由纳税人纳税所在地的主管税务机关按照有关规定办理。

（6）对纳税人在车辆登记地之外购买机动车第三者责任强制保险，由保险机构代收代缴车船税的，凭注明已收税款信息的机动车第三者责任强制保险单或保费发票，车辆登记地的主管税务机关不再征收该纳税年度的车船税，已经征收的应予退还。

第三节　印花税

一、印花税的概念和特点

（一）印花税的概念

印花税是以经济活动和经济交往中，书立、领受应税凭证的行为为征税对象征收的一种税。印花税因其采用在应税凭证上粘贴印花税票的方法缴纳税款而得名。

印花税最早产生于 1624 年的荷兰，现在已是世界各国普遍开征的一个税种。中华人民共和国成立后，中央人民政府政务院于 1950 年发布了《印花税暂行条例》，在全国范围内开征印花税；1958 年简化税制时，经全国人民代表大会常务委员会通过，将印花税并入工商统一税，印花税不再单设税种征收；1988 年国务院发布了《印花税暂行条例》，恢复征收印花税；2021 年 6 月全国人民代表大会常委会通过《中华人民共和国印花税法》，自 2022 年 7 月 1 日起施行。

（二）印花税的特点

1. 征税范围广

印花税的征税对象是经济活动和经济交往中书立、领受应税凭证的行为，其征税范围十分广泛，主要表现在两个方面：一是涉及的应税行为广泛，包括书立和领受应税凭证的行为，这些行为在经济生活中是经常发生的；二是涉及的应税凭证范围广泛，包括各类经济合同、营业账簿、权利许可证照等，这些凭证在经济生活中被广泛地使用着。

2. 税负从轻

印花税税负较轻，主要表现为其税率或税额明显低于其他税种，比例税率为应税凭证所载金额的万分之几或千分之几；定额税率是每件应税凭证 5 元。

3. 自行贴花纳税

印花税的纳税方法完全不同于其他税种，其一般采取纳税人自行计算应纳税额、自行购买印花税票、自行贴花、自行在每枚税票的骑缝处盖戳注销或画销的纳税方法。

4. 多缴不退不抵

凡多贴印花税票者，不得申请退税或者抵用。这与其他税种多缴税款可以申请退税或抵缴的规定也不相同。

二、纳税义务人和扣缴义务人

印花税的纳税义务人，是在中国境内书立应税凭证、进行证券交易以及在中国境外书立在境内使用的应税凭证的单位和个人。

应税凭证，是指印花税法所附《印花税税目税率表》列明的合同、产权转移书据和营业账簿。证券交易，是指转让在依法设立的证券交易所、国务院批准的其他全国性证券交易场所交易的股票和以股票为基础的存托凭证。证券交易印花税对证券交易的出让方征收，不对受让方征收。

单位和个人，是指国内各类企业、事业、机关、团体、部队以及中外合资企业、合作企业、外资企业、外国公司和其他经济组织及其在华机构等单位和个人。

上述单位和个人，按照书立、使用、领受应税凭证的不同，可以分别确定为立合同人、立据人、立账簿人、使用人和各类电子应税凭证的签订人。

（一）立合同人

立合同人指合同的当事人。所谓当事人，是指对凭证有直接权利义务关系的单位和个人，但不包括合同的担保人、证人、鉴定人。各类合同的纳税人是立合同人。各类合同，包括借款合同、融资租赁合同、买卖合同、承揽合同、建设工程合同、运输合同、技术合同、租赁合同、保管合同、仓储合同、财产保险合同。

当事人的代理人有代理纳税的义务，他与纳税人负有同等的税收法律义务和责任。

（二）立据人

产权转移书据的纳税人是立据人，是指土地、房屋权属转移过程中买卖双方的当事人。

（三）立账簿人

营业账簿的纳税人是立账簿人。所谓立账簿人，指设立并使用营业账簿的单位和个人。例如，企业单位因生产、经营需要，设立了营业账簿，该企业即为纳税人。

（四）使用人

在国外书立、领受，但在国内使用的应税凭证，其纳税人是使用人。

（五）各类电子应税凭证的签订人

其是指以电子形式签订的各类应税凭证的当事人。

同一应税凭证由两方以上当事人书立的，按照各自涉及的金额分别计算应纳税额。

纳税人为境外单位或者个人，在境内有代理人的，以其境内代理人为扣缴义务人；在境内没有代理人的，由纳税人自行申报缴纳印花税，具体办法由国务院税务主管部门规定。

证券登记结算机构为证券交易印花税的扣缴义务人，应当向其机构所在地的主管税务机关申报解缴税款以及银行结算的利息。

三、征税范围和税率

（一）征税范围

印花税的征税范围具有严格的规定，列入税目范围内的就征税，未列入税目范围内的不征税。印花税的征税范围有各类合同、产权转移书据、营业账簿和证券交易四大类，共有17个税目，具体如下。

（1）各类合同

① 借款合同；

② 融资租赁合同；

③ 买卖合同；

④ 承揽合同；

⑤ 建设工程合同；

⑥ 运输合同；

⑦ 技术合同；

⑧ 租赁合同；

⑨ 保管合同；

⑩ 仓储合同；

⑪ 财产保险合同。

（2）产权转移书据

① 土地使用权出让书据；

② 土地使用权、房屋等建筑物和构筑物所有权转让书据；

③ 股权转让书据；

④ 商标专用权、著作权、专利权、专有技术使用权转让书据。

（3）营业账簿

（4）证券交易

（二）税率

印花税的税率设计，遵循税负从轻、共同负担的原则，所以税率比较低。印花税的税目、税率，依照印花税法所附《印花税税目税率表》执行。印花税的税率采用比例税率形式。

印花税的比例税率分为5个档次，分别是0.5‰、2.5‰、3‰、5‰、1‰。

（1）适用0.5‰税率的为借款合同和融资租赁合同。

（2）适用2.5‰税率的为营业账簿。

（3）适用3‰税率的为买卖合同、承揽合同、建设工程合同、运输合同和技术合同。

（4）适用5‰税率的为土地使用权出让书据，土地使用权、房屋等建筑物和构筑物所有权转让书据和股权转让书据。

（5）适用1‰税率的为租赁合同、仓储合同、保管合同、财产保险合同和证券交易。

印花税税目税率表如表8-2所示。

表 8-2　印花税税目税率表

税目		税率	备注
合同（指书面合同）	借款合同	借款金额的万分之零点五	指银行业金融机构、经国务院银行业监督管理机构批准设立的其他金融机构与借款人（不包括同业拆借）的借款合同
	融资租赁合同	租金的万分之零点五	
	买卖合同	价款的万分之三	指动产买卖合同（不包括个人书立的动产买卖合同）
	承揽合同	报酬的万分之三	
	建设工程合同	价款的万分之三	
	运输合同	运输费用的万分之三	指货运合同和多式联运合同（不包括管道运输合同）
	技术合同	价款、报酬或者使用费的万分之三	不包括专利权、专有技术使用权转让书据
	租赁合同	租金的千分之一	
	保管合同	保管费的千分之一	
	仓储合同	仓储费的千分之一	
	财产保险合同	保险费的千分之一	不包括再保险合同
产权转移书据	土地使用权出让书据	价款的万分之五	转让包括买卖（出售）、继承、赠与、互换、分割
	土地使用权、房屋等建筑物和构筑物所有权转让书据（不包括土地承包经营权和土地经营权转移）	价款的万分之五	
	股权转让书据（不包括应缴纳证券交易印花税的）	价款的万分之五	
	商标专用权、著作权、专利权、专有技术使用权转让书据	价款的万分之三	
营业账簿		实收资本（股本）、资本公积合计金额的万分之二点五	
证券交易		成交金额的千分之一	2023 年 8 月 28 日起，减半征收

【特别提示】

同一应税凭证载有两个以上税目事项并分别列明金额的，按照各自适用的税目税率分别计算应纳税额；未分别列明金额的，从高适用税率。

四、计税依据和应纳税额的计算

（一）计税依据

（1）应税合同的计税依据，为合同所列的金额，不包括列明的增值税税款；

（2）应税产权转移书据的计税依据，为产权转移书据所列的金额，不包括列明的增值税税款；

（3）应税营业账簿的计税依据，为账簿记载的实收资本（股本）、资本公积合计金额；

（4）证券交易的计税依据，为成交金额。

应税合同、产权转移书据未列明金额的，印花税的计税依据按照实际结算的金额确定。

计税依据按照规定仍不能确定的，按照书立合同、产权转移书据时的市场价格确定；依法应当执行政府定价或者政府指导价的，按照国家有关规定确定。

证券交易无转让价格的，按照办理过户登记手续时该证券前一个交易日收盘价计算确定计税依据；无收盘价的，按照证券面值计算确定计税依据。

（二）应纳税额的计算

印花税的应纳税额按照计税依据乘以适用税率计算。其计算公式如下。

$$应纳税额 = 计税依据 \times 适用税率$$

已缴纳印花税的营业账簿，以后年度记载的实收资本（股本）、资本公积合计金额比已缴纳印花税的实收资本（股本）、资本公积合计金额增加的，按照增加部分计算应纳税额。

五、税收优惠

下列凭证免征印花税。

（1）应税凭证的副本或者抄本；

（2）依照法律规定应当予以免税的外国驻华使馆、领事馆和国际组织驻华代表机构为获得馆舍书立的应税凭证；

（3）中国人民解放军、中国人民武装警察部队书立的应税凭证；

（4）农民、家庭农场、农民专业合作社、农村集体经济组织、村民委员会购买农业生产资料或者销售农产品书立的买卖合同和农业保险合同；

（5）无息或者贴息借款合同、国际金融组织向中国提供优惠贷款书立的借款合同；

（6）财产所有权人将财产赠与政府、学校、社会福利机构、慈善组织书立的产权转移书据；

（7）非营利性医疗卫生机构采购药品或者卫生材料书立的买卖合同；

（8）个人与电子商务经营者订立的电子订单。

【特别提示】

根据国民经济和社会发展的需要，国务院对居民住房需求保障、企业改制重组、事业单位改制、破产、支持小型微型企业发展等情形可以规定减征或者免征印花税，报全国人民代表大会常务委员会备案。

六、征收管理

（一）纳税地点

纳税人为单位的，应当向其机构所在地的主管税务机关申报缴纳印花税；纳税人为个人的，应当向应税凭证书立地或者纳税人居住地的主管税务机关申报缴纳印花税。

【特别提示】

不动产产权发生转移的，纳税人应当向不动产所在地的主管税务机关申报缴纳印花税。

（二）纳税义务发生时间

印花税的纳税义务发生时间为纳税人书立应税凭证或者完成证券交易的当日。

证券交易印花税扣缴义务发生时间为证券交易完成的当日。

（三）纳税期限

印花税按季、按年或者按次计征。实行按季、按年计征的，纳税人应当自季度、年度终了之日起十五日内申报缴纳税款；实行按次计征的，纳税人应当自纳税义务发生之日起十五日内申报缴纳税款。

证券交易印花税按周解缴。证券交易印花税扣缴义务人应当自每周终了之日起五日内申报解缴税款以及银行结算的利息。

（四）税款缴纳

印花税可以采用粘贴印花税票或者由税务机关依法开具其他完税凭证的方式缴纳。

印花税票粘贴在应税凭证上的，由纳税人在每枚税票的骑缝处盖戳注销或者画销。印花税票由国务院税务主管部门监制。

第四节　环境保护税

一、环境保护税的概念和特点

（一）环境保护税的概念

环境保护税是指在中国领域和中国管辖的其他海域，直接向环境排放应税污染物的企业事业单位和其他生产经营者征收的一种税。环境保护税作为费改税开征的税种，是我国首个明确以环境保护为目标的独立型环境税税种，《环境保护税法》由中华人民共和国第十二届全国人民代表大会常务委员会第二十五次会议于 2016 年 12 月 25 日通过，自 2018 年 1 月 1 日起施行。

（二）环境保护税的特点

我国环境保护税，具有以下基本特点。

（1）属于调节型税种。环境保护税的立法目的是保护和改善环境，减少污染物排放，推进生态文明建设。其首要功能是减少污染排放，而非增加财政收入。

（2）属于综合型环境税。环境保护税的征税范围包括大气污染物、水污染物、固体废物和噪声四大类，与对单一污染物征收的税种不同，属于综合型环境税。

（3）属于直接排放税。如果企业事业单位和其他生产经营者向依法设立的污水集中处理、生活垃圾集中处理场所排放应税污染物，不属于直接排放，不征收环境保护税。

（4）采用税务、环保部门紧密配合的征收方式。税务机关负责征收管理，环境保护主管部门负责对污染物监测管理，环境保护税的征收高度依赖税务、环保部门的配合与协作。

二、纳税义务人

在中华人民共和国领域和中华人民共和国管辖的其他海域，直接向环境排放应税污染物的企业事业单位和其他生产经营者为环境保护税的纳税人。

环境保护税的征税范围是指规定应税污染物。应税污染物是指《环境保护税法》所附《环境保护税税目税额表》《应税污染物和当量值表》规定的大气污染物、水污染物、固体废物和噪声。

有下列情形之一的，不属于直接向环境排放污染物，不缴纳相应污染物的环境保护税。

（1）企业事业单位和其他生产经营者向依法设立的污水集中处理、生活垃圾集中处理场所排放应税污染物的。

（2）企业事业单位和其他生产经营者在符合国家和地方环境保护标准的设施、场所贮存或者处置固体废物的。

【点拨指导】

依法设立的城乡污水集中处理、生活垃圾集中处理场所超过国家和地方规定的排放标准向环境排放应税污染物的，应当缴纳环境保护税。企业事业单位和其他生产经营者贮存或者处置固体废物不符合国家和地方环境保护标准的，应当缴纳环境保护税。城乡污水集中处理场所，是指为社会公众提供生活污水处理服务的场所，不包括为工业园区、开发区等工业聚集区域内的企业事业单位和其他生产经营者提供污水处理服务的场所，以及企业事业单位和其他生产经营者自建自用的污水处理场所。

达到省级人民政府确定的规模标准并且有污染物排放口的畜禽养殖场，应当依法缴纳环境保护税；依法对畜禽养殖废弃物进行综合利用和无害化处理的，不属于直接向环境排放污染物，不缴纳环境保护税。

三、税目和税率

环境保护税的税目包括大气污染物、水污染物、固体废物和噪声四大类。税目、税额依照环境保护税法所附《环境保护税税目税额表》执行，如表 8-3 所示。

表 8-3 环境保护税税目税额表

税目		计税单位	税额	备注
大气污染物		每污染当量	1.2 元至 12 元	—
水污染物		每污染当量	1.4 元至 14 元	—
固体废物	煤矸石	每吨	5 元	—
	尾矿	每吨	15 元	
	危险废物	每吨	1 000 元	
	冶炼渣、粉煤灰、炉渣、其他固体废物（含半固态、液态废物）	每吨	25 元	
噪声	工业噪声	超标 1—3 分贝	每月 350 元	1. 一个单位边界上有多处噪声超标，根据最高一处超标声级计算应纳税额；当沿边界长度超过 100 米有两处以上噪声超标，按照两个单位计算应纳税额。 2. 一个单位有不同地点作业场所的，应当分别计算应纳税额，合并计征。 3. 昼、夜均超标的环境噪声，昼、夜分别计算应纳税额，累计计征。 4. 声源一个月内超标不足 15 天的，减半计算应纳税额。 5. 夜间频繁突发和夜间偶然突发厂界超标噪声，按等效声级和峰值噪声两种指标中超标分贝值高的一项计算应纳税额。
		超标 4—6 分贝	每月 700 元	
		超标 7—9 分贝	每月 1 400 元	
		超标 10—12 分贝	每月 2 800 元	
		超标 13—15 分贝	每月 5 600 元	
		超标 16 分贝以上	每月 11 200 元	

应税大气污染物和水污染物的具体适用税额的确定和调整，由省、自治区、直辖市人民政府统筹考虑本地区环境承载能力、污染物排放现状和经济社会生态发展目标要求，在环境保护税法所附《环境保护税税目税额表》规定的税额幅度内提出，报同级人民代表大会常务委员会决定，并报全国人民代表大会常务委员会和国务院备案。

四、计税依据和应纳税额计算

（一）计税依据

应税污染物的计税依据，按照下列方法确定。

（1）应税大气污染物按照污染物排放量折合的污染当量数确定。

（2）应税水污染物按照污染物排放量折合的污染当量数确定。

应税大气污染物、水污染物的污染当量数，以该污染物的排放量除以该污染物的污染当量值计算。每种应税大气污染物、水污染物的具体污染当量值，依照《环境保护税法》所附《应税污染物和当量值表》执行。污染当量是指根据污染物或者污染排放活动对环境的有害程度以及处理的技术经济性，衡量不同污染物对环境污染的综合性指标或者计量单位。同一介质相同污染当量的不同污染物，其污染程度基本相当。超过国家规定标准的分贝数是指实际产生的工业噪声与国家规定的工业噪声排放标准限值之间的差值。

【例 8-4】某企业 202× 年 3 月向水体直接排放第一类水污染物总汞 10 千克，根据第一类水污染物污染当量值表，总汞的污染当量值为 0.000 5 千克，其污染当量数为：10 ÷ 0.000 5 =20 000

由于每一排放口或者没有排放口的大气、水的污染物不止一种，所以征收环境保护税的项目也有具体的规定。

① 对每一排放口或者没有排放口的应税大气污染物，按照污染当量数从大到小排序，对前三项污染物征收环境保护税。

② 对每一排放口的应税水污染物，按照环境保护税法所附《应税污染物和当量值表》，区分第一类水污染物和其他类水污染物，按照污染当量数从大到小排序，对第一类水污染物按照前五项征收环境保护税，对其他类水污染物按照前三项征收环境保护税。

省、自治区、直辖市人民政府根据本地区污染物减排的特殊需要，可以增加同一排放口征收环境保护税的应税污染物项目数，不仅局限于前三项或前五项，但需报同级人民代表大会常务委员会决定，并报全国人民代表大会常务委员会和国务院备案。

纳税人有下列情形之一的，以其当期应税大气污染物、水污染物的产生量作为污染物的排放量：

未依法安装使用污染物自动监测设备或者未将污染物自动监测设备与环境保护主管部门的监控设备联网；损毁或者擅自移动、改变污染物自动监测设备；篡改、伪造污染物监测数据；通过暗管、渗井、渗坑、灌注或者稀释排放以及不正常运行防治污染设施等方式违法排放应税污染物；进行虚假纳税申报。

（3）应税固体废物按照固体废物的排放量确定。

固体废物的排放量为当期应税固体废物的产生量减去当期应税固体废物的贮存量、处置量、综合利用量的余额。固体废物的贮存量、处置量，是指在符合国家和地方环境保护标准的设施、场所贮存或者处置的固体废物数量；固体废物的综合利用量，是指按照国务院发展和改革委员会、工业和信息化主管部门关于资源综合利用要求以及国家和地方环境保护标准进行综合利用的固体废物数量。

纳税人有下列情形之一的，以其当期应税固体废物的产生量作为固体废物的排放量：非法倾倒应税固体废物；进行虚假纳税申报。

（4）应税噪声按照超过国家规定标准的分贝数确定。

应税大气污染物、水污染物、固体废物的排放量和噪声的分贝数，按照下列方法和顺序计算：

① 纳税人安装使用符合国家规定和监测规范的污染物自动监测设备的，按照污染物自动监测数据计算；

② 纳税人未安装使用污染物自动监测设备的，按照监测机构出具的符合国家有关规定和监测规范的监测数据计算；

③ 因排放污染物种类多等原因不具备监测条件的，按照国务院环境保护主管部门规定的排污系数、物料衡算方法计算；

④ 不能按照上述规定的方法计算的，按照省、自治区、直辖市人民政府环境保护主管部门规定的抽样测算的方法核定计算。

（二）应纳税额计算

1. 大气污染物应纳税额的计算

应税大气污染物应纳税额为污染当量数乘以具体适用税额。计算公式如下。

$$大气污染物的应纳税额=污染当量数×适用税额$$

【例8-5】 某企业202×年3月向大气直接排放二氧化硫、氟化物各100千克、一氧化碳200千克、氯化氢80千克，假设当地大气污染物每污染当量税额为1.2元，该企业只有一个排放口。其应纳税额计算如下。

第一步：计算各污染物的污染当量数。

$$污染当量数=该污染物的排放量÷该污染物的污染当量值$$

据此计算各污染物的污染当量数为：

$$二氧化硫污染当量数=100÷0.95 = 105.26$$

$$氟化物污染当量数=100÷0.87 = 114.94$$

$$一氧化碳污染当量数=200÷16.7=11.98$$

$$氯化氢污染当量数=80÷10.75=7.44$$

第二步：按污染当量数排序。

氟化物污染当量数（114.94）＞二氧化硫污染当量数（105.26）＞一氧化碳污染当量数（11.98）＞氯化氢污染当量数（7.44）

该企业只有一个排放口，排序选取计税前三项污染物：氟化物、二氧化硫、一氧化碳。

第三步：计算应纳税额。

$$应纳税额=(114.94+105.26+11.98)×1.2=278.62（元）$$

2. 水污染物应纳税额的计算

水污染物的应纳税额为污染当量数乘以具体适用税额。

（1）适用监测数据法的水污染物应纳税额的计算。

适用监测数据法的水污染物（包括第一类水污染物和第二类水污染物）的应纳税额为污染当量数乘以具体适用税额。计算公式为：

$$水污染物的应纳税额=污染当量数×适用税额$$

【例8-6】 甲化工厂是环境保护税纳税人，该厂仅有1个污水排放口且直接向河流排放污水，已安装使用符合国家规定和监测规范的污染物自动监测设备。检测数据显示，该排放口202×年2月共排放污水6万吨（折合6万立方米），应税污染物为六价铬，浓度为0.5毫克/升。请计算该化工厂202×年2月应缴纳的环境保护税（该厂所在省的水污染物税率为2.8元/污染当量，六价铬的污染当量值为0.02千克）。

第一步：计算污染当量数：

$$六价铬污染当量数=排放总量×浓度值÷当量值$$
$$=60\ 000\ 000×0.5÷1\ 000\ 000÷0.02=1\ 500$$

第二步：计算应纳税额

$$应纳税额=1\ 500×2.8=4\ 200（元）$$

（2）适用抽样测算法的水污染物应纳税额的计算。

适用抽样测算法的情形，纳税人按照《环境保护税法》所附《禽畜养殖业、小型企业和第三产业水污染物污染当量值》所规定的当量值计算污染当量数。

3. 固体废物应纳税额的计算

固体废物的应纳税额为固体废物排放量乘以具体适用税额，其排放量为当期应税固体废物的产生量减去当期应税固体废物的贮存量、处置量、综合利用量的余额。计算公式为：

$$固体废物的应纳税额=(当期固体废物的产生量-当期固体废物的综合利用量$$
$$-当期固体废物的贮存量-当期固体废物的处置量)×适用税额$$

【例8-7】 假设某企业202×年3月产生尾矿1 000吨，其中综合利用的尾矿300吨（符合国家相关规定），在符合国家和地方环境保护标准的设施处贮存300吨。请计算该企业当月尾矿应缴纳的环境保护税。

$$环境保护税应纳税额=(1\ 000-300-300)×15=6\ 000（元）$$

4. 应税噪声应纳税额的计算

应税噪声应纳税额为超过国家规定标准的分贝数对应的具体适用税额。

【例8-8】 假设某工业企业只有一个生产场所，只在昼间生产，边界处声环境功能区类型为Ⅰ类，生产时产生噪声为60分贝，《工业企业厂界环境噪声排放标准》规定，Ⅰ类功能区昼间的噪声排放限值为55分贝，当月超标天数为18天。请计算该企业当月噪声污染应缴纳的环境保护税。

$$超标分贝数=60-55=5（分贝）$$

根据《环境保护税税目税额表》，可得出该企业当月噪声污染应缴纳环境保护税为700元。

从两个以上排放口排放应税污染物的，对每一排放口排放的应税污染物分别计算征收环境保护税；纳税人持有排污许可证的，其污染物排放口按照排污许可证载明的污染物排放口确定。

五、税收减免

（一）免税

下列情形，暂免征环境保护税。

（1）农业生产（不包括规模化养殖）排放应税污染物的。

（2）机动车、铁路机车、非道路移动机械、船舶和航空器等流动污染源排放应税污染物的。

（3）依法设立的城乡污水集中处理、生活垃圾集中处理场所排放相应应税污染物，不超过国家和地方规定的排放标准的。

（4）纳税人综合利用的固体废物，符合国家和地方环境保护标准的。

（5）国务院批准免税的其他情形。

需要由国务院报全国人民代表大会常务委员会备案。

（二）减税

纳税人排放应税大气污染物或者水污染物的浓度值低于国家和地方规定的污染物排放标准30%的，减按75%征收环境保护税。纳税人排放应税大气污染物或者水污染物的浓度值低于国家和地方规定的污染物排放标准50%的，减按50%征收环境保护税。减征环境保护税的，应当对每一排放口排放的不同应税污染物分别计算。

六、征收管理

（一）征管单位

环境保护税由税务机关依照《中华人民共和国税收征收管理法》（以下简称《税收征收管理法》）和环境保护税法的有关规定征收管理。县级以上地方人民政府应当建立税务机关、环境保护主管部门和其他相关单位分工协作工作机制，加强环境保护税征收管理，保障税款及时足额入库。环境保护主管部门和税务机关应当建立涉税信息共享平台和工作配合机制。

（二）征管方式

环境保护税采用"企业申报、税务征收、环保协同、信息共享"的征管方式。

纳税人申报缴纳时，应当向税务机关报送所排放应税污染物的种类、数量，大气污染物、水污染物的浓度值，以及税务机关根据实际需要要求纳税人报送的其他纳税资料。应当依法如实办理纳税申报，对申报的真实性和完整性承担责任。

税务机关依照《税收征收管理法》和《环境保护税法》的有关规定征收管理，应当将纳税人的纳税申报、税款入库、减免税额、欠缴税款以及风险疑点等环境保护税涉税信息，定期交送环境保护主管部门。

环境保护主管部门依照《环境保护税法》和有关环境保护法律法规的规定对污染物监测管理，应当将排污单位的排污许可、污染物排放数据、环境违法和受行政处罚情况等环境保护相关信息，定期交送税务机关。

税务机关应当将纳税人的纳税申报数据资料与生态环境主管部门交送的相关数据资料进行比对。税务机关发现纳税人的纳税申报数据资料异常或者纳税人未按照规定期限办理纳税申报的，可以提请生态环境主管部门进行复核，生态环境主管部门应当自收到税务机关的数据资料之日起十五日内向税务机关出具复核意见。税务机关应当按照生态环境主管部门复核的数据资料调整纳税人的应纳税额。

（三）纳税时间

纳税义务发生时间为纳税人排放应税污染物的当日。环境保护税按月计算，按季申报缴纳。不能按固定期限计算缴纳的，可以按次申报缴纳。纳税人按季申报缴纳的，应当自季度终了之日起 15 日内，向税务机关办理纳税申报并缴纳税款。纳税人按次申报缴纳的，应当自纳税义务发生之日起 15 日内，向税务机关办理纳税申报并缴纳税款。

（四）纳税地点

纳税人应当向应税污染物排放地的税务机关申报缴纳环境保护税。应税污染物排放地，是指应税大气污染物、水污染物排放口所在地；应税固体废物产生地；应税噪声产生地。纳税人跨区域排放应税污染物，税务机关对税收征收管辖有争议的，由争议各方按照有利于征收管理的原则协商解决。

思考题

1. 车辆购置税的基本规定有哪些？
2. 车船税的基本规定有哪些？
3. 印花税的基本规定有哪些？
4. 环境保护税的基本规定有哪些？

同步训练

1. 甲企业 202× 年 2 月购进三辆轿车自用，其中两辆是未上牌照的新车，每辆不含税成交价为 120 000 元，第三辆是从某企业购入已使用 3 年的轿车（能提供完税凭证），不含税成交价为 60 000 元。计算甲企业应纳车辆购置税。

2. 某汽车贸易公司 202× 年 3 月进口 20 辆小轿车，海关审定的关税完税价格为 25 万元一辆，当月销售 16 辆，取得含税销售收入 480 万元；两辆企业自用；两辆赠送给合作单位，合同约定的含税价格为每辆 30 万元。小轿车关税税率为 20%，消费税税率为 9%，计算该公司应纳车辆购置税。

3. 某船运公司 202× 年度拥有机动船 10 艘，每艘净吨位 1 500 吨；拥有非机动驳船 2 艘，每艘净吨位 3 000 吨；拥有拖船两艘，每艘发动机功率 500 千瓦；202× 年 8 月新购置机动船 4 艘，每艘净吨位 2 000 吨。该公司船舶适用的年税额为：净吨位超过 200 吨但不超过 2 000 吨的，每吨 4 元，超过 2 000 吨但不超过 10 000 吨的，每吨 5 元。计算该公司 202× 年度应纳车船税。

4. 某企业 202× 年 1 月缴纳了 8 辆客车车船税，其中一辆 202× 年 5 月被盗，已办理车船税退还手续；202× 年 10 月由公安机关找回并出具证明，企业补缴了车船税，假定该类型客车每辆年基准税额为 480 元，计算该企业 202× 年实际缴纳的车船税。

5. 甲企业与运输公司签订货物运输合同，记载货物价款 50 万元、运输费 2 万元、装卸费 5 万元。运输合同印花税税率为 0.3‰，计算甲企业该合同应纳的印花税。

6. 甲企业由于经营不善，将本企业价值 100 万元的办公楼向银行抵押，从银行取得抵押贷款 80 万元，签订贷款合同。由于甲企业资金周转困难，到期无力偿还贷款本金，按照贷款合同约定将办公楼所有权转移给银行，双方签订产权转移书据，按照市场公平交易原则注明办公楼价值为 100 万元，银行另支付给甲企业 20 万元差价款。借款合同印花税税率为 0.05‰；产权转移书据印花税税率为 0.5‰，计算甲企业应缴纳的印花税。

7. 某养殖场养牛存栏量为 500 头，污染当量值为 0.1 头，已知当地水污染物每污染当量税额为 2.8 元，该养殖场只有一个排放口，计算该养殖场应纳环境保护税。

8. 某市医院有病床 120 张，每月按时消毒，无法计量当月污水排放量，污染当量值为 0.14 床，已知当地水污染物适用税额为每污染当量 2.8 元，计算该医院应纳环境保护税。

第九章 房产税、城镇土地使用税、契税和耕地占用税

【内容提要】

本章介绍了房产税、城镇土地使用税、契税和耕地占用税的征税范围和纳税人，计税依据和应纳税额的计算，税收优惠和征收管理。

【本章学习重点】

房产税、城镇土地使用税、契税和耕地占用税的计税依据和应纳税额的计算。

第一节 房产税

微课堂

房产税概述

一、房产税的概念与特点

（一）房产税的概念

房产税是以房屋为征税对象，按照房屋的计税余值或租金收入，向产权所有人征收的一种财产税。

房产税在我国是一个古老的税种，最早始于周代。中华人民共和国成立后，中央人民政府政务院颁布的《全国税政实施要则》中，把房产税列为全国开征的一个独立税种。我国于1984年进行工商税制全面改革，重新恢复对房产征税。1986年9月15日，国务院正式发布了《中华人民共和国房产税暂行条例》（以下简称《房产税暂行条例》），从当年10月1日开始施行。各省、自治区、直辖市人民政府根据暂行条例的规定，先后制定了施行细则。至此，房产税又在全国范围内全面征收。

（二）房产税的特点

1. 房产税属于财产税中的个别财产税

财产税按征收方式分类，可分为一般财产税与个别财产税。一般财产税也称综合财产税，是对纳税人拥有的财产综合课征的税收。个别财产税也称特种财产税，是对纳税人所有的土地、房屋、资本或其他财产分别课征的税收。我国现行房产税属于个别财产税。

2. 区别房屋的经营使用方式规定征税办法

拥有房屋的单位和个人，既可以自己使用房屋和出典，又可以将房屋用于出租。房产税根据纳税人经营形式的不同，确定对房屋征税既可以按房产计税余值征收，又可以按租金收入征收，使其符合纳税人的经营特点，便于平衡税收负担和征收管理。

二、纳税义务人与征税对象

（一）纳税义务人

房产税以在征税范围内的房屋产权所有人为纳税人。纳税人分为以下几类。

（1）产权属国家所有的，由经营管理单位纳税；产权属集体和个人所有的，由集体单位和个人纳税。所称单位，包括国有企业、集体企业、私营企业、股份制企业、外商投资企业、外国企业以及其他企业和事业单位、社会团体、国家机关、军队以及其他单位；所称个人，包括个体工商户以及其他个人。

（2）产权出典的，由承典人依照房产余值缴纳房产税。

【点拨指导】

所谓产权出典，是指产权所有人将房屋、生产资料等的产权，在一定期限内典当给他人使用，而取得资金的一种融资业务。这种业务大多发生于出典人急需用款，但又想保留产权回赎权的情况。承典人向出典人交付一定的典价之后，在质典期内即获抵押物品的支配权，并可转典。产权的典价一般要低于卖价。出典人在规定期间内须归还典价的本金和利息，方可赎回出典房屋等的产权。由于在房屋出典期间，产权所有人已无权支配房屋，因此，税法规定由对房屋具有支配权的承典人为纳税人。

（3）产权所有人、承典人不在房屋所在地的，由房产代管人或者使用人纳税。

（4）产权未确定及租典纠纷未解决的，亦由房产代管人或者使用人纳税。

【情景解析】

所谓租典纠纷，是指产权所有人在房产出典和租赁关系上，与承典人、租赁人发生各种争议，特别是权利和义务的争议悬而未决的。此外，还有一些产权归属不清的问题也都属于租典纠纷。对租典纠纷尚未解决的房产，规定由代管人或使用人为纳税人，主要目的在于加强征收管理，保证房产税及时入库。

（5）无租使用其他单位房产的问题。无租使用其他单位房产的应税单位和个人，依照房产余值代缴纳房产税。

自 2009 年 1 月 1 日起，外商投资企业、外国企业和组织以及外籍个人，依照《房产税暂行条例》缴纳房产税。

（二）征税对象

房产税的征税对象是房产。所谓房产，是指有屋面和围护结构（有墙或两边有柱），能够遮风避雨，可供人们在其中生产、学习、工作、娱乐、居住或贮藏物资的场所。

三、征税范围

房产税的征税范围为：城市、县城、建制镇和工矿区。

（1）城市是指国务院批准设立的市。

（2）县城是指县人民政府所在地的地区。

（3）建制镇是指经省、自治区、直辖市人民政府批准设立的建制镇。

（4）工矿区是指工商业比较发达、人口比较集中、符合国务院规定的建制镇标准但尚未设立建制镇的大中型工矿企业所在地。开征房产税的工矿区须经省、自治区、直辖市人民政府批准。

【特别提示】

房产税的征税范围不包括农村，这主要是为了减轻农民的负担。因为农村的房屋，除农副业生产用房外，大部分是农民居住用房。对农村房屋不纳入房产税征税范围，有利于农业发展，繁荣农村经济，有利于社会稳定。

四、计税依据与税率

（一）计税依据

房产税的计税依据是房产的计税价值或房产的租金收入。按照房产计税价值征税的，称为从价计征；按照房产租金收入计征的，称为从租计征。

1. 从价计征

《房产税暂行条例》规定，房产税依照房产原值一次减除10%～30%后的余值计算缴纳。各地扣除比例由当地省、自治区、直辖市人民政府确定。

（1）房产原值是指纳税人按照会计制度规定，在账簿"固定资产"科目中记载的房屋原价。因此，凡按会计制度规定在账簿中记载有房屋原价的，应以房屋原价按规定减除一定比例后作为房产余值计征房产税；没有记载房屋原价的，按照上述原则，并参照同类房屋确定房产原值，按规定计征房产税。

【特别提示】

自2009年1月1日起，对依照房产原值计税的房产，不论是否记载在会计账簿固定资产科目中，均应按照房屋实际价格确定原值。房屋原值应根据国家有关会计制度规定进行核算。对纳税人未按国家会计制度规定核算并记载的，应按规定予以调整或重新评估。

（2）房产原值应包括与房屋不可分割的各种附属设备或一般不单独计算价值的配套设施。主要有：暖气、卫生、通风、照明、煤气等设备；各种管线，如蒸汽、压缩空气、石油、给水排水等管道及电力、电信、电缆导线；电梯、升降机、过道、晒台等。属于房屋附属设备的水管、下水道、暖气管、煤气管等应从最近的探视井或三通管起，计算原值；电灯网、照明线从进线盒连接管起，计算原值。

（3）纳税人对原有房屋进行改建、扩建的，要相应增加房屋的原值。

房产余值是房产的原值减除规定比例后的剩余价值。

【特别提示】

（1）对投资联营的房产，在计征房产税时应予以区别对待。对于以房产投资联营，投资者参与投资利润分红，共担风险的，按房产余值作为计税依据计征房产税；对以房产投资，收取固定收入，不承担联营风险的，实际是以联营名义取得房产租金，应根据《房产税暂行条例》的有关规定由出租方按租金收入计缴房产税。

（2）自2009年12月1日起，融资租赁的房产，由承租人自融资租赁合同约定开始日的次月起依照房产余值缴纳房产税。合同未约定开始日的，由承租人自合同签订的次月起依照房产余值缴纳房产税。

（4）房屋附属设备和配套设施的计税规定。自2006年1月1日起，房屋附属设备和配套设施计征房产税按以下规定执行。

① 凡以房屋为载体，不可随意移动的附属设备和配套设施，如给排水、采暖、消防、中央空调、电气及智能化楼宇设备等，无论在会计核算中是否单独记账与核算，都应计入房产原值，计征房产税。

② 对于更换房屋附属设备和配套设施的，在将其价值计入房产原值时，可扣减原来相应设备和设施的价值；对附属设备和配套设施中易损坏、需要经常更换的零配件，更新后不再计入房产原值。

（5）居民住宅区内业主共有的经营性房产缴纳房产税。自2007年1月1日起，对居民住宅区内业主共有的经营性房产，由实际经营（包括自营和出租）的代管人或使用人缴纳房产税。自营的，依照房产原值减除10%～30%后的余值计征，没有房产原值或不能将业主共有房产与其他房产的原值准确划分开的，由房产所在地地方税务机关参照同类房产核定房产原值；出租的，依照租金收入计征。

2. 从租计征

《房产税暂行条例》规定，房产出租的，以房产租金收入（不含增值税）为房产税的计税依据。

所谓房产的租金收入，是房屋产权所有人出租房产使用权所得的报酬，包括货币收入和实物收入。

以劳务或者其他形式为报酬抵付房租收入的，应根据当地同类房产的租金水平，确定一个标准租金额从租计征。

纳税人对个人出租房屋的租金收入申报不实或申报数与同一地段同类房屋的租金收入相比明显不合理的，税务部门可以按照《税收征收管理法》的有关规定，采取科学合理的方法核定其应纳税款。具体办法由各省、自治区、直辖市地方税务机关结合当地实际情况制定。

3. 地下建筑物征收

凡在房产税征收范围内的具备房屋功能的地下建筑，包括与地上房屋相连的地下建筑以及完全建在地面以下的建筑、地下人防设施等，均应当依照有关规定征收房产税。

【点拨指导】

上述所称具备房屋功能的地下建筑是指有屋面和维护结构，能够遮风避雨，可供人们在其中生产、经营、工作、学习、娱乐、居住或储藏物资的场所。自 2006 年 1 月 1 日起，按以下规定征收。

（1）自用的地下建筑，按以下方式计税。

① 工业用途房产，以房屋原价的 50%～60% 作为应税房产原值。计算公式如下。

$$应纳房产税的税额 = 应税房产原值 \times [1-(10\%-30\%)] \times 1.2\%$$

② 商业和其他用途房产，以房屋原价的 70%～80% 作为应税房产原值。计算公式如下。

$$应纳房产税的税额 = 应税房产原值 \times [1-(10\%-30\%)] \times 1.2\%$$

房屋原价折算为应税房产原值的具体比例，由各省、自治区、直辖市和计划单列市财政和税务部门在上述幅度内自行确定。

③ 对于与地上房屋相连的地下建筑，如房屋的地下室、地下停车场、商场的地下部分等，应将地下部分与地上房屋视为一个整体按照地上房屋建筑的有关规定计算征收房产税。

（2）出租的地下建筑，按照出租地上房屋建筑的有关规定计算征收房产税。

（二）税率

我国现行房产税采用的是比例税率。由于房产税的计税依据分为从价计征和从租计征两种形式，所以房产税的税率也有两种：一种是按房产原值一次减除 10%～30% 后的余值计征的，税率为 1.2%；另一种是按房产出租的租金收入计征的，税率为 12%。自 2008 年 3 月 1 日起，对个人出租住房，不区分实际用途，均按 4% 的税率征收房产税；对企事业单位、社会团体以及其他组织按市场价格向个人出租用于居住的住房，减按 4% 的税率征收房产税。

五、应纳税额的计算

房产税的计税依据有两种，与之相适应的应纳税额计算也分为两种：一是从价计征的计算；二是从租计征的计算。

（一）从价计征的计算

从价计征是按房产的原值减除一定比例后的余值计征，其计算公式如下。

$$全年应纳税额 = 应税房产原值 \times (1-扣除比例) \times 1.2\%$$

如前所述，房产原值是"固定资产"科目中记载的房屋原价；减除一定比例是省、自治区、直辖市人民政府规定的 10%～30% 的减除比例；计征的适用税率为 1.2%。

【例9-1】某企业的经营用房原值为8 000万元，按照当地规定允许减除30%后的余值计税，适用税率为1.2%。请计算其应纳房产税税额。

全年应纳税额=8 000×(1-30%)×1.2%=67.2（万元）

（二）从租计征的计算

从租计征是按房产的租金收入计征，其计算公式如下。

应纳税额=租金收入×12%（或4%）

【例9-2】某公司出租房屋3间，年租金收入为60 000元，适用税率为12%。请计算其应纳房产税税额。

应纳税额=60 000×12%=7 200（元）

六、税收优惠

房产税的税收优惠是根据国家政策需要和纳税人的负担能力制定的。由于房产税属地方税，因此给予地方一定的减免权限，有利于地方因地制宜处理问题。目前，房产税的税收优惠政策主要体现在以下几个方面。

（1）国家机关、人民团体、军队自用的房产免征房产税。

【特别提示】

上述免税单位的出租房产以及非自身业务使用的生产、营业用房，不属于免税范围，其中，"人民团体"是指经国务院授权的政府部门批准设立或登记备案并由国家拨付行政事业经费的各种社会团体，"自用的房产"是指这些单位本身的办公用房和公务用房。

（2）由国家财政部门拨付事业经费的单位，如学校，医疗卫生单位，托儿所，幼儿园，敬老院，文化、体育、艺术这些实行全额或差额预算管理的事业单位所有的，本身业务范围内使用的房产免征房产税。为了鼓励事业单位经济自立，由国家财政部门拨付事业经费的单位，其经费来源实行自收自支后，从事业单位实行自收自支的年度起，免征房产税3年。事业单位自用的房产，是指这些单位本身的业务用房。上述单位所属的附属工厂、商店、招待所等不属于单位公务、业务的用房，应照章纳税。

（3）宗教寺庙、公园、名胜古迹自用的房产免征房产税。

【情景解析】

宗教寺庙自用的房产，是指举行宗教仪式等的房屋和宗教人员使用的生活用房屋。

公园、名胜古迹自用的房产，是指供公共参观游览的房屋及其管理单位的办公用房屋。

宗教寺庙、公园、名胜古迹中附设的营业单位，如影剧院、饮食部、茶社、照相馆等所使用的房产及出租的房产，不属于免税范围，应照章纳税。

（4）个人所有非营业用的房产免征房产税。个人所有的非营业用房，主要是指居民住房，不分面积多少，一律免征房产税（试点地区除外）。个人拥有的营业用房或者出租的房产，不属于免税房产，应照章纳税。

（5）对行使国家行政管理职能的中国人民银行总行（含国家外汇管理局）所属分支机构自用的房产，免征房产税。

（6）经财政部批准免税的其他房产。

① 损坏不堪使用的房屋和危险房屋，经有关部门鉴定，在停止使用后，可免征房产税。

② 纳税人因房屋大修导致连续停用半年以上的，在房屋大修期间免征房产税。

③ 在基建工地为基建工地服务的各种工棚、材料棚、休息棚和办公室、食堂、茶炉房、

汽车房等临时性房屋，在施工期间，一律免征房产税。但工程结束后，施工企业将这种临时性房屋交还或估价转让给基建单位的，应从基建单位接收的次月起，照章纳税。

④ 自1988年1月1日起，对房管部门经租的居民住房，在房租调整改革之前收取租金偏低的，可暂缓征收房产税。对房管部门经租的其他非营业用房，是否给予照顾，由各省、自治区、直辖市根据当地具体情况按税收管理体制的规定办理。

⑤ 自2001年1月1日起，对按政府规定价格出租的公有住房和廉租住房，包括企业和自收自支事业单位向职工出租的单位自有住房，房管部门向居民出租的公有住房，落实私房政策中带户发还产权并以政府规定租金标准向居民出租的私有住房等，暂免征收房产税。

⑥ 向居民供热并向居民收取采暖费的供热企业暂免征收房产税。

⑦ 对房地产开发企业建造的商品房，在出售前不征收房产税。但对出售前房地产开发企业已使用或出租、出借的商品房应按规定征收房产税。

⑧ 对经营公租房所取得的租金收入，免征房产税。公租房租金收入与其他住房经营收入应单独核算，未单独核算的，不得享受免征房产税优惠政策。

⑨ 对按照去产能和调结构政策要求停产停业、关闭的企业，自停产停业次月起，免征房产税。企业享受免税政策的期限累计不得超过两年。

七、征收管理

（一）纳税义务发生时间

（1）纳税人将原有房产用于生产经营，从生产经营之月起缴纳房产税。

（2）纳税人自行新建房屋用于生产经营，从建成之次月起缴纳房产税。

（3）纳税人委托施工企业建设的房屋，从办理验收手续之次月起缴纳房产税。

（4）纳税人购置新建商品房，自房屋交付使用之次月起缴纳房产税。

（5）纳税人购置存量房，自办理房屋权属转移、变更登记手续，房地产权属登记机关签发房屋权属证书之次月起，缴纳房产税。

（6）纳税人出租、出借房产，自交付出租、出借房产之次月起，缴纳房产税。

（7）房地产开发企业自用、出租、出借本企业建造的商品房，自房屋使用或交付之次月起，缴纳房产税。

（8）自2009年1月1日起，纳税人因房产的实物或权利状态发生变化而依法终止房产税纳税义务的，其应纳税款的计算应截止到房产的实物或权利状态发生变化的当月末。

（二）纳税期限

房产税实行按年计算、分期缴纳的征收方法，具体纳税期限由省、自治区、直辖市人民政府确定。

（三）纳税地点

房产税在房产所在地缴纳。房产不在同一地方的纳税人，应按房产的坐落地点分别向房产所在地的税务机关纳税。

第二节　城镇土地使用税

一、城镇土地使用税的概念与特点

（一）城镇土地使用税的概念

城镇土地使用税是以城镇土地为征税对象，对拥有土地使用权的单位和个人征收的一种税。

开征城镇土地使用税，有利于通过经济手段，加强对土地的管理，变土地的无偿使用为有偿使用，促进合理、节约使用土地，提高土地使用效益；有利于适当调节不同地区、不同地段之间的土地级差收入，促进企业加强经济核算，理顺国家与土地使用者之间的分配关系。

（二）城镇土地使用税的特点

1. 征税对象是国有土地

我国宪法明确规定，城镇土地的所有权归国家，单位和个人对占用的土地只有使用权而无所有权。国家既可以凭借财产权力对土地使用人获取的收益进行分配，又可以凭借政治权力对土地使用者进行征税。开征城镇土地使用税，实质上是运用国家政治权力，将纳税人获取的本应属于国家的土地收益集中到国家手中。农业土地因属于集体所有，故未纳入征税范围。

2. 征税范围广

现行城镇土地使用税对在我国境内使用土地的单位和个人征收，征税范围较广的土地使用税，将在筹集地方财政资金、调节土地使用和收益分配方面，发挥积极作用。

3. 实行差别幅度税额

开征城镇土地使用税的目的之一，在于调节土地的级差收入，而级差收入的产生主要取决于土地的位置。占有土地位置优越的纳税人可以节约运输和流通费用，扩大销售和经营规模，取得额外经济收益。为了有利于体现国家政策，城镇土地使用税实行差别幅度税额。对不同城镇适用不同税额，对同一城镇的不同地段，根据市政建设状况和经济繁荣程度也确定不等的负担水平。

二、纳税义务人与征税范围

（一）纳税义务人

在城市、县城、建制镇、工矿区范围内使用土地的单位和个人，为城镇土地使用税（以下简称"土地使用税"）的纳税人，其中，单位包括国有企业、集体企业、私营企业、股份制企业、外商投资企业、外国企业以及其他企业和事业单位、社会团体、国家机关、军队以及其他单位；个人包括个体工商户以及其他个人。

城镇土地使用税的纳税人通常包括以下几类。

（1）拥有土地使用权的单位和个人。

（2）拥有土地使用权的单位和个人不在土地所在地的，其土地的实际使用人和代管人为纳税人。

（3）土地使用权未确定或权属纠纷未解决的，其实际使用人为纳税人。

（4）土地使用权共有的，共有各方都是纳税人，由共有各方分别纳税。

【情景解析】

若几个人或几个单位共同拥有一块土地的使用权，那这块土地的城镇土地使用税的纳税人应是对这块土地拥有使用权的每一个人或每一个单位。他们应以其实际使用的土地面积占总面积的比例，分别计算缴纳土地使用税。例如，某城市的甲与乙共同拥有一块土地的使用权，这块土地面积为 1 500 平方米，甲实际使用 1/3，乙实际使用 2/3，则甲应是其所占的土地 500 平方米（1 500×1/3）的城镇土地使用税的纳税人，乙是其所占的土地 1 000 平方米（1 500×2/3）的城镇土地使用税的纳税人。

（二）征税范围

城镇土地使用税的征税范围，包括在城市、县城、建制镇和工矿区内的国家所有和集体所有的土地。

上述城市、县城、建制镇和工矿区分别按以下标准确认。

（1）城市是指经国务院批准设立的市。

（2）县城是指县人民政府所在地。

（3）建制镇是指经省、自治区、直辖市人民政府批准设立的建制镇。

（4）工矿区是指工商业比较发达，人口比较集中，符合国务院规定的建制镇标准，但尚未设立建制镇的大中型工矿企业所在地，工矿区须经省、自治区、直辖市人民政府批准。

【点拨指导】

这里，城市的土地包括市区和郊区的土地，县城的土地是指县人民政府所在地的城镇的土地，建制镇的土地是指镇人民政府所在地的土地。建立在城市、县城、建制镇和工矿区以外的工矿企业则不需缴纳城镇土地使用税。

【特别提示】

自 2009 年 1 月 1 日起，公园、名胜古迹内的索道公司经营用地，应按规定缴纳城镇土地使用税。

自 2009 年 12 月 1 日起，对在城镇土地使用税征税范围内单独建造的地下建筑用地，按规定征收城镇土地使用税，其中，已取得地下土地使用权证的，按土地使用权证确认的土地面积计算应征税款；未取得地下土地使用权证或地下土地使用权证上未标明土地面积的，按地下建筑垂直投影面积计算应征税款。对上述地下建筑用地暂按应征税款的 50% 征收城镇土地使用税。

三、应纳税额的计算

（一）计税依据

城镇土地使用税以纳税人实际占用的土地面积为计税依据，土地面积计量标准为每平方米。即税务机关根据纳税人实际占用的土地面积，按照规定的税额计算应纳税额，向纳税人征收土地使用税。

纳税人实际占用的土地面积按下列办法确定。

（1）由省、自治区、直辖市人民政府确定的单位组织测定土地面积的，以测定的面积为准。

（2）尚未组织测量，但纳税人持有政府部门核发的土地使用证书的，以证书确认的土地面积为准。

（3）尚未核发土地使用证书的，应由纳税人申报土地面积，并据以纳税，待核发土地使用证以后再做调整。

（二）税率

城镇土地使用税采用定额税率，即采用有幅度的差别税额，按大、中、小城市和县城、建制镇、工矿区分别规定每平方米土地使用税年应纳税额。具体标准如下。

（1）大城市 1.5 元～30 元。

（2）中等城市 1.2 元～24 元。

（3）小城市 0.9 元～18 元。

（4）县城、建制镇、工矿区 0.6 元～12 元。

大、中、小城市以公安部门登记在册的非农业正式户口人数为依据，按照国务院颁布的

《城市规划条例》中规定的标准划分：人口在 50 万以上者为大城市；人口在 20 万～50 万者为中等城市；人口在 20 万以下者为小城市。城镇土地使用税税率如表 9-1 所示。

表 9-1　城镇土地使用税税率

级别	人口（人）	每平方米税额（元）
大城市	50 万以上	1.5～30
中等城市	20 万～50 万	1.2～24
小城市	20 万以下	0.9～18
县城、建制镇、工矿区	—	0.6～12

各省、自治区、直辖市人民政府可根据市政建设情况和经济繁荣程度在规定税额幅度内，确定所辖地区的适用税额幅度。经济落后地区，土地使用税的适用税额标准可适当降低，但降低额不得超过上述规定最低税额的 30%。经济发达地区的适用税额标准可以适当提高，但须报财政部批准。

土地使用税规定幅度税额主要考虑到我国各地区存在着悬殊的土地级差收益，同一地区内不同地段的市政建设情况和经济繁荣程度也有较大的差别。把土地使用税税额定为幅度税额，拉开档次，而且每个幅度税额的差距规定为 20 倍。这样，各地政府在划分本辖区不同地段的等级，确定适用税额时，有选择余地，便于具体划分和确定。幅度税额还可以调节不同地区、不同地段之间的土地级差收益，尽可能地平衡税负。

（三）应纳税额的计算方法

城镇土地使用税的应纳税额可以通过纳税人实际占用的应税土地面积乘以该土地所在地段的适用税额求得，其计算公式如下。

全年应纳税额=实际占用应税土地面积(平方米)×适用税额

【例 9-3】设在某城市的一家企业使用土地面积为 50 000 平方米，经税务机关核定，该土地为应税土地，每平方米年税额为 5 元。请计算其全年应纳城镇土地使用税。

全年应纳城镇土地使用税=50 000×5=250 000（元）

四、税收优惠

（一）法定免缴土地使用税的优惠

以下项目享受法定免缴土地使用税的优惠。

（1）国家机关、人民团体、军队自用的土地。这部分土地是指这些单位本身的办公用地和公务用地，如国家机关、人民团体的办公楼用地，军队的训练场用地等。

（2）由国家财政部门拨付事业经费的单位自用的土地。这部分土地是指这些单位本身的业务用地，如学校的教学楼、操场、食堂等占用的土地。

（3）宗教寺庙、公园、名胜古迹自用的土地。

【特别提示】

宗教寺庙自用的土地，是指举行宗教仪式等的用地和寺庙内的宗教人员生活用地。公园、名胜古迹自用的土地，是指供公共参观游览的用地及其管理单位的办公用地。以上单位的生产、经营用地和其他用地，不属于免税范围，应按规定缴纳土地使用税，如公园、名胜古迹中附设的影剧院、饮食部、茶社、照相馆等营业单位使用的土地。

（4）市政街道、广场、绿化地带等公共用地。

（5）直接用于农、林、牧、渔业的生产用地。这部分土地是指直接从事于种植养殖、饲养的专业用地，不包括农副产品加工场地和生活办公用地。

（6）经批准开山填海整治的土地和改造的废弃土地，从使用的月份起免缴土地使用税 5 年至 10 年。具体免税期限由各省、自治区、直辖市税务局在《城镇土地使用税暂行条例》规定的期限内自行确定。

（7）对非营利性医疗机构、疾病控制机构和妇幼保健机构等卫生机构自用的土地，免征城镇土地使用税。对营利性医疗机构自用的土地自 2000 年起免征城镇土地使用税 3 年。

（8）企业办的学校、医院、托儿所、幼儿园，其用地能与企业其他用地明确区分的，免征城镇土地使用税。

（9）对免税单位无偿使用纳税单位的土地（如公安、海关等单位使用铁路、民航等单位的土地），免征城镇土地使用税。纳税单位无偿使用免税单位的土地，纳税单位应照章缴纳城镇土地使用税。纳税单位与免税单位共同使用、共有使用权土地上的多层建筑，对纳税单位可按其占用的建筑面积占建筑总面积的比例计征城镇土地使用税。

（10）对企业厂区以外的公共绿化用地和向社会开放的公园用地，暂免征收城镇土地使用税。对企业的铁路专用线、公路等用地，在厂区以外且与社会公用地段未加隔离的，暂免征收城镇土地使用税。

（11）对按照去产能和调结构政策要求停产停业、关闭的企业，自停产停业次月起，免征房产税、城镇土地使用税。企业享受免税政策的期限累计不得超过两年。

（二）省、自治区、直辖市税务局确定减免土地使用税的优惠

（1）个人所有的居住房屋及院落用地。

（2）房产管理部门在房租调整改革前经租的居民住房用地。

（3）免税单位职工家属的宿舍用地。

（4）民政部门举办的安置残疾人占一定比例的福利工厂用地。

（5）集体和个人办的各类学校、医院、托儿所、幼儿园用地。

（6）对基建项目在建期间使用的土地，原则上应照章征收城镇土地使用税。但对纳税人纳税确有困难的，可由各省、自治区、直辖市税务局根据具体情况予以免征或减征土地使用税。

（7）为了促进集贸市场的发展及照顾各地的不同情况，各省、自治区、直辖市税务局可根据具体情况自行确定对集贸市场用地征收或者免征城镇土地使用税。

（8）房地产开发公司建造商品房的用地，原则上应按规定计征城镇土地使用税。但在商品房出售之前纳税确有困难的，其用地是否给予缓征或减征、免征照顾，可由各省、自治区、直辖市税务局根据从严的原则结合具体情况确定。

（9）原房管部门代管的私房，落实政策后，有些私房产权已归还给房主，但房屋仍由原住户居住，并且住户仍是按照房管部门在房租调整改革之前确定的租金标准向房主缴纳租金。对这类房屋用地，房主缴纳土地使用税确有困难的，可由各省、自治区、直辖市税务局根据实际情况，给予定期减征或免征城镇土地使用税的照顾。

（10）对于各类危险品仓库、厂房所需的防火、防爆、防毒等安全防范用地，可由各省、自治区、直辖市税务局确定，暂免征收城镇土地使用税。

（11）对企业搬迁后原场地不使用的、企业范围内荒山等尚未利用的土地，免征城镇土地使用税。

（12）经贸仓库、冷库对纳税确有困难的企业，可申请享受减免城镇土地使用税的照顾。

（13）房租调整改革后，有的房产管理部门按规定缴纳城镇土地使用税确有实际困难的，可报经批准后给予适当的减征或免征土地使用税的照顾。

（14）对向居民供热并向居民收取采暖费的供热企业暂免征收城镇土地使用税。

（15）地下人防设施用地减按50%计税。

五、征收管理

（一）纳税期限

城镇土地使用税实行按年计算、分期缴纳的征收方法，具体纳税期限由省、自治区、直辖市人民政府确定。

（二）纳税义务发生时间

（1）纳税人购置新建商品房，自房屋交付使用之次月起，缴纳城镇土地使用税。

（2）纳税人购置存量房，自办理房屋权属转移、变更登记手续，房地产权属登记机关签发房屋权属证书之次月起，缴纳城镇土地使用税。

（3）纳税人出租、出借房产，自交付出租、出借房产之次月起，缴纳城镇土地使用税。

（4）以出让或转让方式有偿取得土地使用权的，应由受让方从合同约定交付土地时间的次月起缴纳城镇土地使用税；合同未约定交付时间的，由受让方从合同签订的次月起缴纳城镇土地使用税。

（5）纳税人新征用的耕地，自批准征用之日起满1年时开始缴纳城镇土地使用税。

（6）纳税人新征用的非耕地，自批准征用次月起缴纳城镇土地使用税。

（7）自2009年1月1日起，纳税人因土地的权利发生变化而依法终止城镇土地使用税纳税义务的，其应纳税款的计算应截止到土地权利发生变化的当月末。

（三）纳税地点

城镇土地使用税在土地所在地缴纳。

纳税人使用的土地不属于同一省、自治区、直辖市管辖的，由纳税人分别向土地所在地的税务机关缴纳城镇土地使用税；在同一省、自治区、直辖市管辖范围内，纳税人跨地区使用的土地，其纳税地点由各省、自治区、直辖市税务局确定。

第三节　契税

一、契税的概念与特点

（一）契税的概念

契税是以在中华人民共和国境内转移土地、房屋权属为征税对象，向产权承受人征收的一种财产税。

契税在我国有着悠久的历史。它起源于东晋的"估税"，至今已有1 600多年的历史。中华人民共和国成立后，由当时的政务院于1950年3月31日第26次政务会议通过并公布了《契税暂行条例》，废除了旧的契税法制，建立了新的契税制度，取消了契税附加和验税、注册等杂费，降低了税率，减轻了人民的负担。

2020年8月11日，第十三届全国人民代表大会常务委员会第二十一次会议通过了《中华人民共和国契税法》，该法自2021年9月1日起施行。

（二）契税的特点

（1）契税属于财产转移税。它以权属发生转移的土地和房屋为征税对象，具有对财产转移课税性质。

（2）契税由财产承受人纳税。一般税种在税制中确定纳税人，都确定销售者为纳税人，即卖方纳税。对买方征税的主要目的，在于承认不动产转移生效，承受人纳税以后，便可拥有转移过来的不动产的产权或使用权，法律保护纳税人的合法权益。

二、征税对象

契税的征税对象是境内转移的土地、房屋权属。具体包括以下五项内容。

（一）国有土地使用权出让

国有土地使用权出让是指土地使用者向国家交付土地使用权出让费用，国家将国有土地使用权在一定年限内让与土地使用者的行为。

【特别提示】

国有土地使用权出让，受让者应向国家缴纳土地出让金，以土地出让金为依据计算缴纳契税。不得因减免土地出让金而减免契税。

（二）土地使用权的转让

土地使用权的转让是指土地使用者以出售、赠与、交换或者其他方式将土地使用权转移给其他单位和个人的行为。土地使用权的转让不包括农村集体土地承包经营权的转移。

（三）房屋买卖

房屋买卖是以货币为媒介，出卖者向购买者过渡房产所有权的交易行为。

（四）房屋赠与

房屋赠与是指房屋产权所有人将房屋无偿转让给他人所有，其中，将自己的房屋转交给他人的法人和自然人，称作房屋赠与人；接受他人房屋的法人和自然人，称为受赠人。房屋赠与的前提必须是产权无纠纷，赠与人和受赠人双方自愿。

【点拨指导】

由于房屋是不动产，价值较大，故法律要求赠与房屋应有书面合同（契约），并到房地产管理机关或农村基层政权机关办理登记过户手续，才能生效。如果房屋赠与行为涉及涉外关系，还需公证处证明和外事部门认证，才能有效。房屋的受赠人要按规定缴纳契税。

（五）房屋交换

房屋交换是指房屋所有者之间互相交换房屋的行为。

以作价投资（入股）、偿还债务、划转、奖励等方式转移土地、房屋权属的，应当征收契税。

【情景解析】

下列情形发生土地、房屋权属转移的，承受方应当依法缴纳契税：因共有不动产份额变化的；因共有人增加或者减少的；受人民法院、仲裁委员会的生效法律文书或者监察机关出具的监察文书等因素的影响，发生土地、房屋权属转移的。

三、纳税义务人、税率和应纳税额的计算

（一）纳税义务人

契税的纳税义务人是境内转移土地、房屋权属，承受的单位和个人。境内是指中华人民共和国实际税收行政管辖的区域。土地、房屋权属是指土地使用权和房屋所有权。单位是指企业单位、事业单位、国家机关、军事单位和社会团体以及其他组织。个人是指个体经营者及其他个人，包括中国公民和外籍人员。

（二）税率

契税实行 3%～5%的幅度税率。契税的具体适用税率，由省、自治区、直辖市人民政府在规定的税率幅度内提出，报同级人民代表大会常务委员会决定，并报全国人民代表大会常务委员会和国务院备案。省、自治区、直辖市可以依照规定的程序对不同主体、不同地区、不同类型的住房的权属转移确定差别税率。

税法（微课版 第2版）

自 2024 年 12 月 1 日起，对个人购买家庭唯一住房（家庭成员范围包括购房人、配偶以及未成年子女），面积为 140 平方米及以下的，减按 1%的税率征收契税；面积为 140 平方米以上的，减按 1.5%的税率征收契税；对个人购买家庭第二套住房，面积为 140 平方米及以下的，减按 1%的税率征收契税；面积为 140 平方米以上的，减按 2%的税率征收契税。家庭第二套住房是指已拥有一套住房的家庭购买的第二套住房。

（三）应纳税额的计算

1. 计税依据

契税的计税依据为不动产的价格，不包括增值税。由于土地、房屋权属转移方式不同，定价方法不同，所以具体计税依据视不同情况而决定。

（1）土地使用权出让、出售，房屋买卖，为土地、房屋权属转移合同确定的成交价格，包括应交付的货币以及实物、其他经济利益对应的价款。

（2）土地使用权互换、房屋互换，为所互换的土地使用权、房屋价格的差额。交换价格相等时，免征契税；交换价格不等时，由多交付货币、实物、无形资产或者其他经济利益的一方缴纳契税。

（3）土地使用权赠与、房屋赠与以及其他没有价格的转移土地、房屋权属行为，为税务机关参照土地使用权出售、房屋买卖的市场价格依法核定的价格。

【特别提示】

纳税人申报的成交价格、互换价格差额明显偏低且无正当理由的，由税务机关依照《中华人民共和国税收征收管理法》的规定核定。

关于若干计税依据的具体情形如下。

（1）以划拨方式取得的土地使用权，经批准改为出让方式重新取得该土地使用权的，应由该土地使用权人以补缴的土地出让价款为计税依据缴纳契税。

（2）先以划拨方式取得土地使用权，后经批准转让房地产，划拨土地性质改为出让的，承受方应分别以补缴的土地出让价款和房地产权属转移合同确定的成交价格为计税依据缴纳契税。

（3）先以划拨方式取得土地使用权，后经批准转让房地产，划拨土地性质未发生改变的，承受方应以房地产权属转移合同确定的成交价格为计税依据缴纳契税。

（4）土地使用权及所附建筑物、构筑物等（包括在建的房屋、其他建筑物、构筑物和其他附着物）转让的，计税依据为承受方应交付的总价款。

（5）土地使用权出让的，计税依据包括土地出让金、土地补偿费、安置补助费、地上附着物和青苗补偿费、征收补偿费、城市基础设施配套费、实物配建房屋等应交付的货币以及实物、其他经济利益对应的价款。

（6）房屋附属设施（包括停车位、机动车库、非机动车库、顶层阁楼、储藏室及其他房屋附属设施）与房屋为同一不动产单元的，计税依据为承受方应交付的总价款，并适用与房屋相同的税率；房屋附属设施与房屋为不同不动产单元的，计税依据为转移合同确定的成交价格，并按当地确定的适用税率计税。

（7）承受已装修房屋的，应将包括装修费用在内的费用计入承受方应交付的总价款。

2. 应纳税额的计算方法

契税采用比例税率。当计税依据确定以后，应纳税额的计算比较简单。应纳税额的计算公式如下。

$$应纳税额 = 计税依据 × 税率$$

【例 9-4】居民甲有两套住房，将一套出售给居民乙，成交价格为 1 500 000 元；将另一套两室住房与居民丙交换成两处一室住房，并支付给丙换房差价款 500 000 元。试计算甲、乙、丙相关行为应缴纳的契税（假定税率为4%）。

（1）甲应缴纳契税=500 000×4%=20 000（元）

（2）乙应缴纳契税=1 500 000×4%=60 000（元）

（3）丙不缴纳契税。

四、税收优惠

（1）有下列情形之一的，免征契税。

① 国家机关、事业单位、社会团体、军事单位承受土地、房屋权属用于办公、教学、医疗、科研和军事设施。

② 非营利性的学校、医疗机构、社会福利机构承受土地、房屋权属用于办公、教学、医疗、科研、养老、救助。

③ 承受荒山、荒地、荒滩土地使用权用于农、林、牧、渔业生产。

④ 婚姻关系存续期间夫妻之间变更土地、房屋权属。

⑤ 法定继承人通过继承承受土地、房屋权属。

⑥ 依照法律规定应当予以免税的外国驻华使馆、领事馆和国际组织驻华代表机构承受土地、房屋权属。

根据国民经济和社会发展的需要，国务院对居民住房需求保障、企业改制重组、灾后重建等情形可以规定免征或者减征契税，报全国人民代表大会常务委员会备案。

纳税人改变有关土地、房屋的用途，或者有其他不再属于上述规定的免征、减征契税情形的，应当缴纳已经免征、减征的税款。

（2）省、自治区、直辖市可以决定对下列情形免征或者减征契税。

① 因土地、房屋被县级以上人民政府征收、征用，重新承受土地、房屋权属。

② 因不可抗力灭失住房，重新承受住房权属。

前款规定的免征或者减征契税的具体办法，由省、自治区、直辖市人民政府提出，报同级人民代表大会常务委员会决定，并报全国人民代表大会常务委员会和国务院备案。

纳税人改变有关土地、房屋的用途，或者有其他不再属于规定的免征、减征契税情形的，应当缴纳已经免征、减征的税款。

五、征收管理

（一）纳税义务发生时间

契税的纳税义务发生时间，为纳税人签订土地、房屋权属转移合同的当日，或者纳税人取得其他具有土地、房屋权属转移合同性质凭证的当日。

（二）纳税期限

纳税人应当在依法办理土地、房屋权属登记手续前申报缴纳契税。

（三）纳税地点

契税应当在土地、房屋所在地申报纳税。

（四）其他管理

纳税人办理纳税事宜后，税务机关应当开具契税完税凭证。纳税人办理土地、房屋权属登记，不动产登记机构应当查验契税完税、减免税凭证或者有关信息。未按照规定缴纳契税的，不动产登记机构不予办理土地、房屋权属登记。

在依法办理土地、房屋权属登记前，权属转移合同、权属转移合同性质凭证不生效、无效、被撤销或者被解除的，纳税人可以向税务机关申请退还已缴纳的税款，税务机关应当依法办理。

税务机关应当与相关部门建立契税涉税信息共享和工作配合机制。自然资源、住房与城乡建设、民政、公安等相关部门应当及时向税务机关提供与转移土地、房屋权属有关的信息，协助税务机关加强契税征收管理。

第四节　耕地占用税

一、耕地占用税的概念与特点

（一）耕地占用税的概念

耕地占用税是对在中国境内占用耕地建设建筑物、构筑物或者从事非农业建设的单位和个人，就其实际占用的耕地面积征收的一种税。它属于对特定土地资源占用课税。

2018年12月29日，第十三届全国人民代表大会常务委员会第七次会议通过了《中华人民共和国耕地占用税法》（以下简称《耕地占用税法》），该法自2019年9月1日起施行。

（二）耕地占用税的特点

耕地占用税作为一个出于特定目的、对特定的土地资源课征的税种，与其他税种相比，具有比较鲜明的特点，主要表现在以下几个方面。

1. 兼具资源税与特定行为税的性质

耕地占用税以占用农用耕地建房或从事其他非农用建设的行为为征税对象，以约束纳税人占用耕地的行为、促进土地资源的合理运用为课征目的，除具有资源占用税的属性外，还具有明显的特定行为税的特点。

2. 采用地区差别税率

耕地占用税采用地区差别税率，根据不同地区的具体情况，分别制定差别税额，以适应我国地域辽阔、各地区之间耕地质量差别较大、人均占有耕地面积相差悬殊的具体情况，具有因地制宜的特点。

3. 在占用耕地环节一次性课征

耕地占用税在纳税人获准占用耕地的环节征收，除对获准占用耕地后超过两年未使用者须加征耕地占用税外，此后不再征收耕地占用税。因而，耕地占用税具有一次性征收的特点。

4. 税收收入专用于耕地开发与改良

耕地占用税收入按规定应用于建立发展农业专项基金，主要用于开展宜耕土地开发和改良现有耕地之用，因此，具有"取之于地，用之于地"的补偿性特点。

二、纳税义务人

耕地占用税的纳税义务人，是在中华人民共和国境内占用耕地建设建筑物、构筑物或者从事非农业建设的单位和个人。

【情景解析】

经批准占用耕地的，纳税人为农用地转用审批文件中标明的建设用地人；农用地转用审批文件中未标明建设用地人的，纳税人为用地申请人，其中用地申请人为各级人民政府的，由同级土地储备中心、自然资源主管部门或政府委托的其他部门、单位履行耕地占用税申报纳税义务。未经批准占用耕地的，纳税人为实际用地人。

三、征税范围

耕地占用税的征税范围包括纳税人为建设建筑物、构筑物或者从事非农业建设而占用的国家所有和集体所有的耕地。所谓"耕地"，是指种植农业作物的土地。

占用耕地建设农田水利设施的，不缴纳耕地占用税。因挖损、采矿塌陷、压占、污染等损毁耕地属于非农业建设，应依照规定缴纳耕地占用税。

四、应纳税额的计算

（一）计税依据

耕地占用税以纳税人实际占用的耕地面积为计税依据。实际占用的耕地面积，包括经批准占用的耕地面积和未经批准占用的耕地面积。

（二）税率

由于在我国的不同地区之间人口和耕地资源的分布极不均衡，有些地区人烟稠密，耕地资源相对匮乏；而有些地区则人烟稀少，耕地资源比较丰富。各地区之间的经济发展水平也有很大差异。考虑到不同地区之间客观条件的差别以及与此相关的税收调节力度和纳税人负担能力方面的差别，耕地占用税在税率设计上采用了地区差别定额税率，具体规定如下。

（1）人均耕地不超过 1 亩的地区（以县级行政区域为单位，下同），每平方米 10 元～50 元。

（2）人均耕地超过 1 亩但不超过 2 亩的地区，每平方米 8 元～40 元。

（3）人均耕地超过 2 亩但不超过 3 亩的地区，每平方米 6 元～30 元。

（4）人均耕地超过 3 亩的地区，每平方米 5 元～25 元。

【特别提示】

各地区耕地占用税的适用税额，由省、自治区、直辖市人民政府根据人均耕地面积和经济发展等情况，在前款规定的税额幅度内提出，报同级人民代表大会常务委员会决定，并报全国人民代表大会常务委员会和国务院备案。各省、自治区、直辖市耕地占用税适用税额的平均水平，不得低于《耕地占用税法》所附《各省、自治区、直辖市耕地占用税平均税额表》规定的平均税额。

在人均耕地低于 0.5 亩的地区，省、自治区、直辖市可以根据当地经济发展情况，适当提高耕地占用税的适用税额，但提高的部分不得超过适用税额的 50%。

对占用基本农田的，应当按照当地适用税额，加按 150% 征收。

（三）应纳税额计算

耕地占用税以纳税人实际占用的属于耕地占用税征税范围的土地（以下简称"应税土地"）面积为计税依据，按应税土地当地适用税额计税，实行一次性征收。

耕地占用税计算公式为：

$$应纳税额 = 应税土地面积 \times 适用税额$$

适用税额是指省、自治区、直辖市人民代表大会常务委员会决定的应税土地所在地县级行政区的现行适用税额。

【例 9-5】假设某市一家企业新占用 50 000 平方米耕地用于工业建设，所占耕地适用的定额税率为 20 元/平方米。计算该企业应纳的耕地占用税。

$$应纳税额 = 50\,000 \times 20 = 1\,000\,000（元）$$

五、税收优惠

（一）免征耕地占用税

对以下类别的土地免征耕地占用税。

（1）军事设施占用耕地。

（2）学校、幼儿园、社会福利机构、医疗机构占用耕地。

（3）农村烈士遗属、因公牺牲军人遗属、残疾军人以及符合农村最低生活保障条件的农村居民，在规定用地标准以内新建自用住宅。

（二）减征耕地占用税

对以下类别的土地减征耕地占用税。

（1）铁路线路、公路线路、飞机场跑道、停机坪、港口、航道、水利工程占用耕地，减按每平方米 2 元的税额征收耕地占用税。

根据实际需要，国务院财政、税务主管部门商国务院有关部门并报国务院批准后，可以对上述第（1）条规定的情形免征或者减征耕地用税。

（2）农村居民在规定用地标准以内占用耕地新建自用住宅，按照当地适用税额减半征收耕地占用税；其中农村居民经批准搬迁，新建自用住宅占用耕地不超过原宅基地面积的部分，免征耕地占用税。

根据国民经济和社会发展的需要，国务院可以规定免征或者减征耕地占用税的其他情形，报全国人民代表大会常务委员会备案。

【点拨指导】

依照规定免征或者减征耕地用税后，纳税人改变原占地用途，不再属于免征或者减征耕地占用税情形的，应当自改变用途之日起 30 日内按照当地适用税额补缴耕地占用税。

耕地占用税减免优惠实行"自行判别、申报享受、有关资料留存备查"办理方式。纳税人根据政策规定自行判断是否符合优惠条件，符合条件的，纳税人申报享受税收优惠，并将有关资料留存备查。纳税人对留存材料的真实性和合法性承担法律责任。

六、征收管理

纳税义务发生时间为纳税人收到自然资源主管部门办理占用耕地手续的书面通知的当日。未经批准占用应税土地的纳税人，其纳税义务发生时间为自然资源主管部门认定其实际占地的当日。因挖损、采矿塌陷、压占、污染等损毁耕地的纳税义务发生时间为自然资源、农业农村等相关部门认定损毁耕地的当日。

获准占用耕地的单位或者个人应当自纳税义务发生之日起 30 日内申报缴纳耕地占用税。土地管理部门凭耕地占用税完税凭证或者免税凭证和其他有关文件发放建设用地批准书。

纳税人因建设项目施工或者地质勘查临时占用耕地，应当依照规定缴纳耕地占用税。纳税人在批准临时占用耕地期满之日起一年内依法复垦，恢复种植条件的，全额退还已经缴纳的耕地占用税。

占用园地、林地、牧草地、农田水利用地、养殖水面以及渔业水域滩涂等其他农用地建房或者从事非农业建设的，依照《耕地占用税法》规定征收耕地占用税。占用上述农用地的适用税额可以适当低于本地区税额，但降低的部分不得超过 50%。占用其他农用地建设直接为农业生产服务的生产设施的，不缴纳耕地占用税。

纳税人占用耕地，应当在耕地所在地申报纳税。

思考题

1. 房产税的基本规定有哪些？
2. 城镇土地使用税的基本规定有哪些？
3. 契税的基本规定有哪些？
4. 耕地占用税的基本规定有哪些？

1. 某企业 202×年度自有房屋 20 栋，其中，16 栋用于经营生产，房产原值 8 000 万元，不包括非独立核算的冷暖通风设备 260 万元；2 栋用于办公，地上建筑面积 5 000 平方米，原值 2 500 万元；剩余 2 栋房屋租给某公司作经营用房，年租金收入各 200 万元；与办公楼临近的地下建筑用于停车，独立核算其原价 1 200 万元。该企业所在地规定，计算房产余值的扣除比例为 20%，地下建筑计算原值的扣除比例为 30%。计算该企业当年应纳的房产税。

2. 某企业 202×年拥有一幢三层的办公楼，原值 6 000 万元，年初将其中的 1/3 以每月 15 万元（不含增值税）的租金出租给其他单位使用，202×年 4 月底，原租户的租约到期，该企业将该幢办公楼进行改建，更换楼内电梯，将原值 80 万元的电梯更换为 120 万元的新电梯，并为该办公楼安装了 300 万元的智能化楼宇设施，这些改建工程于 202×年 7 月底完工，该企业所在地省人民政府规定计算房产余值的减除比例为 30%，计算该企业 202×年应纳的房产税。

3. 位于某城市的一家大型企业，总计占地 200 000 平方米，其中子弟学校占地 2 200 平方米、职工幼儿园占地 1 000 平方米。该企业所在地段每平方米城镇土地使用税的年税额为 8 元。计算该企业每年应纳城镇土地使用税。

4. 居民甲有 4 套住房，202×年 3 月将一套出售给居民乙，成交价格为 3 500 000 元；将一套与居民丙交换两处经营用门面房，并支付给丙换房差价款 800 000 元；将一套三室两厅住房与丁换取两套一室一厅公寓式住房，收到丁支付的换房差价款 400 000 元。各方均已办妥相关证件，当地契税适用税率为 4%，计算甲、乙、丙、丁各自应纳的契税。

5. 某机场新征用耕地 500 000 平方米扩建候机厅、停机坪和机场跑道，其中：候机厅占地 30 000 平方米、停机坪占地 220 000 平方米、机场跑道占地 250 000 平方米。新征耕地所在地每平方米用于建房的定额税率为 18 元，计算该机场应纳的耕地占用税。

6. 农村居民张某占用耕地 200 平方米新建自用住宅（规定用地标准以内），当地适用税额为每平方米 40 元，另外占用 100 平方米农用地建设直接为农业生产服务的生产设施，计算李某应纳的耕地占用税。

第十章 企业所得税

【内容提要】

本章介绍了企业所得税的纳税义务人、征税对象、税率，应纳税所得额的计算，资产的税务处理，税收优惠，应纳税额的计算，征收管理。

【本章学习重点】

应纳税所得额的计算、税收优惠、应纳税额的计算。

第一节 企业所得税概述

微课堂

企业所得税
概述

一、企业所得税的概念

企业所得税是对我国境内的企业和其他取得收入的组织的生产经营所得和其他所得征收的税种。企业分为居民企业和非居民企业，其中，居民企业是指依法在中国境内成立，或者依照外国（地区）法律成立但实际管理机构在中国境内的企业；非居民企业是指依照外国（地区）法律成立且实际管理机构不在中国境内，但在中国境内设立机构、场所的，或者在中国境内未设立机构、场所，但有来源于中国境内所得的企业。

企业所得税的计税依据是应纳税所得，其以利润为主要依据，但不是直接意义上的会计利润。在计算企业所得税时，计税依据的计算涉及纳税人的成本、费用、税金、损失等各个方面，计算较为复杂。另外，为了发挥企业所得税对经济的调控作用，也会根据调控目的和需要，在税制中规定各种税收激励或限制措施，导致计算更为复杂。

二、各国对企业所得税征税的一般性做法

企业所得税是法人所得税，计税依据是利润，因此对法人所得税影响较大的几个因素是纳税人、税基、税率和税收优惠。我们可以根据以上几个税制要素分析各国征收所得税的一般做法。

各国在规定纳税义务人上大致是相同的，政府只对具有独立法人资格的企业等法人组织征收企业所得税，不具有独立法人资格的独资和合伙企业则不以企业名义交纳所得税，而是由业主将其从企业分得的利润连同来自其他方面的所得一起申报缴纳个人所得税。

各国企业所得税都以调整后的利润即应纳税所得额为计税依据，其中利润既包括生产经营利润也包括资本利得。应纳税所得额确定的关键点在于如何准确核算可以扣除的成本和费用，特别是对折旧和损失的处理方式等。因而，各国企业所得税在确定税基上的差异主要表现在不同折旧及损失等的处理上。

各国企业所得税的税率结构分为两类：一是比例税率，如法国、澳大利亚、波兰、新西兰、新加坡等国；二是累进税率；实行累进税率的国家虽然在级距、税率档次的设计上不相一致，但绝大多数国家采用超额累进税率，如瑞士联邦所得税、美国所得税。

各国普遍注重对税收优惠政策的应用，不仅采用直接的减免税，更注意应用间接的优惠政策。主要方法有：一是税收抵免，主要有投资抵免和国外税收抵免两种形式；二是税收豁免，分为豁免期和豁免税收项目；三是加速折旧。另外，各国所得税优惠的一个共同的特点是淡化区域优惠，突出行业优惠。

三、我国企业所得税的制度演变

在 1949 年首届全国税务会议上，统一全国税收政策的基本方案获得通过，其中包括对企业所得和个人所得征税的办法。1950 年，当时的政务院发布了《全国税政实施要则》，规定全国设置 14 种税收，其中涉及对所得征税的有工商业税（所得税部分）、存款利息所得税和薪给报酬所得税等 3 种税收。

改革开放以后，为适应引进国外资金、技术和人才，以及开展对外经济技术合作的需要，根据党中央统一部署，税制改革工作在"七五"计划期间逐步推开。1980 年 9 月，第五届全国人民代表大会第三次会议通过了《中华人民共和国中外合资经营企业所得税法》，并公布施行。企业所得税税率确定为 30%，另按应纳所得税额附征 10% 的地方所得税。1981 年 12 月，第五届全国人民代表大会第四次会议通过了《中华人民共和国外国企业所得税法》，实行20%～40% 的 5 级超额累进税率，另按应纳税的所得额附征 10% 的地方所得税。

作为企业改革和城市改革的一项重大措施，1983 年国务院决定在全国试行国营企业"利改税"，即将中华人民共和国成立后实行了 30 多年的国营企业向国家上缴利润的制度改为缴纳企业所得税的制度。

1991 年 4 月，第七届全国人民代表大会将《中华人民共和国中外合资经营企业所得税法》与《中华人民共和国外国企业所得税法》合并，制定了《中华人民共和国外商投资企业和外国企业所得税法》，并于同年 7 月 1 日起施行。

1993 年 12 月 13 日，国务院将《中华人民共和国国营企业所得税条例（草案）》《国营企业调节税征收办法》《中华人民共和国集体企业所得税暂行条例》和《中华人民共和国私营企业所得税暂行条例》进行整合，制定了《中华人民共和国企业所得税暂行条例》，自 1994 年 1 月 1 日起施行。上述改革标志着中国的所得税制度改革向着法制化、科学化和规范化的方向迈出了重要的步伐。

2007 年 3 月 16 日，中华人民共和国第十届全国人民代表大会第五次会议通过了《中华人民共和国企业所得税法》（以下简称《企业所得税法》），并于 2008 年 1 月 1 日开始实行，从此内外资企业实行统一的企业所得税法。2007 年 11 月 28 日国务院常务会议通过了《中华人民共和国企业所得税法实施条例》，对企业所得税法的规定作了细化和操作性的规定。

第二节　纳税义务人、征税对象与税率

一、纳税义务人

企业所得税的纳税义务人，是指在中华人民共和国境内的企业和其他取得收入的组织。《企业所得税法》第一条规定，除个人独资企业、合伙企业不适用企业所得税法外，凡在我国境内，企业和其他取得收入的组织（以下简称"企业"）为企业所得税的纳税人，依照本法规定缴纳企业所得税。

企业所得税的纳税人分为居民企业和非居民企业。这是根据企业纳税义务范围的宽窄进行的分类方法。不同的企业在向中国政府缴纳所得税时，纳税义务不同。把企业分为居民企业和非居民企业，是为了更好地保障我国税收管辖权的有效行使。税收管辖权是一国政府在征税方面的主权，是国家主权的重要组成部分。根据国际上的通行做法，我国选择了地域管辖权和居民管辖权的双重管辖权标准，最大限度地维护我国的税收利益。

（一）居民企业

居民企业，是指依法在中国境内成立，或者依照外国（地区）法律成立但实际管理机构在中国境内的企业。

【点拨指导】

这里的企业包括国有企业、集体企业、私营企业、联营企业、股份制企业、外商投资企业、外国企业以及有生产、经营所得和其他所得的其他组织。

有生产、经营所得和其他所得的其他组织，是指经国家有关部门批准，依法注册、登记的事业单位、社会团体等组织。由于我国的一些社会团体组织、事业单位在完成国家事业计划的过程中，开展多种经营和有偿服务活动，取得除财政部门各项拨款、财政部和国家物价部门批准的各项规费收入以外的经营收入，具有了经营的特点，所以该类组织应当视同企业纳入征税范围。这里的实际管理机构，是指对企业的生产经营、人员、账务、财产等实施实质性全面管理和控制的机构。

（二）非居民企业

非居民企业是指依照外国（地区）法律成立且实际管理机构不在中国境内，但在中国境内设立机构、场所的，或者在中国境内未设立机构、场所，但有来源于中国境内所得的企业。

上述所称机构、场所，是指在中国境内从事生产经营活动的机构、场所，包括以下几类。

（1）管理机构、营业机构、办事机构。

（2）工厂、农场、开采自然资源的场所。

（3）提供劳务的场所。

（4）从事建筑、安装、装配、修理、勘探等工程作业的场所。

（5）其他从事生产经营活动的机构、场所。

非居民企业委托营业代理人在中国境内从事生产经营活动的，包括委托单位或者个人经常代其签订合同，或者储存、交付货物等，该营业代理人视为非居民企业在中国境内设立的机构、场所。

二、征税对象

企业所得税的征税对象，是指企业的生产经营所得和其他所得或者清算所得。

（一）居民企业的征税对象

居民企业应就来源于中国境内、境外的所得作为征税对象。所得包括销售货物所得、提供劳务所得、转让财产所得、股息红利等权益性投资所得、利息所得、租金所得、特许权使用费所得、接受捐赠所得和其他所得。

（二）非居民企业的征税对象

非居民企业在中国境内设立机构、场所的，应当就其所设机构、场所取得的来源于中国境内的所得，以及发生在中国境外但与其所设机构、场所有实际联系的所得，缴纳企业所得税。非居民企业在中国境内未设立机构、场所的，或者虽设立机构、场所但取得的所得与其所设机构、场所没有实际联系的，应当就其来源于中国境内的所得缴纳企业所得税。

【特别提示】

上述所称实际联系，是指非居民企业在中国境内设立的机构、场所拥有的据以取得所得的股权、债权，以及拥有、管理、控制据以取得所得的财产。

（三）所得来源的确定

按照以下规定来确定所得来源。

（1）销售货物所得，按照交易活动发生地确定。

（2）提供劳务所得，按照劳务发生地确定。

（3）转让财产所得，可视以下不同情况来确定。

① 不动产转让所得，按照不动产所在地确定。

② 动产转让所得，按照转让动产的企业或者机构、场所所在地确定。

③ 权益性投资资产转让所得，按照被投资企业所在地确定。

（4）股息、红利等权益性投资所得，按照分配所得的企业所在地确定。

（5）利息所得、租金所得、特许权使用费所得，按照负担、支付所得的企业或者机构、场所所在地确定，或者按照负担、支付所得的个人的住所地确定。

（6）其他所得，由国务院财政、税务主管部门确定。

三、税率

企业所得税税率是体现国家与企业分配关系的核心要素。税率设计的原则是兼顾国家、企业、职工个人等三者利益，既要保证财政收入的稳定增长，又要使企业在发展生产、经营方面有一定的财力保证；既要考虑企业的实际情况和负担能力，又要维护税率的统一性。

企业所得税实行比例税率。比例税率简便易行，透明度高，不会因征税而改变企业间收入分配比例，有利于促进效率的提高。现行规定如下。

（1）基本税率为25%。适用于居民企业和在中国境内设有机构、场所且所得与机构、场所有关联的非居民企业。

现行企业所得税基本税率设定为25%，与世界各国比较而言还是偏低的。据有关资料介绍，世界上近160个实行企业所得税的国家（地区）平均税率为28.6%，我国周边18个国家（地区）的平均税率为26.7%。现行税率的确定，既考虑了我国财政承受能力，又考虑了企业负担水平。

（2）低税率为20%。适用于在中国境内未设立机构、场所的，或者虽设立机构、场所但取得的所得与其所设机构、场所没有实际联系的非居民企业。

（3）优惠税率。上述低税率实际征税时适用10%的税率，此外对小微企业、高新技术企业也有税率优惠，这些在第六节税收优惠中有介绍。

第三节　应纳税所得额的计算

应纳税所得额是企业所得税的计税依据，按照企业所得税法的规定，应纳税所得额为企业每一个纳税年度的收入总额，减除不征税收入、免税收入、各项扣除以及允许弥补的以前年度亏损后的余额。

企业应纳税所得额的计算以权责发生制为原则，属于当期的收入和费用，不论款项是否收付，均作为当期的收入和费用；不属于当期的收入和费用，即使款项已经在当期收付，也不作为当期的收入和费用。应纳税所得额的正确计算直接关系到国家财政收入和企业的税收负担，并且同成本、费用核算关系密切。因此，企业所得税法对应纳税所得额计算做了明确规定，主要涉及收入总额，不征税收入和免税收入，扣除原则、范围和标准，资产的税务处理，亏损弥补等。

一、收入总额

企业的收入总额包括以货币形式和非货币形式从各种来源取得的收入，具体有：销售货物收入，提供劳务收入，转让财产收入，股息、红利等权益性投资收益，利息收入，租金收入，特许权使用费收入，接受捐赠收入，其他收入。

【情景解析】

企业取得收入的货币形式,包括现金、存款、应收账款、应收票据、准备持有至到期的债券投资以及债务的豁免等;纳税人以非货币形式取得的收入,包括固定资产、生物资产、无形资产、股权投资、存货、不准备持有至到期的债券投资、劳务以及有关权益等。这些非货币资产应当按照公允价值确定收入额。公允价值是指按照市场价格确定的价值。收入的具体构成如下。

(一)一般收入的确认

(1)销售货物收入,是指企业销售商品、产品、原材料、包装物、低值易耗品以及其他存货取得的收入。

(2)提供劳务收入,是指企业从事建筑安装、修理修配、交通运输、仓储租赁、金融保险、邮电通信、咨询经纪、文化体育、科学研究、技术服务、教育培训、餐饮住宿、中介代理、卫生保健、社区服务、旅游、娱乐、加工以及其他劳务服务活动取得的收入。

(3)转让财产收入,是指企业转让固定资产、生物资产、无形资产、股权、债权等财产取得的收入。企业转让股权收入应于转让协议生效且完成股权变更手续时,确认收入的实现。转让股权收入扣除为取得该股权所发生的成本后,为股权转让所得。企业在计算股权转让所得时,不得扣除被投资企业未分配利润等股东留存收益中按该项股权所可能分配的金额。

(4)股息、红利等权益性投资收益,是指企业因权益性投资从被投资方取得的收入。股息、红利等权益性投资收益,除国务院财政、税务主管部门另有规定外,按照被投资方做出利润分配决定的日期确认收入的实现。

被投资企业将股权(票)溢价所形成的资本公积转为股本的,不作为投资方企业的股息、红利收入,投资方企业也不得增加该项长期投资的计税基础。

【特别提示】

依据《财政部 国家税务总局 证监会关于沪港股票市场交易互联互通机制试点有关税收政策的通知》(财税〔2014〕81号)的规定,自2014年11月17日起,对内地企业投资者通过沪港通投资香港联交所上市股票取得的股息红利所得,计入其收入总额,依法计征企业所得税。内地居民企业连续持有H股(也称国企股,指注册地在内地、上市地在香港的外资股)满12个月取得的股息红利所得,依法免征企业所得税。

香港联交所上市H股公司应向中国结算提出申请,由中国结算向H股公司提供内地企业投资者名册,H股公司对内地企业投资者不代扣股息红利所得税款,应纳税款由企业自行申报缴纳。

内地企业投资者自行申报缴纳企业所得税时,对香港联交所非H股上市公司已代扣代缴的股息红利所得税,可依法申请税收抵免。

(5)利息收入,是指企业将资金提供他人使用但不构成权益性投资,或者因他人占用本企业资金取得的收入,包括存款利息、贷款利息、债券利息、欠款利息等收入。利息收入,按照合同约定的债务人应付利息的日期确认收入的实现。

【点拨指导】

自2013年9月1日起,企业混合性投资业务,是指兼具权益和债权双重特性的投资业务。同时符合下列条件的混合性投资业务,按下列规定进行企业所得税处理。

(1)被投资企业接受投资后,需要按投资合同或协议约定的利率定期支付利息(或定期支付保底利息、固定利润、固定股息,下同)。

(2)有明确的投资期限或特定的投资条件,并在投资期满或者满足特定投资条件后,被投资企业需要赎回投资或偿还本金。

（3）投资企业对被投资企业净资产不拥有所有权。

（4）投资企业不具有选举权和被选举权。

（5）投资企业不参与被投资企业日常生产经营活动。

符合上述（1）至（5）条规定的混合性投资业务，按下列规定进行企业所得税处理。

（1）对于被投资企业支付的利息，投资企业应于被投资企业应付利息的日期，确认收入的实现并计入当期应纳税所得额；被投资企业应于应付利息的日期，确认利息支出，并按税法和《国家税务总局关于企业所得税若干问题的公告》（国家税务总局公告2011年第34号）第一条的规定，进行税前扣除。

（2）对于被投资企业赎回的投资，投资双方应于赎回时将赎价与投资成本之间的差额确认为债务重组损益，分别计入当期应纳税所得额。

（6）租金收入，是指企业提供固定资产、包装物或者其他有形资产的使用权取得的收入。租金收入按照合同约定的承租人应付租金的日期确认收入的实现。如果交易合同或协议中规定租赁期限跨年度，且租金提前一次性支付的，根据《企业所得税法实施条例》第九条规定的收入与费用配比原则，出租人可对上述已确认的收入，在租赁期内，分期均匀计入相关年度收入。

（7）特许权使用费收入，是指企业提供专利权、非专利技术、商标权、著作权以及其他特许权的使用权取得的收入。特许权使用费收入按照合同约定的特许权使用人应付特许权使用费的日期确认收入的实现。

（8）接受捐赠收入，是指企业接受的来自其他企业、组织或者个人无偿给予的货币性资产、非货币性资产。接受捐赠收入按照实际收到捐赠资产的日期确认收入的实现。

（9）其他收入，是指企业取得的除以上收入外的其他收入，包括企业资产溢余收入、逾期未退包装物押金收入、确实无法偿付的应付款项、已做坏账损失处理后又收回的应收款项、债务重组收入、补贴收入、违约金收入、汇兑收益等。

（二）特殊收入的确认

按照以下情况来确认特殊收入。

（1）以分期收款方式销售货物的，按照合同约定的收款日期确认收入的实现。

（2）企业受托加工制造大型机械设备、船舶、飞机，以及从事建筑、安装、装配工程业务或者提供其他劳务等，持续时间超过12个月的，按照纳税年度内完工进度或者完成的工作量确认收入的实现。

（3）采取产品分成方式取得收入的，按照企业分得产品的日期确认收入的实现，其收入额按照产品的公允价值确定。

（4）企业发生非货币性资产交换，以及将货物、财产、劳务用于捐赠、偿债、赞助、集资、广告、样品、职工福利或者利润分配等用途的，应当视同销售货物、转让财产或者提供劳务，但国务院财政、税务主管部门另有规定的除外。

（三）处置资产收入的确认

（1）企业发生下列情形的处置资产，除将资产转移至境外以外，由于资产所有权属在形式和实质上均不发生改变，可作为内部处置资产，不视同销售确认收入，相关资产的计税基础延续计算。

① 将资产用于生产、制造、加工另一产品。

② 改变资产形状、结构或性能。

③ 改变资产用途（如自建商品房转为自用或经营）。

④ 将资产在总机构及其分支机构之间转移。

⑤ 上述两种或两种以上情形的混合。

⑥ 其他不改变资产所有权属的用途。

（2）企业将资产移送他人的下列情形，因资产所有权属已发生改变而不属于内部处置资产，应按规定视同销售确定收入。

① 用于市场推广或销售。

② 用于交际应酬。

③ 用于职工奖励或福利。

④ 用于股息分配。

⑤ 用于对外捐赠。

⑥ 其他改变资产所有权属的用途。

（3）企业发生第（2）条规定情形的，除另有规定外，应按照被移送资产的公允价值确定销售收入。公允价值，是指按照市场价格确定的价值。

（四）相关收入实现的确认

除企业所得税法及实施条例中对前述收入的规定外，企业销售收入的确认，必须遵循权责发生制原则和实质重于形式原则。

（1）企业销售商品同时满足下列条件的，应确认收入的实现。

① 商品销售合同已经签订，企业已将与商品所有权相关的主要风险和报酬转移给购货方。

② 企业对已售出的商品既没有保留通常与所有权相联系的继续管理权，也没有实施有效控制。

③ 收入的金额能够可靠地计量。

④ 已发生或将发生的销售方的成本能够可靠地核算。

（2）符合上述收入确认条件，采取下列商品销售方式的，应按以下规定确认收入实现时间。

① 销售商品采用托收承付方式的，在办妥托收手续时确认收入。

② 销售商品采取预收款方式的，在发出商品时确认收入。

③ 销售商品需要安装和检验的，在购买方接受商品以及安装和检验完毕时确认收入。如果安装程序比较简单，可在发出商品时确认收入。

④ 销售商品采用支付手续费方式委托代销的，在收到代销清单时确认收入。

（3）采用售后回购方式销售商品的，销售的商品按售价确认收入，回购的商品作为购进商品处理。有证据表明不符合销售收入确认条件的，如以销售商品方式进行融资，收到的款项应确认为负债，回购价格大于原售价的，差额应在回购期间确认为利息费用。

（4）销售商品以旧换新的，销售商品应当按照销售商品收入确认条件确认收入，回收的商品作为购进商品处理。

（5）企业为促进商品销售而在商品价格上给予的价格扣除属于商业折扣，商品销售涉及商业折扣的，应当按照扣除商业折扣后的金额确定销售商品收入金额。

【情景解析】

债权人为鼓励债务人在规定的期限内付款而向债务人提供的债务扣除属于现金折扣，销售商品涉及现金折扣的，应当按扣除现金折扣前的金额确定销售商品收入金额，现金折扣在实际发生时作为财务费用扣除。

企业因售出商品的质量不合格等原因而在售价上给予的减让属于销售折让；企业因售出商品质量、品种不符合要求等原因而发生的退货属于销售退回。企业已经确认销售收入的售出商品发生销售折让和销售退回，应当在发生当期冲减当期销售商品收入。

（6）企业在各个纳税期末，提供劳务交易的结果能够可靠估计的，应采用完工进度（完工百分比）法确认提供劳务收入。

① 提供劳务交易的结果能够可靠估计，是指同时满足下列条件。

- 收入的金额能够可靠地计量。
- 交易的完工进度能够可靠地确定。
- 交易中已发生和将发生的成本能够可靠地核算。

② 企业提供劳务完工进度的确定，可选用下列方法。

- 已完工作的测量。
- 已提供劳务占劳务总量的比例。
- 发生成本占总成本的比例。

③ 企业应按照从接受劳务方已收或应收的合同或协议价款确定劳务收入总额，根据纳税期末提供劳务收入总额乘以完工进度扣除以前纳税年度累计已确认提供劳务收入后的金额，确认为当期劳务收入；同时，按照提供劳务估计总成本乘以完工进度扣除以前纳税期间累计已确认劳务成本后的金额，结转为当期劳务成本。

④ 下列提供劳务满足收入确认条件的，应按规定确认收入。

- 安装费。应根据安装完工进度确认收入。安装工作是商品销售附带条件的，安装费在确认商品销售实现时确认收入。
- 宣传媒介的收费。应在相关的广告或商业行为出现于公众面前时确认收入。广告的制作费，应根据制作广告的完工进度确认收入。
- 软件费。为特定客户开发软件的费用，应根据开发的完工进度确认收入。
- 服务费。包含在商品售价内可区分的服务费，在提供服务的期间分期确认收入。
- 艺术表演、招待宴会和其他特殊活动的收费。在相关活动发生时确认收入。收费涉及几项活动的，预收的款项应合理分配给每项活动，分别确认收入。
- 会员费。申请入会或加入会员，只允许取得会籍，所有其他服务或商品都要另行收费的，在取得该会员费时确认收入。申请入会或加入会员后，会员在会员期内不再付费就可得到各种服务或商品，或者以低于非会员的价格销售商品或提供服务的，该会员费应在整个受益期内分期确认收入。
- 特许权费。属于提供设备和其他有形资产的特许权费，在交付资产或转移资产所有权时确认收入；属于提供初始及后续服务的特许权费，在提供服务时确认收入。
- 劳务费。长期为客户提供重复的劳务收取的劳务费，在相关劳务活动发生时确认收入。

（7）企业以买一赠一等方式组合销售本企业商品的，不属于捐赠，应将总的销售金额按各项商品的公允价值的比例来分摊确认各项的销售收入。

（8）企业取得财产（包括各类资产、股权、债权等）转让收入、债务重组收入、接受捐赠收入、无法偿付的应付款收入等，不论是以货币形式还是以非货币形式体现，除另有规定外，均应一次性计入确认收入的年度计算缴纳企业所得税。

二、不征税收入和免税收入

国家为了扶持和鼓励某些特殊的纳税人和特定的项目，或者避免因征税影响企业的正常经营，对企业取得的某些收入予以不征税或免税的特殊政策，以减轻企业的负担，促进经济的协调发展。或准予抵扣应纳税所得额，或者将专项用途的资金作为非税收入处理，减轻企业的税负，增加企业可用资金。

（一）不征税收入

1. 财政拨款

财政拨款是指各级人民政府对纳入预算管理的事业单位、社会团体等组织拨付的财政资金，但国务院和国务院财政、税务主管部门另有规定的除外。

2. 依法收取并纳入财政管理的行政事业性收费、政府性基金

行政事业性收费是指依照法律法规等有关规定，按照国务院规定程序批准，在实施社会公共管理，以及在向公民、法人或者其他组织提供特定公共服务过程中，向特定对象收取并纳入财政管理的费用。政府性基金，是指企业依照法律、行政法规等有关规定，代政府收取的具有专项用途的财政资金。具体规定如下。

（1）企业按照规定缴纳的、由国务院或财政部批准设立的政府性基金以及由国务院和省、自治区、直辖市人民政府及其财政、价格主管部门批准设立的行政事业性收费，准予在计算应纳税所得额时扣除。

企业缴纳的不符合上述第（1）条审批管理权限设立的基金、收费，不得在计算应纳税所得额时扣除。

（2）企业收取的各种基金、收费，应计入企业当年收入总额。

（3）对企业依照法律、法规及国务院有关规定收取并上缴财政的政府性基金和行政事业性收费，准予作为不征税收入，于上缴财政的当年在计算应纳税所得额时从收入总额中减除；未上缴财政的部分，不得从收入总额中减除。

3. 国务院规定的其他不征税收入

其他不征税收入是指企业取得的、由国务院财政、税务主管部门规定专项用途并经国务院批准的财政性资金。

【情景解析】

财政性资金是指企业取得的来源于政府及其有关部门的财政补助、补贴、贷款贴息，以及其他各类财政专项资金，包括直接减免的增值税和即征即退、先征后退、先征后返的各种税收，但不包括企业按规定取得的出口退税款。

（1）企业取得的各类财政性资金，除属于国家投资和资金使用后要求归还本金的以外，均应计入企业当年收入总额。国家投资是指国家以投资者身份投入企业并按有关规定相应增加企业实收资本（股本）的直接投资。

（2）对企业取得的由国务院财政、税务主管部门规定专项用途并经国务院批准的财政性资金，准予作为不征税收入，在计算应纳税所得额时从收入总额中减除。

（3）纳入预算管理的事业单位、社会团体等组织按照核定的预算和经费报领关系收到的由财政部门或上级单位拨入的财政补助收入，准予作为不征税收入，在计算应纳税所得额时从收入总额中减除，但国务院和国务院财政、税务主管部门另有规定的除外。

根据《关于专项用途财政性资金企业所得税处理问题的通知》（财税〔2011〕70号）规定，自2011年1月1日起，企业取得的专项用途财政性资金企业所得税处理按以下规定执行。

（1）企业从县级以上各级人民政府财政部门及其他部门取得的应计入收入总额的财政性资金，凡同时符合以下条件的，可以作为不征税收入，在计算应纳税所得额时从收入总额中减除。

① 企业能够提供规定资金专项用途的资金拨付文件。

② 财政部门或其他拨付资金的政府部门对该资金有专门的资金管理办法或具体管理要求。

③ 企业对该资金以及以该资金发生的支出单独进行核算。

（2）根据《企业所得税法实施条例》第二十八条的规定，上述不征税收入用于支出所形成的费用，不得在计算应纳税所得额时扣除；用于支出所形成的资产，其计算的折旧、摊销不得在计算应纳税所得额时扣除。

（3）企业将符合上述第（1）条规定条件的财政性资金做不征税收入处理后，在5年（60个月）内未发生支出且未缴回财政部门或其他拨付资金的政府部门的部分，应计入取得该资金第6年的应税收入总额；计入应税收入总额的财政性资金发生的支出，允许在计算应纳税所得额时扣除。

另外，企业取得的不征税收入，应按照上述（财税〔2011〕70号，以下简称《通知》）的规定进行处理。凡未按照《通知》规定进行管理的，应作为企业应税收入计入应纳税所得额，依法缴纳企业所得税。

（二）免税收入

1. 国债利息收入

为鼓励企业积极购买国债，支援国家建设，税法规定，企业因购买国债所得的利息收入，免征企业所得税。

（1）国债利息收入时间按以下规定确认。

① 根据《国家税务总局关于企业国债投资业务企业所得税处理问题的公告》（国家税务总局公告2011年第36号）的规定，根据企业所得税法实施条例第十八条的规定，企业投资国债从国务院财政部门（以下简称"发行者"）取得的国债利息收入，应以国债发行时约定应付利息的日期，确认利息收入的实现。

② 企业转让国债，应在国债转让收入确认时确认利息收入的实现。

（2）国债利息收入的计算。企业到期前转让国债，或者从非发行者投资购买的国债，其持有期间尚未兑付的国债利息收入，按以下公式计算确定。

$$国债利息收入=国债金额×(适用年利率÷365)×持有天数$$

上述公式中，"国债金额"按国债发行面值或发行价格确定；"适用年利率"按国债票面年利率或折合年收益率确定；若企业在不同时间多次购买同一品种国债，则"持有天数"可按平均持有天数计算确定。

（3）国债利息收入免税问题。根据《企业所得税法》第二十六条的规定，企业取得的国债利息收入，免征企业所得税。具体按以下规定执行。

① 企业从发行者直接投资购买的国债持有至到期，其从发行者取得的国债利息收入，全额免征企业所得税。

② 企业到期前转让国债，或者从非发行者投资购买的国债，其按上述第（2）项计算的国债利息收入，免征企业所得税。

2. 居民企业的股息、红利等权益性收益

符合条件的居民企业之间的股息、红利等权益性收益，是指居民企业直接投资于其他居民企业取得的投资收益。

3. 非居民企业的股息、红利等权益性收益

这是指在中国境内设立机构、场所的非居民企业从居民企业取得与该机构、场所有实际联系的股息、红利等权益性投资收益。

【特别提示】

该收益不包括连续持有居民企业公开发行并上市流通的股票不足12个月取得的投资收益。

4. 符合条件的非营利组织的收入

符合条件的非营利组织包括以下几类。

（1）依法履行非营利组织登记手续。

（2）从事公益性或者非营利性活动。

（3）取得的收入除用于与该组织有关的、合理的支出外，全部用于登记核定或者章程规定的公益性或者非营利性事业。

（4）财产及其孳息不用于分配。

（5）按照登记核定或者章程规定，该组织注销后的剩余财产用于公益性或者非营利性目的，或者由登记管理机关转赠给与该组织性质、宗旨相同的组织，并向社会公告。

（6）投入人对投入该组织的财产不保留或者享有任何财产权利。

（7）工作人员工资福利开支控制在规定的比例内，不变相分配该组织的财产。

（8）国务院财政、税务主管部门规定的其他条件。

《企业所得税法》第二十六条第4项所称符合条件的非营利组织的收入，不包括非营利组织从事营利性活动取得的收入，但国务院财政、税务主管部门另有规定的除外。

非营利组织的下列收入为免税收入。

（1）接受其他单位或者个人捐赠的收入。

（2）除《企业所得税法》第七条规定的财政拨款以外的其他政府补助收入，但不包括因政府购买服务取得的收入。

（3）按照省级以上民政、财政部门规定收取的会费。

（4）不征税收入和免税收入孳生的银行存款利息收入。

（5）财政部、国家税务总局规定的其他收入。

三、扣除项目的原则和范围

（一）扣除项目的原则

企业申报的扣除项目和金额要真实、合法。所谓真实，是指能提供证明有关支出确属已经实际发生。合法是指符合国家税法的规定，若其他法规规定与税收法规规定不一致，应以税收法规的规定为标准。除税收法规另有规定外，企业所得税税前扣除一般应遵循以下原则。

（1）权责发生制原则，是指企业费用应在发生的所属期扣除，而不是在实际支付时确认扣除。

（2）配比原则，是指企业发生的费用应当与收入配比扣除。除特殊规定外，企业发生的费用不得提前或滞后申报扣除。

（3）相关性原则，是指企业可扣除的费用从性质和根源上必须与取得应税收入直接相关。

（4）确定性原则，是指企业可扣除的费用不论何时支付，其金额必须是确定的。

（5）合理性原则，是指符合生产经营活动常规，应当计入当期损益或者有关资产成本的必要和正常的支出。

（二）扣除项目的范围

《企业所得税法》规定，企业实际发生的与取得收入有关的、合理的支出，包括成本、费用、税金、损失和其他支出，准予在计算应纳税所得额时扣除。

【特别提示】

在实际中，计算应纳税所得额时还应注意三方面的内容：企业发生的支出应当区分收益性支出和资本性支出，其中，收益性支出在发生当期直接扣除，资本性支出应当分期扣除或者计入有关资产成本，不得在发生当期直接扣除；企业的不征税收入用于支出所形成的费用或者财产，不得扣除或者计算对应的折旧、摊销扣除；除企业所得税法及其实施条例另有规定外，企业实际发生的成本、费用、税金、损失和其他支出，不得重复扣除。

第十章 企业所得税

企业所得税税前扣除凭证的管理，按照国家税务总局制定的《企业所得税税前扣除凭证管理办法》执行。企业当年度实际发生的相关成本、费用，若未能及时取得该成本、费用的有效凭证，企业在预缴季度所得税时，可暂按账面发生金额进行核算；但在汇算清缴时，应补充提供该成本、费用的有效凭证。

1. 成本

成本是指企业在生产经营活动中发生的销售成本、销货成本、业务支出以及其他耗费，即企业销售商品（产品、材料、下脚料、废料、废旧物资等）、提供劳务、转让固定资产、无形资产（包括技术转让）的成本。

【点拨指导】

企业必须将经营活动中发生的成本合理划分为直接成本和间接成本。直接成本是可直接计入有关成本计算对象或劳务的经营成本中的直接材料、直接人工等。间接成本是指多个部门为同一成本对象提供服务的共同成本，或者同一种投入可以制造、提供两种或两种以上的产品或劳务的联合成本。

直接成本可根据有关会计凭证、记录直接计入有关成本计算对象或劳务的经营成本。间接成本必须根据与成本计算对象之间的因果关系、成本计算对象的产量等，以合理的方法分配计入有关成本计算对象。

2. 费用

费用是指企业每一个纳税年度为生产、经营商品和提供劳务等所发生的销售（经营）费用、管理费用和财务费用。已经计入成本的有关费用除外。

（1）销售费用，是指应由企业负担的为销售商品而发生的费用，包括广告费、运输费、装卸费、包装费、展览费、保险费、销售佣金（能直接认定的进口佣金调整商品进价成本）、代销手续费、经营性租赁费及销售部门发生的差旅费、工资、福利费等费用。

（2）管理费用，是指企业的行政管理部门为管理组织经营活动提供各项支援性服务而发生的费用。

（3）财务费用，是指企业筹集经营性资金而发生的费用，包括利息净支出、汇兑净损失、金融机构手续费以及其他非资本化支出。

3. 税金

税金是指企业发生的除企业所得税和允许抵扣的增值税以外的企业缴纳的各项税金及其附加，即企业按规定缴纳的消费税、城市维护建设税、关税、资源税、土地增值税、房产税、车船税、城镇土地使用税、印花税、教育费附加、地方教育附加等税金及附加。这些已纳税金准予税前扣除。

准予税前扣除的税金有两种扣除方式：一是在发生当期扣除；二是在发生当期计入相关资产的成本，在以后各期分摊扣除。

4. 损失

损失是指企业在生产经营活动中发生的固定资产和存货的盘亏、毁损、报废损失，转让财产损失，呆账损失，坏账损失，自然灾害等不可抗力因素造成的损失以及其他损失。

企业发生的损失，减除责任人赔偿和保险赔款后的余额，依照国务院财政、税务主管部门的规定扣除。

企业已经作为损失处理的资产，在以后纳税年度又全部收回或者部分收回时，应当计入当期收入。

5. 扣除的其他支出

这是指除成本、费用、税金、损失外，企业在生产经营活动中发生的与生产经营活动有关的、合理的支出。

（三）扣除项目及其标准

在计算应纳税所得额时，下列项目可按照实际发生额或规定的标准扣除。

1. 工资、薪金支出

（1）企业发生的合理的工资、薪金支出准予据实扣除。工资、薪金支出是企业每一纳税年度支付给本企业任职或与其有雇佣关系的员工的所有现金或非现金形式的劳动报酬，包括基本工资、奖金、津贴、补贴、年终加薪、加班工资，以及与任职或者受雇有关的其他支出。

【情景解析】

合理的工资、薪金，是指企业按照股东大会、董事会、薪酬委员会或相关管理机构制定的工资薪金制度规定实际发放给员工的工资薪金。税务机关在对工资薪金进行合理性确认时，可按以下原则掌握。

（1）企业制定了较为规范的员工工资薪金制度。

（2）企业所制定的工资薪金制度符合行业及地区水平。

（3）企业在一定时期所发放的工资薪金是相对固定的，工资薪金的调整是有序进行的。

（4）企业对实际发放的工资薪金，已依法履行了代扣代缴个人所得税义务。

（5）有关工资薪金的安排，不以减少或逃避税款为目的。

（2）属于国有性质的企业，其工资薪金，不得超过政府有关部门给予的限定数额；超过部分，不得计入企业工资薪金总额，也不得在计算企业应纳税所得额时扣除。

（3）企业因雇用季节工、临时工、实习生、返聘离退休人员以及接受外部劳务派遣用工所实际发生的费用，应区分为工资薪金支出和职工福利费支出，并按《企业所得税法》的规定在企业所得税前扣除。属于工资薪金支出的，准予计入企业工资薪金总额的基数，作为计算其他各项相关费用扣除的依据。

（4）企业福利性补贴支出税前扣除。国家税务总局 2015 年第 34 号规定，列入企业员工工资薪金制度、固定与工资薪金一起发放的福利性补贴，符合《国家税务总局关于企业工资薪金及职工福利费扣除问题的通知》（国税函〔2009〕3 号）第一条规定的合理工资、薪金支出条件，可作为企业发生的工资薪金支出，按规定在税前扣除。

不能同时符合上述合理工资、薪金支出条件的福利性补贴，应作为国税函〔2009〕3 号文件第三条规定的职工福利费，按规定计算限额税前扣除。

（5）企业年度汇算清缴结束前支付汇缴年度工资薪金税前扣除。企业在年度汇算清缴结束前向员工实际支付的已预提汇缴年度工资薪金，准予在汇缴年度按规定扣除。

（6）企业接受外部劳务派遣用工所实际发生的费用，应分两种情况按规定在税前扣除：按照协议（合同）约定直接支付给劳务派遣公司的费用，应作为劳务费支出直接支付给员工个人的费用，应作为工资薪金支出和职工福利费支出。属于工资薪金支出的费用，准予计入企业工资薪金总额的基数，作为计算其他各项相关费用扣除的依据。

2. 职工福利费、工会经费、职工教育经费

企业发生的职工福利费、工会经费、职工教育经费按标准扣除，未超过标准的按实际数扣除，超过标准的只能按标准扣除。

（1）企业发生的职工福利费支出，不超过工资薪金总额14%的部分准予扣除。企业职工福利费，包括以下内容。

① 尚未实行分离办社会职能的企业，其内设福利部门所发生的设备、设施和人员费用，包括职工食堂、职工浴室、理发室、医务所、托儿所、疗养院等集体福利部门的设备、设施及

维修保养费用和福利部门工作人员的工资薪金、社会保险费、住房公积金、劳务费等。

② 为职工卫生保健、生活、住房、交通等所发放的各项补贴和非货币性福利，包括企业向职工发放的因公外地就医费用、未实行医疗统筹企业职工医疗费用、职工供养直系亲属医疗补贴、供暖费补贴、职工防暑降温费、职工困难补贴、救济费、职工食堂经费补贴、职工交通补贴等。

③ 按照其他规定发生的其他职工福利费，包括丧葬补助费、抚恤费、安家费、探亲假路费等。

📓 【特别提示】

企业发生的职工福利费，应该单独设置账册，进行准确核算。没有单独设置账册准确核算的，税务机关应责令企业在规定的期限内进行改正。逾期仍未改正的，税务机关可对企业发生的职工福利费进行合理的核定。

（2）企业拨缴的工会经费，不超过工资薪金总额2%的部分准予扣除。

① 自2010年7月1日起，企业拨缴的职工工会经费，不超过工资薪金总额2%的部分，凭工会组织开具的《工会经费收入专用收据》在企业所得税税前扣除。

② 自2010年1月1日起，在委托税务机关代收工会经费的地区，企业拨缴的工会经费，也可凭合法、有效的工会经费代收凭据依法在税前扣除。

（3）除国务院财政、税务主管部门另有规定外，企业发生的职工教育经费支出，不超过工资薪金总额8%的部分准予扣除，超过部分准予结转以后纳税年度扣除。

① 软件生产企业发生的职工教育经费中的职工培训费用，根据《关于进一步鼓励软件产业和集成电路产业发展企业所得税政策的通知》（财税〔2012〕27号）的规定，可以全额在企业所得税前扣除。

② 核力发电企业为培养核电厂操纵员发生的培养费用，依据国家税务总局公告2014年第29号第三条的规定，可作为企业的发电成本在税前扣除。

上述计算职工福利费、工会经费、职工教育经费的工资薪金总额，是指企业按照上述第一条规定实际发放的工资薪金总和，不包括企业的职工福利费、职工教育经费、工会经费以及养老保险费、医疗保险费、失业保险费、工伤保险费、生育保险费等社会保险费和住房公积金。

3. 保险费

（1）企业依照国务院有关主管部门或者省级人民政府规定的范围和标准为职工缴纳的五险一金，即基本养老保险费、基本医疗保险费、失业保险费、工伤保险费、生育保险费等基本社会保险费和住房公积金，准予扣除。

（2）企业为投资者或者职工支付的补充养老保险费、补充医疗保险费，在国务院财政、税务主管部门规定的范围和标准内，准予扣除。企业依照国家有关规定为特殊工种职工支付的人身安全保险费和符合国务院财政、税务主管部门规定可以扣除的商业保险费准予扣除。

（3）企业参加财产保险，按照规定缴纳的保险费，准予扣除。企业为投资者或者职工支付的商业保险费，不得扣除。

4. 借款费用

企业在生产经营活动中发生的合理的不需要资本化的借款费用，准予扣除。

（1）企业为购置、建造固定资产、无形资产和经过12个月以上的建造才能达到预定可销售状态的存货发生借款的，在有关资产购置、建造期间发生的合理的借款费用，应予以资本化，作为资本性支出计入有关资产的成本；有关资产交付使用后发生的借款利息，可在发生当期扣除。

（2）非金融企业向金融企业借款的利息支出、金融企业的各项存款利息支出和同业拆借利息支出、企业经批准发行债券的利息支出可据实扣除。

📖 【情景解析】

　　所谓金融企业，是指各类银行、保险公司及经中国人民银行批准从事金融业务的非银行金融机构，包括国家专业银行、区域性银行、股份制银行、外资银行、中外合资银行以及其他综合性银行；全国性保险企业、区域性保险企业、股份制保险企业、中外合资保险企业以及其他专业性保险企业；城市、农村信用社、各类财务公司以及其他从事信托投资、租赁等业务的专业和综合性非银行金融机构。非金融企业是指除上述金融企业以外的所有企业、事业单位以及社会团体等企业或组织。

　　（3）非金融企业向非金融企业借款的利息支出，不超过按照金融企业同期同类贷款利率计算数额的部分可据实扣除，超过部分不许扣除。

　　鉴于目前我国对金融企业利率要求的具体情况，企业在按照合同要求首次支付利息并进行税前扣除时，应提供金融企业的同期同类贷款利率情况说明，以证明其利息支出的合理性。

📝 【特别提示】

　　金融企业的同期同类贷款利率情况说明中，应包括在签订该借款合同时的本省任何一家金融企业提供同期同类贷款利率情况。该金融企业应为经政府有关部门批准成立的可以从事贷款业务的企业，包括银行、财务公司、信托公司等金融机构。同期同类贷款利率是指在贷款期限、贷款金额、贷款担保以及企业信誉等条件基本相同的情况下，金融企业提供贷款的利率。既可以是金融企业公布的同期同类平均利率，也可以是金融企业对某些企业提供的实际贷款利率。

　　（4）关联企业利息费用的扣除。企业从其关联方接受的债权性投资与权益性投资的比例超过规定标准而发生的利息支出，不得在计算应纳税所得额时扣除。

　　① 在计算应纳税所得额时，企业实际支付给关联方的利息支出，不超过规定比例和税法及其实施条例有关规定计算的部分，准予扣除，超过的部分不得在发生当期和以后年度扣除。企业实际支付给关联方的利息支出，除符合下面第②条规定外，其接受关联方债权性投资与其权益性投资比例为：金融企业 5：1；其他企业 2：1。

　　② 企业如果能够按照税法及其实施条例的有关规定提供相关资料，并证明相关交易活动符合独立交易原则或者该企业的实际税负不高于境内关联方，其实际支付给境内关联方的利息支出，在计算应纳税所得额时准予扣除。

　　③ 企业同时从事金融业务和非金融业务，其实际支付给关联方的利息支出，应按照合理方法分开计算；没有按照合理方法分开计算的，一律按前述第①条有关其他企业的比例计算准予税前扣除的利息支出。

　　④ 企业自关联方取得的不符合规定的利息收入应按照有关规定缴纳企业所得税。

　　（5）企业向自然人借款的利息支出在企业所得税税前的扣除。

　　① 企业向股东或其他与企业有关联关系的自然人借款的利息支出，应根据《企业所得税法》第四十六条及《财政部 国家税务总局关于企业关联方利息支出税前扣除标准有关税收政策问题的通知》（财税〔2008〕121号）规定的条件，计算企业所得税扣除额。

　　② 企业向除①规定以外的内部职工或其他人员借款的利息支出，其借款情况同时符合以下条件的，其利息支出在不超过按照金融企业同期同类贷款利率计算的数额的部分，准予扣除：企业与个人之间的借贷是真实、合法、有效的，并且不具有非法集资目的或其他违反法律、法规的行为；企业与个人之间签订了借款合同。

　　（6）企业通过发行债券、取得贷款、吸收保户储金等方式融资而发生的合理的费用支出，符合资本化条件的，应计入相关资产成本；不符合资本化条件的，应作为财务费用，准予在企业所得税前据实扣除。

5. 汇兑损失

企业在货币交易中，以及纳税年度终了时将人民币以外的货币性资产、负债按照期末即期人民币汇率中间价折算为人民币时产生的汇兑损失，除已经计入有关资产成本以及与向所有者进行利润分配相关的部分外，准予扣除。

6. 业务招待费

（1）企业发生的与生产经营活动有关的业务招待费支出，按照发生额的 60%扣除，但最高不得超过当年销售（营业）收入的 5‰。

（2）对从事股权投资业务的企业（包括集团公司总部、创业投资企业等），其从被投资企业所分配的股息、红利以及股权转让收入，可以按规定的比例计算业务招待费扣除限额。

（3）企业在筹建期间，发生的与筹办活动有关的业务招待费支出，可按实际发生额的 60%计入企业筹办费，并按有关规定在税前扣除。

7. 广告费和业务宣传费

企业发生的符合条件的广告费和业务宣传费支出，除国务院财政、税务主管部门另有规定外，不超过当年销售（营业）收入 15%的部分，准予扣除；超过部分，准予结转以后纳税年度扣除。对化妆品制造或销售、医药制造和饮料制造（不含酒类制造）企业不超过当年销售（营业）收入 30%的部分，准予扣除；超过部分，准予在以后纳税年度结转扣除（2021.1.1-2025.12.31）。烟草企业的的烟草广告费和业务宣传费支出，一律不得在计算应纳税所得额时扣除。

企业在筹建期间，发生的广告费和业务宣传费，可按实际发生额计入企业筹办费，可按上述规定在税前扣除。

【特别提示】

企业申报扣除的广告费支出应与赞助支出严格区分。企业申报扣除的广告费支出，必须符合下列条件：广告是通过工商部门批准的专门机构制作的；已实际支付费用，并已取得相应发票；通过一定的媒体传播。

8. 环境保护专项资金

企业依照法律、行政法规有关规定提取的用于环境保护、生态恢复等方面的专项资金，准予扣除。上述专项资金提取后改变用途的，不得扣除。

9. 租赁费

企业根据生产经营活动的需要租入固定资产支付的租赁费，按照以下方法扣除。

（1）以经营租赁方式租入固定资产发生的租赁费支出，按照租赁期限均匀扣除。经营性租赁是指所有权不转移的租赁。

（2）以融资租赁方式租入固定资产发生的租赁费支出，按照规定构成融资租入固定资产价值的部分应当提取折旧费用，分期扣除。融资租赁是指在实质上转移与一项资产所有权有关的全部风险和报酬的一种租赁。

10. 劳动保护费

企业发生的合理的劳动保护支出，准予扣除。自 2011 年 7 月 1 日起，企业根据其工作性质和特点，由企业统一制作并要求员工工作时统一着装所发生的工作服饰费用，根据《企业所得税法实施条例》第二十七条的规定，可以作为企业合理的支出给予税前扣除。

11. 公益性捐赠支出

公益性捐赠，是指企业通过公益性社会组织或者县级以上人民政府及其部门，用于符合法律规定的慈善活动、公益事业的捐赠。

企业当年发生以及以前年度结转的公益性捐赠支出不超过年度利润总额12%的部分，准予扣除。超过部分准予结转以后三年内扣除。年度利润总额是指企业依照国家统一会计制度的规定计算的年度会计利润。

自2019年1月1日至2022年12月31日，企业通过公益性社会组织或者县级（含县级）以上人民政府及其组成部门和直属机构，用于目标脱贫地区的扶贫捐赠支出，准予在计算企业所得税应纳税所得额时据实扣除。该政策执行期延长至2025年12月31日。

（1）用于符合法律规定的慈善活动、公益事业的捐赠是指向《中华人民共和国公益事业捐赠法》规定的公益事业的捐赠，具体范围包括以下几类。

① 救助灾害、救济贫困、扶助残疾人等困难的社会群体和个人的活动。

② 教育、科学、文化、卫生、体育事业。

③ 环境保护、社会公共设施建设。

④ 促进社会发展和进步的其他社会公共和福利事业。

企事业单位、社会团体以及其他组织捐赠住房作为廉租住房的视同公益性捐赠按上述规定执行。

（2）公益性社会组织，是指同时符合下列条件的慈善组织以及其他社会组织。

① 依法登记，具有法人资格。

② 以发展公益事业为宗旨，且不以营利为目的。

③ 全部资产及其增值为该法人所有。

④ 收益和营运结余主要用于符合该法人设立目的的事业。

⑤ 终止后的剩余财产不归属任何个人或者营利组织。

⑥ 不经营与其设立目的无关的业务。

⑦ 有健全的财务会计制度。

⑧ 捐赠者不以任何形式参与社会团体财产的分配。

⑨ 国务院财政、税务主管部门会同国务院民政部门等登记管理部门规定的其他条件。

（3）公益性社会团体和县级以上人民政府及其组成部门和直属机构在接受捐赠时，对捐赠资产的价值，按以下原则确认。

① 接受捐赠的货币性资产，应当按照实际收到的金额计算。

② 接受捐赠的非货币性资产，应当以其公允价值计算。捐赠方在向公益性社会团体和县级以上人民政府及其组成部门和直属机构捐赠时，应当提供注明捐赠非货币性资产公允价值的证明，如果不能提供上述证明，公益性社会团体和县级以上人民政府及其组成部门和直属机构不得向其开具公益性捐赠票据。

（4）公益性社会团体和县级以上人民政府及其组成部门和直属机构在接受捐赠时，应按照行政管理级次分别使用由财政部或省、自治区、直辖市财政部门印制的公益性捐赠票据，并加盖本单位的印章；对个人索取捐赠票据的，应予以开具。

（5）对符合条件的公益性群众团体，应按照管理权限，由财政部、国家税务总局和省、自治区、直辖市、计划单列市财政、税务部门分别每年联合公布名单。名单应当包括继续获得公益性捐赠税前扣除资格和新获得公益性捐赠税前扣除资格的群众团体，企业和个人在名单所属年度内向名单内的群众团体进行的公益性捐赠支出，可以按规定进行税前扣除。

对存在以下情形之一的公益性群众团体，应取消其公益性捐赠税前扣除资格。

① 前3年接受捐赠的总收入中用于公益事业的支出比例低于70%的。

② 在申请公益性捐赠税前扣除资格时有弄虚作假行为的。

③ 存在逃避缴纳税款行为或为他人逃避缴纳税款提供便利的。

④ 存在违反该组织章程的活动，或者接受的捐赠款项用于组织章程规定用途之外的支出等情况的。

⑤ 受到行政处罚的。

【特别提示】

被取消公益性捐赠税前扣除资格的公益性群众团体，3 年内不得重新申请公益性捐赠税前扣除资格。

（6）对于通过公益性群众团体发生的公益性捐赠支出，主管税务机关应对照财政、税务部门联合发布的名单，接受捐赠的群众团体位于名单内，则企业或个人在名单所属年度发生的公益性捐赠支出可按规定进行税前扣除；接受捐赠的群众团体不在名单内，或虽在名单内但企业或个人发生的公益性捐赠支出不属于名单所属年度的，不得扣除。

12. 有关资产的费用

企业转让各类固定资产发生的费用，允许扣除。企业按规定计算的固定资产折旧费、无形资产和递延资产的摊销费，准予扣除。

13. 总机构分摊的费用

非居民企业在中国境内设立的机构、场所，就其中国境外总机构发生的与该机构、场所生产经营有关的费用，能够提供总机构出具的费用汇集范围、定额、分配依据和方法等证明文件，并合理分摊的，准予扣除。

14. 资产损失

企业当期发生的固定资产和流动资产盘亏、毁损净损失，由其提供清查盘存资料经主管税务机关审核后，准予扣除。

15. 手续费及佣金支出

（1）企业发生的与生产经营有关的手续费及佣金支出，不超过以下规定计算限额以内的部分，准予扣除；超过部分，不得扣除。

① 保险企业：按当年全部保费收入扣除退保金等后余额的 18%（含本数，下同）计算限额。超过部分，可以结转扣除。

② 其他企业：按与具有合法经营资格中介服务机构或个人（不含交易双方及其雇员、代理人和代表人等）所签订服务协议或合同确认的收入金额的 5%计算限额。超过部分，不得结转扣除。

（2）企业应与具有合法经营资格的中介服务企业或个人签订代办协议或合同，并按国家有关规定支付手续费及佣金。除委托个人代理外，企业以现金等非转账方式支付的手续费及佣金不得在税前扣除。企业为发行权益性证券支付给有关证券承销机构的手续费及佣金不得在税前扣除。

（3）企业不得将手续费及佣金支出计入回扣、业务提成、返利、进场费等费用。

（4）企业已计入固定资产、无形资产等相关资产的手续费及佣金支出，应当通过折旧、摊销等方式分期扣除，不得在发生当期直接扣除。

（5）企业支付的手续费及佣金不得直接冲减服务协议或合同金额，并如实入账。

（6）企业应当如实向当地主管税务机关提供当年手续费及佣金计算分配表和其他相关资料，并依法取得合法真实凭证。

（7）电信企业在发展客户、拓展业务等过程中（如委托销售电话入网卡、电话充值卡等），需向经纪人、代办商支付手续费及佣金的，其实际发生的相关手续费及佣金支出，不超过企业当年收入总额 5%的部分，准予在企业所得税前据实扣除。

（8）从事代理服务，主营业务收入为手续费、佣金的企业（如证券、期货、保险代理等企业），其为取得该类收入而实际发生的营业成本（包括手续费及佣金支出），准予在企业所得税前据实扣除。

16. 依照有关法律、行政法规和国家有关税法规定准予扣除的其他项目。

【情景解析】

例如，会员费、合理的会议费、差旅费、违约金、诉讼费用等。

对企业依据财务会计制度规定，并实际在财务会计处理上已确认的支出，凡没有超过《企业所得税法》和有关税收法规规定的税前扣除范围和标准的，可按企业实际会计处理确认的支出，在企业所得税前扣除，计算其应纳税所得额。

四、不得扣除的项目

在计算应纳税所得额时，下列支出不得扣除。

（1）向投资者支付的股息、红利等权益性投资收益款项。

（2）企业所得税税款。

（3）税收滞纳金，是指纳税人违反税收法规，被税务机关处以的滞纳金。

（4）罚金、罚款和被没收财物的损失，是指纳税人违反国家有关法律、法规规定，被有关部门处以的罚款，以及被司法机关处以的罚金和被没收财物。

（5）超过规定标准的捐赠支出。

（6）赞助支出，是指企业发生的与生产经营活动无关的各种非广告性质支出。

（7）未经核定的准备金支出，是指不符合国务院财政、税务主管部门规定的各项资产减值准备、风险准备等准备金支出。

（8）企业之间支付的管理费、企业内营业机构之间支付的租金和特许权使用费，以及非银行企业内营业机构之间支付的利息，不得扣除。

（9）与取得收入无关的其他支出。

五、亏损弥补

（1）亏损是指企业依照《企业所得税法》及其暂行条例的规定，将每一纳税年度的收入总额减除不征税收入、免税收入和各项扣除后小于零的数额。税法规定，企业某一纳税年度发生的亏损可以用下一年度的所得弥补，下一年度的所得不足以弥补的，可以逐年延续弥补，但最长不得超过 5 年。高新技术企业和科技型中小企业亏损结转年限为 10 年。另外，企业在汇总计算缴纳企业所得税时，其境外营业机构的亏损不得抵减境内营业机构的盈利。

（2）企业筹办期间不计算为亏损年度，企业自开始生产经营的年度，为开始计算企业损益的年度。企业从事生产经营之前进行筹办活动期间发生的筹办费用支出，不得计算为当期的亏损，企业可以在开始经营之日的当年一次性扣除，也可以按照税法有关长期待摊费用的处理规定处理，但一经选定，不得改变。

（3）税务机关对企业以前年度纳税情况进行检查时调增的应纳税所得额，凡企业以前年度发生亏损且该亏损属于企业所得税法规定允许弥补的，应允许调增的应纳税所得额弥补该亏损。弥补该亏损后仍有余额的，按照企业所得税法的规定计算缴纳企业所得税。对检查调增的应纳税所得额应根据其情节，依照《税收征收管理法》有关规定进行处理或处罚。

（4）对企业发现以前年度实际发生的、按照税收规定应在企业所得税前扣除而未扣除或者少扣除的支出，企业做出专项申报及说明后，准予追补至该项目发生年度计算扣除，但追补确认期限不得超过 5 年。

企业由于上述原因多缴的企业所得税税款，可以在追补确认年度企业所得税应纳税款中抵扣，不足抵扣的，可以向以后年度递延抵扣或申请退税。

【特别提示】

亏损企业追补确认以前年度未在企业所得税前扣除的支出，或盈利企业经过追补确认后出现亏损的，应首先调整该项支出所属年度的亏损额，然后再按照弥补亏损的原则计算以后年度多缴的企业所得税款，并按前款规定处理。

第四节　资产的税务处理

资产是由于资本投资而形成的财产，对于资本性支出以及无形资产受让、开办、开发费用，不允许作为成本、费用从纳税人的收入总额中做一次性扣除，只能采取分次计提折旧或分次摊销的方式予以扣除，即纳税人经营活动中使用的固定资产的折旧费用、无形资产和长期待摊费用的摊销费用可以扣除。税法规定，纳入税务处理范围的资产形式（主要有固定资产、生物资产、无形资产、长期待摊费用、存货、投资资产等），均以历史成本为计税基础。历史成本是指企业取得该项资产时实际发生的支出。企业持有各项资产期间资产增值或者减值，除国务院财政、税务主管部门规定可以确认损益外，不得调整该资产的计税基础。

一、固定资产的税务处理

固定资产是指企业为生产产品、提供劳务、出租或者经营管理而持有的、使用时间超过 12 个月的非货币性资产，包括房屋、建筑物、机器、机械、运输工具以及其他与生产经营活动有关的设备、器具、工具等。

（一）固定资产计税基础

（1）外购的固定资产，以购买价款和支付的相关税费以及直接归属于使该资产达到预定用途发生的其他支出为计税基础。

（2）自行建造的固定资产，以竣工结算前发生的支出为计税基础。

（3）融资租入的固定资产，以租赁合同约定的付款总额和承租人在签订租赁合同过程中发生的相关费用为计税基础，租赁合同未约定付款总额的，以该资产的公允价值和承租人在签订租赁合同过程中发生的相关费用为计税基础。

（4）盘盈的固定资产，以同类固定资产的重置完全价值为计税基础。

（5）通过捐赠、投资、非货币性资产交换、债务重组等方式取得的固定资产，以该资产的公允价值和支付的相关税费为计税基础。

（6）改建的固定资产，除已足额提取折旧的固定资产和租入的固定资产以外的其他固定资产，以改建过程中发生的改建支出增加计税基础。

（二）固定资产折旧的范围

在计算应纳税所得额时，企业按照规定计算的固定资产折旧，准予扣除。下列固定资产不得计算折旧扣除。

（1）房屋、建筑物以外未投入使用的固定资产。

（2）以经营租赁方式租入的固定资产。

（3）以融资租赁方式租出的固定资产。

（4）已足额提取折旧仍继续使用的固定资产。

（5）与经营活动无关的固定资产。

（6）单独估价作为固定资产入账的土地。

（7）其他不得计算折旧扣除的固定资产。

（三）固定资产折旧的计提方法

（1）企业应当自固定资产投入使用月份的次月起计算折旧；停止使用的固定资产，应当自停止使用月份的次月起停止计算折旧。

（2）企业应当根据固定资产的性质和使用情况，合理确定固定资产的预计净残值。固定资产的预计净残值一经确定，不得变更。

（3）固定资产按照直线法计算的折旧，准予扣除。

（四）固定资产折旧的计提年限

除国务院财政、税务主管部门另有规定外，固定资产计算折旧的最低年限如下。

（1）房屋、建筑物，为20年。

（2）飞机、火车、轮船、机器、机械和其他生产设备，为10年。

（3）与生产经营活动有关的器具、工具、家具等，为5年。

（4）飞机、火车、轮船以外的运输工具，为4年。

（5）电子设备，为3年。

从事开采石油、天然气等矿产资源的企业，在开始商业性生产前发生的费用和有关固定资产的折耗、折旧方法，由国务院财政、税务主管部门另行规定。

（五）固定资产折旧的企业所得税处理

（1）企业固定资产会计折旧年限如果短于税法规定的最低折旧年限，其按会计折旧年限计提的折旧高于按税法规定的最低折旧年限计提的折旧部分，应调增当期应纳税所得额；企业固定资产会计折旧年限已期满且会计折旧已提足，但税法规定的最低折旧年限尚未到期且税收折旧尚未足额扣除的，其未足额扣除的部分准予在剩余的税收折旧年限继续按规定扣除。

（2）企业固定资产会计折旧年限如果长于税法规定的最低折旧年限，其折旧应按会计折旧年限计算扣除，税法另有规定的除外。

（3）企业按会计规定提取的固定资产减值准备，不得税前扣除，其折旧仍按税法确定的固定资产计税基础计算扣除。

（4）企业按税法规定实行加速折旧的，其按加速折旧办法计算的折旧额可全额在税前扣除。

（5）石油天然气开采企业在计提油气资产折耗（折旧）时，由于会计与税法规定计算方法不同导致的折耗（折旧）差异，应按税法规定进行纳税调整。

（六）固定资产改扩建的税务处理

自2011年7月1日起，企业对房屋、建筑物固定资产在未足额提取折旧前进行改扩建的，如属于推倒重置的，该固定资产原值减除提取折旧后的净值，应并入重置后的固定资产计税成本，并在该固定资产投入使用后的次月起，按照税法规定的折旧年限，一并计提折旧；若属于提升功能、增加面积的，则该固定资产的改扩建支出，并入该固定资产计税基础，并从改扩建完工投入使用后的次月起，重新按税法规定的该固定资产折旧年限计提折旧，如果该改扩建后的固定资产尚可使用的年限低于税法规定的最低年限，可以按尚可使用的年限计提折旧。

二、生物资产的税务处理

生物资产是指有生命的动物和植物。生物资产分为消耗性生物资产、生产性生物资产和公益性生物资产。消耗性生物资产是指为出售而持有的或在将来收获为农产品的生物资产，包括生长中的农田作物、蔬菜、用材林以及存栏待售的牲畜等。生产性生物资产是指为产出农产品、提供劳务或出租等目的而持有的生物资产，包括经济林、薪炭林、产畜和役畜等。公益性生物资产是指以防护、环境保护为主要目的的生物资产，包括防风固沙林、水土保持林和水源涵养林等。

（一）生物资产的计税基础

生产性生物资产按照以下方法确定计税基础。

（1）外购的生产性生物资产，以购买价款和支付的相关税费为计税基础。

（2）通过捐赠、投资、非货币性资产交换、债务重组等方式取得的生产性生物资产，以该资产的公允价值和支付的相关税费为计税基础。

（二）生物资产的折旧方法和折旧年限

生产性生物资产按照直线法计算的折旧，准予扣除。企业应当自生产性生物资产投入使用月份的次月起计算折旧；停止使用的生产性生物资产，应当自停止使用月份的次月起停止计算折旧。

企业应当根据生产性生物资产的性质和使用情况，合理确定生产性生物资产的预计净残值。生产性生物资产的预计净残值一经确定，不得变更。

生产性生物资产计算折旧的最低年限如下。

（1）林木类生产性生物资产，为 10 年。

（2）畜类生产性生物资产，为 3 年。

三、无形资产的税务处理

无形资产是指企业长期使用但没有实物形态的资产，包括专利权、商标权、著作权、土地使用权、非专利技术、商誉等。

（一）无形资产的计税基础

无形资产按照以下方法确定计税基础。

（1）外购的无形资产，以购买价款和支付的相关税费以及直接归属于使该资产达到预定用途发生的其他支出为计税基础。

（2）自行开发的无形资产，以开发过程中该资产符合资本化条件后至达到预定用途前发生的支出为计税基础。

（3）通过捐赠、投资、非货币性资产交换、债务重组等方式取得的无形资产，以该资产的公允价值和支付的相关税费为计税基础。

（二）无形资产摊销的范围

在计算应纳税所得额时，企业按照规定计算的无形资产摊销费用，准予扣除。

下列无形资产不得计算摊销费用扣除。

（1）自行开发的支出已在计算应纳税所得额时扣除的无形资产。

（2）自创商誉。

（3）与经营活动无关的无形资产。

（4）其他不得计算摊销费用扣除的无形资产。

（三）无形资产的摊销方法及年限

无形资产的摊销，采取直线法计算。无形资产的摊销年限不得低于 10 年。作为投资或者受让的无形资产，有关法律规定或者合同约定了使用年限的，可以按照法律规定或者合同约定的使用年限分期摊销。外购商誉的支出，在企业整体转让或者清算时，准予扣除。

四、长期待摊费用的税务处理

长期待摊费用是指企业发生的应在 1 个年度以上或几个年度进行摊销的费用。在计算应纳税所得额时，企业发生的下列支出作为长期待摊费用，按照规定摊销的，准予扣除。

（1）已足额提取折旧的固定资产的改建支出。

（2）租入固定资产的改建支出。

（3）固定资产的大修理支出。

（4）其他应当作为长期待摊费用的支出。

【特别提示】

　　企业的固定资产修理支出可在发生当期直接扣除。企业的固定资产改良支出，如果有关固定资产尚未提足折旧，可增加固定资产价值；如果有关固定资产已提足折旧，可作为长期待摊费用，在规定的期间内平均摊销。

　　固定资产的改建支出，是指改变房屋或者建筑物结构、延长使用年限等发生的支出。已足额提取折旧的固定资产的改建支出，按照固定资产预计尚可使用年限分期摊销；租入固定资产的改建支出，按照合同约定的剩余租赁期限分期摊销；改建的固定资产延长使用年限的，除已足额提取折旧的固定资产、租入固定资产的改建支出外，其他的固定资产发生改建支出，应当适当延长折旧年限。

　　大修理支出，按照固定资产尚可使用年限分期摊销。企业所得税法中的固定资产的大修理支出，是指同时符合下列条件的支出。

　　（1）修理支出达到取得固定资产时的计税基础50%以上。

　　（2）修理后固定资产的使用年限延长两年以上。

　　其他应当作为长期待摊费用的支出，自支出发生月份的次月起，分期摊销，摊销年限不得低于3年。

五、存货的税务处理

　　存货是指企业持有以备出售的产品或者商品、处在生产过程中的在产品、在生产或者提供劳务过程中耗用的材料和物料等。

　　（一）存货的计税基础

　　存货按照以下方法确定成本。

　　（1）通过支付现金方式取得的存货，以购买价款和支付的相关税费为成本。

　　（2）通过支付现金以外的方式取得的存货，以该存货的公允价值和支付的相关税费为成本。

　　（3）生产性生物资产收获的农产品，以产出或者采收过程中发生的材料费、人工费和分摊的间接费用等必要支出为成本。

　　（二）存货的成本计算方法

　　企业使用或者销售的存货的成本计算方法，可以在先进先出法、加权平均法、个别计价法中选用一种。计价方法一经选用，不得随意变更。

　　企业转让以上资产，在计算企业应纳税所得额时，资产的净值允许扣除。资产的净值是指有关资产、财产的计税基础减除已经按照规定扣除的折旧、折耗、摊销、准备金等后的余额。

　　除国务院财政、税务主管部门另有规定外，企业在重组过程中，应当在交易发生时确认有关资产的转让所得或者损失，相关资产应当按照交易价格重新确定计税基础。

六、投资资产的税务处理

　　投资资产是指企业对外进行权益性投资和债权性投资而形成的资产。

　　（一）投资资产的成本

　　投资资产按以下方法确定投资成本。

　　（1）通过支付现金方式取得的投资资产，以购买价款为成本。

　　（2）通过支付现金以外的方式取得的投资资产，以该资产的公允价值和支付的相关税费为成本。

　　（二）投资资产成本的扣除方法

　　企业对外投资期间，投资资产的成本在计算应纳税所得额时不得扣除，企业在转让或者处置投资资产时，投资资产的成本准予扣除。

（三）投资企业撤回或减少投资的税务处理

自 2011 年 7 月 1 日起，投资企业从被投资企业撤回或减少投资，其取得的资产中，相当于初始出资的部分，应确认为投资收回；相当于被投资企业累计未分配利润和累计盈余公积按减少实收资本比例计算的部分，应确认为股息所得；其余部分确认为投资资产转让所得。

被投资企业发生的经营亏损，由被投资企业按规定结转弥补；投资企业不得调整减低其投资成本，也不得将其确认为投资损失。

第五节　企业重组的所得税处理

一、企业重组的定义

企业重组是指企业在日常经营活动以外发生的法律结构或经济结构重大改变的交易，包括企业法律形式改变、债务重组、股权收购、资产收购、合并、分立等。

（1）企业法律形式改变，是指企业注册名称、住所以及企业组织形式等的简单改变，但符合本通知规定其他重组的类型除外。

（2）债务重组，是指在债务人发生财务困难的情况下，债权人按照其与债务人达成的书面协议或者法院裁定书，就其债务人的债务做出让步的事项。

（3）股权收购，是指一家企业（以下称为"收购企业"）购买另一家企业（以下称为"被收购企业"）的股权，以实现对被收购企业控制的交易。收购企业支付对价的形式包括股权支付、非股权支付或两者的组合。

（4）资产收购，是指一家企业（以下称为"受让企业"）购买另一家企业（以下称为"转让企业"）实质经营性资产的交易。受让企业支付对价的形式包括股权支付、非股权支付或两者的组合。

（5）合并，是指一家或多家企业（以下称为"被合并企业"）将其全部资产和负债转让给另一家现存或新设企业（以下称为"合并企业"），被合并企业股东换取合并企业的股权或非股权支付，实现两个或两个以上企业的依法合并。

（6）分立，是指一家企业（以下称为"被分立企业"）将部分或全部资产分离转让给现存或新设的企业（以下称为"分立企业"），被分立企业股东换取分立企业的股权或非股权支付，实现企业的依法分立。

（7）股权支付，是指企业重组中购买、换取资产的一方支付的对价中，以本企业或其控股企业的股权、股份作为支付的形式。

（8）非股权支付，是指以本企业的现金、银行存款、应收款项、本企业或其控股企业股权和股份以外的有价证券、存货、固定资产、其他资产以及承担债务等作为支付的形式。

自 2008 年 1 月 1 日起，企业发生上述重组事项的，按下列二、三中的相关规定进行所得税处理。

二、企业重组的一般性税务处理方法

（1）企业由法人转变为个人独资企业、合伙企业等非法人组织，或将登记注册地转移至中华人民共和国境外，应视同企业进行清算、分配，股东重新投资成立新企业。企业的全部资产以及股东投资的计税基础均应以公允价值为基础确定。企业发生其他法律形式简单改变的，可直接变更税务登记，除另有规定外，有关企业所得税纳税事项（包括亏损结转、税收优惠等权益和义务）由变更后的企业承继，但因住所发生变化而不符合税收优惠条件的除外。

（2）企业债务重组，相关交易应按以下规定处理。

① 以非货币资产清偿债务，应当分解为转让相关非货币性资产、按非货币性资产公允价值清偿债务两项业务，确认相关资产的所得或损失。

② 发生债权转股权的，应当分解为债务清偿和股权投资两项业务，确认有关债务清偿所得或损失。

③ 债务人应当按照支付的债务清偿额低于债务计税基础的差额，确认债务重组所得；债权人应当按照收到的债务清偿额低于债权计税基础的差额，确认债务重组损失。

④ 债务人的相关所得税纳税事项原则上保持不变。

（3）企业股权收购、资产收购重组交易，应按以下规定处理。

① 被收购方应确认股权、资产转让所得或损失。

② 收购方取得股权或资产的计税基础应以公允价值为基础确定。

③ 被收购企业的相关所得税事项原则上保持不变。

（4）企业合并，当事各方应按下列规定处理。

① 合并企业应按公允价值确定接受被合并企业各项资产和负债的计税基础。

② 被合并企业及其股东都应按清算进行所得税处理。

③ 被合并企业的亏损不得在合并企业结转弥补。

（5）企业分立，当事各方应按下列规定处理。

① 被分立企业对分立出去的资产应按公允价值确认资产转让所得或损失。

② 分立企业应按公允价值确认接受资产的计税基础。

③ 被分立企业继续存在时，其股东取得的对价应视同被分立企业分配进行处理。

④ 被分立企业不再继续存在时，被分立企业及其股东都应按清算进行所得税处理。

⑤ 企业分立时，相关企业的亏损不得相互结转弥补。

三、企业重组的特殊性税务处理方法

（一）适用特殊性税务处理的条件

企业重组同时符合下列条件的，适用特殊性税务处理规定。

（1）具有合理的商业目的，且不以减少、免除或者推迟缴纳税款为主要目的。

（2）被收购、合并或分立部分的资产或股权比例符合下述（二）规定的比例。

（3）企业重组后的连续12个月内不改变重组资产原来的实质性经营活动。

（4）重组交易对价中涉及股权支付金额符合下述（二）规定的比例。

（5）企业重组中取得股权支付的原主要股东，在重组后连续12个月内，不得转让所取得的股权。

（二）股权支付的特殊性税务处理

企业重组符合上述特殊性税务处理条件的，交易各方对其交易中的股权支付部分，可以按以下规定进行特殊性税务处理。

（1）企业债务重组确认的应纳税所得额占该企业当年应纳税所得额50%以上，可以在5个纳税年度的期间内，均匀计入各年度的应纳税所得额。企业发生债权转股权业务，对债务清偿和股权投资两项业务暂不确认有关债务清偿所得或损失，股权投资的计税基础以原债权的计税基础确定。企业的其他相关所得税事项保持不变。

（2）股权收购时，收购企业购买的股权不低于被收购企业全部股权的50%，且收购企业在该股权收购发生时的股权支付金额不低于交易支付总额的85%，可以选择按以下规定处理。

① 被收购企业的股东取得收购企业股权的计税基础，以被收购股权的原有计税基础

确定。

　　② 收购企业取得被收购企业股权的计税基础，以被收购股权的原有计税基础确定。

　　③ 收购企业、被收购企业的原有各项资产和负债的计税基础和其他相关所得税事项保持不变。

　　（3）资产收购时，受让企业收购的资产不低于转让企业全部资产的50%，且受让企业在该资产收购发生时的股权支付金额不低于交易支付总额的85%，可以选择按以下规定处理。

　　① 转让企业取得受让企业股权的计税基础，以被转让资产的原有计税基础确定。

　　② 受让企业取得转让企业资产的计税基础，以被转让资产的原有计税基础确定。

　　（4）企业合并时，企业股东在该企业合并发生时取得的股权支付金额不低于其交易支付总额的85%，以及同一控制下且不需要支付对价的企业合并，可以选择按以下规定处理。

　　① 合并企业接受被合并企业资产和负债的计税基础，以被合并企业的原有计税基础确定。

　　② 被合并企业合并前的相关所得税事项由合并企业承继。

　　③ 可由合并企业弥补的被合并企业亏损的限额=被合并企业净资产公允价值×截至合并业务发生当年年末国家发行的最长期限的国债利率。

　　④ 被合并企业股东取得合并企业股权的计税基础，以其原持有的被合并企业股权的计税基础确定。

　　（5）企业分立时，被分立企业所有股东按原持股比例取得分立企业的股权，分立企业和被分立企业均不改变原来的实质经营活动，且被分立企业股东在该企业分立发生时取得的股权支付金额不低于交易支付总额的85%，可以选择按以下规定处理。

　　① 分立企业接受被分立企业资产和负债的计税基础，以被分立企业的原有计税基础确定。

　　② 被分立企业已分立出去资产相应的所得税事项由分立企业承继。

　　③ 被分立企业未超过法定弥补期限的亏损额可按分立资产占全部资产的比例进行分配，由分立企业继续弥补。

　　④ 被分立企业的股东取得分立企业的股权（以下简称"新股"），若需部分或全部放弃原持有的被分立企业的股权（以下简称"旧股"），则新股的计税基础应以放弃旧股的计税基础确定。若不需放弃旧股，则其取得新股的计税基础可从以下两种方法中选择确定：直接将新股的计税基础确定为零；或者以被分立企业分立出去的净资产占被分立企业全部净资产的比例先调减原持有的旧股的计税基础，再将调减的计税基础平均分配到新股上。

　　（6）重组交易各方按上述（1）～（5）项规定对交易中股权支付暂不确认有关资产的转让所得或损失的，其非股权支付仍应在交易当期确认相应的资产转让所得或损失，并调整相应资产的计税基础。计算公式如下。

$$\begin{pmatrix}\text{非股权支付对应的}\\\text{资产转让所得或损失}\end{pmatrix}=\begin{pmatrix}\text{被转让资产}\\\text{的公允价值}-\text{被转让资产}\\\text{的计税基础}\end{pmatrix}\times\begin{pmatrix}\text{非股权}\\\text{支付金额}\div\text{被转让资产的}\\\text{公允价值}\end{pmatrix}$$

　　【例10-1】甲公司共有股权2 000万股，为了将来有更好的发展，将80%的股权让乙公司收购，然后成为乙公司的子公司。假定收购日甲公司每股资产的计税基础为7元，每股资产的公允价值为10元。在收购对价中乙公司以股权形式支付6 480万元，以银行存款支付720万元。

　　甲公司取得非股权支付额对应的资产转让所得=(16 000－11 200)×(1 600÷16 000)

$$=4\,800\times10\%$$

$$=480（万元）$$

　　（7）对100%直接控制的居民企业之间，以及受同一或相同多家居民企业100%直接控制的居民企业之间按账面净值划转股权或资产，凡具有合理商业目的及不以减少和免除或者推迟缴纳税款为主要目的，股权或资产划转后连续 12 个月内不改变被划转股权或资产原来实质性经营活动，且划出方企业和划入方企业均未在会计上确认损益的，可以选择按以下规定进行特殊性税务处理。

① 划出方企业和划入方企业均不确认所得。

② 划入方企业取得被划转股权或资产的计税基础，以被划转股权或资产的原账面净值确定。

③ 划入方企业取得的被划转资产，应按其原账面净值计算折旧扣除。

上述第（7）条所称"对 100%直接控制的居民企业之间，以及受同一或相同多家居民企业 100%直接控制的居民企业之间"的含义如下。

① 100%直接控制的母子公司之间，母公司向子公司按账面净值划转其持有的股权或资产，母公司获得子公司 100%的股权支付。母公司按增加长期股权投资处理，子公司按接受投资（包括资本公积，下同）处理。母公司获得子公司股权的计税基础以划转股权或资产的原计税基础确定。

② 100%直接控制的母子公司之间，母公司向子公司按账面净值划转其持有的股权或资产，母公司没有获得任何股权或非股权支付。母公司按冲减实收资本（包括资本公积，下同）处理，子公司按接受投资处理。

③ 100%直接控制的母子公司之间，子公司向母公司按账面净值划转其持有的股权或资产，子公司没有获得任何股权或非股权支付。母公司按收回投资处理，或按接受投资处理，子公司按冲减实收资本处理。母公司应按被划转股权或资产的原计税基础，相应调减持有子公司股权的计税基础。

④ 受同一或相同多家母公司 100%直接控制的子公司之间，在母公司主导下，一家子公司向另一家子公司按账面净值划转其持有的股权或资产，划出方没有获得任何股权或非股权支付。划出方按冲减所有者权益处理，划入方按接受投资处理。

（三）涉外的股权和资产收购交易

企业发生涉及中国境内与境外之间（包括港澳台地区）的股权和资产收购交易，除应符合上述第（一）条规定的条件外，还应同时符合下列条件，才可选择适用特殊性税务处理规定。

（1）非居民企业向其 100%直接控股的另一非居民企业转让其拥有的居民企业股权，没有因此造成以后该项股权转让所得预提税负变化，且转让方非居民企业向主管税务机关书面承诺在 3 年（含 3 年）内不转让其拥有受让方非居民企业的股权。

（2）非居民企业向与其具有 100%直接控股关系的居民企业转让其拥有的另一居民企业股权。

（3）居民企业以其拥有的资产或股权向其 100%直接控股的非居民企业进行投资。

（4）财政部、国家税务总局核准的其他情形。

【特别提示】

上述第（3）条所指的居民企业以其拥有的资产或股权向其 100%直接控股关系的非居民企业进行投资，其资产或股权转让收益如选择特殊性税务处理，可以在 10 个纳税年度内均匀计入各年度应纳税所得额。

（四）吸收合并后的税收优惠

在企业吸收合并中，合并后的存续企业性质及适用税收优惠的条件未发生改变的，可以继续享受合并前该企业剩余期限的税收优惠，其优惠金额按存续企业合并前一年的应纳税所得额（亏损计为零）计算。

在企业存续分立中，分立后的存续企业性质及适用税收优惠的条件未发生改变的，可以继续享受分立前该企业剩余期限的税收优惠，其优惠金额按该企业分立前一年的应纳税所得额（亏损计为零）乘以分立后存续企业资产占分立前该企业全部资产的比例计算。

（五）注重实质

企业在重组发生前后连续 12 个月内分步对其资产、股权进行交易，应根据实质重于形式原则将上述交易作为一项企业重组交易进行处理。

企业发生符合上述规定的特殊性重组条件并选择特殊性税务处理的，当事各方应在该重组业务完成当年企业所得税年度申报时，向主管税务机关提交书面备案资料，证明其符合各类特殊性重组规定的条件。企业未按规定书面备案的，一律不得按特殊重组业务进行税务处理。

第六节 税收优惠

一、免征与减征优惠

对企业的下列所得，可以免征、减征企业所得税。企业如果从事国家限制和禁止发展的项目，不得享受企业所得税优惠。

（一）从事农、林、牧、渔业项目的所得

企业从事农、林、牧、渔业项目的所得，包括免征和减征两部分。

（1）对企业从事下列项目的所得，免征企业所得税。

① 蔬菜、谷物、薯类、油料、豆类、棉花、麻类、糖料、水果、坚果的种植。

② 农作物新品种的选育。

③ 中药材的种植。

④ 林木的培育和种植。

⑤ 牲畜、家禽的饲养。

⑥ 林产品的采集。

⑦ 灌溉、农产品初加工、兽医、农技推广、农机作业和维修等农、林、牧、渔服务业项目。

⑧ 远洋捕捞。

（2）对企业从事下列项目的所得，减半征收企业所得税。

① 花卉、茶以及其他饮料作物和香料作物的种植。

② 海水养殖、内陆养殖。

（二）从事国家重点扶持的公共基础设施项目投资经营的所得

国家重点扶持的公共基础设施项目，是指《公共基础设施项目企业所得税优惠目录》规定的港口码头、机场、铁路、公路、电力、水利等项目。

（1）对企业从事国家重点扶持的公共基础设施项目的投资经营的所得，自项目取得第一笔生产经营收入所属纳税年度起，第一年至第三年免征企业所得税，第四年至第六年减半征收企业所得税。

（2）企业承包经营、承包建设和内部自建自用本条规定的项目，不得享受本条规定的企业所得税优惠。

（3）企业投资经营符合《公共基础设施项目企业所得税优惠目录》规定条件和标准的公共基础设施项目，采用一次核准、分批次（如码头、泊位、航站楼、跑道、路段、发电机组等）建设的，凡同时符合以下条件的，可按每一批次为单位计算所得，并享受企业所得税"三免三减半"优惠。

① 不同批次在空间上相互独立。

② 每一批次自身具备取得收入的功能。

③ 以每一批次为单位进行会计核算，单独计算所得，并合理分摊期间费用。

（三）从事符合条件的环境保护、节能节水项目的所得

对环境保护、节能节水项目的所得，自项目取得第一笔生产经营收入所属纳税年度起，第一年至第三年免征企业所得税，第四年至第六年减半征收企业所得税。

【点拨指导】

符合条件的环境保护、节能节水项目，包括公共污水处理、公共垃圾处理、沼气综合开发利用、节能减排技术改造、海水淡化等。项目的具体条件和范围由国务院财政、税务主管部门商国务院有关部门制定，报国务院批准后公布施行。

但是以上规定享受减免税优惠的项目，在减免税期限内转让的，受让方自受让之日起，可以在剩余期限内享受规定的减免税优惠；减免税期限届满后转让的，受让方不得就该项目重复享受减免税优惠。

（四）符合条件的技术转让所得

（1）对符合条件的技术转让所得免征、减征企业所得税，是指在一个纳税年度内，对居民企业转让技术所有权所得不超过 500 万元的部分，免征企业所得税；超过 500 万元的部分，减半征收企业所得税。

（2）技术转让的范围包括居民企业转让专利技术、计算机软件著作权、集成电路布图设计权、植物新品种、生物医药新品种、5 年（含）以上非独占许可使用权，以及财政部和国家税务总局确定的其他技术。

（3）符合条件的技术转让所得的计算方法如下。

技术转让所得=技术转让收入-技术转让成本-相关税费

或　　　　　　　=技术转让收入-无形资产摊销费用-相关税费-应分摊期间费用

① 技术转让收入是指当事人履行技术转让合同后获得的价款，不包括销售或转让设备、仪器、零部件、原材料等非技术性收入。不属于与技术转让项目密不可分的技术咨询、技术服务、技术培训等收入，不得计入技术转让收入。可以计入技术转让收入的技术咨询、技术服务、技术培训收入，是指转让方为使受让方掌握所转让的技术投入使用、实现产业化而提供的必要的技术咨询、技术服务、技术培训所产生的收入，并应同时符合以下条件。

● 在技术转让合同中约定的与该技术转让相关的技术咨询、技术服务、技术培训。

● 技术咨询、技术服务、技术培训收入与该技术转让项目收入一并收取价款。

② 技术转让成本是指转让的无形资产的净值，即该无形资产的计税基础减除在资产使用期间按照规定计算的摊销扣除额后的余额。

③ 相关税费是指技术转让过程中实际发生的有关税费,包括除企业所得税和允许抵扣的增值税以外的各项税金及其附加、合同签订费用、律师费等相关费用及其他支出。

（4）享受减免企业所得税优惠的技术转让应符合以下条件。

① 享受优惠的技术转让主体是企业所得税法规定的居民企业。

② 技术转让属于财政部、国家税务总局规定的范围。

③ 境内技术转让经省级以上科技部门认定。

④ 向境外转让技术经省级以上商务部门认定。

⑤ 国务院税务主管部门规定的其他条件。

（5）技术转让应签订技术转让合同，其中，境内的技术转让须经省级以上（含省级）科技部门认定登记，跨境的技术转让须经省级以上（含省级）商务部门认定登记，涉及财政经

费支持的技术转让，需省级以上（含省级）科技部门审批。

（6）居民企业技术出口应由有关部门按照商务部、科技部发布的《中国禁止出口限制出口技术目录》（商务部、科技部令2008年第12号）进行审查。居民企业取得禁止出口和限制出口技术转让所得，不享受技术转让减免企业所得税优惠政策。

（7）居民企业从直接或间接持有股权之和达到100%的关联方取得的技术转让所得，不享受技术转让减免企业所得税优惠政策。

（8）享受技术转让所得减免企业所得税优惠的企业，应单独计算技术转让所得，并合理分摊企业的期间费用；没有单独计算的，不得享受技术转让所得企业所得税优惠。

（9）企业发生技术转让，应在纳税年度终了后至报送年度纳税申报表以前，向主管税务机关办理减免税备案手续。

二、高新技术企业优惠

国家需要重点扶持的高新技术企业，减按15%的税率征收企业所得税。

高新技术企业是指在《国家重点支持的高新技术领域》内，持续进行研究开发与技术成果转化，形成企业核心自主知识产权，并以此为基础开展经营活动，在中国境内（不包括港、澳、台地区）注册的居民企业。

科技部、财政部、税务总局负责全国高新技术企业认定工作的指导、管理和监督。负责将认定后的高新技术企业按要求报领导小组办公室备案，对通过备案的企业颁发高新技术企业证书。通过认定的高新技术企业，其资格自颁发证书之日起有效期为3年。

企业获得高新技术企业资格后，自高新技术企业证书颁发之日所在年度起享受税收优惠，可依照《高新技术企业认定管理办法》（国科发火〔2016〕32号）第十一条的规定到主管税务机关办理税收优惠手续。

认定为高新技术企业须同时满足的条件。

（1）企业申请认定时须注册成立1年以上。

（2）企业通过自主研发、受让、受赠、并购等方式，获得对其主要产品（服务）在技术上发挥核心支持作用的知识产权的所有权。

（3）对企业主要产品（服务）发挥核心支持作用的技术属于《国家重点支持的高新技术领域》规定的范围。

（4）企业从事研发和相关技术创新活动的科技人员占企业当年职工总数的比例不低于10%。

（5）企业近3个会计年度（实际经营期不满3年的按实际经营时间计算，下同）的研究开发费用总额占同期销售收入总额的比例符合如下要求。

① 最近一年销售收入小于5 000万元（含）的企业，上述比例不低于5%。

② 最近一年销售收入在5 000万元至2亿元（含）之间的企业，上述比例不低于4%。

③ 最近一年销售收入在2亿元以上的企业，上述比例不低于3%。另外企业在中国境内发生的研究开发费用总额占全部研究开发费用总额的比例需不低于60%。

④ 近一年高新技术产品（服务）收入占企业同期总收入的比例不低于60%。

⑤ 企业创新能力评价应达到相应要求。

⑥ 企业申请认定前一年内未发生重大安全、重大质量事故或严重环境违法行为。

三、技术先进型服务企业优惠

自2018年1月1日起，对经认定的技术先进型服务企业（服务贸易类），减按15%的税率征收企业所得税。

技术先进型服务企业必须同时符合以下条件。

（1）在中国境内（不包括港、澳、台地区）注册的法人企业。

（2）从事《技术先进型服务业务认定范围（试行）》中的一种或多种技术先进型服务业务，采用先进技术或具备较强的研发能力。

（3）具有大专以上学历的员工占企业职工总数的 50%以上。

（4）从事《技术先进型服务业务认定范围（试行）》中的技术先进型服务业务取得的收入占企业当年总收入的 50%以上。

（5）从事离岸服务外包业务取得的收入不低于企业当年总收入的 35%。

四、小型微利企业优惠

（一）小型微利企业认定

小型微利企业减按 20%的税率征收企业所得税。小型微利企业的条件如下。

（1）工业企业，年度应纳税所得额不超过 30 万元，从业人数不超过 100 人，资产总额不超过 3 000 万元。

（2）其他企业，年度应纳税所得额不超过 30 万元，从业人数不超过 80 人，资产总额不超过 1 000 万元。

上述"从业人数"按企业全年平均从业人数计算，"资产总额"按企业年初和年末的资产总额平均计算。

小型微利企业，是指企业的全部生产经营活动产生的所得均负有我国企业所得税纳税义务的企业。仅就来源于我国所得负有我国纳税义务的非居民企业，不适用上述规定。

（二）小型微利企业的现行优惠政策

对小型微利企业年应纳税所得额不超过 100 万元的部分，减按 25%（2019.1.1—2020.12.31，2023.1.1—2027.12.31）、12.5%（2021.1.1—2022.12.31）计入应纳税所得额，按 20%的税率缴纳企业所得税；对年应纳税所得额超过 100 万元但不超过 300 万元的部分，减按 50%（2019.1.1—2021.12.31）、25%（2022.1.1—2027.12.31）计入应纳税所得额，按 20%的税率缴纳企业所得税。

【特别提示】

小型微利企业无论按查账征收方式或核定征收方式缴纳企业所得税，均可享受上述优惠政策。

这里的小型微利企业是指从事国家非限制和禁止行业，且同时符合年度应纳税所得额不超过 300 万元、从业人数不超过 300 人、资产总额不超过 5000 万元等三个条件的企业。

【例 10-2】某小型微利企业 2022 年度应纳税所得额为 80 万元，请计算其 2021 年度应纳企业所得税。

该小型微利企业 2021 年度应纳企业所得税=80×12.5%×20%=2（万元）

五、加计扣除优惠

加计扣除优惠包括以下两项内容。

（一）研究开发费

研究开发费是指企业为开发新技术、新产品、新工艺发生的研究开发费用，未形成无形资产计入当期损益的，在按照规定据实扣除的基础上，按照研究开发费用的 75%加计扣除；形成无形资产的，按照无形资产成本的 175%摊销。

【特别提示】

除烟草制造业、住宿和餐饮业、批发和零售业、房地产业、租赁和商务服务业、娱乐业以外，其他企业均可享受。企业开展研发活动中实际发生的研发费用，未形成无形资产计入当期损益的，在按规定据实扣除的基础上，自2023年1月1日起，再按照实际发生额的100%在税前加计扣除；形成无形资产的，自2023年1月1日起，按照无形资产成本的200%在税前摊销。

研发费用税前加计扣除归集范围规定如下。

1. 人员人工费用

人员人工费用指直接从事研发活动人员的工资薪金、基本养老保险费、基本医疗保险费、失业保险费、工伤保险费、生育保险费和住房公积金，以及外聘研发人员的劳务费用。

（1）直接从事研发活动人员包括研究人员、技术人员、辅助人员。研究人员是指主要从事研究开发项目的专业人员；技术人员是指具有工程技术、自然科学和生命科学中一个或一个以上领域的技术知识和经验，在研究人员指导下参与研发工作的人员；辅助人员是指参与研究开发活动的技工。外聘研发人员是指与本企业或劳务派遣企业签订劳务用工协议（合同）和临时聘用的研究人员、技术人员、辅助人员。

接受劳务派遣的企业按照协议（合同）约定支付给劳务派遣企业，且由劳务派遣企业实际支付给外聘研发人员的工资薪金等费用，属于外聘研发人员的劳务费用。

（2）工资薪金包括按规定可以在税前扣除的对研发人员股权激励的支出。

（3）直接从事研发活动的人员、外聘研发人员同时从事非研发活动的，企业应对其人员活动情况做必要记录，并将其实际发生的相关费用按实际工时占比等合理方法在研发费用和生产经营费用间分配，未分配的不得加计扣除。

2. 直接投入费用

直接投入费用指研发活动直接消耗的材料、燃料和动力费用；用于中间试验和产品试制的模具、工艺装备开发及制造费，不构成固定资产的样品、样机及一般测试手段购置费，试制产品的检验费；用于研发活动的仪器、设备的运行维护、调整、检验、维修等费用，以及通过经营租赁方式租入的用于研发活动的仪器、设备租赁费。

（1）以经营租赁方式租入的用于研发活动的仪器、设备，同时用于非研发活动的，企业应对其仪器设备使用情况做必要记录，并将其实际发生的租赁费按实际工时占比等合理方法在研发费用和生产经营费用间分配，未分配的不得加计扣除。

（2）企业研发活动直接形成产品或作为组成部分形成的产品对外销售的，研发费用中对应的材料费用不得加计扣除。

产品销售与对应的材料费用发生在不同纳税年度且材料费用已计入研发费用的，可在销售当年以对应的材料费用发生额直接冲减当年的研发费用，不足冲减的，结转以后年度继续冲减。

3. 折旧费用

折旧费用指用于研发活动的仪器、设备的折旧费。

（1）用于研发活动的仪器、设备，同时用于非研发活动的，企业应对其仪器设备使用情况做必要记录，并将其实际发生的折旧费按实际工时占比等合理方法在研发费用和生产经营费用间分配，未分配的不得加计扣除。

（2）企业用于研发活动的仪器、设备，符合税法规定且选择加速折旧优惠政策的，在享受研发费用税前加计扣除政策时，就税前扣除的折旧部分计算加计扣除。

4. 无形资产摊销费用

无形资产摊销费用指用于研发活动的软件、专利权、非专利技术（包括许可证、专有技术、设计和计算方法等）的摊销费用。

（1）用于研发活动的无形资产，同时用于非研发活动的，企业应对其无形资产使用情况做必要记录，并将其实际发生的摊销费按实际工时占比等合理方法在研发费用和生产经营费用间分配，未分配的不得加计扣除。

（2）用于研发活动的无形资产，符合税法规定且选择缩短摊销年限的，在享受研发费用税前加计扣除政策时，就税前扣除的摊销部分计算加计扣除。

5. 新产品设计费、新工艺规程制定费、新药研制的临床试验费、勘探开发技术的现场试验费

新产品设计费、新工艺规程制定费、新药研制的临床试验费、勘探开发技术的现场试验费指企业在新产品设计、新工艺规程制定、新药研制的临床试验、勘探开发技术的现场试验过程中发生的与开展该项活动有关的各类费用。

6. 其他相关费用

其他相关费用指与研发活动直接相关的其他费用，如技术图书资料费、资料翻译费、专家咨询费、高新科技研发保险费，研发成果的检索、分析、评议、论证、鉴定、评审、评估、验收费用，知识产权的申请费、注册费、代理费，差旅费、会议费，职工福利费、补充养老保险费、补充医疗保险费。

此类费用总额不得超过可加计扣除研发费用总额的 10%。

7. 其他事项

（1）企业取得的政府补助，会计处理时采用直接冲减研发费用方法且税务处理时未将其确认为应税收入的，应按冲减后的余额计算加计扣除金额。

（2）企业取得研发过程中形成的下脚料、残次品、中间试制品等特殊收入，在计算确认收入当年的加计扣除研发费用时，应从已归集研发费用中扣减该特殊收入，不足扣减的，加计扣除研发费用按零计算。

（3）企业开展研发活动中实际发生的研发费用形成无形资产的，其资本化的时点与会计处理保持一致。

（4）失败的研发活动所发生的研发费用可享受税前加计扣除政策。

（5）国家税务总局公告 2015 年第 97 号第三条所称"研发活动发生费用"是指委托方实际支付给受托方的费用。无论委托方是否享受研发费用税前加计扣除政策，受托方均不得加计扣除。

委托方委托关联方开展研发活动的，受托方需向委托方提供研发过程中实际发生的研发项目费用支出明细情况。

委托境外进行研发活动所发生的费用，按照费用实际发生额的 80% 计入委托方的委托境外研发费用。委托境外研发费用不超过境内符合条件的研发费用三分之二的部分，可以按规定在企业所得税前加计扣除。

（二）企业安置残疾人员所支付的工资

企业安置残疾人员所支付工资费用的加计扣除，是指企业安置残疾人员的，在按照支付给残疾职工工资据实扣除的基础上，按照支付给残疾职工工资的 100% 加计扣除。残疾人员的范围适用《中华人民共和国残疾人保障法》的有关规定。企业安置国家鼓励安置的其他就业人员所支付的工资的加计扣除办法，由国务院另行规定。

六、创业投资企业优惠

创业投资企业从事国家需要重点扶持和鼓励的创业投资，可以按投资额的一定比例抵扣应纳税所得额。

（1）创业投资企业采取股权投资方式投资于未上市的中小高新技术企业两年以上的，可以按照其投资额的 70% 在股权持有满两年的当年抵扣该创业投资企业的应纳税所得额；当年

不足抵扣的，可以在以后纳税年度结转抵扣。

创业投资企业投资的中小高新技术企业，除应按照科技部、财政部、国家税务总局《关于印发〈高新技术企业认定管理办法〉的通知》（国科发火〔2016〕32 号）和《关于修订印发〈高新技术企业认定管理工作指引〉的通知》（国科发火〔2016〕195 号）的规定，通过高新技术企业认定以外，还应符合职工人数不超过 500 人、年销售（营业）额不超过 2 亿元、资产总额不超过 2 亿元的条件。

（2）公司制创业投资企业采取股权投资方式直接投资于种子期、初创期科技型企业（以下简称"初创科技型企业"）满 2 年（24 个月，下同）的，可以按照投资额的 70%在股权持有满 2 年的当年抵扣该公司制创业投资企业的应纳税所得额；当年不足抵扣的，可以在以后纳税年度结转抵扣。

（3）有限合伙制创业投资企业（以下简称"合伙创投企业"）采取股权投资方式直接投资于初创科技型企业满 2 年的，该合伙创投企业的合伙人分别按以下方式处理。

① 法人合伙人可以按照对初创科技型企业投资额的 70%抵扣法人合伙人从合伙创投企业分得的所得；当年不足抵扣的，可以在以后纳税年度结转抵扣。

② 个人合伙人可以按照对初创科技型企业投资额的 70%抵扣个人合伙人从合伙创投企业分得的经营所得；当年不足抵扣的，可以在以后纳税年度结转抵扣。

（4）天使投资个人采取股权投资方式直接投资于初创科技型企业满 2 年的，可以按照投资额的 70%抵扣转让该初创科技型企业股权取得的应纳税所得额；当期不足抵扣的，可以在以后取得转让该初创科技型企业股权的应纳税所得额时结转抵扣。

天使投资个人投资多个初创科技型企业的，对其中办理注销清算的初创科技型企业，天使投资个人对其投资额的 70%尚未抵扣完的，可自注销清算之日起 36 个月内抵扣天使投资个人转让其他初创科技型企业股权取得的应纳税所得额。

七、加速折旧优惠

（一）可以加速折旧的固定资产

企业的固定资产由于技术进步等原因，确需加速折旧的，可以缩短折旧年限或者采取加速折旧的方法。可采用以上折旧方法的固定资产如下。

（1）由于技术进步，产品更新换代较快的固定资产。

（2）常年处于强震动、高腐蚀状态的固定资产。

采取缩短折旧年限方法的，最低折旧年限不得低于规定折旧年限的 60%；采取加速折旧方法的，可以采取双倍余额递减法或者年数总和法。

（二）制造业加速折旧规定

自 2019 年 1 月 1 日起，适用财政部、国家税务总局《关于完善固定资产加速折旧企业所得税政策的通知》（财税〔2014〕75 号）和财政部、国家税务总局《关于进一步完善固定资产加速折旧企业所得税政策的通知》（财税〔2015〕106 号）规定固定资产加速折旧优惠的行业范围，扩大至全部制造业领域。

（1）对制造业企业新购进的固定资产，可缩短折旧年限或采取加速折旧的方法。

对制造业小型微利企业新购进的研发和生产经营共用的仪器、设备，单位价值不超过 100 万元的，允许一次性计入当期成本费用在计算应纳税所得额时扣除，不再分年度计算折旧；单位价值超过 100 万元的，可缩短折旧年限或采取加速折旧的方法。

（2）对所有行业企业新购进的专门用于研发的仪器、设备，单位价值不超过 100 万元的，允许一次性计入当期成本费用在计算应纳税所得额时扣除，不再分年度计算折旧；单位价值超过 100 万元的，可缩短折旧年限或采取加速折旧的方法。

（3）对所有行业企业持有的单位价值不超过 5 000 元的固定资产，允许一次性计入当期成本费用在计算应纳税所得额时扣除，不再分年度计算折旧。

（4）制造业企业按上述（1）、（2）规定缩短折旧年限的，对其购置的新固定资产，最低折旧年限不得低于《企业所得税法实施条例》规定的折旧年限的 60%；企业购置已使用过的固定资产，其最低折旧年限不得低于《企业所得税法实施条例》规定的最低折旧年限减去已使用年限后剩余年限的 60%。采取加速折旧方法的，可采取双倍余额递减法或者年数总和法。

（5）所有行业企业在 2018 年 1 月 1 日至 2027 年 12 月 31 日期间新购进的设备、器具，单位价值不超过 500 万元的，允许一次性计入当期成本费用在计算应纳税所得额时扣除，不再分年度计算折旧；单位价值超过 500 万元的，仍按企业所得税法实施条例、财政部、国家税务总局《关于完善固定资产加速折旧企业所得税政策的通知》（财税〔2014〕75 号）、财政部、国家税务总局《关于进一步完善固定资产加速折旧企业所得税政策的通知》（财税〔2015〕106 号）等相关规定执行。所称设备、器具，是指除房屋、建筑物以外的固定资产。

八、减计收入优惠

企业综合利用资源，生产符合国家产业政策规定的产品所取得的收入，可以在计算应纳税所得额时减计收入。

综合利用资源是指企业以《资源综合利用企业所得税优惠目录》规定的资源作为主要原材料，生产国家非限制和禁止并符合国家和行业相关标准的产品取得的收入，减按 90% 计入收入总额。

上述所称原材料占生产产品材料的比例不得低于《资源综合利用企业所得税优惠目录》规定的标准。

九、税额抵免优惠

税额抵免是指企业购置并实际使用《环境保护专用设备企业所得税优惠目录》《节能节水专用设备企业所得税优惠目录》和《安全生产专用设备企业所得税优惠目录》规定的环境保护、节能节水、安全生产等专用设备的，该专用设备的投资额的 10% 可以从企业当年的应纳税额中抵免；当年不足抵免的，可以在以后 5 个纳税年度结转抵免。

享受前款规定的企业所得税优惠的企业，应当实际购置并自身实际投入使用前款规定的专用设备；企业购置上述专用设备在 5 年内转让、出租的，应当停止享受企业所得税优惠，并补缴已经抵免的企业所得税税款。转让的受让方可以按照该专用设备投资额的 10% 抵免当年企业所得税应纳税额；当年应纳税额不足抵免的，可以在以后 5 个纳税年度结转抵免。

企业所得税优惠目录，由国务院财政、税务主管部门商国务院有关部门制定，报国务院批准后公布施行。

企业同时从事适用不同企业所得税待遇的项目的，其优惠项目应当单独计算所得，并合理分摊企业的期间费用；没有单独计算的，不得享受企业所得税优惠。

企业在 2024 年 1 月 1 日至 2027 年 12 月 31 日期间发生的上述专用设备数字化、智能化改造投入，不超过该专用设备购置时原计税基础 50% 的部分，可按照 10% 比例抵免企业当年应纳税额。企业当年应纳税额不足抵免的，可以向以后年度结转，但结转年限最长不得超过五年。

✎ 【特别提示】

自 2009 年 1 月 1 日起，增值税一般纳税人购进固定资产发生的进项税额可从其销项税额中抵扣。若增值税进项税额允许抵扣，则其专用设备投资额不再包括增值税进项税额；若增值税进项税额不允许抵扣，则其专用设备投资额应为增值税专用发票上注明的价税合计金额。企业购买专用设备取得增值税普通发票的，其专用设备投资额为增值税普通发票上注明的金额。

十、民族自治地方的优惠

民族自治地方的自治机关对本民族自治地方的企业应缴纳的企业所得税中属于地方分享的部分，可以决定减征或者免征。自治州、自治县决定减征或者免征的，须报省、自治区、直辖市人民政府批准。

企业所得税法所称民族自治地方，是指依照《中华人民共和国民族区域自治法》的规定，实行民族区域自治的自治区、自治州、自治县。

【特别提示】

对民族自治地方内国家限制和禁止行业的企业，不得减征或者免征企业所得税。

民族自治地方在新税法实施前已经按照财政部、国家税务总局、海关总署《关于西部大开发税收优惠政策问题的通知》（财税〔2001〕202 号）第二条第二款有关减免税规定批准享受减免企业所得税（包括减免中央分享企业所得税的部分）的，自 2008 年 1 月 1 日起计算，对减免税期限在 5 年以内（含 5 年）的，继续执行至期满后停止；对减免税期限超过 5 年的，从第六年起按《企业所得税法》第二十九条规定执行。

十一、非居民企业优惠

非居民企业减按 10%的税率征收企业所得税。这里的非居民企业，是指在中国境内未设立机构、场所的，或者虽设立机构、场所但取得的所得与其所设机构、场所没有实际联系的企业。

非居民企业取得下列所得免征企业所得税。

（1）外国政府向中国政府提供贷款取得的利息所得。

（2）国际金融组织向中国政府和居民企业提供优惠贷款取得的利息所得。

（3）经国务院批准的其他所得。

十二、其他优惠

（一）西部大开发的税收优惠

1. 适用范围

适用范围包括重庆市、四川省、贵州省、云南省、西藏自治区、陕西省、甘肃省、宁夏回族自治区、青海省、新疆维吾尔自治区、新疆生产建设兵团、内蒙古自治区和广西壮族自治区（上述地区统称"西部地区"）。另外，湖南省湘西土家族苗族自治州、湖北省恩施土家族苗族自治州、吉林省延边朝鲜族自治州、江西省赣州市，可以比照西部地区的税收优惠政策执行。

2. 具体内容

（1）对设在西部地区国家鼓励类产业企业，在 2011 年 1 月 1 日至 2020 年 12 月 31 日期间，减按 15%的税率征收企业所得税。

国家鼓励类产业企业是指以《产业结构调整指导目录》（2005 年版）中规定的产业项目为主营业务，其主营业务收入占企业总收入 70%以上的企业。

（2）对西部地区 2010 年 12 月 31 日前新办的，根据财政部、国家税务总局、海关总署《关于西部大开发税收优惠政策问题的通知》（财税〔2001〕202 号）的规定，可以享受企业所得税"两免三减半"的交通、电力、水利、广播电视企业，其享受的企业所得税"两免三减半"优惠可以继续享受到期满为止。

（3）对在西部地区新办交通、电力、水利、邮政、广播电视企业，上述项目业务收入占企业总收入70%以上的，可以享受企业所得税如下优惠政策：内资企业自开始生产经营之日起，第一年至第二年免征企业所得税，第三年至第五年减半征收企业所得税。

📖 【点拨指导】

新办交通企业是指投资新办从事公路、铁路、航空、港口、码头运营和管道运输的企业。新办电力企业是指投资新办从事电力运营的企业。新办水利企业是指投资新办从事江河湖泊综合治理、防洪除涝、灌溉、供水、水资源保护、水力发电、水土保持、河道疏浚、河海堤防建设等开发水利、防治水害的企业。新办邮政企业是指投资新办从事邮政运营的企业。新办广播电视企业是指投资新办从事广播电视运营的企业。

上述企业同时符合本规定条件的，第三年至第五年减半征收企业所得税时，按15%的税率计算出应纳所得税额后减半执行。

上述所称企业，是指投资主体自建、运营上述项目的企业，单纯承揽上述项目建设的施工企业不得享受两年免征、三年减半征收企业所得税的政策。

（4）自2021年1月1日至2030年12月31日，对设在西部地区的鼓励类产业企业减按15%的税率征收企业所得税。本条所称鼓励类产业企业是指以《西部地区鼓励类产业目录》中规定的产业项目为主营业务，且其主营业务收入占企业收入总额60%以上的企业。

《西部地区鼓励类产业目录》由发展和改革委员会牵头制定。该目录在本公告执行期限内修订的，自修订版实施之日起按新版本执行。

3. 区分西部与非西部

对实行汇总（合并）纳税的企业，应当将西部地区的成员企业与西部地区以外的成员企业分开，分别汇总（合并）申报纳税，分别适用税率。

（二）其他事项

（1）享受企业所得税过渡优惠政策的企业，应按照税法和实施条例中有关收入和扣除的规定计算应纳税所得额。

（2）企业所得税过渡优惠政策与税法及实施条例规定的优惠政策存在交叉的，由企业选择最优惠的政策执行，不得叠加享受，且一经选择，不得改变。

（3）法律设置的发展对外经济合作和技术交流的特定地区内，以及国务院已规定执行上述地区特殊政策的地区内新设立的国家需要重点扶持的高新技术企业，可以享受过渡性税收优惠，具体办法由国务院规定。

（4）国家已确定的其他鼓励类产业企业，可以按照国务院规定享受减免税优惠。

（5）对企业取得的2009年及以后年度发行的地方政府债券利息所得，免征企业所得税。地方政府债券是指经国务院批准，以省、自治区、直辖市和计划单列市政府为发行和偿还主体的债券。

第七节　应纳税额的计算

一、居民企业应纳税额的计算

居民企业应缴纳所得税额的基本计算公式如下。

$$应纳税额=应纳税所得额×适用税率-减免税额-抵免税额$$

根据计算公式可以看出，应纳税额的多少，取决于应纳税所得额和适用税率两个因素。

在实际计算过程中，应纳税所得额的计算一般有两种方法。

（一）直接计算法

在直接计算法下，企业每一纳税年度的收入总额减除不征税收入、免税收入、各项扣除以及允许弥补的以前年度亏损后的余额为应纳税所得额。计算公式如下。

应纳税所得额=收入总额-不征税收入-免税收入-各项扣除金额-允许弥补的以前年度亏损

（二）间接计算法

在间接计算法下，在会计利润总额的基础上加或减按照税法规定调整的项目金额后的余额即为应纳税所得额，计算公式如下。

应纳税所得额=会计利润总额±纳税调整项目金额

该计算法采用根据税会差异进行调整的方法。税会差异即税法规定与会计制度规定的不一致，按照规定应当依照税法规定予以调整，也就是说，企业在平时进行会计核算时，按会计制度的有关规定进行账务处理，但在申报纳税时，对税法规定和会计制度有差异的，要按税法规定进行纳税调整。

📓【特别提示】

纳税调整项目金额包括两方面的内容：一是税收规定范围与会计规定不一致的应予以调整的金额；二是税法规定扣除标准与会计规定不一致的应予以调整的金额。

【例10-3】某企业为居民企业，202×年发生经营业务如下。

（1）取得产品销售收入4 000万元。

（2）发生产品销售成本2 500万元。

（3）发生销售费用770万元（其中广告费650万元）；管理费用480万元（其中业务招待费25万元）；财务费用60万元。

（4）销售税金160万元（含增值税120万元）。

（5）营业外收入80万元，营业外支出50万元（含通过公益性社会团体向贫困山区捐款30万元，支付税收滞纳金6万元）。

（6）计入成本、费用的实发工资总额200万元，拨缴职工工会经费5万元，发生职工福利费31万元，发生职工教育经费7万元。

要求：计算该企业202×年度应纳企业所得税。

（1）会计利润总额=4 000+80-2 500-770-480-60-（160-120）-50=180（万元）

（2）广告费和业务宣传费调增所得额=650-4 000×15%=650-600=50（万元）

（3）业务招待费调增所得额=25-15=10（万元）

$$4 000×5‰=20（万元）>25×60\%=15（万元）$$

（4）捐赠支出应调增所得额=30-180×12%=8.4（万元）

（5）工会经费应调增所得额=5-200×2%=1（万元）

（6）职工福利费应调增所得额=31-200×14%=3（万元）

（7）职工教育经费不调整所得额

$$200×8\%=16（万元）>7（万元）$$

（8）应纳税所得额=180+50+10+8.4+6+1+3=258.4（万元）

（9）202×年应纳企业所得税=258.4×25%=64.6（万元）

【例10-4】某工业企业为居民企业，202×年度发生经营业务如下。

全年取得产品销售收入6 600万元，发生产品销售成本4 500万元；其他业务收入800万元，其他业务成本694万元；取得购买国债的利息收入40万元；缴纳非增值税销售税金及附加 300 万元；发生管理费用 760 万元，其中新技术的研究开发费用 60 万元、业务招待费用 70 万元；发生财务费用 200 万元；取得直接投资其他居民企业的权益性收益 34 万元（已在投资方所在地按 15% 的税率缴纳了所得税）；取得营业外收入 100 万元，发生营业外支出 250 万元（其中含符合规定公益捐赠 60 万元）。

要求：计算该企业 202× 年应纳企业所得税。

（1）利润总额=6 600+800+40+34+100-4 500-694-300-760-200-250=870（万元）

（2）国债利息收入免征企业所得税，应调减所得额 40 万元。

（3）技术开发费调减所得额=60×100%=60（万元）

（4）业务招待费调增所得额=70-37=33（万元）

$$70×60\%=42（万元）>（6 600+800）×5‰=37（万元）$$

（5）取得直接投资其他居民企业的权益性收益属于免税收入，应调减所得额 34 万元。

（6）捐赠扣除不调整所得额

$$标准=870×12\%=104.4（万元）>实际 60（万元）$$

（7）应纳税所得额=870-40-60+33-34=769（万元）

（8）该企业 202× 年应纳企业所得税=769×25%=192.25（万元）

二、境外所得抵扣税额的计算

（1）企业取得的下列所得已在境外缴纳的所得税税额，可以从其当期应纳税额中抵免，抵免限额为该项所得依照企业所得税法规定计算的应纳税额；超过抵免限额的部分，可以在以后 5 个纳税年度内，用每年度抵免限额抵免当年应抵税额后的余额进行抵补。

① 居民企业来源于中国境外的应税所得。

② 非居民企业在中国境内设立机构、场所，取得发生在中国境外但与该机构、场所有实际联系的应税所得。

居民企业从其直接或者间接控制的外国企业分得的来源于中国境外的股息、红利等权益性投资收益，外国企业在境外实际缴纳的所得税税额中属于该项所得负担的部分，可以作为该居民企业的可抵免境外所得税税额，在企业所得税法规定的抵免限额内抵免。

【点拨指导】

上述所称直接控制，是指居民企业直接持有外国企业 20% 以上的股份。

上述所称间接控制，是指居民企业以间接持股方式持有外国企业 20% 以上的股份，具体认定办法由国务院财政、税务主管部门另行制定。

已在境外缴纳的所得税税额，是指企业来源于中国境外的所得依照中国境外税收法律以及相关规定应当缴纳并已经实际缴纳的企业所得税性质的税款。企业依照企业所得税法的规定抵免企业所得税税额时，应当提供中国境外税务机关出具的税款所属年度的有关纳税凭证。

抵免限额是指企业来源于中国境外的所得，依照企业所得税法和实施条例的规定计算的应纳税额。除国务院财政、税务主管部门另有规定外，该抵免限额应当分国（地区）不分项计算，计算公式如下。

$$抵免限额 = \frac{中国境内、境外所得依照企业所得}{税法和条例规定计算的应纳税总额} × \frac{来源于某国（地区）}{的应纳税所得额} ÷ \frac{中国境内、境外}{应纳税所得总额}$$

前述 5 个纳税年度是指从企业取得的来源于中国境外的所得，已经在中国境外缴纳的企业所得税性质的税额超过抵免限额的当年的次年起连续 5 个纳税年度。

（2）属于下列情形的，可以采取简易办法对境外所得已纳税额计算抵免。

① 企业从境外取得营业利润所得以及符合境外税额间接抵免条件的股息所得，虽有所得来源国（地区）政府机关核发的具有纳税性质的凭证或证明，但受客观因素的影响无法真实、准确地确认应当缴纳并已经实际缴纳的境外所得税税额的，除就该所得直接缴纳及间接负担的税额在所得来源国（地区）的实际有效税率低于我国企业所得税法第四条第一款规定税率50%以上的外，可按境外应纳税所得额的12.5%作为抵免限额，企业按该国（地区）税务机关或政府机关核发具有纳税性质凭证或证明的金额，其不超过抵免限额的部分，准予抵免；超过的部分不得抵免。

属于本款规定以外的股息、利息、租金、特许权使用费、转让财产等投资性所得，均应按本通知的其他规定计算境外税额抵免。

② 企业从境外取得营业利润所得以及符合境外税额间接抵免条件的股息所得，凡就该所得缴纳及间接负担的税额在所得来源国（地区）的法定税率且其实际有效税率明显高于我国的，可直接以按本通知规定计算的境外应纳税所得额和我国企业所得税法规定的税率计算的抵免限额作为可抵免的已在境外实际缴纳的企业所得税税额。

属于本款规定以外的股息、利息、租金、特许权使用费、转让财产等投资性所得，均应按本通知的其他规定计算境外税额抵免。

（3）企业可以选择按国（地区）别分别计算［即"分国（地区）不分项"］，或者不按国（地区）别汇总计算［即"不分国（地区）不分项"］其来源于境外的应纳税所得额，并按照规定的税率分别计算其可抵免境外所得税税额和抵免限额。上述方式一经选择，5年内不得改变。

企业选择采用不同于以前年度的方式计算可抵免境外所得税税额和抵免限额时，对该企业以前年度按照规定没有抵免完的余额，可在税法规定结转的剩余年限内，按新方式计算的抵免限额中继续结转抵免。

（4）以境内、境外全部生产经营活动有关的研究开发费用总额、总收入、销售收入总额、高新技术产品（服务）收入等指标申请并经认定的高新技术企业，其来源于境外的所得可以享受高新技术企业所得税优惠政策，即对其来源于境外所得可以按照15%的优惠税率缴纳企业所得税，在计算境外抵免限额时，可按照15%的优惠税率计算境内外应纳税总额。

三、居民企业核定征收应纳税额的计算

为了加强企业所得税征收管理，规范核定征收企业所得税工作，保障国家税款及时足额入库，维护纳税人合法权益，根据《中华人民共和国企业所得税法》及其实施条例、《税收征收管理法》及其实施细则的有关规定，核定征收企业所得税的有关规定如下。

（一）核定征收企业所得税的范围

核定征收办法适用于居民企业纳税人，纳税人具有下列情形之一的，核定征收企业所得税。

（1）依照法律、行政法规的规定可以不设置账簿的。

（2）依照法律、行政法规的规定应当设置但未设置账簿的。

（3）擅自销毁账簿或者拒不提供纳税资料的。

（4）虽设置账簿，但账目混乱或者成本资料、收入凭证、费用凭证残缺不全，难以查账的。

（5）发生纳税义务，未按照规定的期限办理纳税申报，经税务机关责令限期申报，逾期仍不申报的。

（6）申报的计税依据明显偏低，又无正当理由的。

【特别提示】

特殊行业、特殊类型的纳税人和一定规模以上的纳税人不适用上述核定征收办法的，由国家税务总局另行明确。

根据国家税务总局公告 2012 年第 27 号的规定，自 2012 年 1 月 1 日起，专门从事股权（股票）投资业务的企业，不得核定征收企业所得税。

对依法按核定应税所得率方式核定征收企业所得税的企业，取得的转让股权（股票）收入等转让财产收入，应全额计入应税收入额，按照主营项目（业务）确定适用的应税所得率计算征税；若主营项目（业务）发生变化，则应在当年汇算清缴时，按照变化后的主营项目（业务）重新确定适用的应税所得率计算征税。

（二）核定征收的办法

税务机关应根据纳税人具体情况，对核定征收企业所得税的纳税人，核定应税所得率或者核定应纳所得税额。

（1）具有下列情形之一的，核定其应税所得率。

① 能正确核算（查实）收入总额，但不能正确核算（查实）成本费用总额的。

② 能正确核算（查实）成本费用总额，但不能正确核算（查实）收入总额的。

③ 通过合理方法，能计算和推定纳税人收入总额或成本费用总额的。

纳税人不属于以上情形的，核定其应纳所得税额。

（2）税务机关采用下列方法核定征收企业所得税。

① 参照当地同类行业或者类似行业中经营规模和收入水平相近的纳税人的税负水平核定。

② 按照应税收入额或成本费用支出额定率核定。

③ 按照耗用的原材料、燃料、动力等推算或测算核定。

④ 按照其他合理方法核定。

采用上述所列一种方法不足以正确核定应纳税所得额或应纳税额的，可以同时采用两种以上的方法核定。当采用两种以上方法测算的应纳税额不一致时，可按测算的应纳税额从高核定。

采用应税所得率方式核定征收企业所得税的，应纳所得税额计算公式如下。

$$应纳所得税额＝应纳税所得额×适用税率$$

其中，应纳税所得额＝应税收入额×应税所得率

或　　　应纳税所得额＝成本(费用)支出额÷(1−应税所得率)×应税所得率

实行应税所得率方式核定征收企业所得税的纳税人，经营多业的，无论其经营项目是否单独核算，均由税务机关根据其主营项目确定适用的应税所得率。

主营项目应为纳税人所有经营项目中，收入总额或者成本（费用）支出额或者耗用原材料、燃料、动力数量所占比重最大的项目。

应税所得率按表 10-1 规定的幅度标准确定。

纳税人的生产经营范围、主营业务发生重大变化，或者应纳税所得额或应纳税额增减变化达到 20% 的，应及时向税务机关申报调整已确定的应纳税额或应税所得率。

表 10-1　应税所得率的幅度标准

行业	应税所得率（%）
农、林、牧、渔业	3～10
制造业	5～15
批发和零售贸易业	4～15
交通运输业	7～15
建筑业	8～20
饮食业	8～25
娱乐业	15～30
其他行业	10～30

（三）核定征收企业所得税的管理

（1）主管税务机关应及时向纳税人送达《企业所得税核定征收鉴定表》，及时完成对其核定征收企业所得税的鉴定工作。

纳税人应在收到《企业所得税核定征收鉴定表》后 10 个工作日内，填好该表并报送主管税务机关。《企业所得税核定征收鉴定表》一式三联，主管税务机关和县税务机关各执一联，

另一联送达纳税人执行。主管税务机关还可根据实际工作需要，适当增加联次备用。

纳税人收到《企业所得税核定征收鉴定表》后，未在规定期限内填列、报送的，税务机关视同纳税人已经报送，按上述程序进行复核认定。

（2）纳税人实行核定应税所得率方式的，按下列规定申报纳税。

① 主管税务机关根据纳税人应纳税额的大小确定纳税人按月或者按季预缴，年终汇算清缴。预缴方法一经确定，一个纳税年度内不得改变。

② 纳税人应依照确定的应税所得率计算纳税期间实际应缴纳的税额，进行预缴。按实际数额预缴有困难的，经主管税务机关同意，可按上一年度应纳税额的 1/12 或 1/4 预缴，或者按经主管税务机关认可的其他方法预缴。

③ 纳税人预缴税款或年终进行汇算清缴时，应按规定填写《中华人民共和国企业所得税月（季）度预缴纳税申报表（B 类）》，在规定的纳税申报时限内报送主管税务机关。

（3）纳税人实行核定应纳所得税额方式的，按下列规定申报纳税。

① 纳税人在应纳所得税额尚未确定之前，可暂按上年度应纳所得税额的 1/12 或 1/4 预缴，或者按经主管税务机关认可的其他方法，按月或按季分期预缴。

② 在应纳所得税额确定以后，减除当年已预缴的所得税额，余额按剩余月份或季度均分，以此确定以后各月或各季的应纳税额，由纳税人按月或按季填写《中华人民共和国企业所得税月（季）度预缴纳税申报表（B 类）》，在规定的纳税申报期限内进行纳税申报。

③ 纳税人年度终了后，在规定的时限内按照实际经营额或实际应纳税额向税务机关申报纳税。申报额超过核定经营额或应纳税额的，按申报额缴纳税款；申报额低于核定经营额或应纳税额的，按核定经营额或应纳税额缴纳税款。

（4）对违反核定征收规定的行为，按照《税收征收管理法》及其实施细则的有关规定处理。

四、非居民企业应纳税额的计算

对于在中国境内未设立机构、场所的，或者虽设立机构、场所但取得的所得与其所设机构、场所没有实际联系的非居民企业的所得，按照下列方法计算应纳税所得额。

（1）股息、红利等权益性投资收益和利息、租金、特许权使用费所得，以收入全额为应纳税所得额。

（2）转让财产所得，以收入全额减除财产净值后的余额为应纳税所得额。

（3）其他所得，参照前两项规定的方法计算应纳税所得额。

上述收入全额均不含增值税。财产净值是指财产的计税基础减除已经按照规定扣除的折旧、折耗、摊销、准备金等后的余额。

应纳税额的计算公式如下。

$$应纳税额=应纳税所得额×实际征收率$$

五、非居民企业所得税核定征收办法

非居民企业因会计账簿不健全，资料残缺难以查账，或者其他原因不能准确计算并据实申报其应纳税所得额的，税务机关有权采取以下方法核定其应纳税所得额。

（1）按收入总额核定应纳税所得额：适用于能够正确核算收入或通过合理方法推定收入总额，但不能正确核算成本费用的非居民企业。计算公式如下。

$$应纳税所得额=收入总额×经税务机关核定的利润率$$

（2）按成本费用核定应纳税所得额：适用于能够正确核算成本费用，但不能正确核算收入总额的非居民企业。计算公式如下。

应纳税所得额=成本费用总额÷(1-经税务机关核定的利润率)×经税务机关核定的利润率

（3）按经费支出换算收入核定应纳税所得额：适用于能够正确核算经费支出总额，但不能正确核算收入总额和成本费用的非居民企业。计算公式如下。

应纳税所得额=经费支出总额÷(1-经税务机关核定的利润率)×经税务机关核定的利润率

（4）税务机关可按照以下标准确定非居民企业的利润率。

① 从事承包工程作业、设计和咨询劳务的，利润率为15%～30%。

② 从事管理服务的，利润率为30%～50%。

③ 从事其他劳务或劳务以外经营活动的，利润率不低于15%。

税务机关有根据认为非居民企业的实际利润率明显高于上述标准的，可以按照比上述标准更高的利润率核定其应纳税所得额。

（5）非居民企业与中国居民企业签订机器设备或货物销售合同，同时提供设备安装、装配、技术培训、指导、监督服务等劳务，其销售货物合同中未列明提供上述劳务服务收费金额，或者计价不合理的，主管税务机关可以根据实际情况，参照相同或相近业务的计价标准核定劳务收入。无参照标准的，以不低于销售货物合同总价款的10%为原则，确定非居民企业的劳务收入。

（6）非居民企业为中国境内客户提供劳务取得的收入，凡其提供的服务全部发生在中国境内的，应全额在中国境内申报缴纳企业所得税。凡其提供的服务同时发生在中国境内外的，应以劳务发生地为原则划分其境内外收入，并就其在中国境内取得的劳务收入申报缴纳企业所得税。税务机关对其境内外收入划分的合理性和真实性有疑义的，可以要求非居民企业提供真实有效的证明，并根据工作量、工作时间、成本费用等因素合理划分其境内外收入；若非居民企业不能提供真实有效的证明，税务机关可视同其提供的服务全部发生在中国境内，确定其劳务收入并据以征收企业所得税。

（7）采取核定征收方式征收企业所得税的非居民企业，在中国境内从事适用不同核定利润率的经营活动，并取得应税所得的，应分别核算并适用相应的利润率计算缴纳企业所得税；凡不能分别核算的，应从高适用利润率，计算缴纳企业所得税。

（8）拟采取核定征收方式的非居民企业应填写《非居民企业所得税征收方式鉴定表》(以下简称《鉴定表》)，报送主管税务机关。主管税务机关应对企业报送的《鉴定表》的适用行业及所适用的利润率进行审核，并签注意见。

对经审核不符合核定征收条件的非居民企业，主管税务机关应自收到企业提交的《鉴定表》后15个工作日内向其下达《税务事项通知书》，将鉴定结果告知企业。非居民企业未在上述期限内收到《税务事项通知书》的，其征收方式视同已被认可。

（9）税务机关发现非居民企业采用核定征收方式计算申报的应纳税所得额不真实，或者明显与其承担的功能风险不相匹配的，有权予以调整。

六、企业清算应纳税额的计算

企业依法清算时，以其清算终了后的清算所得为应纳税所得额，按规定缴纳企业所得税。所谓清算所得，是指企业的全部资产可变现价值或者交易价格减除资产净值、清算费用以及相关税费等后的余额。

投资方企业从被清算企业分得的剩余资产中，相当于从被清算企业累计未分配利润和累计盈余公积中应当分得的部分，应当确认为股息所得；剩余资产减除上述股息所得后的余额，超过或者低于投资成本的部分，应当确认为投资资产转让所得或者损失。

第八节　征收管理

一、纳税地点

（1）除税收法律、行政法规另有规定外，居民企业以企业登记注册地为纳税地点；但登记注册地在境外的，以实际管理机构所在地为纳税地点。企业注册登记地是指企业依照国家有关规定登记注册的住所地。

（2）居民企业在中国境内设立不具有法人资格的营业机构的，应当汇总计算并缴纳企业所得税。企业汇总计算并缴纳企业所得税时，应当统一核算应纳税所得额，具体办法由国务院财政、税务主管部门另行制定。

（3）非居民企业在中国境内设立机构、场所的，应当就其所设机构、场所取得的来源于中国境内的所得，以及发生在中国境外但与其所设机构、场所有实际联系的所得，以机构、场所所在地为纳税地点。非居民企业在中国境内设立两个或者两个以上机构、场所的，符合国务院税务主管部门规定条件的，可以选择由其主要机构、场所汇总缴纳企业所得税。

（4）非居民企业在中国境内未设立机构、场所的，或者虽设立机构、场所但取得的所得与其所设机构、场所没有实际联系的所得，以扣缴义务人所在地为纳税地点。

（5）除国务院另有规定外，企业之间不得合并缴纳企业所得税。

二、纳税期限

企业所得税按年计征，分月或者分季预缴，年终汇算清缴，多退少补。

企业所得税的纳税年度，自公历 1 月 1 日起至 12 月 31 日止。企业在一个纳税年度的中间开业，或者由于合并、关闭等原因终止经营活动，使该纳税年度的实际经营期不足 12 个月的，应当以其实际经营期为 1 个纳税年度。企业清算时，应当以清算期间作为 1 个纳税年度。

企业自年度终了之日起 5 个月内，向税务机关报送年度企业所得税纳税申报表，并汇算清缴，结清应缴应退税款。

企业在年度中间终止经营活动的，应当自实际经营终止之日起 60 日内，向税务机关办理当期企业所得税汇算清缴。

三、纳税申报

按月或按季预缴的，应当自月份或者季度终了之日起 15 日内，向税务机关报送预缴企业所得税纳税申报表，预缴税款。

企业在报送企业所得税纳税申报表时，应当按照规定附送财务会计报告和其他有关资料。

企业应当在办理注销登记前，就其清算所得向税务机关申报并依法缴纳企业所得税。

依照企业所得税法缴纳的企业所得税，以人民币计算。所得以人民币以外的货币计算的，应当折合成人民币计算并缴纳税款。

企业在纳税年度内无论盈利或者亏损，都应当依照《企业所得税法》第五十四条规定的期限，向税务机关报送预缴企业所得税纳税申报表、年度企业所得税纳税申报表、财务会计报告和税务机关规定应当报送的其他有关资料。

四、源泉扣缴

对于在中国境内未设立机构、场所的，或者虽设立机构、场所但取得的所得与其所设机构、场所没有实际联系的非居民企业应缴纳的所得税，实行源泉扣缴，以支付人为扣缴义务人。税款由扣缴义务人在每次支付或者到期应支付时，从支付或者到期应支付的款项中扣缴。

扣缴义务人每次代扣代缴税款时,应当向其主管税务机关报送《中华人民共和国扣缴企业所得税报告表》(以下简称《扣缴表》)及相关资料,并自代扣之日起7日内缴入国库。

扣缴企业所得税应纳税额的计算公式如下。

$$扣缴企业所得税应纳税额=应纳税所得额×实际征收率$$

上述公式中的实际征收率是指企业所得税法及其实施条例等相关法律法规规定的税率,或者税收协定规定的更低的税率。

五、特别纳税调整

(1)企业与其关联方之间的业务往来,不符合独立交易原则而减少企业或者其关联方应纳税收入或者所得额的,税务机关有权按照合理方法调整。

企业与其关联方共同开发、受让无形资产,或者共同提供、接受劳务发生的成本,在计算应纳税所得额时应当按照独立交易原则进行分摊。

【点拨指导】

所称独立交易原则,是指没有关联关系的交易各方,按照公平成交价格和营业常规进行业务往来遵循的原则。

所称合理方法,包括以下几种。

(1)可比非受控价格法,是指按照没有关联关系的交易各方进行相同或者类似业务往来的价格进行定价的方法。

(2)再销售价格法,是指按照从关联方购进商品再销售给没有关联关系的交易方的价格,减除相同或者类似业务的销售毛利进行定价的方法。

(3)成本加成法,是指按照成本加合理的费用和利润进行定价的方法。

(4)交易净利润法,是指按照没有关联关系的交易各方进行相同或者类似业务往来取得的净利润水平确定利润的方法。

(5)利润分割法,是指将企业与其关联方的合并利润或者亏损在各方之间采用合理标准进行分配的方法。

(6)其他符合独立交易原则的方法。

企业按照独立交易原则与其关联方分摊共同发生的成本,应达成成本分摊协议。企业与其关联方分摊成本时,应当按照成本与预期收益相配比的原则进行分摊,并在税务机关规定的期限内,按照税务机关的要求报送有关资料。企业与其关联方分摊成本时违反规定的,其自行分摊的成本不得在计算应纳税所得额时扣除。

(2)企业可以向税务机关提出与其关联方之间业务往来的定价原则和计算方法,税务机关与企业协商、确认后,达成预约定价安排。

所称预约定价安排,是指企业就其未来年度关联交易的定价原则和计算方法,向税务机关提出申请,与税务机关按照独立交易原则协商、确认后达成的协议。

(3)企业向税务机关报送年度企业所得税纳税申报表时,应当就其与关联方之间的业务往来,附送年度关联业务往来报告表。

税务机关在进行关联业务调查时,企业及其关联方,以及与关联业务调查有关的其他企业,应当按照规定提供相关资料。

所称相关资料,包括以下内容。

① 与关联业务往来有关的价格、费用的制定标准、计算方法和说明等同期资料;

② 关联业务往来所涉及的财产、财产使用权、劳务等的再销售(转让)价格或者最终销

售（转让）价格的相关资料；

③ 与关联业务调查有关的其他企业应当提供的与被调查企业可比的产品价格、定价方式以及利润水平等资料；

④ 其他与关联业务往来有关的资料。

所称与关联业务调查有关的其他企业，是指与被调查企业在生产经营内容和方式上相类似的企业。

企业应当在税务机关规定的期限内提供与关联业务往来有关的价格、费用的制定标准、计算方法和说明等资料。关联方以及与关联业务调查有关的其他企业应当在税务机关与其约定的期限内提供相关资料。

（4）企业不提供与其关联方之间业务往来资料，或者提供虚假、不完整资料，未能真实反映其关联业务往来情况的，税务机关有权依法核定其应纳税所得额。

核定企业的应纳税所得额时，可以采用下列方法。

① 参照同类或者类似企业的利润率水平核定；

② 按照企业成本加合理的费用和利润的方法核定；

③ 按照关联企业集团整体利润的合理比例核定；

④ 按照其他合理方法核定。

企业对税务机关按照前款规定的方法核定的应纳税所得额有异议的，应当提供相关证据，经税务机关认定后，调整核定的应纳税所得额。

（5）由居民企业或者由居民企业和中国居民控制的设立在实际税负明显低于企业所得税法第四条第一款规定税率水平的国家（地区）的企业，并非由于合理的经营需要而对利润不进行分配或者减少分配的，上述利润中应归属于该居民企业的部分，应当计入该居民企业的当期收入。

【点拨指导】

所称中国居民，是指根据《中华人民共和国个人所得税法》的规定，就其从中国境内、境外取得的所得在中国缴纳个人所得税的个人。

所称控制，包括：居民企业或者中国居民直接或者间接单一持有外国企业10%以上有表决权股份，且由其共同持有该外国企业50%以上股份；居民企业，或者居民企业和中国居民持股比例没有达到前项规定的标准，但在股份、资金、经营、购销等方面对该外国企业构成实质控制。

所称实际税负明显低于企业所得税法第四条第一款规定税率水平，是指低于企业所得税法第四条第一款规定税率的50%。

（6）企业从其关联方接受的债权性投资与权益性投资的比例超过规定标准而发生的利息支出，不得在计算应纳税所得额时扣除。

【点拨指导】

债权性投资，是指企业直接或者间接从关联方获得的，需要偿还本金和支付利息或者需要以其他具有支付利息性质的方式予以补偿的融资。

企业间接从关联方获得的债权性投资，包括：关联方通过无关联第三方提供的债权性投资；无关联第三方提供的、由关联方担保且负有连带责任的债权性投资；其他间接从关联方获得的具有负债实质的债权性投资。

权益性投资，是指企业接受的不需要偿还本金和支付利息，投资人对企业净资产拥有所有权的投资。

所称标准，由国务院财政、税务主管部门另行规定。

（7）企业实施其他不具有合理商业目的的安排而减少其应纳税收入或者所得额的，税务机关有权按照合理方法调整。

【特别提示】

所称不具有合理商业目的，是指以减少、免除或者推迟缴纳税款为主要目的。

税务机关依照本章规定做出纳税调整，需要补征税款的，应当补征税款，并按照国务院规定加收利息。所称利息，应当按照税款所属纳税年度中国人民银行公布的与补税期间同期的人民币贷款基准利率加5个百分点计算。

税务机关根据税收法律、行政法规的规定，对企业做出特别纳税调整的，应当对补征的税款，自税款所属纳税年度的次年6月1日起至补缴税款之日止的期间，按日加收利息。

前款规定加收的利息，不得在计算应纳税所得额时扣除。

（8）企业与其关联方之间的业务往来，不符合独立交易原则，或者企业实施其他不具有合理商业目的安排的，税务机关有权在该业务发生的纳税年度起10年内，进行纳税调整。

📘 拓展知识

非货币性资产投资企业所得税处理	企业接收政府和股东划入资产的企业所得税处理	企业参与政府统一组织的棚户区改造有关企业所得税政策	金融企业贷款损失准备金企业所得税税前扣除有关政策	跨地区经营汇总纳税企业所得税征收管理	合伙企业所得税的征收管理

📘 思考题

1. 对企业所得税的应税收入的规定有哪些？
2. 对企业所得税的扣除范围及扣除标准的规定有哪些？
3. 企业资产有哪些种类，各有哪些主要规定？
4. 企业所得税的优惠有哪些？
5. 如何核定征收居民企业应纳税额？
6. 对非居民企业所得税如何实行源泉扣缴？
7. 特别纳税调整包括哪些内容？

📘 同步训练

1. 某市一家白酒生产企业为增值税一般纳税人，202×年度生产经营情况如下。

（1）全年对外销售白酒7 000吨，每吨不含税售价6万元，取得销售收入42 000万元；支付销售运输费用，取得增值税专用发票，上面注明金额840万元、进项税额75.6万元。

（2）全年销售前述同等品牌、同等质量白酒20吨给本企业职工，以成本价核算取得销售金额60万元。

（3）7月1日将仓库（2014年年底建成投入使用）对外出租取得租金收入100万元。

（4）全年购进玉米2 000吨，每吨收购价格0.3万元，共计支付收购金额600万元（均已经投入生产并结转销售成本）；12月下旬购进机械设备，取得增值税专用发票，上面注明金额500万元、进项税额65万元。

（5）全年发生广告费和业务宣传费，取得增值税专用发票，上面注明金额 1 620 万元、进项税额 97.2 万元。

（6）全年发生管理费用 3 150 万元，其中业务招待费 260 万元、技术开发费 120 万元。

（7）全年发生营业外支出 680 万元，其中通过非营利的社会团体向贫困山区捐款 320 万元、支付合同违约金支出 32 万元。

要求：计算该企业 202×年度应缴纳的增值税、消费税、城市维护建设税、教育费附加、地方教育附加和企业所得税。

2. 某国家重点扶持的高新技术企业 2021 年度自行计算的会计利润 600 万元、企业所得税应纳税所得额 600 万元。2022 年年初经聘请的税务师事务所进行税务审计，发现该企业有以下几项数据未进行调整。

（1）6 月，该企业购入机器设备一台，当月投入使用，购置不含税金额 60 万元，企业将购置金额全部计入了当年费用（假定该设备残值比例为 5%）。

（2）当年发生财务费用 300 万元，其中包括用于在建工程支付银行贷款的利息 90 万元；向其他非金融企业借款 1 500 万元，支付年利息 120 万元（同期银行贷款年利率为 6%）。

（3）10 月，该企业通过政府部门向灾区捐赠 100 万元，在营业外支出中列支。

（4）12 月，该企业购买符合条件的环境保护专用设备一台，购置金额 300 万元、增值税进项税额 39 万元，购置金额计入固定资产。

（5）全年计入成本、费用中的实发工资总额为 660 万元。全年实际发生职工福利费 110 万元、职工教育经费 62 万元、工会经费 13 万元。

要求：计算该企业 2021 年度应纳的企业所得税。

3. 某市一家居民企业为增值税一般纳税人，注册资本 500 万元，主要生产销售同一型号的电冰箱。202×年 1 月～11 月实现销售收入 6 800 万元，与收入相配比的销售成本为 4 080 万元（占销售收入的 60%），缴纳增值税 340 万元，缴纳城市维护建设税和教育费附加 34 万元，取得国债利息收入 40 万元，发生销售费用 790 万元，发生管理费用 960 万元（其中含业务招待费 80 万元），发生财务费用 250 万元，1 月～11 月实现会计利润 726 万元。202×年 12 月发生的相关业务如下。

（1）12 月 8 日销售一批电冰箱给某大型商场，按合同约定应收不含税货款 700 万元；同时合同约定，如果商场在 12 月 22 日前付清全部款项，企业将给予商场不含税货款 3% 的销售折扣；12 月 20 日商场按合同约定提前付清了全部款项。

（2）12 月 15 日企业按成本价销售给本企业职工上述同型号的电冰箱 30 台，共计收款 3.6 万元。

（3）12 月 18 日接受某公司捐赠的机器设备一台，取得该公司开具的增值税专用发票，上面注明价款 20 万元、增值税 2.6 万元。

（4）12 月购进原材料共计 523 万元，取得增值税专用发票，上面注明进项税额 68 万元；支付购料运输费用共计 20 万元、进项税额 1.8 万元。

（5）12 月 25 日通过市扶贫办对目标脱贫地区捐款 40 万元，并取得了合法票据。

（6）12 月 28 日对库存原材料盘存，发现以前月份购进的原材料由于保管不善损失金额为 35 万元（其中含运输费成本金额 2 万元）。

（7）12 月共计发生销售费用 80 万元、管理费用 270 万元（其中含业务招待费 16 万元）。

（8）12 月 30 日转让 2 年前投资的股权，取得收入 160 万元（其中含累计未分配利润 18 万元），投资时该股权的购进价格为 100 万元。

要求：根据上述资料回答以下问题。

（1）计算该企业 202×年 12 月应缴纳的增值税、城市维护建设税和教育费附加。

（2）计算该企业 202×年度应缴纳的企业所得税。

第十一章 个人所得税

【内容提要】

本章介绍了个人所得税的纳税人、征税对象，税率，应纳税所得额和应纳税额的计算，税收优惠和征收管理。

【本章学习重点】

征税对象、应纳税所得额和应纳税额的计算以及税收优惠。

第一节 个人所得税概述

一、个人所得税的概念

个人所得税是以自然人取得的各类应税所得为征税对象而征收的一种所得税，是政府利用税收对个人收入进行调节的一种手段。个人所得税的征税对象不仅包括个人，还包括具有自然人性质的企业。

个人所得税是世界各国普遍开征的一个税种，最早产生于 18 世纪的英国。很多国家的个人所得税占比较高，是政府重要的财政收入。在我国，1980 年 9 月 10 日第五届全国人民表会第三次会议制定的《中华人民共和国个人所得税法》，多年来通过了七次修改，目前适用的是 2018 年 8 月 31 日第十三届全国人民代表大会常务委员会第五次会议修改通过并公布的个人所得税法，自 2019 年 1 月 1 日起施行。

二、个人所得税的征收模式

从世界范围看，个人所得税的征收模式有 3 种，即分类征收制、综合征收制与混合征收制（见表 11-1）。

表 11-1　个人所得税征收模式

项目	定义	优点	缺点
分类征收制	将纳税人不同来源、性质的所得项目，分别规定不同的税率征税	对纳税人全部所得区分性质进行区别征税，能够体现国家的政治、经济与社会政策	对纳税人整体所得把握得不一定全面，容易导致实际税负的不公平
综合征收制	对纳税人全年的各项所得加以汇总，就其总额进行征收	可以对纳税人的全部所得征税，从收入的角度体现税收公平的原则	不利于针对不同收入进行调节，不利于体现国家的有关社会、经济政策
混合征收制	对纳税人不同来源、性质的所得先分别按照不同的税率征税，然后将全年的各项所得进行汇总征税	集中了分类征收制和综合征收制的优点，既可实现税收的政策性调节功能，也可体现税收的公平原则	—

【特别提示】

目前，我国个人所得税的征收采用的是第三种模式，即混合征收制。

第二节 纳税义务人与征税对象

一、纳税义务人

个人所得税的纳税义务人，包括中国公民、个体工商户、个人独资企业、合伙企业投资者、在中国有所得的外籍人员（包括无国籍人员，下同）和香港、澳门、台湾同胞。上述纳税义务人依据住所和居住时间两个标准，区分为居民和非居民，分别承担不同的纳税义务。

（一）居民纳税义务人

根据《中华人民共和国个人所得税法》（简称《个人所得税法》）的规定，居民纳税义务人是指在中国境内有住所，或者无住所而一个纳税年度内在中国境内居住累计满183天的个人。

【点拨指导】

所谓在中国境内有住所的个人，是指因户籍、家庭、经济利益关系，而在中国境内习惯性居住的个人。所谓在境内居住累计满183天，是指在一个纳税年度（即公历1月1日起至12月31日止，下同）内，在中国境内居住满183天。

居民纳税义务人负有无限纳税义务，其所取得的应纳税所得，无论是来源于中国境内还是中国境外任何地方，都要在中国缴纳个人所得税。

在中国境内无住所的个人，在中国境内居住累计满183天的年度连续不满六年的，经向主管税务机关备案，其来源于中国境外且由境外单位或者个人支付的所得，免予缴纳个人所得税；在中国境内居住累计满183天的任一年度中有一次离境超过30天的，其在中国境内居住累计满183天的年度的连续年限重新起算。

（二）非居民纳税义务人

根据《个人所得税法》的规定，非居民纳税义务人是指在中国境内无住所又不居住，或者无住所而一个纳税年度内在中国境内居住累计不满183天的个人。在现实生活中，非居民纳税义务人，实际上只能是在一个纳税年度中，没有在中国境内居住，或者在中国境内居住不满183天的外籍人员、华侨或香港、澳门、台湾同胞。

【特别提示】

自2019年1月1日起，对在中国境内无住所的个人在一个纳税年度内在中国境内累计居住天数，按照个人在中国境内累计停留的天数计算。在中国境内停留的当天满24小时的，计入中国境内居住天数，在中国境内停留的当天不足24小时的，不计入中国境内居住天数。

非居民纳税义务人承担有限纳税义务，即仅就其来源于中国境内的所得，向中国缴纳个人所得税。

在中国境内无住所，但是在一个纳税年度内在中国境内连续，或者累计居住不超过90日的个人，其来源于中国境内的所得，由境外雇主支付并且不由该雇主在中国境内的机构、场所负担的部分，免予缴纳个人所得税。

二、征税对象

下列各项个人所得，应纳个人所得税。

（一）工资、薪金所得

工资、薪金所得是指个人因任职或者受雇而取得的工资、薪金、奖金、年终加薪、劳动分红、津贴、补贴以及与任职或者受雇有关的其他所得。

【特别提示】

一般来说，工资、薪金所得属于非独立个人劳动所得。所谓非独立个人劳动，是指个人所从事的是由他人指定、安排并接受管理的劳动。工作或服务于公司、工厂、行政事业单位的人员（私营企业主除外）均为非独立劳动者。他们从上述单位取得的劳动报酬，是以工资、薪金的形式体现的。但在实际立法过程中，各国都从简便易行的角度考虑，将工资、薪金合并为一个项目计征个人所得税。

除工资、薪金以外，奖金、年终加薪、劳动分红、津贴、补贴也被确定为工资、薪金范畴，其中，奖金是指所有具有工资性质的奖金，免税奖金的范围在税法中另有规定，年终加薪、劳动分红不分种类和取得情况，一律按工资、薪金所得课税，津贴、补贴等则有例外。根据我国目前个人收入的构成情况，我国规定对于一些不属于工资、薪金性质的补贴、津贴或者不属于纳税人本人工资、薪金所得项目的收入，不予征税，具体如下。

（1）独生子女补贴。

（2）执行公务员工资制度未纳入基本工资总额的补贴、津贴差额和家属成员的副食品补贴。

（3）托儿补助费。

（4）差旅费津贴、误餐补助。误餐补助是指按照财政部规定，个人因公在城区、郊区工作，不能在工作单位或返回就餐的，根据实际误餐顿数，按规定的标准领取的误餐费，但是单位以误餐补助名义发给职工的补贴、津贴不能包括在内。

（5）外国来华留学生，领取的生活津贴费、奖学金。

【情景解析】

有一些个人所得视为工资、薪金所得。如对公司职工取得的用于购买企业国有股权的劳动分红，按工资、薪金所得征税；对出租汽车经营单位对出租车驾驶员采取单车承包或承租方式运营，出租车驾驶员从事客货运取得的收入，按工资、薪金所得征税；对个人因公务用车和通信制度改革而取得的公务用车、通信补贴收入，扣除一定标准的公务费用后，按照"工资、薪金所得"项目计征个人所得税。按月发放的，并入当月"工资、薪金所得"计征个人所得税；不按月发放的，分解到所属月份并与该月份"工资、薪金所得"合并后计征个人所得税。公务费用扣除标准，由省税务局根据纳税人公务交通、通信费用实际发生情况调查测算，报经省级人民政府批准后确定，并报国家税务总局备案。

（二）劳务报酬所得

劳务报酬所得指个人独立从事各种非雇用的各种劳务所取得的所得。这里的劳务主要分为以下几类。

（1）设计，是指按照客户的要求，代为制定工程、工艺等各类设计业务。

（2）装潢，是指接受委托，对物体进行装饰、修饰，使之美观或具有特定用途的作业。

（3）安装，是指按照客户要求，对各种机器、设备的装配、安置，以及与机器、设备相连的附属设施的装设和被安装机器设备的绝缘、防腐、保温、油漆等工程作业。

（4）制图，是指受托按实物或设想物体的形象，依体积、面积、距离等，用一定比例绘制成平面图、立体图、透视图等业务。

（5）化验，是指受托用物理或化学的方法，检验物质的成分和性质等业务。

（6）测试，是指利用仪器仪表或其他手段代客对物品的性能和质量进行检测试验的业务。

（7）医疗，是指从事各种病情诊断、治疗等医护业务。

（8）法律，是指受托担任辩护律师、法律顾问，撰写辩护词、起诉书等法律文书的业务。

（9）会计，是指受托从事会计核算的业务。

（10）咨询，是指对客户提出的政治、经济、科技、法律、会计、文化等方面的问题进行解答、说明的业务。

（11）讲学，是指应邀（聘）进行讲课、作报告、介绍情况等业务。

（12）翻译，是指受托从事中、外语言或文字的翻译（包括笔译和口译）的业务。

（13）审稿，是指对文字作品或图形作品进行审查、核对的业务。

（14）书画，是指按客户要求，或自行从事书法、绘画、题词等业务。

（15）雕刻，是指代客镌刻图章、牌匾、碑、玉器、雕塑等业务。

（16）影视，是指应邀或应聘在电影、电视节目中出任演员，或担任导演、音响、化妆、道具、制作、摄影等与拍摄影视节目有关的业务。

（17）录音，是指用录音器械代客录制各种音响带的业务，或者应邀演讲、演唱、采访而被录音的服务。

（18）录像，是指用录像器械代客录制各种图像、节目的业务，或者应邀表演、采访被录像的业务。

（19）演出，是指参加戏剧、音乐、舞蹈、曲艺等文艺演出活动的业务。

（20）表演，是指从事杂技、体育、武术、健美、时装、气功以及其他技巧性表演活动的业务。

（21）广告，是指利用图书、报纸、杂志、广播、电视、电影、招贴、路牌、橱窗、霓虹灯、灯箱、墙面及其他载体，为介绍商品、经营服务项目、文体节目或通告、声明等事项，所做的宣传和提供相关服务的业务。

（22）展览，是指举办或参加书画展、影展、盆景展、邮展、个人收藏品展、花鸟虫鱼展等各种展示活动的业务。

（23）技术服务，是指利用一技之长而进行技术指导、提供技术帮助的业务。

（24）介绍服务，是指介绍供求双方商谈，或者介绍产品、经营服务项目等服务的业务。

（25）经纪服务，是指经纪人通过居间介绍，促成各种交易和提供劳务等服务的业务。

（26）代办服务，是指代委托人办理受托范围内的各项事宜的业务。

（27）其他劳务，是指上述列举 26 项劳务项目之外的各种劳务。

【情景解析】

商品营销活动中，企业和单位对其营销业绩突出的非雇员以培训班、研讨会、工作考察等名义组织旅游活动，通过免收差旅费、旅游费对个人实行的营销业绩奖励（包括实物、有价证券等），应根据所发生费用的全额作为该营销人员当期的劳务收入，按照"劳务报酬所得"项目征收个人所得税，并由提供上述费用的企业和单位代扣代缴。再如，对个人由于担任董事职务所取得的董事费收入，属于劳务报酬所得性质，按照劳务报酬所得项目征收个人所得税，但仅适用于个人担任公司董事、监事，且不在公司任职、受雇的情形。个人在公司（包括关联公司）任职、受雇，同时兼任董事、监事的，应将董事费、监事费与个人工资收入合并，统一按工资、薪金所得项目缴纳个人所得税。

【点拨指导】

在实际操作过程中，还可能出现难以判定一项所得是属于工资、薪金所得，还是属于劳务报酬所得的情况。这两者的区别在于：工资、薪金所得是属于非独立个人劳务活动，即在机关、团体、学校、部队、企业、事业单位及其他组织中任职、受雇而得到的报酬；而劳务报酬所得，则是个人独立从事各种技艺、提供各项劳务取得的报酬。

（三）稿酬所得

稿酬所得是指个人因其作品以图书、报刊形式出版、发表而取得的所得。将稿酬所得独立划归一个征税项目，而对不以图书、报刊形式出版、发表的翻译、审稿、书画所得归为劳务报酬所得，主要是考虑了出版、发表作品的特殊性。第一，它是一种依靠较高智力创作的精神产品；第二，它具有普遍性；第三，它与社会主义精神文明和物质文明密切相关；第四，它的报酬相对偏低。因此，稿酬所得应当与一般劳务报酬相区别，并给予适当优惠照顾。

（四）特许权使用费所得

特许权使用费所得是指个人提供专利权、商标权、著作权、非专利技术以及其他特许权的使用权取得的所得。提供著作权的使用权取得的所得，不包括稿酬所得。

专利权，是由国家专利主管机关依法授予专利申请人或其权利继承人在一定期间内实施其发明创造的专有权。对于专利权，许多国家只将提供他人使用取得的所得列入特许权使用费，而将转让专利权所得列为资本利得税的征税对象。我国没有开征资本利得税，故将个人提供和转让专利权取得的所得，都列入特许权使用费所得征收个人所得税。

商标权，即商标注册人享有的商标专用权。著作权，即版权，是作者依法对文学、艺术和科学作品享有的专有权。个人提供或转让商标权、著作权、专有技术或技术秘密、技术诀窍取得的所得，应当依法缴纳个人所得税。

（五）经营所得

（1）个体工商户从事生产、经营活动取得的所得，个人独资企业投资人、合伙企业的个人合伙人来源于境内注册的个人独资企业、合伙企业生产、经营的所得。

（2）个人依法从事办学、医疗、咨询以及其他有偿服务活动取得的所得。

（3）个人对企业、事业单位承包经营、承租经营以及转包、转租取得的所得。

（4）个人从事其他生产、经营活动取得的所得。例如，个人从事彩票代销业务取得的所得。再如，从事个体出租车运营的出租车驾驶员取得的收入，包括出租车属个人所有，但挂靠出租汽车经营单位或企事业单位，驾驶员向挂靠单位缴纳管理费的，或出租汽车经营单位将出租车所有权转移给驾驶员的。

📕【点拨指导】

个体工商户和从事生产、经营的个人，取得与生产、经营活动无关的其他各项应税所得，应分别按照其他应税项目的有关规定，计算征收个人所得税。例如，对外投资取得的股息所得，应按"利息、股息、红利所得"项目的规定单独计征个人所得税。

个人独资企业、合伙企业的个人投资者，以企业资金为本人、家庭成员及其相关人员支付与企业生产经营无关的消费性支出及购买汽车、住房等财产性支出，视为企业对个人投资者的利润分配，并入投资者个人的经营所得依照"经营所得"项目计征个人所得税。

（六）利息、股息、红利所得

利息、股息、红利所得是指个人因拥有债权、股权而取得的利息、股息、红利所得。利息是指个人拥有债权而取得的利息，包括存款利息、贷款利息和各种债券的利息。按规定，个人取得的利息所得，除国债和国家发行的金融债券利息外，应当依法缴纳个人所得税。股息、红利是指个人因拥有股权取得的股息、红利。按照一定的比率对每股发给的息金叫股息；公司、企业应分配的利润，按股份分配的叫红利。股息、红利所得，除另有规定外，都应当缴纳个人所得税。

📕【情景解析】

除个人独资企业、合伙企业以外的其他企业的个人投资者，对以企业资金为本人、家庭成员及其相关人员支付与企业生产经营无关的消费性支出及购买汽车、住房等财产性支出，视为企业对个人投资者的红利分配，依照"利息、股息、红利所得"项目计征个人所得税。企业的上述支出不允许在所得税前扣除。

纳税年度内个人投资者从其投资企业（个人独资企业、合伙企业除外）借款，在该纳税年度终了后既不归还又未用于企业生产经营的，其未归还的借款可视为企业对个人投资者的红利分配，依照"利息、股息、红利所得"项目计征个人所得税。

对职工个人以股份形式取得的企业量化资产参与企业分配而获得的股息、红利，应按"利息、股息、红利"项目征收个人所得税。

（七）财产租赁所得

财产租赁所得是指个人出租建筑物、土地使用权、机器设备、车船以及其他财产取得的所得。

个人取得的财产转租收入，属于"财产租赁所得"的征税范围，由财产转租人缴纳个人所得税。

（八）财产转让所得

财产转让所得是指个人转让有价证券、股权、建筑物、土地使用权、机器设备、车船以及其他财产取得的所得。

转让境内上市公司股票取得的所得暂免征收个人所得税。

【特别提示】

集体所有制企业在改制为股份合作制企业时，对职工个人以股份形式取得的仅作为分红依据，不拥有所有权的企业量化资产，不征收个人所得税；对职工个人以股份形式取得的拥有所有权的企业量化资产，暂缓征收个人所得税；待个人将股份转让时，就其转让收入额，减除个人取得该股份时实际支付的费用支出和合理转让费用后的余额，按"财产转让所得"项目计征个人所得税。

（九）偶然所得

偶然所得是指个人得奖、中奖、中彩以及其他偶然性质的所得。得奖是指参加各种有奖竞赛活动，取得名次得到的奖金。中奖、中彩是指参加各种有奖活动，如有奖销售、有奖储蓄或者购买彩票，经过规定程序，抽中、摇中号码而取得的奖金。

此外，个人为单位或他人提供担保获得的收入，按照"偶然所得"项目计算缴纳个人所得税；房屋产权所有人将房屋产权无偿赠与他人的，受赠人因无偿受赠房屋取得的受赠收入，按照"偶然所得"项目计算缴纳个人所得税；企业在业务宣传、广告等活动中，随机向本单位以外的个人赠送礼品（包括网络红包，下同），以及企业在年会、座谈会、庆典以及其他活动中向本单位以外的个人赠送礼品，个人取得的礼品收入，按照"偶然所得"项目计算缴纳个人所得税，但企业赠送的具有价格折扣或折让性质的消费券、代金券、抵用券、优惠券等礼品除外；资产出售方企业自然人股东取得的不竞争款项，应按照"偶然所得"项目计算缴纳个人所得税。

【特别提示】

个人取得的所得，难以界定应纳税所得项目的，由国务院税务主管部门确定。

居民个人取得上述（一）至（四）项所得（以下简称"综合所得"），平时按月或者按次分项预扣税款，年度终了后在规定期限内按纳税年度合并计算个人所得税，即平时预扣，年终汇算清缴，多退少补；非居民个人取得上述（一）至（四）项所得，按月或者按次分项计算个人所得税，不汇算清缴；纳税人取得上述（五）至（九）项所得，分别计算个人所得税，不汇算清缴。

三、所得来源地的确定

除国务院财政、税务主管部门另有规定外，下列所得，不论支付地点是否在中国境内，均为来源于中国境内的所得。

（1）因任职、受雇、履约等而在中国境内提供劳务取得的所得。

（2）将财产出租给承租人在中国境内使用而取得的所得。

（3）转让中国境内的不动产等财产或者在中国境内转让其他财产取得的所得。

（4）许可各种特许权在中国境内使用而取得的所得。

（5）从中国境内企业、事业单位、其他组织以及居民个人取得的利息、股息、红利所得。

第三节　税率与应纳税所得额的确定

一、税率

（一）综合所得适用税率

综合所得适用七级超额累进税率，税率为3%～45%，如表11-2所示。

表11-2　综合所得个人所得税税率表

级数	全年应纳税所得额	税率（%）	速算扣除数（元）
1	不超过36 000元的部分	3	0
2	超过36 000～144 000元的部分	10	2 520
3	超过144 000～3 000 000元的部分	20	16 920
4	超过3 000 000～420 000元的部分	25	31 920
5	超过420 000～660 000元的部分	30	52 920
6	超过660 000～960 000元的部分	35	85 920
7	超过960 000元的部分	45	181 920

注：1. 本表所称全年应纳税所得额是指依照《个人所得税法》第六条的规定，居民个人取得综合所得以每一纳税年度收入额减除费用六万元以及专项扣除、专项附加扣除和依法确定的其他扣除后的余额。

2. 非居民个人取得工资、薪金所得，劳务报酬所得，稿酬所得和特许权使用费所得，依照本表按月换算后的月度税率表（见表11-3）计算应纳税额。

（二）经营所得适用税率

经营所得适用五级超额累进税率，税率为5%～35%，如表11-4所示。

表11-3　月度税率表

级数	应纳税所得额	税率（%）	速算扣除数（元）
1	不超过3 000元的部分	3	0
2	超过3 000～12 000元的部分	10	210
3	超过12 000～25 000元的部分	20	1 410
4	超过25 000～35 000元的部分	25	2 660
5	超过35 000～55 000元的部分	30	4 410
6	超过55 000～80 000元的部分	35	7 160
7	超过80 000元的部分	45	15 160

表11-4　经营所得个人所得税税率表

级数	全年应纳税所得额	税率（%）	速算扣除数（元）
1	不超过30 000元的部分	5	0
2	超过30 000～90 000元的部分	10	1 500
3	超过90 000～300 000元的部分	20	10 500
4	超过300 000～500 000元的部分	30	40 500
5	超过500 000元的部分	35	65 500

注：本表所称全年应纳税所得额是指依照《个人所得税法》第六条的规定，以每一纳税年度的收入总额减除成本、费用以及损失后的余额。

（三）利息、股息、红利所得，财产租赁所得，财产转让所得，偶然所得适用税率

利息、股息、红利所得，财产租赁所得，财产转让所得，偶然所得，适用比例税率，税率为20%。

二、应纳税所得额的规定

由于个人所得税的应税项目不同，并且取得某项所得所需费用也不相同，所以计算个人应纳税所得额，需按不同应税项目分项计算。以某项应税项目的收入额减去税法规定的该项目费用减除标准后的余额，为该应税项目应纳税所得额。

（一）每次收入的确定

《个人所得税法》对纳税义务人的征税方法有三种：一是按年计征，如居民个人的综合所得，经营所得；二是按月计征，如非居民个人的工资、薪金所得；三是按次计征，如利息、股息、红利所得，财产租赁所得，偶然所得，非居民个人的劳务报酬所得、稿酬所得、特许权使用费所得。

在按次征收情况下，由于扣除费用依据每次应纳税所得额的大小，分别规定了定额和定率两种标准。因此，无论是从正确贯彻税法的立法精神、维护纳税义务人的合法权益方面来看，还是从避免税收漏洞、防止税款流失、保证国家税收收入方面来看，准确划分"次"，都是十分重要的。《个人所得税法实施条例》对按次计征中的"次"做出了明确规定，具体如下。

（1）劳务报酬所得，根据不同劳务项目的特点，分别规定如下。

① 属于一次性收入的，以取得该项收入为一次。例如，从事设计、安装、装潢、制图、化验、测试等劳务，往往是接受客户的委托，按照客户的要求，完成一次劳务后取得收入。因此，属于只有一次性的收入，应以每次提供劳务取得的收入为一次。

② 属于同一事项连续取得收入的，以 1 个月内取得的收入为一次。

【情景解析】

某歌手与一卡拉 OK 厅签约，在 1 年内每天到卡拉 OK 厅演唱一次，每次演出后付酬 600 元。在计算其劳务报酬所得时，应视为同一事项的连续性收入，以其 1 个月内取得的收入为一次计征个人所得税，而不能以每天取得的收入为一次。当然，如果一次性收入是以分月支付的方式取得的，同样适用该规定。

（2）稿酬所得，以每次出版、发表取得的收入为一次。具体又可细分如下。

① 同一作品再版取得的所得，应视作另一次稿酬所得计征个人所得税。

② 同一作品先在报刊上连载，然后再出版，或先出版，再在报刊上连载的，应视为两次稿酬所得征税。即连载作为一次，出版作为另一次。

③ 同一作品在报刊上连载取得收入的，以连载完成后取得的所有收入合并为一次，计征个人所得税。

④ 同一作品在出版和发表时，以预付稿酬或分次支付稿酬等形式取得的稿酬收入，应合并计算为一次。

⑤ 同一作品出版、发表后，因添加印数而追加稿酬的，应与以前出版、发表时取得的稿酬合并计算为一次，计征个人所得税。

（3）特许权使用费所得，以某项使用权的一次转让所取得的收入为一次。一个纳税义务人，可能不仅拥有一项特许权利，每一项特许权的使用权也可能不止一次地向他人提供。因此，对特许权使用费所得的"次"的界定，明确为每一项使用权的每次转让所取得的收入为一次。如果该次转让取得的收入是分笔支付的，则应将各笔收入相加为一次的收入，计征个人所得税。

需要说明的是，上述三项所得"次"的规定，既适用于对非居民个人的扣税，也适用于居民个人的预扣税。

（4）财产租赁所得，以 1 个月内取得的收入为一次。

（5）利息、股息、红利所得，以支付利息、股息、红利时取得的收入为一次。

（6）偶然所得，以每次取得收入为一次。

（二）费用减除标准

（1）居民个人的综合所得，以每一纳税年度的收入额减除费用 6 万元以及专项扣除、专项附加扣除和依法确定的其他扣除后的余额为应纳税所得额。

【点拨指导】

收入额包括工资薪金的全部，劳务报酬所得、稿酬所得、特许权使用费所得以收入减除 20% 的费用后的余额为收入额，其中稿酬所得的收入额减按 70% 计算。居民个人的这四项收入额需要并入综合所得。

专项扣除是指居民个人按照国家规定的范围和标准缴纳的基本养老保险、基本医疗保险、失业保险等社会保险费和住房公积金等。

专项附加扣除是指子女教育、继续教育、大病医疗、住房贷款利息或者住房租金、赡养老人等支出。具体规定如下。

（1）子女教育，纳税人的子女接受全日制学历教育的相关支出，按照每个子女每月 2 000 元的标准定额扣除。父母可以选择由其中一方按扣除标准的 100%扣除，也可以选择由双方分别按扣除标准的 50%扣除，具体扣除方式在一个纳税年度内不能变更。学前教育（子女年满 3 周岁当月至小学入学前一月）按照该规定执行。

（2）继续教育，纳税人在中国境内接受学历（学位）继续教育的支出，在学历（学位）教育期间按照每月 400 元定额扣除。同一学历（学位）继续教育的扣除期限不能超过 48 个月。纳税人接受技能人员职业资格继续教育、专业技术人员职业资格继续教育的支出，在取得相关证书的当年，按照 3 600 元定额扣除。个人接受本科及以下学历（学位）继续教育，符合本办法规定扣除条件的，可以选择由其父母扣除，也可以选择由本人扣除。

（3）大病医疗，在一个纳税年度内，纳税人发生的与基本医保相关的医药费用支出，扣除医保报销后个人负担（指医保目录范围内的自付部分）累计超过 15 000 元的部分，由纳税人在办理年度汇算清缴时，在 80 000 元限额内据实扣除。纳税人发生的医药费用支出可以选择由本人或者其配偶扣除；未成年子女发生的医药费用支出可以选择由其父母一方扣除。

（4）住房贷款利息，纳税人本人或者配偶单独或者共同使用商业银行或者住房公积金个人住房贷款为本人或者其配偶购买中国境内住房，发生的首套住房贷款利息支出，在实际发生贷款利息的年度，按照每月 1 000 元的标准定额扣除，扣除期限最长不超过 240 个月。纳税人只能享受一次首套住房贷款的利息扣除。经夫妻双方约定，可以选择由其中一方扣除，具体扣除方式在一个纳税年度内不能变更。夫妻双方婚前分别购买住房发生的首套住房贷款，其贷款利息支出，婚后可以选择其中一套购买的住房，由购买方按扣除标准的 100%扣除，也可以由夫妻双方对各自购买的住房分别按扣除标准的 50%扣除，具体扣除方式在一个纳税年度内不能变更。

（5）住房租金，纳税人在主要工作城市没有自有住房而发生的住房租金支出，可以按照以下标准定额扣除。

① 直辖市、省会（首府）城市、计划单列市以及国务院确定的其他城市，扣除标准为每月 1 500 元；

② 除第一项所列城市以外，市辖区户籍人口超过 100 万的城市，扣除标准为每月 1 100 元；市辖区户籍人口不超过 100 万的城市，扣除标准为每月 800 元。

纳税人的配偶在纳税人的主要工作城市有自有住房的，视同纳税人在主要工作城市有自有住房。夫妻双方主要工作城市相同的，只能由一方扣除住房租金支出。

纳税人及其配偶在一个纳税年度内不能同时分别享受住房贷款利息和住房租金专项附加扣除。

（6）赡养老人，纳税人赡养一位及以上被赡养人的赡养支出，统一按照以下标准定额扣除。

① 纳税人为独生子女的，按照每月 3 000 元的标准定额扣除；

② 纳税人为非独生子女的，由其与兄弟姐妹分摊每月 3 000 元的扣除额度，每人分摊的额度不能超过每月 1 500 元。可以由赡养人均摊或者约定分摊，也可以由被赡养人指定分摊。约定或者指定分摊的须签订书面分摊协议，指定分摊优先于约定分摊。具体分摊方式和额度在一个纳税年度内不能变更。所称被赡养人，是指年满 60 岁的父母，以及子女均已去世的年满 60 岁的祖父母、外祖父母。

（7）婴幼儿照护，纳税人照护 3 岁以下婴幼儿子女的相关支出，按照每个婴幼儿每月 3 000 元的标准定额扣除；父母可以选择由其中一方按扣除标准的 100%扣除，也可以选择由双方分别按扣除标准的 50%扣除，具体扣除方式在一个纳税年度内不能变更。

依法确定的其他扣除包括符合国家规定的企业年金、职业年金、符合国家规定的商业健康保险、税收递延型商业养老保险的支出和个人养老金支出。

（2）非居民个人的工资薪金所得，以每月收入额减除费用 5 000 元后的余额为应纳税所得额。非居民个人的劳务报酬所得、稿酬所得、特许权使用费所得以每次收入额为应纳税所得额，这里的每次收入额是以收入减除 20% 的费用后的余额为收入额，其中稿酬所得的收入额减按 70% 计算。非居民个人的这几项收入额仅分项计税，不合并计算。

（3）经营所得，以纳税人每一纳税年度的收入总额，减除成本、费用以及损失后的余额为应纳税所得额。成本、费用是指纳税人从事生产、经营所发生的各项直接支出和分配计入成本的间接费用以及销售费用、管理费用、财务费用。损失是指纳税义务人在生产、经营过程中发生的各项营业外支出。

【情景解析】

取得经营所得的个人没有综合所得的，计算其每一纳税年度的应纳税所得额时，应当减除费用 6 万元、专项扣除、专项附加扣除以及依法确定的其他扣除。专项附加扣除在办理汇算清缴时减除。

从事生产、经营的纳税义务人未提供完整、准确的纳税资料，不能正确计算应纳税所得额的，由主管税务机关核定其应纳税所得额。

（4）财产租赁所得，每次收入不超过 4 000 元的，减除费用 800 元；4 000 元以上的，减除 20% 的费用，其余额为应纳税所得额。

（5）财产转让所得，以转让财产的收入额减除财产原值和合理费用后的余额为应纳税所得额。财产原值针对不同的标的物有不同的含义，具体如下。

① 有价证券，为买入价以及买入时按照规定缴纳的有关费用。
② 建筑物，为建造费或者购进价格以及其他有关费用。
③ 土地使用权，为取得土地使用权所支付的金额、开发土地的费用以及其他有关费用。
④ 机器设备、车船，为购进价格、运输费、安装费以及其他有关费用。
⑤ 其他财产，参照以上方法确定。

【点拨指导】

纳税义务人未提供完整、准确的财产原值凭证，不能正确计算财产原值的，由主管税务机关核定其财产原值。

合理费用是指卖出财产时按照规定支付的有关费用。

（6）利息、股息、红利所得和偶然所得，以每次收入额为应纳税所得额。

（三）应纳税所得额的其他规定

（1）个人将其所得通过中国境内的社会团体、国家机关向教育和其他社会公益事业以及遭受严重自然灾害地区、贫困地区捐赠，捐赠额未超过纳税义务人申报的应纳税所得额 30% 的部分，可以从其应纳税所得额中扣除。

（2）个人的所得（不含偶然所得和经国务院财政部门确定征税的其他所得）用于资助非关联的科研机构和高等学校研究开发新产品、新技术、新工艺所发生的研究开发经费，经主管税务机关确定，可以全额在下月（工资、薪金所得）或下次（按次计征的所得）或当年（按年计征的所得）计征个人所得税时，从应纳税所得额中扣除，不足抵扣的，不得结转抵扣。

（3）个人取得的应纳税所得，包括现金、实物和有价证券。所得为实物的，应当按照取得的凭证上所注明的价格计算应纳税所得额；无凭证的实物或者凭证上所注明的价格明显偏低的，由主管税务机关参照当地的市场价格核定应纳税所得额。所得为有价证券的，由主管税务机关根据票面价格和市场价格核定应纳税所得额。

（4）对个人从事技术转让、提供劳务等过程中所支付的中介费，能提供有效、合法凭证的，允许从其所得中扣除。

第四节　应纳税额的计算

依照税法规定的适用税率和费用扣除标准，各项所得的应纳税额，应分别计算如下。

一、综合所得应纳税额的计算

综合所得应纳税额的计算公式如下。

$$全年应纳税额=\sum(每一级数的全年应纳税所得额×对应级数的适用税率)$$
$$=（全年收入额-60\ 000\ 元-专项扣除-专项附加扣除-其他扣除）×适用税率-速算扣除数$$

【例11-1】假定某居民个人纳税人202×年扣除"三险一金"后共取得含税工资收入120 000元，除住房贷款专项附加扣除外，该纳税人不享受其他专项附加扣除和税法规定的其他扣除。计算其当年应纳个人所得税税额。

（1）全年应纳税所得额= 120 000-60 000-12 000=48 000（元）

（2）应纳税额=48 000×10%-2 520=2 280（元）

【例11-2】假定某居民个人纳税人为独生子女，202×年交完社保和住房公积金后共取得税前工资收入20万元，劳务报酬10 000元，稿酬10 000元。该纳税人有两个小孩且均由其扣除子女教育专项附加，纳税人的父母健在且均已年满60岁。计算其当年应纳个人所得税税额。

（1）全年应纳税所得额= 200 000+ 10 000×(1-20%) + 10 000×(1-20%)×70%-60 000-12 000×2-24 000=105 600（元）

（2）应纳税额=105 600×10%-2 520=8 040（元）

二、居民个人工资薪金所得的预扣预缴

（1）扣缴义务人向居民个人支付工资、薪金所得时，应当按照累计预扣法计算预扣税款，并按月办理扣缴申报。

累计预扣法，是指扣缴义务人在一个纳税年度内预扣预缴税款时，以纳税人在本单位截至当前月份工资、薪金所得累计收入减除累计免税收入、累计减除费用、累计专项扣除、累计专项附加扣除和累计依法确定的其他扣除后的余额为累计预扣预缴应纳税所得额，适用居民个人工资、薪金所得预扣率表（见表11-5），计算累计应预扣预缴税额，再减除累计减免税额和累计已预扣预缴税额，其余额为本期应

表 11-5　居民个人工资、薪金所得预扣率表

级数	累计预扣预缴应纳税所得额	预扣率(%)	速算扣除数（元）
1	不超过 36 000 元的部分	3	0
2	超过 36 000～144 000 元的部分	10	2 520
3	超过 144 000～3 000 000 元的部分	20	16 920
4	超过 3 000 000～420 000 元的部分	25	31 920
5	超过 420 000～660 000 元的部分	30	52 920
6	超过 660 000～960 000 元的部分	35	85 920
7	超过 960 000 元的部分	45	181 920

预扣预缴税额。余额为负值时，暂不退税。纳税年度终了后余额仍为负值时，由纳税人通过办理综合所得年度汇算清缴，税款多退少补。

一般情况下的累计预扣的计算公式为：

$$本期应预扣预缴税额=（累计预扣预缴应纳税所得额×预扣率-速算扣除数）-$$
$$累计减免税额-累计已预扣预缴税额$$
$$累计预扣预缴应纳税所得额=累计收入-累计免税收入-累计减除费用-$$
$$累计专项扣除-累计专项附加扣除-累计依法确定的其他扣除$$

其中，累计减除费用，按照 5 000 元/月乘以纳税人当年截至本月在本单位的任职受雇月份数计算。

居民个人向扣缴义务人提供有关信息并依法要求办理专项附加扣除的，扣缴义务人应当按照规定在工资、薪金所得按月预扣预缴税款时予以扣除，不得拒绝。

年度预扣预缴税额与年度应纳税额不一致的，由居民个人于次年 3 月 1 日至 6 月 30 日向主管税务机关办理综合所得年度汇算清缴，税款多退少补。

【例 11-3】某居民个人 202×年每月取得工资收入 10 000 元，每月缴纳社保费用和住房公积金 1 500 元，该居民个人全年均享受住房贷款利息专项附加扣除，请计算该居民个人的工资、薪金扣缴义务人 202×年每月代扣代缴的税款金额。

（1）202×年 1 月：

累计预扣预缴应纳税所得额=累计收入-累计免税收入-累计基本减除费用-累计专项扣除-

累计专项附加扣除-累计依法确定的其他扣除=10 000-5 000-1 500-1 000=2 500（元）

本期应预扣预缴税额=2 500×3%-0=75（元）

（2）202×年 2 月：

累计预扣预缴应纳税所得额=累计收入-累计免税收入-累计基本减除费用-累计专项扣除-

累计专项附加扣除-累计依法确定的其他扣除=20 000-10 000-3 000-2 000=5 000（元）

本期应预扣预缴税额=(5 000×3%-0)-累计减免税额-累计已预扣预缴税额

=150-75=75（元）

202×年 3 月-11 月应预扣预缴税额均为 75 元，计算过程略

（3）202×年 12 月：

累计预扣预缴应纳税所得额=累计收入-累计免税收入-累计基本减除费用-累计专项扣除-

累计专项附加扣除-累计依法确定的其他扣除

=120 000-60 000-18 000-12 000=30 000（元）

本期应预扣预缴税额=(30 000×3%-0)-累计减免税额-累计已预扣预缴税额

=900-75×11=75（元）

（2）自 2020 年 7 月 1 日起，对一个纳税年度内首次取得工资、薪金所得的居民个人，扣缴义务人在预扣预缴个人所得税时，可按照 5 000 元/月乘以纳税人当年截至本月月份数计算累计减除费用。

所称首次取得工资、薪金所得的居民个人，是指自纳税年度首月起至新入职时，未取得工资、薪金所得或者未按照累计预扣法预扣预缴过连续性劳务报酬所得个人所得税的居民个人。

【例 11-4】大学生小李 202×年 7 月毕业后进入某公司工作，公司发放 7 月份工资并计算当期应预扣预缴的个人所得税时，可减除费用 35 000 元（7 个月×5 000 元/月）。

（3）自 2021 年 1 月 1 日起，对同时符合下列第①~③项条件的居民个人，扣缴义务人在预扣预缴本年度工资、薪金所得个人所得税时，累计减除费用自 1 月份起直接按照全年 60 000元计算扣除。即，在纳税人累计收入不超过 60 000 元的月份，暂不预扣预缴个人所得税；在其累计收入超过 60 000 元的当月及年内后续月份，再预扣预缴个人所得税。

① 上一纳税年度 1~12 月均在同一单位任职且预扣预缴申报了工资、薪金所得个人所得税。

② 上一纳税年度 1~12 月的累计工资、薪金收入（包括全年一次性奖金等各类工资、薪金所得，且不扣减任何费用及免税收入）不超过 60 000 元。

③ 本纳税年度自 1 月起，仍在该单位任职受雇并取得工资、薪金所得。

扣缴义务人应当按规定办理全员全额扣缴申报，并在《个人所得税扣缴申报表》相应纳税人的备注栏注明"上年各月均有申报且全年收入不超过 60 000 元"字样。

【例 11-5】小张为 A 单位员工，2020 年 1~12 月在 A 单位取得工资、薪金 50 000 元，单位为其办理了 2020 年 1~12 月的工资、薪金所得个人所得税全员全额明细申报。

2021年，A单位1月给其发放10 000元工资，2~12月每月发放4 000元工资。在不考虑"三险一金"等各项扣除情况下，按照第（1）项所示的预扣预缴方法，小张1月需预缴个税150元[（10 000-5 000）×3%]，其他月份无须预缴个税；2021年全年算账，因其年收入不足60 000元，故通过汇算清缴可退税150元。采用新预扣预缴方法后，小张自1月份起即可直接扣除全年累计减除费用60 000元而无须预缴税款，年度终了也就不用办理汇算清缴。

【例11-6】小周为A单位员工，2020年1~12月在A单位取得工资、薪金50 000元，单位为其办理了2020年1~12月的工资、薪金所得个人所得税全员全额明细申报。

2021年，A单位每月给其发放工资8 000元、个人国家标准缴付"三险一金"2 000元。在不考虑其他扣除情况下，按照第（1）项所示的预扣预缴方法，小周每月需预缴个税30元。采用新预扣预缴方法后，1~7月，小周因其累计收入为56 000元（8000×7），不足60 000元而无须缴税；从8月起，小张累计收入超过60 000元，每月需要预扣预缴的税款计算如下：

（1）8月预扣预缴税款=(8 000×8-2 000×8-60 000)×3%-0=0

（2）9月预扣预缴税款=(8 000×9-2 000×9-60 000)×3%-0=0

（3）10月预扣预缴税款=(8 000×10-2 000×10-60 000)×3%-0=0

（4）11月预扣预缴税款=(8 000×11-2 000×11-60 000)×3%-0=180（元）

（5）12月预扣预缴税款=(8 000×12-2 000×12-60 000)×3%-180=180（元）

需要说明的是，对符合上述第（3）项第①~③条的纳税人，如扣缴义务人预计本年度发放给其的收入超过60 000元，纳税人需要纳税记录或者本人有多处所得合并后全年收入预计超过60 000元等原因，扣缴义务人与纳税人可在当年1月份税款扣缴申报前经双方确认后，按照第（1）项所示的预扣预缴方法计算并预缴个人所得税。如在【例11-6】中，假设A单位预计2021年为小周全年发放工资96 000元，可在2021年1月工资发放前和小周确认，按照原预扣预缴方法每月扣缴申报30元税款。

三、居民个人劳务报酬所得、稿酬所得、特许权使用费所得的预扣预缴

扣缴义务人向居民个人支付劳务报酬所得、稿酬所得、特许权使用费所得时，应当按照以下方式按次或者按月预扣预缴税款。

（1）劳务报酬所得、稿酬所得、特许权使用费所得以收入减除费用后的余额为收入额；其中，稿酬所得的收入额减按70%计算。

（2）减除费用：预扣预缴税款时，劳务报酬所得、稿酬所得、特许权使用费所得每次收入不超过4 000元的，减除费用按800元计算；每次收入在4 000元以上的，减除费用按收入的20%计算。

（3）应纳税所得额：劳务报酬所得、稿酬所得、特许权使用费所得，以每次收入额为预扣预缴应纳税所得额，计算应预扣预缴税额。劳务报酬所得适用居民个人劳务报酬所得预扣率表（见表11-6），稿酬所得、特许权使用费所得适用20%的比例预扣率。

表11-6 居民个人劳务报酬所得预扣率表

级数	预扣预缴应纳税所得额	预扣率（%）	速算扣除数（元）
1	不超过20 000元的部分	20	0
2	超过20 000~50 000元的部分	30	2 000
3	超过50 000元的部分	40	7 000

（4）预扣预缴税额计算公式

相关计算公式如下。

劳务报酬所得应预扣预缴税额=预扣预缴应纳税所得额×预扣率-速算扣除数

稿酬所得、特许权使用费所得应预扣预缴税额=预扣预缴应纳税所得额×20%

【例11-7】歌手刘某一次取得表演收入40 000元，扣除20%的费用后，应纳税所得额为

32 000元。请计算其应预扣预缴的个人所得税税额。

$$应预扣预缴税额=扣除预缴应税所得额×(1-20\%)×预扣率-速算扣除数$$
$$=40\,000×(1-20\%)×30\%-2\,000=7\,600（元）$$

【例11-8】某作家为居民个人，202×年3月取得一次未扣除个人所得税的稿酬收入20 000元，请计算其应预扣预缴的个人所得税税额。

$$应预扣预缴税额=预扣预缴应纳税所得额×预扣率×(1-30\%)$$
$$=20\,000×(1-20\%)×70\%×20\%=2\,240（元）$$

（5）对取得佣金收入的保险营销员和证券经纪人、因实习取得劳务报酬所得的接受全日制学历教育的学生扣缴义务人预扣预缴个人所得税时，可按照上述工资、薪金所得规定的累计预扣法计算并预扣预缴税款。

【例11-9】学生小张7月在公司实习取得劳务报酬3 000元。扣缴单位在为其预扣预缴劳务报酬所得个人所得税时，可采取累计预扣法预扣预缴税款。如采用该方法，那么小张7月劳务报酬扣除5 000元减除费用后则无须预缴税款，比该规定之前的预扣预缴方法完善调整前少预缴税款440元。如小张年内再无其他综合所得，也就无须办理年度汇算退税。

（6）自2021年1月1日起，对同时符合下列第①～③项条件的居民个人，扣缴义务人在预扣预缴本年度劳务报酬所得个人所得税时，累计减除费用自1月份起直接按照全年60 000元计算扣除。即，在纳税人累计收入不超过60 000元的月份，不预扣预缴个人所得税；在其累计收入超过60 000元的当月及年内后续月份，再预扣预缴个人所得税。

① 上一纳税年度1～12月均在同一单位取酬且按照累计预扣法预扣预缴申报了劳务报酬所得个人所得税。

② 上一纳税年度1～12月的累计劳务报酬（不扣减任何费用及免税收入）不超过60 000元。

③ 本纳税年度自1月起，仍在该单位取得按照累计预扣法预扣预缴税款的劳务报酬所得。扣缴义务人应当按规定办理全员全额扣缴申报，并在《个人所得税扣缴申报表》相应纳税人的备注栏注明"上年各月均有申报且全年收入不超过60 000元"字样。

四、非居民个人取得工资、薪金所得，劳务报酬所得，稿酬所得和特许权使用费所得应纳税额的计算

非居民个人在我国取得的所得项目不能体现其整体负担能力，也难以采用汇算清缴的方式来汇总计算综合所得的个人所得税，所以非居民个人在我国取得工资、薪金所得，劳务报酬所得，稿酬所得和特许权使用费所得，按月或者按次分项计算个人所得税，不办理汇算清缴。其适用七级超额累进税率的月度税率表（见表11-3）。

其中，工资、薪金所得的应纳税所得额为每月收入额减去5 000元；劳务报酬和特许权使用费所得的应纳税所得额为实际取得的收入的80%；稿酬所得应纳税所得额是实际取得稿酬收入的56%（80%×70%×100%）。计算公式如下。

$$非居民个人工资、薪金所得，劳务报酬所得，稿酬所得，特许权使用费所得应纳税额=$$
$$应纳税所得额×税率-速算扣除数$$

非居民个人取得工资、薪金所得，劳务报酬所得，稿酬所得和特许权使用费所得，有扣缴义务人的，由扣缴义务人按月或者按次代扣代缴税款，不办理汇算清缴。非居民个人在一个纳税年度内税款扣缴方法保持不变，达到居民个人条件时，应当告知扣缴义务人基础信息变化情况，年度终了后，按照居民个人有关规定办理汇算清缴。

【例11-10】假定在某外商投资企业中工作的美国专家（假设为非居民纳税人）202×年2

月取得由该企业发放的含税工资收入 10 400 元人民币，此外还从别处取得劳务报酬 5 000 元人民币。请计算当月其应纳个人所得税额。

（1）该非居民个人当月工资、薪金所得应纳税额=(10 400–5 000)×10%–210=330（元）

（2）该非居民个人当月劳务报酬所得应纳税额=5 000×(1–20%)×10%–210=190（元）

五、经营所得应纳税额的计算

经营所得应纳税额的计算公式为：

$$应纳税额=全年应纳税所得额×适用税率–速算扣除数$$

$$或=(全年收入总额–成本、费用以及损失)×适用税率–速算扣除数$$

（一）个体工商户的经营所得应纳税额的计算

1. 计税基本规定

（1）个体工商户的经营所得以每一纳税年度的收入总额，减除成本、费用、税金、损失、其他支出以及允许弥补的以前年度亏损后的余额为应纳税所得额。

（2）个体工商户从事生产经营以及与生产经营有关的活动（以下简称"生产经营"）取得的货币形式和非货币形式的各项收入，为收入总额，包括销售货物收入、提供劳务收入、转让财产收入、利息收入、租金收入、接受捐赠收入、其他收入。

（3）成本，是指个体工商户在生产经营活动中发生的销售成本、销货成本、业务支出以及其他耗费。

（4）费用，是指个体工商户在生产经营活动中发生的销售费用、管理费用和财务费用，已经计入成本的有关费用除外。

（5）税金，是指个体工商户在生产经营活动中发生的除个人所得税和允许抵扣的增值税以外的各项税金及其附加。

（6）损失，是指个体工商户在生产经营活动中发生的固定资产和存货的盘亏、毁损、报废损失，转让财产损失，坏账损失，自然灾害等不可抗力因素造成的损失以及其他损失。

① 个体工商户发生的损失，减除责任人赔偿和保险赔款后的余额，参照财政部、国家税务总局有关企业资产损失税前扣除的规定扣除。

② 个体工商户已经作为损失处理的资产，在以后纳税年度又全部收回或者部分收回时，应当计入收回当期的收入。

（7）其他支出，是指除成本、费用、税金、损失外，个体工商户在生产经营活动中发生的与生产经营活动有关的、合理的支出。

（8）个体工商户发生的支出应当区分收益性支出和资本性支出。收益性支出在发生当期直接扣除；资本性支出应当分期扣除或者计入有关资产成本，不得在发生当期直接扣除。

上述所称支出是指与取得收入直接相关的支出。

【特别提示】

除税收法律法规另有规定外，个体工商户实际发生的成本、费用、税金、损失和其他支出，不得重复扣除。

（9）个体工商户的下列支出不得扣除。

① 个人所得税税款。

② 税收滞纳金。

③ 罚金、罚款和被没收财物的损失。

④ 不符合扣除规定的捐赠支出。

⑤ 赞助支出。

⑥ 用于个人和家庭的支出。

⑦ 与取得生产经营收入无关的其他支出。

⑧ 国家税务总局规定不准扣除的支出。

（10）个体工商户生产经营活动中，应当分别核算生产经营费用和个人、家庭费用。对于生产经营与个人、家庭生活混用难以分清的费用，其40%视为与生产经营有关费用，准予扣除。

（11）个体工商户纳税年度发生的亏损，准予向以后年度结转，用以后年度的生产经营所得弥补，但结转年限最长不得超过五年。

（12）个体工商户使用或者销售存货，按照规定计算的存货成本，准予在计算应纳税所得额时扣除。

（13）个体工商户转让资产，该项资产的净值，准予在计算应纳税所得额时扣除。

2．扣除项目及标准

（1）个体工商户实际支付给从业人员的、合理的工资薪金支出，准予扣除。

① 个体工商户业主的费用扣除标准，确定为60 000元/年。

② 个体工商户业主的工资薪金支出不得税前扣除。

（2）个体工商户按照国务院有关主管部门或者省级人民政府规定的范围和标准为其业主和从业人员缴纳的基本养老保险费、基本医疗保险费、失业保险费、生育保险费、工伤保险费和住房公积金，准予扣除。

① 个体工商户为从业人员缴纳的补充养老保险费、补充医疗保险费，分别在不超过从业人员工资总额5%标准内的部分据实扣除；超过部分，不得扣除。

② 个体工商户业主本人缴纳的补充养老保险费、补充医疗保险费，以当地（地级市）上年度社会平均工资的3倍为计算基数，分别在不超过该计算基数5%标准内的部分据实扣除；超过部分，不得扣除。

（3）除个体工商户依照国家有关规定为特殊工种从业人员支付的人身安全保险费和财政部、国家税务总局规定可以扣除的其他商业保险费外，个体工商户业主本人或者为从业人员支付的商业保险费，不得扣除。

（4）个体工商户在生产经营活动中发生的合理的不需要资本化的借款费用，准予扣除。例如，个体工商户为购置、建造固定资产、无形资产和经过12个月以上的建造才能达到预定可销售状态的存货发生借款的，在有关资产购置、建造期间发生的合理的借款费用，应当作为资本性支出计入有关资产的成本，并依照《个体工商户个人所得税计税办法》的规定扣除。

（5）个体工商户在生产经营活动中发生的下列利息支出，准予扣除。

① 向金融企业借款的利息支出。

② 向非金融企业和个人借款的利息支出，不超过按照金融企业同期同类贷款利率计算的数额的部分。

（6）个体工商户在货币交易中，以及纳税年度终了时将人民币以外的货币性资产、负债按照期末即期人民币汇率中间价折算为人民币时产生的汇兑损失，除已经计入有关资产成本部分外，准予扣除。

（7）个体工商户向当地工会组织拨缴的工会经费、实际发生的职工福利费支出、职工教育经费支出分别在工资薪金总额的2%、14%、8%的标准内据实扣除。

① 工资薪金总额是指允许在当期税前扣除的工资薪金支出数额。

② 职工教育经费的实际发生数额超出规定比例当期不能扣除的数额，准予在以后纳税年度结转扣除。

③ 个体工商户业主本人向当地工会组织缴纳的工会经费、实际发生的职工福利费支出、职工教育经费支出，以当地（地级市）上年度社会平均工资的 3 倍为计算基数，在《个体工商户个人所得税计税办法》第二十七条第一款规定比例内据实扣除。

（8）个体工商户发生的与生产经营活动有关的业务招待费，按照实际发生额的 60% 扣除，但最高不得超过当年销售（营业）收入的 5‰。业主自申请营业执照之日起至开始生产经营之日止所发生的业务招待费，按照实际发生额的 60% 计入个体工商户的开办费。

（9）个体工商户每一纳税年度发生的与其生产经营活动直接相关的广告费和业务宣传费不超过当年销售（营业）收入15%的部分，可以据实扣除；超过部分，准予在以后纳税年度结转扣除。

（10）个体工商户代其从业人员或者他人负担的税款，不得税前扣除。

（11）个体工商户按照规定缴纳的摊位费、行政性收费、协会会费等，按实际发生数额扣除。

（12）个体工商户根据生产经营活动的需要租入固定资产支付的租赁费，按照以下方法扣除。

① 以经营租赁方式租入固定资产发生的租赁费支出，按照租赁期限均匀扣除。

② 以融资租赁方式租入固定资产发生的租赁费支出，按照规定构成融资租入固定资产价值的部分应当提取折旧费用，分期扣除。

（13）个体工商户参加财产保险，按照规定缴纳的保险费，准予扣除。

（14）个体工商户发生的合理的劳动保护支出，准予扣除。

（15）个体工商户自申请营业执照之日起至开始生产经营之日止所发生符合《个体工商户个人所得税计税办法》规定的费用，除为取得固定资产、无形资产的支出，以及应计入资产价值的汇兑损益、利息支出外，作为开办费，个体工商户可以选择在开始生产经营的当年一次性扣除，也可自生产经营月份起在不短于 3 年期限内摊销扣除，但一经选定，不得改变。此外开始生产经营之日为个体工商户取得第一笔销售（营业）收入的日期。

（16）个体工商户通过公益性社会团体或者县级以上人民政府及其部门，用于《中华人民共和国公益事业捐赠法》规定的公益事业的捐赠，捐赠额不超过其应纳税所得额30%的部分可以据实扣除。

① 财政部、国家税务总局规定可以全额在税前扣除的捐赠支出项目，按有关规定执行。

② 个体工商户直接对受益人的捐赠不得扣除。

③ 公益性社会团体的认定，按照财政部、国家税务总局、民政部有关规定执行。

（17）赞助支出，是指个体工商户发生的与生产经营活动无关的各种非广告性质支出。

（18）个体工商户研究开发新产品、新技术、新工艺所发生的开发费用，以及研究开发新产品、新技术而购置单台价值在 10 万元以下的测试仪器和试验性装置的购置费准予直接扣除；单台价值在 10 万元以上（含 10 万元）的测试仪器和试验性装置，按固定资产管理，不得在当期直接扣除。

【例 11-11】某小型运输公司系个体工商户，账证健全，202×年12月取得经营收入 320 000 元，准许扣除的当月成本、费用（不含业主工资）及相关税金共计 250 600 元。1~11 月累计应纳税所得额 88 400 元（未扣除业主费用减除标准），1~11 月累计已预缴个人所得税 10 200 元。除经营所得外，业主本人没有其他收入，且 202×年全年均享受赡养老人一项专项附加扣除。不考虑专项扣除和符合税收法律、法规和文件规定的其他扣除，请计算该个体工商户202×年度汇算清缴时应申请的个人所得税退税额。

（1）全年应纳税所得额=320 000−250 600 +88 400−60 000−24 000=73 800（元）

（2）全年应缴纳个人所得税=73 800×10%−1 500=5 880（元）

（3）该个体工商户 202×年度应申请的个人所得税退税额=10 200−5 880=4 320（元）

（二）个人独资企业和合伙企业投资者经营所得应纳税额的计算

对个人独资企业和合伙企业应纳税额的计算有查账征税和核定征收两种方法。

1. 查账征税

（1）自 2019 年 1 月 1 日起，对个人独资企业和合伙企业投资者的经营所得依法计征个人所得税时，个人独资企业和合伙企业投资者本人的费用扣除标准统一确定为 60 000 元/年，即 5 000 元/月。投资者的工资不得在税前扣除。

（2）投资者及其家庭发生的生活费用不允许在税前扣除。投资者及其家庭发生的生活费用与企业生产经营费用混合在一起，并且难以划分的，全部视为投资者个人及其家庭发生的生活费用，不允许在税前扣除。

（3）企业生产经营和投资者及其家庭生活共用的固定资产，难以划分的，由主管税务机关根据企业的生产经营类型、规模等具体情况，核定准予在税前扣除的折旧费用的数额或比例。

（4）企业向其从业人员实际支付的合理的工资、薪金支出，允许在税前据实扣除。

（5）企业拨缴的工会经费、发生的职工福利费、职工教育经费支出分别在工资薪金总额 2%、14%、8% 的标准内据实扣除。

（6）每一纳税年度发生的广告费和业务宣传费用不超过当年销售（营业）收入 15% 的部分，可据实扣除；超过部分，准予在以后纳税年度结转扣除。

（7）每一纳税年度发生的与其生产经营业务直接相关的业务招待费支出，按照发生额的 60% 扣除，但最高不得超过当年销售（营业）收入的 5‰。

（8）企业计提的各种准备金不得扣除。

（9）个人独资企业的投资者以全部生产经营所得为应纳税所得额；合伙企业的投资者按照合伙企业的全部生产经营所得和合伙协议约定的分配比例，确定应纳税所得额，合伙协议没有约定分配比例的，以全部生产经营所得和合伙人数量平均计算每个投资者的应纳税所得额。上述生产经营所得包括企业分配给投资者个人的所得和企业当年留存的所得（利润）。

（10）投资者兴办两个或两个以上企业，并且企业性质全部是独资的，年度终了后，汇算清缴时，应纳税款的计算按以下方法进行：汇总其投资兴办的所有企业的经营所得作为应纳税所得额，以此确定适用税率，计算出全年经营所得的应纳税额，再根据每个企业的经营所得占所有企业经营所得的比例，分别计算出每个企业的应纳税额和应补缴税额。相关计算公式如下。

$$应纳税所得额 = \sum 各个企业的经营所得$$

$$应纳税额 = 应纳税所得额 \times 税率 - 速算扣除数$$

$$本企业应纳税额 = 应纳税额 \times 本企业的经营所得 \div \sum 各个企业的经营所得$$

$$本企业应补缴的税额 = 本企业应纳税额 - 本企业预缴的税额$$

2. 核定征收

核定征收方式，包括定额征收、核定应税所得率征收以及其他合理的征收方式。

实行核定应税所得率征收方式的，应纳所得税额的相关计算公式如下。

$$应纳所得税额 = 应纳所得额 \times 适用税率$$

$$应纳税所得额 = 收入总额 \times 应税所得率$$

或 $= 成本费用支出额 \div (1 - 应税所得率) \times 应税所得率$

应税所得率应按表 11-7 规定的标准执行。

企业经营多业的，无论其经营项目是否单独核算，均应根据其主营项目确定其适用的应税所得率。

实行核定征税的投资者，不能享受个人所得税的优

表 11-7　个人所得税应税所得率表

行业	应税所得率（%）
工业、交通运输业、商业	5～20
建筑业、房地产开发业	7～20
饮食服务业	7～25
娱乐业	20～40
其他行业	10～30

惠政策。

实行查账征税方式的个人独资企业和合伙企业改为核定征税方式后，在查账征税方式下认定的年度经营亏损未弥补完的部分，不得再继续弥补。

个体工商户、个人独资企业和合伙企业因在纳税年度中间开业、合并、注销及其他原因，导致该纳税年度的实际经营期不足1年的，对个体工商户业主、个人独资企业投资者与合伙企业自然人和合伙人的生产经营所得计算个人所得税时，以其实际经营期为1个纳税年度。投资者本人的费用扣除标准，应按照其实际经营月份数，以每月5 000元的减除标准确定。计算公式如下。

应纳税所得额=该年度收入总额−成本、费用及损失−当年投资者本人的费用扣除额

当年投资者本人的费用扣除额=月减除费用(5 000元/月)×当年实际经营月份数

应纳税额=应纳税所得额×税率−速算扣除数

（三）对企事业单位的承包经营、承租经营所得应纳税额的计算

对企事业单位的承包经营、承租经营所得，以每一纳税年度的收入总额，减除必要费用后的余额为应纳税所得额。每一纳税年度的收入总额，是指纳税义务人按照承包经营、承租经营合同规定分得的经营利润和工资、薪金性质的所得；所说的减除必要费用，是指60 000元/年（5 000元/月）。

对企事业单位的承包经营、承租经营所得，其个人所得税应纳税额的计算公式如下。

应纳税额=应纳税所得额×适用税率−速算扣除数

或=(纳税年度收入总额−必要费用)×适用税率−速算扣除数

在一个纳税年度中，承包经营或者承租经营期限不足1年的，以其实际经营期为纳税年度。

六、财产租赁所得应纳税额的计算

在确定财产租赁的应纳税所得额时，纳税人在出租财产过程中缴纳的税金和教育费附加，可持完税（缴款）凭证，从其财产租赁收入中扣除。准予扣除的项目除了规定费用和有关税、费外，还包括能够提供有效、准确凭证，证明由纳税人负担的该出租财产实际开支的修缮费用。允许扣除的修缮费用，以每次800元为限。一次扣除不完的，准予在下一次继续扣除，直到扣完为止。

个人出租财产取得的财产租赁收入，在计算缴纳个人所得税时，应依次扣除以下费用。

（1）财产租赁过程中缴纳的税费。

（2）由纳税人负担的该出租财产实际开支的修缮费用。

（3）税法规定的费用扣除标准。

应纳税所得额的计算公式如下。

（1）每次（月）收入不超过4 000元的公式如下。

应纳税所得额=每次(月)收入额−准予扣除项目−修缮费用(800元为限)−800元

（2）每次（月）收入超过4 000元的公式如下。

应纳税所得额=[每次(月)收入额−准予扣除项目−修缮费用(800元为限)]×(1−20%)

【例11-12】刘某于202×年1月将其自有的面积为150平方米的公寓按市场价出租给张某居住。刘某每月取得租金收入4 500元，全年租金收入54 000元。计算刘某全年租金收入应缴纳的个人所得税（不考虑其他税费）。

财产租赁收入以每月内取得的收入为一次，按市场价出租给个人居住适用10%的税率，因此，刘某每月及全年应纳税额为：

（1）每月应纳税额=4 500×(1−20%)×10% =360（元）

（2）全年应纳税额=360×12=4 320（元）

本例在计算个人所得税时未考虑其他税、费。如果对租金收入计征增值税、城市维护建设

税、房产税和教育费附加等，还应将其从税前的收入中先扣除后再计算应缴纳的个人所得税。

假定本例中，当年2月公寓的下水道堵塞，刘某找人修理，发生修理费用1 000元，有维修部门的正式收据，则2月和3月刘某的应纳税额为：

（1）2月应纳税额=(4 500−800)×(1−20%)×10%＝296（元）

（2）3月应纳税额=(4 500−200)×(1−20%)×10%＝344（元）

七、财产转让所得应纳税额的计算

财产转让所得应纳税额的计算公式如下。

$$应纳税额=应纳税所得额×适用税率$$
$$=(收入总额−财产原值−合理税费)×20\%$$

【例11-13】某个人建房一幢，造价360 000元，支付其他费用50 000元。该个人建成后将房屋出售，售价600 000元，在售房过程中按规定支付交易费等相关税费35 000元，其应纳个人所得税税额的计算过程如下。

（1）应纳税所得额＝财产转让收入−财产原值−合理费用

$$＝600 000−(360 000+50 000)−35 000＝155 000（元）$$

（2）应纳税额＝155 000×20%＝31 000（元）

八、利息、股息、红利所得应纳税额的计算

利息、股息、红利所得应纳税额的计算公式如下。

$$应纳税额=应纳税所得额×适用税率=每次收入额×20\%$$

九、偶然所得应纳税额的计算

偶然所得应纳税额计算公式如下。

$$应纳税额=应纳税所得额×适用税率=每次收入额×20\%$$

十、应纳税额计算中的特殊问题

（一）对个人取得全年一次性奖金等计算征收个人所得税的方法

全年一次性奖金是指行政机关、企事业单位等扣缴义务人根据其全年经济效益和对雇员全年工作业绩的综合考核情况，向雇员发放的一次性奖金。一次性奖金也包括年终加薪、实行年薪制和绩效工资办法的单位根据考核情况兑现的年薪和绩效工资。

纳税人取得全年一次性奖金，在2021年12月31日前，可以选择计入当年综合所得计算纳税，也可以选择不并入当年综合所得。该政策执行期限延长至2027年12月31日。

纳税人取得的全年一次性奖金，选择不并入当年综合所得的，按以下计税办法，由扣缴义务人发放时代扣代缴：先将居民个人取得的全年一次性奖金除以12个月，按其商数依照按月换算后的综合所得税率表确定适用税率和速算扣除数。然后将居民个人取得的全年一次性奖金按上述确定的适用税率和速算扣除数计算征税。计算公式为：

$$应纳税额=居民取得的全年一次性奖金收入×适用税率−速算扣除数$$

在一个纳税年度内，对每一个纳税人，选择不并入综合所得而单独计的计税办法只允许采用一次。居民个人取得的除全年一次性奖金以外的其他各种明目的奖金，如半年奖、季度奖、加班奖、先进奖、考勤奖等，一律与当月工资、薪金收入合并，按税法规定缴纳个人所得税。

【例11-14】假定中国居民个人李某202×年在我国境内1～12月每月的税后工资为5 200元，12月31日又一次性领取年终含税奖金60 000元。请计算李某取得年终奖金应缴纳的个人所得税。

（1）年终奖金适用的税率和速算扣除数为：

按 12 个月分摊后，每月的奖金=60 000÷12=5 000（元），根据工资、薪金七级超额累进税率的规定，适用的税率和速算扣除数分别为 10%、210 元。

（2）年终奖金应缴纳的个人所得税为：

应纳税额=年终奖金收入×适用的税率-速算扣除数=60 000×10%-210=6 000-210=5 790（元）

（二）雇主为雇员承担全年一次性奖金部分税款有关个人所得税计算方法

（1）雇主为雇员负担全年一次性奖金部分个人所得税税款，属于雇员又额外增加了收入，应将雇主承担的这部分税款并入雇员的全年一次性奖金，换算为应纳税所得额后，按照规定方法计征个人所得税。

（2）将不含税全年一次性奖金换算为应纳税所得额。

① 雇主为雇员定额负担税款。计算公式如下。

应纳税所得额=雇员取得的全年一次性奖金+雇主替雇员定额负担的税款

② 雇主为雇员按一定比例负担税款。

a. 查找不含税全年一次性奖金的适用税率和速算扣除数

将未含雇主负担税款的全年一次性奖金收入除以 12，根据其商数找出不含税级距对应的适用税率 A 和速算扣除数 A。

b. 计算含税全年一次性奖金。

计算公式如下。

应纳税所得额=(未含雇主负担税款的全年一次性奖金收入-不含税级距的速算扣除数 A×雇主负担比例)÷(1-不含税级距的适用税率×雇主负担比例)

（3）对上述应纳税所得额，扣缴义务人应按照《国家税务总局关于调整个人取得全年一次性奖金等计算征收个人所得税方法问题的通知》（国税发〔2005〕9 号）规定的方法计算应扣缴税款。即：将应纳税所得额除以 12，根据其商数找出对应的适用税率 A 和速算扣除数 B，据以计算税款。计算公式如下。

应纳税额=应纳税所得额×适用税率 A-速算扣除数 B

实际缴纳税额=应纳税额-雇主为雇员负担的税额

雇主为雇员负担的个人所得税款，应属于个人工资、薪金的一部分。凡单独作为企业管理费用列支的，在计算企业所得税时不得税前扣除。

（三）企业年金、职业年金个人所得税的规定

企业年金，是指根据 2017 年 12 月 18 日人社部和财政部联合颁布《企业年金办法》的规定，企业及其职工在依法参加基本养老保险的基础上，自愿建立的补充养老保险制度。职业年金是指根据《关于印发机关事业单位职业年金办法的通知》（国办发〔2015〕18 号）的规定，事业单位及其工作人员在依法参加基本养老保险的基础上，建立的补充养老保险制度。

企业年金和职业年金个人所得税的计算征收按以下规定执行。

1. 企业年金和职业年金缴费的个人所得税处理

（1）企业和事业单位（以下统称单位）根据国家有关政策规定的办法和标准，为在本单位任职或者受雇的全体职工缴付的企业年金或职业年金（以下统称年金）单位缴费部分，在计入个人账户时，个人暂不缴纳个人所得税。

（2）个人根据国家有关政策规定缴付的年金个人缴费部分，在不超过本人缴费工资计税基数的 4%标准内的部分，暂从个人当期的应纳税所得额中扣除。

（3）超过上述第（1）项和第（2）项规定的标准缴付的年金单位缴费和个人缴费部分，应并入个人当期的工资、薪金所得，依法计征个人所得税。税款由建立年金的单位代扣代缴，

并向主管税务机关申报解缴。

（4）企业年金个人缴费工资计税基数为本人上一年度月平均工资。月平均工资按国家统计局规定列入工资总额统计的项目计算。月平均工资超过职工工作地所在设区城市上一年度职工月平均工资 300% 的部分，不计入个人缴费工资计税基数。

职业年金个人缴费工资计税基数为职工岗位工资和薪级工资之和。职工岗位工资和薪级工资之和超过职工工作地所在设区城市上年度职工月平均工资 300% 的部分不计入个人缴费工资计税基数。

2. 年金基金投资运营收益的个人所得税处理

年金基金投资运营收益分配计入个人账户时，个人暂不缴纳个人所得税。

3. 领取年金的个人所得税处理

个人达到国家规定的退休年龄，领取的企业年金、职业年金，符合《财政部 人力资源社会保障部 国家税务总局关于企业年金、职业年金个人所得税有关问题的通知》（财税〔2013〕103 号）规定的，不并入综合所得，全额单独计算应纳税款。其中按月领取的，适用月度税率表（见表 11-3）计算纳税；按季领取的，平均分摊计入各月，按每月领取额适用月度税率表计算纳税；按年领取的，适用综合所得税率表（见表 11-2）计算纳税。

（四）关于商业健康保险的个人所得税规定

（1）自 2017 年 7 月 1 日起，对个人购买符合规定的商业健康保险产品的支出，允许在当年（月）计算应纳税所得额时予以税前扣除，扣除限额为 2 400 元/年（200 元/月），单位统一为员工购买符合规定的商业健康保险产品的支出，应分别计入员工个人工资薪金，视同个人购买，按上述限额予以扣除。

（2）适用商业健康保险税收优惠政策的纳税人，是指取得工资、薪金所得，连续性劳务报酬所得的个人，以及取得个体工商户生产经营所得、对企事业单位的承包承租经营所得的个体工商户业主、个人独资企业投资者、合伙企业合伙人和承包承租经营者。

（3）符合规定的商业健康保险产品，是指保险公司参照个人税收优惠型健康保险产品指引框架及示范条款开发的符合规定条件的健康保险产品。

（五）个人兼职和退休人员再任职取得收入的个人所得税的征税方法

个人兼职取得的收入应按照"劳务报酬所得"应税项目缴纳个人所得税；退休人员再任职取得的收入，在减除按个人所得税法规定的费用扣除标准后，按"工资、薪金所得"应税项目缴纳个人所得税。

（六）关于公益慈善事业捐赠个人所得税的政策

（1）个人通过中华人民共和国境内公益性社会组织、县级以上人民政府及其部门等国家机关，向教育、扶贫、济困等公益慈善事业的捐赠（以下简称"公益捐赠"），发生的公益捐赠支出，可以按照《个人所得税法》有关规定在计算应纳税所得额时扣除。所称境内公益性社会组织，包括依法设立或登记并按规定条件和程序取得公益性捐赠税前扣除资格的慈善组织、其他社会组织和群众团体。

（2）个人发生的公益捐赠支出金额，按照以下规定确定。

① 捐赠货币性资产的，按照实际捐赠金额确定。

② 捐赠股权、房产的，按照个人持有股权、房产的财产原值确定。

③ 捐赠除股权、房产以外的其他非货币性资产的，按照非货币性资产的市场价格确定。

（3）居民个人按照以下规定扣除公益捐赠支出。

① 居民个人发生的公益捐赠支出可以在财产租赁所得，财产转让所得，利息、股息、红利所得，偶然所得（以下统称分类所得），综合所得或者经营所得中扣除。在当期一个所得项目扣除不完的公益捐赠支出，可以按规定在其他所得项目中继续扣除。

② 居民个人发生的公益捐赠支出，在综合所得、经营所得中扣除的，扣除限额分别为当

年综合所得、当年经营所得应纳税所得额的30%；在分类所得中扣除的，扣除限额为当月分类所得应纳税所得额的30%。

③ 居民个人根据各项所得的收入、公益捐赠支出、适用税率等情况，自行决定在综合所得、分类所得、经营所得中扣除的公益捐赠支出的顺序。

（4）居民个人在综合所得中扣除公益捐赠支出的，应按照以下规定处理。

① 居民个人取得工资、薪金所得的，可以选择在预扣预缴时扣除，也可以选择在年度汇算清缴时扣除。

【点拨指导】

居民个人选择在预扣预缴时扣除的，应按照累计预扣法计算扣除限额，其捐赠当月的扣除限额为截至当月累计应纳税所得额的 30%（全额扣除的从其规定，下同）。个人从两处以上取得工资、薪金所得，选择其中一处扣除，选择后当年不得变更。

② 居民个人取得劳务报酬所得、稿酬所得、特许权使用费所得的，预扣预缴时不扣除公益捐赠支出，统一在汇算清缴时扣除。

③ 居民个人取得全年一次性奖金、股权激励等所得，且按规定采取不并入综合所得而单独计税方式处理的，公益捐赠支出扣除比照本规定中分类所得的扣除规定处理

（5）居民个人发生的公益捐赠支出，可在捐赠当月取得的分类所得中扣除。当月分类所得应扣除未扣除的公益捐赠支出，可以按照以下规定追补扣除。

居民个人捐赠当月有多项多次分类所得的，应先在其中一项一次分类所得中扣除。已经在分类所得中扣除的公益捐赠支出，不再调整到其他所得中扣除。

（6）在经营所得中扣除公益捐赠支出，应按以下规定处理。

① 个体工商户发生的公益捐赠支出，在其经营所得中扣除。

② 个人独资企业、合伙企业发生的公益捐赠支出，其个人投资者应当按照捐赠年度合伙企业的分配比例（个人独资企业分配比例为100%），计算归属于每一个人投资者的公益捐赠支出，个人投资者应将其归属的个人独资企业、合伙企业公益捐赠支出和本人需要在经营所得中扣除的其他公益捐赠支出合并，在其经营所得中扣除。

③ 在经营所得中扣除公益捐赠支出的，可以选择在预缴税款时扣除，也可以选择在汇算清缴时扣除。

④ 经营所得采取核定征收方式的，不扣除公益捐赠支出。

（7）非居民个人发生的公益捐赠支出，未超过其在公益捐赠支出发生的当月应纳税所得额30%的部分，可以从其应纳税所得额中扣除。扣除不完的公益捐赠支出，可以在经营所得中继续扣除。

非居民个人按规定可以在应纳税所得额中扣除公益捐赠支出而未实际扣除的，可按照前述第5条规定追补扣除。

（8）国务院规定对公益捐赠全额税前扣除的，按照规定执行。个人同时发生按30%扣除和全额扣除的公益捐赠支出，自行选择扣除次序。

第五节　税收优惠

《个人所得税法》及其《实施条例》以及财政部、国家税务总局的若干规定等，都对个人所得项目给予了减税、免税的优惠，主要如下。

一、免征个人所得税的优惠

（1）省级人民政府、国务院部委和中国人民解放军军以上单位，以及外国组织颁发的科

学、教育、技术、文化、卫生、体育、环境保护等方面的奖金。

（2）国债和国家发行的金融债券利息。

（3）按照国家统一规定发给的补贴、津贴。是指按照国务院规定发给的政府特殊津贴、院士津贴，以及国务院规定免纳个人所得税的补贴、津贴。

（4）福利费、抚恤金、救济金。福利费是指根据国家有关规定，从企业、事业单位、国家机关、社会团体提留的福利费或者工会经费中支付给个人的生活补助费；救济金是指各级人民政府民政部门支付给个人的生活困难补助费。

（5）保险赔款。

（6）军人的转业费、复员费。

（7）按照国家统一规定发给干部、职工的安家费、退职费、基本养老金或者退休费、离休费、离休生活补助费。

（8）依照我国有关法律规定应予免税的各国驻华使馆、领事馆的外交代表、领事官员和其他人员的所得。

（9）中国政府参加的国际公约以及签订的协议中规定免税的所得。

（10）对乡、镇（含乡、镇）以上人民政府或经县（含县）以上人民政府主管部门批准成立的有机构、有章程的见义勇为基金或者类似性质组织，奖励见义勇为者的奖金或奖品，经主管税务机关核准，免征个人所得税。

（11）企业和个人按照省级以上人民政府规定的比例缴付的住房公积金、医疗保险金、基本养老保险金、失业保险金，允许在个人应纳税所得额中扣除，免予征收个人所得税。超过规定的比例缴付的部分应并入个人当期的工资、薪金收入，计征个人所得税。

📖 【情景解析】

个人领取原提存的住房公积金、医疗保险金、基本养老保险金时，免予征收个人所得税。

对按照国家或省级地方政府规定的比例缴付的住房公积金、医疗保险金、基本养老保险金和失业保险金存入银行个人账户所取得的利息收入，免征个人所得税。

对生育妇女按照县级以上人民政府根据国家有关规定制定的生育保险办法，取得的生育津贴、生育医疗费或其他属于生育保险性质的津贴、补贴，免征个人所得税。

对工伤职工及其近亲属按照《工伤保险条例》规定取得的工伤保险待遇，免征个人所得税。

单位为职工个人购买商业性补充养老保险等，在办理投保手续时应作为个人所得税的"工资、薪金所得"项目，按税法规定缴纳个人所得税；因各种原因退保，个人未取得实际收入的，已缴纳的个人所得税应予以退回。

（12）自2008年10月9日起，对居民储蓄存款利息，暂免征收个人所得税。

（13）对个体工商户或个人，以及个人独资企业和合伙企业从事种植业、养殖业、饲养业和捕捞业取得的所得暂不征收个人所得税。

乡镇企业的职工和农民取得的青苗补偿费，属种植业的收益范围，同时，也属经济损失的补偿性收入，暂不征收个人所得税。

（14）个人举报、协查各种违法、犯罪行为而获得的奖金。

（15）个人办理代扣代缴税款手续，按规定取得的扣缴手续费。

（16）个人转让自用达5年以上，并且是唯一的家庭生活居住用房取得的所得。

（17）对按《国务院关于高级专家离休退休若干问题的暂行规定》和《国务院办公厅关于杰出高级专家暂缓离休审批问题的通知》精神，达到离休、退休年龄，但确因工作需要，适当延长离休、退休年龄的高级专家，其在延长离休、退休期间的工资、薪金所得，视同退休工资、离休工资免征个人所得税。

（18）外籍个人从外商投资企业取得的股息、红利所得。

（19）凡符合下列条件之一的外籍专家取得的工资、薪金所得可免征个人所得税。

① 根据世界银行专项贷款协议由世界银行直接派往我国工作的外国专家。

② 联合国组织直接派往我国工作的专家。

③ 为联合国援助项目来华工作的专家。

④ 援助国派往我国专为该国无偿援助项目工作的专家，除工资、薪金外，其取得的生活津贴也免税。

⑤ 对根据两国政府签订文化交流项目来华工作 2 年以内的文教专家，其工资、薪金所得由该国负担的，免征个人所得税。此外，外国来华文教专家，在我国服务期间，由我方发工资、薪金，并对其住房、使用汽车、医疗实行免费"三包"，可只就其工资、薪金所得按照税法规定征收个人所得税；对我方免费提供的住房、使用汽车、医疗，可免予计算纳税。

⑥ 对根据我国大专院校国际交流项目来华工作 2 年以内的文教专家，其工资、薪金所得由该国负担的，免征个人所得税。

⑦ 对通过民间科研协定来华工作的专家，其工资、薪金所得由该国政府机构负担的，免征个人所得税。

（20）对被拆迁人按照国家有关城镇房屋拆迁管理办法规定的标准取得的拆迁补偿款（含因棚户区改造而取得的拆迁补偿款），免征个人所得税。

（21）对个人投资者从投保基金公司取得的行政和解金，暂免征收个人所得税。

（22）对个人转让上市公司股票取得的所得暂免征收个人所得税。对证券市场个人投资者取得的证券交易结算资金利息所得，暂免征收个人所得税。

（23）个人从公开发行和转让市场取得的上市公司股票，持股期限超过 1 年的，股息、红利所得暂免征收个人所得税。个人从公开发行和转让市场取得的上市公司股票，持股期限在 1 个月以内（含 1 个月）的，其股息、红利所得全额计入应纳税所得额；持股期限在 1 个月以上至 1 年（含 1 年）的，股息、红利所得暂减按 50% 计入应纳税所得额；上述所得统一适用 20% 的税率计征个人所得税。

自 2019 年 7 月 1 日起至 2027 年 12 月 31 日止，全国中小企业股份转让系统挂牌公司股息、红利差别化个人所得税政策也按上述政策执行。

（24）对个人取得的下列中奖所得，暂免征收个人所得税。

① 对单张有奖发票奖金所得不超过 800 元（含 800 元）的，暂免征收个人所得税；对个人取得单张有奖发票奖金所得超过 800 元的，应全额按照税法规定的"偶然所得"项目征收个人所得税。

② 对购买社会福利有奖募捐奖券、体育彩票一次中奖收入不超过 10 000 元的，暂免征收个人所得税；对一次中奖收入超过 10 000 元的，应按税法规定全额征税。电脑彩票以同一人在同一期同一游戏中获得的全部奖金为一次中奖收入，其中全国联网单场竞猜游戏分别按照足球游戏、篮球游戏、冠军游戏和冠亚军游戏设期，以每张彩票涉及比赛场次中最晚的比赛编号日期为判定标准，相同的为同一期；海南视频电子即开游戏以同一场游戏奖金为一次中奖收入。即开型彩票以一张彩票奖金为一次中奖收入。

（25）经国务院财政部门批准免税的所得。

二、减征个人所得税的优惠

（1）有下列情形之一的，可以减征个人所得税，具体幅度和期限，由省、自治区、直辖市人民政府规定，并报同级人民代表大会常务委员会备案。

① 残疾、孤老人员和烈属的所得。

② 因严重自然灾害遭受重大损失的。

③ 国务院可以规定其他减税情形，报全国人民代表大会常务委员会备案。

（2）对个人投资者持有 2019—2023 年发行的铁路债券取得的利息收入，减按 50% 计入应纳税所得额计算征收个人所得税。

（3）自 2019 年 1 月 1 日起至 2023 年 12 月 31 日，一个纳税年度内在船航行时间累计满 183 天的远洋船员，其取得的工资、薪金收入减按 50% 计入应纳税所得额，依法缴纳个人所得税。

此外还有减征个人所得税的优惠。例如，自 2022 年 1 月 1 日起，对个人养老金实施递延纳税优惠政策；再如，自 2024 年 1 月 1 日起执行至 2027 年 12 月 31 日，境内上市公司授予个人的股票期权、限制性股票和股权奖励，经向主管税务机关备案，个人可自股票期权行权、限制性股票解禁或取得股权奖励之日起，在不超过 36 个月的期限内缴纳个人所得税。

第六节　境外所得的税额扣除

在对纳税人的境外所得征税时，会存在其境外所得已在来源国家或者地区缴税的实际情况。基于国家之间对同一所得应避免双重征税的原则，我国在对纳税人的境外所得行使税收管辖权时，对该所得在境外已纳税额采取了分不同情况从应征税额中予以扣除的做法。

一、来源于中国境外的所得

下列所得，为来源于中国境外的所得。

（1）因任职、受雇、履约等在中国境外提供劳务取得的所得。

（2）中国境外企业以及其他组织支付且负担的稿酬所得。

（3）许可各种特许权在中国境外使用而取得的所得。

（4）在中国境外从事生产、经营活动而取得的与生产、经营活动相关的所得。

（5）从中国境外企业、其他组织以及非居民个人取得的利息、股息、红利所得。

（6）将财产出租给承租人在中国境外使用而取得的所得。

（7）转让中国境外的不动产、转让对中国境外企业以及其他组织投资形成的股票、股权以及其他权益性资产（以下称权益性资产），或者在中国境外转让其他财产取得的所得。但转让对中国境外企业以及其他组织投资形成的权益性资产，该权益性资产被转让前 3 年（连续 36 个公历月份）内的任一时间，被投资企业或其他组织的资产公允价值 50% 以上直接或间接来自位于中国境内的不动产的，取得的所得为来源于中国境内的所得。

（8）中国境外企业、其他组织以及非居民个人支付且负担的偶然所得。

（9）财政部、国家税务总局另有规定的，按照相关规定执行。

二、境外所得税额抵免一般规定

居民个人从中国境外取得的所得，可以从其应纳税额中抵免已在境外缴纳的个人所得税税额，但抵免额不得超过该纳税人境外所得依照《个人所得税法》规定计算的应纳税额。居民个人一个纳税年度内来源于一国（地区）的所得实际已经缴纳的所得税税额，低于依照税法规定计算出的来源于该国（地区）该纳税年度所得的抵免限额的，应以实际缴纳税额作为抵免额进行抵免；超过来源于该国（地区）该纳税年度所得的抵免限额的，应在限额内进行抵免，超过部分可以在以后 5 个纳税年度内结转抵免。

可抵免的境外所得税税额，是指居民个人取得境外所得，依照该所得来源国（地区）税收法律应当缴纳且实际已经缴纳的所得税性质的税额。

居民个人从与我国签订税收协定的国家（地区）取得的所得，按照该国（地区）税收法律享受免税或减税待遇，且该免税或减税的数额按照税收协定中饶让条款规定应视同已缴税额在中国的应纳税额中抵免的，免税或减税数额可作为居民个人实际缴纳的境外所得税税额按规定申报税收抵免。

三、境外所得税额抵免具体规定

（一）居民个人应分项计算当期境外所得应纳税额

（1）居民个人来源于中国境外的综合所得，应当与境内综合所得合并计算应纳税额。

（2）居民个人来源于中国境外的经营所得，应当与境内经营所得合并计算应纳税额。居民个人来源于境外的经营所得，按照《个人所得税法》及其实施条例的有关规定计算的亏损，不得抵减其境内或他国（地区）的应纳税所得额，但可以用来源于同一国家（地区）以后年度的经营所得按中国税法规定弥补。

（3）居民个人来源于中国境外的利息、股息、红利所得，财产租赁所得，财产转让所得和偶然所得（以下称其他分类所得），不与境内所得合并，应当分别单独计算应纳税额。

（二）居民个人应区分来源国计算境外所得抵免限额

居民个人在一个纳税年度内来源于中国境外的所得，应区分来源国即依照所得来源国家（地区）税收法律规定在中国境外已缴纳的所得税税额允许在抵免限额内从其该纳税年度应纳税额中抵免。

居民个人来源于一国（地区）的综合所得、经营所得以及其他分类所得项目的应纳税额为其抵免限额，按照下列公式计算：

来源于一国（地区）综合所得的抵免限额=合并中国境内和境外全部综合所得计算得到的应纳税额×来源于该国（地区）的综合所得收入额÷中国境内和境外综合所得收入额合计

来源于一国（地区）经营所得的抵免限额=合并中国境内和境外全部经营所得计算得到的应纳税额×来源于该国（地区）的经营所得应纳税所得额÷中国境内和境外经营所得应纳税所得额合计

来源于一国（地区）其他分类所得的抵免限额=该国（地区）的其他分类所得单独计算的应纳税额

来源于一国（地区）所得的抵免限额=来源于该国（地区）综合所得抵免限额+来源于该国（地区）经营所得的抵免限额+来源于该国（地区）其他分类所得抵免限额

【例 11-15】居民个人王某 202×年除取得境内工资收入 120 000 元（已代扣"三险一金"）外，还从境外甲国获得劳务报酬收入折合人民币 50 000 元、稿酬收入折合人民币 20 000 元和利息收入折合人民币 10 000 元，并分别就这三项收入在甲国缴纳税款 1 000 元、1 000 元和 2 000 元。假设除居民个人年度费用扣除标准 60 000 元和某专项附加扣除 12 000 元外，不考虑其他费用扣除和境内预缴税额。因此，就王某 202×年来源于甲国的所得抵免限额计算过程如下：

（1）王某 202×年境内外全部综合所得收入额=120 000 +50 000 ×（1-20%)+20 000 ×（1-20%)×70%=120 000 +40 000 +11 200=171 200（元）

（2）王某 202×年境内外全部综合所得应纳税额=(171 200-60 000-12 000)×10%-2 520=7 400（元）

（3）王某 202×年来源于甲国综合所得抵免限额=7 400 ×（40 000+11 200)÷(120 000 +40 000+11 200)≈2 213.08（元）

（4）王某 202×年来源于甲国其他分类所得抵免限额=10 000 ×20% =2 000（元）

（5）王某 202×年来源于甲国所得抵免限额=2 213.08 +2 000=4 213.08（元）

第七节　征收管理

个人所得税的纳税办法，有自行申报纳税和全员全额扣缴申报纳税两种。

一、自行申报纳税

自行申报纳税，是由纳税人自行在税法规定的纳税期限内，向税务机关申报取得的应税所得项目和数额，如实填写个人所得税纳税申报表，并按照税法规定计算应纳税额，据此缴纳个人所得税的一种方法。

（一）自行申报纳税的纳税义务人

（1）取得综合所得需要办理汇算清缴。

（2）取得应税所得没有扣缴义务人。

（3）取得应税所得，扣缴义务人未扣缴税款。

（4）取得境外所得。

（5）因移民境外注销中国户籍。

（6）非居民个人在中国境内从两处以上取得工资、薪金所得。

（7）国务院规定的其他情形。

（二）自行申报纳税的内容

（1）取得综合所得需要办理汇算清缴。

取得综合所得且符合下列情形之一的纳税人，应当依法办理汇算清缴。

① 从两处以上取得综合所得，且综合所得年收入额减除专项扣除后的余额超过 6 万元。

② 取得劳务报酬所得、稿酬所得、特许权使用费所得中一项或者多项所得，且综合所得年收入额减除专项扣除的余额超过 6 万元。

③ 纳税年度内预缴税额低于应纳税额。

④ 纳税人申请退税。

在取得所得的次年 3 月 1 日至 6 月 30 日内向任职、受雇单位所在地主管税务机关办理纳税申报，并报送《个人所得税年度自行纳税申报表》。纳税人有两处以上任职、受雇单位的，选择向其中一处任职、受雇单位所在地主管税务机关办理纳税申报；纳税人没有任职、受雇单位的，向户籍所在地或经常居住地主管税务机关办理纳税申报。

纳税人办理综合所得汇算清缴，应当准备与收入、专项扣除、专项附加扣除、依法确定的其他扣除、捐赠、享受税收优惠等相关的资料，并按规定留存备查或报送。

纳税人办理汇算清缴退税或者扣缴义务人为纳税人办理汇算清缴退税的，税务机关审核后，按照国库管理的有关规定办理退税。纳税人申请退税时提供的汇算清缴信息有错误的，税务机关应当告知其更正；纳税人更正的，税务机关应当及时办理退税。纳税人申请退税，应当提供其在中国境内开设的银行账户，并在汇算清缴地就地办理税款退库。

（2）取得应税所得没有扣缴义务人。

税法对"经营所得"没有规定扣缴义务人。纳税人取得经营所得，按年计算个人所得税，由纳税人在月度或季度终了后 15 日内，向经营管理所在地主管税务机关办理预缴纳税申报，并报送《个人所得税经营所得纳税申报表（A 表）》。在取得所得的次年 3 月 31 日前，向经营管理所在地主管税务机关办理汇算清缴，并报送《个人所得税经营所得纳税申报表（B 表）》。从两处以上取得经营所得的，选择向其中一处经营管理所在地主管税务机关办理年度汇总申报，并报送《个人所得税经营所得纳税申报表（C 表）》。

（3）取得应税所得，扣缴义务人未扣缴税款。

纳税人取得应税所得，扣缴义务人未扣缴税款的，应当区别以下情形办理纳税申报。

① 居民个人取得综合所得的，且符合前述第（二）项所述情形的，应当依法办理汇算清缴。

② 非居民个人取得工资、薪金所得，劳务报酬所得，稿酬所得，特许权使用费所得的，应当在取得所得的次年 6 月 30 日前，向扣缴义务人所在地主管税务机关办理纳税申报，并报送《个人所得税自行纳税申报表（A 表）》。有两个以上扣缴义务人均未扣缴税款的，选择向其中一处扣缴义务人所在地主管税务机关办理纳税申报。

非居民个人在次年 6 月 30 日前离境（临时离境除外）的，应当在离境前办理纳税申报。

③ 纳税人取得利息、股息、红利所得，财产租赁所得，财产转让所得和偶然所得的，应当在取得所得的次年 6 月 30 日前，按相关规定向主管税务机关办理纳税申报，并报送《个人所得税自行纳税申报表（A 表）》。

税务机关通知限期缴纳的，纳税人应当按照期限缴纳税款。

纳税人取得应税所得没有扣缴义务人的，应当在取得所得的次月 15 日内向税务机关报送纳税申报表，并缴纳税款。

（4）取得境外所得。

居民个人从中国境外取得所得的，应当在取得所得的次年 3 月 1 日至 6 月 30 日内，向中国境内任职、受雇单位所在地主管税务机关办理纳税申报；在中国境内没有任职、受雇单位的，向户籍所在地或中国境内经常居住地主管税务机关办理纳税申报；户籍所在地与中国境内经常居住地不一致的，选择其中一地主管税务机关办理纳税申报；在中国境内没有户籍的，向中国境内经常居住地主管税务机关办理纳税申报。

（5）因移民境外注销中国户籍。

纳税人因移居境外注销中国户籍的，应当在申请注销中国户籍前，向户籍所在地主管税务机关办理纳税申报，进行税款清算。

（6）非居民个人在中国境内从两处以上取得工资、薪金所得。

非居民个人在中国境内从两处以上取得工资、薪金所得的，应当在取得所得的次月 15 日内向其中一处任职、受雇单位所在地主管税务机关办理纳税申报。

（7）国务院规定的其他情形。

（三）自行申报纳税的申报方式

纳税人可以采用远程办税端、邮寄等方式申报，也可以直接到主管税务机关申报，或者采取符合主管税务机关规定的其他方式申报。纳税人采取邮寄方式申报的，以邮政部门挂号信函收据作为申报凭证，以寄出的邮戳日期为实际申报日期。

纳税人也可以委托有税务代理资质的中介机构或者他人代为办理纳税申报。

（四）其他

（1）纳税人办理自行纳税申报时，应当一并报送税务机关要求报送的其他有关资料。首次申报或者个人基础信息发生变化的，还应报送《个人所得税基础信息表（B 表）》。

（2）纳税人在办理纳税申报时需要享受税收协定待遇的，按照享受税收协定待遇有关办法办理。

二、全员全额扣缴申报纳税

税法规定，扣缴义务人向个人支付应税款项时，应当依照《个人所得税法》的规定预扣或者代扣税款，按时缴库，并专项记载备查。

全员全额扣缴申报纳税，是指按照税法规定负有扣缴税款义务的单位或者个人应当在代扣税款的次月 15 日内，向主管税务机关报送其支付所得的所有个人的有关信息、支付所得数额、扣除事项和数额、扣缴税款的具体数额和总额以及其他相关涉税信息资料。这种方法有利于控制税源，防止漏税和逃税。

（一）扣缴义务人和代扣预扣税款的范围

（1）扣缴义务人，是指向个人支付所得的单位或者个人。所称支付，包括现金支付、汇拨支付、转账支付和以有价证券、实物以及其他形式的支付。

（2）实行个人所得税全员全额扣缴申报的应税所得包括以下几项。

① 工资、薪金所得。

② 劳务报酬所得。

③ 稿酬所得。

④ 特许权使用费所得。

⑤ 利息、股息、红利所得。

⑥ 财产租赁所得。

⑦ 财产转让所得。

⑧ 偶然所得。

扣缴义务人应当依法办理全员全额扣缴申报。

（二）扣缴义务人的责任与义务

（1）支付工资、薪金所得的扣缴义务人应当于年度终了后2个月内，向纳税人提供其个人所得和已扣缴税款等信息。纳税人年度中间需要提供上述信息的，扣缴义务人应当提供。

纳税人取得除工资、薪金所得以外的其他所得，扣缴义务人应当在扣缴税款后，及时向纳税人提供其个人所得和已扣缴税款等信息。

（2）扣缴义务人应当按照纳税人提供的信息计算税款、办理扣缴申报，不得擅自更改纳税人提供的信息。

扣缴义务人发现纳税人提供的信息与实际情况不符的，可以要求纳税人修改。纳税人拒绝修改的，扣缴义务人应当报告税务机关，税务机关应当及时处理。

纳税人发现扣缴义务人提供或者扣缴申报的个人信息、支付所得、扣缴税款等信息与实际情况不符的，有权要求扣缴义务人修改。扣缴义务人拒绝修改的，纳税人应当报告税务机关，税务机关应当及时处理。

（3）扣缴义务人对纳税人提供的《个人所得税专项附加扣除信息表》，应当按照规定妥善保存备查。

（4）扣缴义务人应当依法对纳税人报送的专项附加扣除等相关涉税信息和资料保密。

（5）对扣缴义务人按照规定扣缴的税款，按年付给2%的手续费。不包括税务机关、司法机关等查补或者责令补扣的税款。

扣缴义务人领取的扣缴手续费可用于提升办税能力、奖励办税人员。

（6）扣缴义务人依法履行代扣代缴义务，纳税人不得拒绝。纳税人拒绝的，扣缴义务人应当及时报告税务机关。

（7）扣缴义务人有未按照规定向税务机关报送资料和信息、未按照纳税人提供信息虚报虚扣专项附加扣除、应扣未扣税款、不缴或少缴已扣税款、借用或冒用他人身份等行为的，依照《税收征收管理法》等相关法律、行政法规处理。

（三）代扣代缴期限

扣缴义务人每月或者每次预扣、代扣的税款，应当在次月15日内缴国库，并向税务机关报送《个人所得税扣缴申报表》。

扣缴义务人首次向纳税人支付所得时，应当按照纳税人提供的纳税人识别号等基础信息，填写《个人所得税基础信息表（A表）》，并于次月扣缴申报时向税务机关报送。

扣缴义务人对纳税人向其报告的相关基础信息变化情况，应当于次月扣缴申报时向税务机关报送。

三、反避税规定

（1）有下列情形之一的，税务机关有权按照合理方法进行纳税调整。

① 个人与其关联方之间的业务往来不符合独立交易原则而减少本人或者其关联方应纳税额，且无正当理由。

② 居民个人控制的，或者居民个人和居民企业共同控制的设立在实际税负明显偏低的国家（地区）的企业，无合理经营需要，对应当归属于居民个人的利润不作分配或者减少分配。

③ 个人实施其他不具有合理商业目的的安排而获取不当税收利益。

（2）补税及加征利息。

① 税务机关依照前述规定情形做出纳税调整，需要补征税款的，应当补征税款，并依法加收利息。

② 依法加征的利息，应当按照税款所属纳税申报期最后一日中国人民银行公布的与补税期间同期的人民币贷款基准利率计算，自税款纳税申报期满次日起至补缴税款期限届满之日止按日加收。纳税人在补缴税款期限届满前补缴税款的，利息加收至补缴税款之日。

📘 **拓展知识**

个人住房转让所得税的具体规定	个人转让股权所得税的具体规定	关于重点群体创业就业有关个人所得税的规定	关于解除劳动关系、提前退休、内部退养的一次性补偿收入个人所得税的政策

个人以非货币资产投资的个人所得税规定	企业转增股本个人所得税规定	专项附加扣除的操作办法

📘 **思考题**

1. 个人所得税征收模式有哪些？
2. 如何区分居民纳税义务人与非居民纳税义务人及其纳税义务？
3. 个人所得税的征收对象有哪些？
4. 个人所得税适用的税率有哪些？
5. 个人所得税有哪些优惠政策？

1. 某上市公司高级工程师李先生，2021 年度取得个人收入项目如下。

（1）每月应发工资 35 000 元，单位为其缴纳"五险一金" 5 000 元，单位从其工资中代扣代缴"三险一金" 3 000 元，12 月取得年终奖 180 000 元。

（2）自 1 月 1 日起出租两居室住房，扣除相关税费后的每月租金所得为 6 000 元，全年共计 72 000 元。

（3）11 月因实名举报某企业的污染行为获得当地环保部门奖励 20 000 元，同时因其参与的一项技术发明获得国家科技进步二等奖，分得奖金 50 000 元。

其他相关资料：（1）上述所得是李先生 2021 年的全部所得，李先生无其他所得；（2）李先生的家庭情况为：李先生有 1 个儿子，正在上初中，李先生是家中的独生子，其父母现在均是 80 岁高龄；（3）李先生与爱人于 2016 年购买了首套住房，每月还贷利息支出 800 元；（4）由于李先生收入较高，夫妻双方约定，由李先生扣除子女教育、住房贷款利息支出等项目；（5）李先生选择全年奖单独计税。

要求：根据以上材料，计算李先生全年应纳个人所得税。

2. 某外籍个人 202×年 8 月在我国境内企业任职，当年未离境。202×年 8 月～12 月取得以下收入。

（1）每月工资 50 000 元，全部由境内企业支付；

（2）从外商投资企业取得股利所得 15 000 元；

（3）每月现金方式的餐补 10 000 元；

（4）取得境内一次性稿酬 3 000 元；

（5）担任非任职公司独立董事，年终一次性取得董事费 5 万元，通过市民政局向贫困地区捐赠 2 万元。

根据上述资料，计算其 202×年 8 月～12 月应纳个人所得税。

3. 中国公民张某 2021 年度取得下列所得。

（1）全年取得基本工资收入 500 000 元，全年负担的"三险一金"为 35 600 元。

（2）张某与他的妻子在 7 年前（结婚前）分别贷款购买了人生中的第一套住房，夫妻双方商定选择女方购买的住房作为首套住房贷款利息支出扣除。

（3）张某的儿子 2017 年年底出生，女儿 2021 年年初出生，夫妻双方商定子女教育支出由张某扣除。

（4）张某和妻子均为独生子女，张某的父亲已经年满 70 岁，母亲年满 66 岁，张某的父母均有退休工资，不需要张某支付赡养费，由于张某的岳父母在农村生活，张某每月给岳父母汇款 2 000 元。

（5）张某参加了 2020 年注册会计师考试，购买网课支出 3 000 元，通过努力于 2021 年 3 月拿到注册会计师证书。

（6）6 月从持有三个月的某上市公司股票分得股息 1 500 元，从银行取得银行存款利息 3 000 元，从未上市某投资公司分得股息 2 000 元。

（7）9 月在境内出版图书取得一次性稿酬 95 000 元。

（8）12 月取得年度一次性奖金 350 000 元，保险赔偿 5 000 元，省政府颁发的科技创新奖金 120 000 元。

张某取得全年一次性奖金选择单独计税，根据上述资料，计算张某 2021 年度应纳个人所得税。